KB176008

천간지비 동악산

天慳地秘 動樂山

천간지비 동악산

天慳地秘 動樂山

동악산(動樂山) 항일독립운동의 비사

박혜범(朴慧梵) 지음

이담 Books

천간지비 동악산을 발간하면서
(도채위경(淘採爲耕) 수정 보완본)

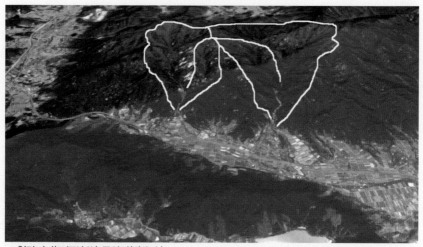

◇ 천간지비(天慳地秘) 동악산(動樂山)
처음 하늘의 상제(上帝)가 세상을 다스리기 위해 하늘 천(天) 자로 만들어 숨겨둔 천부(天府) 전남 곡
성군 곡성읍에 소재한 동악산(動樂山)은 이 땅의 우국지사들이 주역(周易)의 빛나는 방책(方策)과
가르침으로 항일독립운동을 일으켜 나라를 되찾고 백성을 구하여 오늘의 자유 대한민국을 있게 한
역사의 현장이며, 귀감으로 삼아 자손만대에 전할 호국(護國)의 성지(聖地)다.

어려서 고향 동악산을 떠나 젊은 날을 지리산에서 보내다 한반도를 동서로 가
르며 역사의 중심에 섰던 섬진강의 역사 섬진강의 근원을 찾기 위해 강물을 거슬
러 와 동악산을 헤매던 필자는 청류동(淸流洞) 단심대(丹心臺)에서 정조(正祖) 사후

숙청된 일단의 실학자(實學者)들이 동악산에 은거(隱居)하며 실사구시(實事求是)의 정신으로 유학(儒學)의 본지(本旨)를 찾고 도통(道統)의 연원(淵源)을 이어 가면서 시작된 개혁사상과 눈물겨운 항일독립운동의 역사를 처음 알게 되었다.

이후 수년 동안 동악산 골짜기와 숲을 헤매며 조사 연구한 끝에 자료를 모아 항일의병과 일제 강점기 비밀 독립운동의 현장을 시급히 보호하여 달라고 곡성군에 수없이 청원하였지만, 쓸데없는 일이라며 모두 거절당하였다.

고민 끝에 친일파 후손들과 부패세력들에 의해 훼손되고 있는 것을 막고, 일제 강점기 동악산에서 활동했던 항일의병과 민족독립운동에 관계된 인물들의 후손들이 가지고 있을지도 모르는 자료를 찾아 필자의 논증에 오류가 있으면 시정하기 위한 목적으로, 구한말의 항일의병과 일제 강점기 비밀 독립운동의 비사를 연구한 자료집 '도채위경(淘採爲耕)'을 2007년 7월 25일 도서출판 박이정에서 간행하였다.

이후 많은 제보가 있었고, 몇 사람 바위에 음각(陰刻)된 인명(人名)의 오자(誤字)가 발견되었으며 필자의 실수도 두 군데 발견되었지만, 근본을 불신하는 논증에 관한 오류가 아닌 것은 다행한 일이었다.

필자의 컴퓨터와 출판사의 컴퓨터가 다른 연유로 파일이 깨지고 흐트러져 다시 복구 재생하는 과정에서 서두르다 보니, 한문(漢文)에 몇 자 오류가 있었고 그 가운데 원계비둔(元溪肥遯) 즉, 원계동(元溪洞)을 처음 조사했던 잘못된 자료가 바뀌어 삽입되었고 청류동(淸流洞) 이곡(二曲) 선사어제(鮮史御帝)를 선사발적(鮮史發跡)으로 잘못 해석한 자료를 삽입하는 실수가 있었는데, 이를 바로잡았음을 밝힌다.

전체적으로 보면 청류동 중심인 '도채위경'을 동악산을 중심으로 다시 정리해야 함이 옳지만 청류동(淸流洞) · 고반동(考槃洞) · 원계동(元溪洞) 3개의 구곡(九曲) 가운데 청류동이 비교적 온전하여 있고 독자들의 혼란을 피하기 위하여 기존의 도채위경을 오자를 수정 보완하고 필자가 실수한 '원계비둔(元溪肥遯)'을 정리된 원본을 찾아 실었으며, 2007년 7월 25일 발간한 도채위경에 싣지 못한 동악산의 실체와 구원마을의 역사를 새로 종합하여 누구나 알기 쉽게 항일독립운동의 성지(聖地) '천간지비(天慳地秘) 동악산(動樂山)'으로 정리하였으니, 이 점 참고하여 오해가 없기를 바란다.

아울러 성출산(聖出山)은 행정 명칭인 동악산(動樂山)으로 바꾸었고, 성출봉(聖出峯)은 불가(佛家)에서 말하는 성출봉과 유가(儒家)에서 말하는 성출봉이 다른데, 불가에서 말하는 성출봉은 동악산 정상인 향로봉(香爐峯) 동남쪽 신선대(神仙臺)가 속한 가파른 바위산 봉우리를 말하고 유가(儒家)에서 말하는 성출봉은 태극이 음양으로 변한 형제봉 동쪽 봉우리를 말하는 것이니 참고하여 혼동이 없기를 바란다.

그동안 동악산 항일독립운동의 역사를 연구하면서 이루 헤아릴 수 없이 많은 난관들이 있었지만, 그 가운데 동막(구원)마을 주민들의 활동과 마을의 지명(地名)에 관한 규명 작업은 참으로 난제 중의 난제였다.

해방 후 벌어졌던 여순반란사건과 6 · 25를 빌미로 이 산에서 활동했던 우국지

◇ 언동(彦洞 구원)마을 명당수(明堂水)

지금은 사용하지 않는 우물이지만 사철 마르지 않는 명당수(明堂水)로 항일의병과 우국지사들이 마
시던 생명수였다. 김정호 선생의 집 뒤 산기슭에 있다.

사들을 모두 학살해 버리고 곡성의 행정과 교육·문화계를 장악한 친일파들과 그 후손들에 의하여 동악산 항일의병과 비밀독립운동의 역사는 부패한 양반들의 기생놀음으로 비하되어 이 산에서 활동했던 우국지사들의 자취는 훼손되고 사람들의 기억 속에서 사라져 버려 역사를 찾아 복원하는 일이 쉽지가 않았다.

[부연하면 6·25 이후 1955년 동악산 동쪽 기슭에서 태어난 필자가 어려서 동악산을 떠나지 않고 곡성에서 살았었다면 필자 역시 여느 사람들과 마찬가지로 어려서부터 친일파들과 그 후손들이 퍼트린 왜곡과 날조에 속고, 그들에게 교육되고 세뇌(洗腦)되어 동악산 항일의병과 비밀독립운동의 역사는 감히 생각지도 못했을 것이다.

그러나 천행(天幸)으로 어려서 동악산을 떠나 친일파들의 왜곡과 날조로부터 교육 세뇌되지 않았던 필자가 하필이면 섬진강의 역사에 심취하여 강물을 거슬러 처음 태어난 동악산으로 다시 들어오고 마치 동악산은 기다리고 있었다는 듯 그동안 숨죽이며 숲으로 감추고 바위 속에 숨겨 놓은 선열들의 자취를 필자에게 드러내 보여 주었는데, 이는 이미 처음부터 이런 혹독하고 슬픈 시련이 있을 것을 안 동악산 산신령(山神靈)이 정해 놓은 일이었다. 동악산의 팔자(八字)와 이것을 연구하는 필자의 팔자(八字)가 마치 하늘이 정해 놓은 일처럼 꼭 맞아떨어졌다는 말이다.]

수년을 매일같이 동악산을 오르내리고 숲을 헤매며 골짜기의 바위들을 살펴보니, 친일 매국노들의 후손들이 친일 부역한 조상들의 죄상이 드러나는 것을 막기 위해 선조들이 맨주먹으로 맞서 싸운 눈물겨운 항일독립운동의 역사와 그 유적들을 "일제 때 돈 많은 친일파들이 술 처먹고 기생놀음을 하면서 머슴들을 시켜 자랑삼아 새긴 글"이라는 등등 왜곡 날조하고 비하 폄하하면서 유적들을 훼손시켜 버린 것은 영원히 회복할 수 없는 역사의 손실이었다.

한마디로 동악산을 의지해서 호구를 해결하며 살고 있는 친일파 후손들은 물론이거니와 마치 어리석은 원숭이들이 손에 든 과일만을 탐하듯, 당장 눈앞에 보이는 몇 푼의 현금에 집착하여 아름다운 산과 계곡을 마음대로 파헤치며 소중한 역사를 폄하하고 묻어 버리는 현대판 산적들의 탐욕과 심지어는 친일파 후손들이 악의적으로 저지른 조직적이고 끊임없는 음해와 훼손은 참으로 감내하기 어려운 일이었다.

그러나 저들이 제아무리 음해를 해도, 모든 것은 암벽과 암반에 새겨진 역사이기에 별 걱정은 하지 않았지만, 사람 그것도 구원마을 전체 주민들을 대상으로 한 항일독립운동의 역사를 규명하는 작업은 해방 후 동악산에 거주하는 친일파 후손들의 음해와 대표적인 부패세력들이 지역의 문화계를 장악하여 지역의 사이비 언론으로 만들어 낸 역사 왜곡과 부정은 난제 중의 난제가 되어 버렸고 그 결과 이미 처음부터 드러난 구원마을 주민들의 조직적인 항일독립운동과 동막에 관하여, 사실을 사실이라고 2007년 7월 필자가 발간한 동악산 항일독립운동의 자료집 '도채위경'에 실을 수가 없었다.

구원마을이 한두 집이 사는 화전민촌도 아니고, 마을 사람들이 한두 명이 아니기에, 자기의 조상들이 이 땅에서 무엇을 했으며 자신이 태어나고 자란 마을에 무엇이 있고 어린 시절 자신이 뛰어놀고 자신의 선영이 묻힌 뒷산 골짜기의 이름이 무엇인지도 모르면서 친일 후손들과 결탁하여 누구나 아는 분명한 강도와 친일매국노들을 독립군으로 만드는 등 역사를 왜곡 날조하고 여론을 호도하고 있는 친일파 후손들과 부패세력들이 지역에서 똬리를 틀고 호구를 연명하는 사이비언론과 결탁하여 만들어 내는 이야기들이 잘못되었음을 입증하는 작업은 험난한 가시밭길이었고, 필자로 하여금 많은 세월을 허송하게 만들었다.

더불어 필요한 자료를 구하려 해도 해방 후 지금까지 많은 사람들이 타지(他地)로 떠나 소식이 끊긴 지 오래전의 일이라, 일제 강점기에 뉘 집 아버지와 할아버지가 무엇을 했는지 오늘을 살고 있는 필자가 알 수 있는 일이 아니었기에, 혹시 필자가 잘못된 자료를 본 것인지, 필자에게 증언해 주는 노인들의 이야기가 어디까지 진실인지 규명하는 작업 또한 쉽지 않았다.

완벽한 검증을 위하여 자료를 뒤적이며 수많은 사람들을 만나는 것은 물론 혹 증언자들의 증언이 거짓은 아닌지 몇 번이고 만난 사람들을 다시 만나 물어보고 들려준 이야기를 다시 물으며 다시 들었고, 산과 계곡을 수없이 헤매면서 심사숙고(深思熟考)를 거듭한 결과 오늘 노인들의 증언이 진실했고 분명한 역사였음을 동악산의 숲과 골짜기 바위들 속에 남겨진 선열들의 자취에서 확인하고 '도채위경'을 수정 보완하여 항일독립운동의 성지 '천간지비 동악산'으로 발간하는 것이다.

여전히 부족하지만 그러함에도 두 번째 자료집을 발간하여 세상에 공개하는 것은, 다시 한 번 더 상세한 자료들을 세상에 공개하여 후손들의 장롱 속 깊숙이 감추어져 있을지도 모르는 역사를 발굴하고 강호의 학자들로부터 필자의 논증이 올바른 것인지 검증받아 보다 더 완벽한 자료로 만들어 소중한 선열들의 역사를 후대의 귀감으로 남겨 두기 위함이다.

아울러 본문에서 일체의 각주를 생략한 것은 필요한 역사적 사실관계는 본문에 충분히 설명되어 있으며 무엇보다도 사료를 찾지 못해 아직 정립되지 않은 부분과 인물들의 각주를 단다는 것은 오해와 함께 악용될 소지가 있고, 간략해야 할 본문이 필요 이상으로 방대해져 보다 더 많은 자료를 찾으려는 목적하는 바를 이루기 어려워 차후 미진한 자료들을 찾아 완성되는 본에는 필요한 부분마다 각주를 달아 후인들을 위한 자료로 남겨둘 계획이니, 이 점에 관해서는 특별한 오해가 없기를 바란다.

바라건대 오늘 필자가 밝히는 이 역사가 당장은 곡성군민들이 동악산 항일독립운동의 역사에 관심을 가져 주고 조상들이 친일 부역한 죄를 감추기 위하여 어떻게든 항일독립운동의 역사를 지워 버리려는 친일파 후손들과 부패세력들의 음모로부터 선대들의 자랑스러운 항일 구국의 유적들을 보호하여 만대의 후손들에게 전하여 주기를 바라며 동시에 국가의 잘못된 친일청산에 관한 법률폐기와 함께 새로운 법을 제정하여 근본부터 조사를 다시 하여 진정한 친일청산을 하고 국민화합을 이루는 첫걸음이 되기를 바란다.

끝으로 두 번째 동악산 항일의병과 민족독립운동의 자료집을 출간하면서 아둔한 필자에게 수년 동안 아무런 조건 없이 어려운 금석문을 판독 지도하여 주신 전 동국대 역경원 동강(東江) 김두재(金斗再) 선생님과 필자의 짧은 식견으로 알 수 없는 금문(金文)을 해석해 주신 무등산의 대학자 송담(松潭) 이백순(李栢淳) 선생님 그리고 순천시에서 후학들을 양성하면서 필자의 자문에 응해 주신 무창(茂昌) 이해근(李海根) 한국서가협회전남지회장(韓國書家協會全南支會長)님께 감사의 인사를 드린다.

그리고 경남 하동 청학동 도인촌(道人村) 서형탁(徐亨卓) 훈장님과 순천시 문화원 사무국장 허근(許根) 선생님과 순천병원장 김용주(金容周) 박사님과 시인 정재학 선생님 그리고 늘 필자의 연구를 위해 수고를 자처하여 준 구례 조휴봉(趙休鳳)님, 결례를 무릅쓰고 밤늦게 찾아간 필자를 위하여 시간을 허락해 준 구례 섬진강변에 자리한 '무르단도원'에서 주역을 연구하는 청여(淸如) 선생님께 감사의 인사를 드린다.

무엇보다도 구원(동막)마을의 어른이며, 곡성의 어른으로 망백(望百)을 사시면서 시도 때도 없이 수없이 찾아가 묻는 필자에게 싫다는 내색 한 번 없이 기꺼이 현장을 안내하여 주시고 격려하여 주신 장일남(張一男, 1915년생, 현 생존) 옹과 김용철(金容喆, 1919년생, 현 생존) 옹 그리고 마을의 이야기를 생생하게 증언하여 주신 김주기(金住基, 1933년생, 현 생존) 옹께 감사의 인사를 드리며, 언제고 달려와 도와주는 한학자 엄찬영과 평화석재 이귀재 대표에게 감사의 마음을 전한다.

그동안 필자에게 많은 진실을 전해 준 노인들이 눈물겨운 항일독립운동의 역사를 안고 신선(神仙)이 되어 동악산 천부(天府)로 돌아갔는데, 작년 겨울(2009년 11월 16일)에는 종심(從心)의 김용선(金容先, 1939~2009, 전 곡성읍장) 옹이 신선이 되어 동악산 천부로 돌아갔다.

어떻게든 친일파들이 비하(卑下)하여 훼손하고 뭉개 버린 동악산의 역사를 바로 세워 반듯한 세상으로 만들어야 한다면서 필자에게 언동마을 골목길을 손수 안내하여 주면서, 곧 좋은 날이 올 것이니 기운을 내라며 든든한 힘이 되어 주시었는데…… 무엇보다도 옹께서 말씀하신 대로 선열들이 애써 지킨 땅을 더럽히고 있는 친일파 후손들과 부패세력들을 이 땅에서 쓸어버리고 우리 모두가 간절히 소원하던 역사를 바로 세워 줄 우리 시대의 의인(義人)이 하늘의 천부(天府) 동악산으로 들어와 하늘이 내린 징표 천부인(天符印)을 받았는데…….

옹께서는 마치 우리 시대의 의인(義人)에게 하늘의 상제(上帝)가 내리는 천부인(天

◇ 언동서당의 터에 있는 만사수유(萬事須臾)

작년 겨울 아침 일찍 찾아간 필자에게 종심(從心)의 김용선(金容先) 옹이 잊고 있었다며 안내하여 준 언동서당의 터에 있는 만사수유(萬事須臾)인데 청류동 사곡(四曲) 도림사 초입 좌측 길섶에 있는 것과 동일한 것이다. 세상만사는 잠깐의 순간 즉, 인생은 찰나의 순간이라는 이 만사수유(萬事須臾)를 두고 참 좋은 뜻이라며 옹과 함께 웃던 일이 엊그제의 일만 같은데, 돌이켜 보니 아마도 옹께서는 동악산 신선으로 돌아갈 것은 그때 이미 알고 있었던 것 같다.

符印)을 전해 주고 하늘의 천부로 돌아가는 사자(使者)처럼 그렇게 훌쩍 새벽하늘에 이는 구름을 타고 신선(神仙)이 되어 동악산 천부로 돌아가 버리니 못내 안타까운 마음이다.

　나머지 노인들마저 신선이 되어 동악산 천부로 돌아가기 전에 항일의병과 민족 독립운동의 역사를 바로 세우고 올바로 이끌어 줄 의인(義人)에게 여기 동악산(動樂山) 신선(神仙)들이 고반동(考槃洞) 칠곡(七曲) 물가 반석(磐石)에 놓아 둔 합죽선(合

◇ 고반동(考槃洞) 칠곡(七曲)의 합죽선(合竹扇)
선비가 펼쳐 든 합죽선(부채)을 닮은 바위가 한 폭의 그림이다. 이 합죽선을 동악산 눈물겨운 항일독립운동의 역사를 바로 세우고 곡성군민들을 올바로 이끌어 줄 의인(義人)에게 드린다.

竹扇)을 드린다.

부디 백 년 전 의로운 땅 동악산에서 의로운 선비들이 의기를 치켜들고 일어나 나라를 구하고 민생을 구했던 것처럼 우리 시대의 소명(召命)을 받은 의인(義人)은 이 합죽선으로 맑고 시원한 바람을 일으켜 해방 후 지금까지 친일파들과 그 후손들이 묻어 버린 동악산 항일독립운동의 역사를 바로 세워 이 땅에 만연된 부정부패를 일소하여 망국적인 지역주의 패거리정치를 청산하고 증오와 불신의 상징인 영호남을 화합하여 여기 곡성(谷城)의 압록(鴨綠)에서 의주(義州)의 압록(鴨綠)까지 하나로 이어내 21세기 통일을 이루는 햇불이 되기를 간절히 기원한다.

2010년 8월 우리 시대의 의인(義人)을 위하여
박혜범이 청류동 단심대의 뜻을 남천(南川)에 띄운다.

머리말

◇ 본문을 읽기 전에 일러두는 말

본 머리말은 2007년 7월 발표했던 자료집 도채위경의 머리말 글인데 내용 중에 중요한 설명이 있어 그대로 다시 옮긴 것이니 이 점 참고하여 오해가 없기를 바란다.

전남 곡성군 곡성읍 동악산(動樂山, 옛 이름 성출산(聖出山)) 청류동(淸流洞) 구곡(九曲)의 반석(磐石)과 바위에 새겨진 글들은 중종 때의 학자 남주(南越)를 매개로 조광조(趙光祖)의 도학정신(道學精神)을 이어 오던 곡성의 선비들이 조선 말기 순조(純祖, 1790~1834) 때부터 파당파쟁과 안동 김씨들의 세도정치 속에 탐관오리들이 횡행, 만연된 부정부패로 말미암아 이미 국가로서의 기능과 힘을 잃어버린 조선을 개혁, 왕도정치를 구현하려는 뜻을 세운 이후 쇄국양이(鎖國攘夷)의 위정척사론으로 바뀌고 이것이 다시 항일독립운동으로 발전하여 1945년 해방될 때까지 은밀하게 일본에 저항하면서 독립운동을 교육, 이끌었던 기록들이다.

1814년 전국에 기근(饑饉)이 들어 관리들이 백성들의 재산을 털어먹고, 백성들은 서로의 담을 넘는 암담한 때에 뜻있는 곡성의 선비들이 관리들의 부정부패를 고발하다 1519년 기묘사화(己卯士禍) 때 조광조의 일파로 몰려 영광 삼계로 유배되었다 사사(賜死)된 뒤 동악산 신선(神仙)이 되었다는 남주의 제각(祭閣)을 그가 태어나고 자란 월평마을에 세우고, 이듬해 1815년 호남의 유림들에게 통문(通文)을 돌려 중지를 모아 사우(祠宇)로 바꾸었는데, 이는 당시 홍경래(洪景來, 1780~1812)의 난(1811년)이 일어나는 등 안동 김씨들의 세도정치와 부정부패로부터 도탄에 빠진 민생을 구하고 국정을 바로잡으려는 호남유림들의 결집이었으며 이 선비정신이 대를 이어 동악산 바위에 새겨진 것이다.

[부연하면, 당시 곡성의 선비들을 중심으로 호남의 유림들이 300년 전 관리들의 부정부패를 고발하다 사사된 남주를 사당을 세워 받든 것은 온갖 세도를 부리며 국정을 농단하던 안동 김씨들은 물론 부패한 관리들에 대한 사실상의 선전포고였다.]

이처럼 조선 말기부터 개혁과 위정척사의 기치를 들고 항일독립운동을 이끌었던 청류동은 대략 1800년대 초부터 1945년 해방 때까지 조형일(曹衡鎰, 1800~1860) → 조필승(曹弼承, 1845~1900) → 조병순(曹秉順, 1876~1921) → 조태환(曹台煥, 1901~1950)으로 이어진 조씨 가문의 4대가 이끌어 온 역사이며 이들 4대를 기준으로 살펴보면 다음 4가지 유형으로 나누어진다.

1세대 조형일: 1800년대 선비정신을 바탕으로 안동 김씨들의 세도정치와 관료들의 부정부패를 일소하고 왕도정치를 이루려 했었던 개혁세력들, 이들 주자학파(朱子學派)들의 개혁사상이 위정척사사상(衛正斥邪思想)으로 발전되었다.

2세대 조필승: 쇄국양이(鎖國攘夷)의 위정척사를 주도했었던 위정척사파들이며 동악산 항일독립운동 1세대들이다.

여러 정황으로 보아, 청류동에서 구곡을 정하고, 주제 글을 정하는 등 모든 계획은 이들 2세대들에게서 나온 것이며 조병순과 정순태는 이들의 지침을 받들어 행동한 것이다.

3세대 조병순: 1895년(고종 32) 명성황후 시해(弒害) 이후 항일무장투쟁을 이끌었던 세력들, 동악산 항일독립운동 2세대이며 독립운동을 이끌었던 리더였다.

4세대 조태환: 일제 강점기 식민치하에서 지하조직을 이끌었던 세력들, 동악산 항일독립운동 3세대들이다.

이들 조씨 가문 4대가 새긴 청류동 구곡(九曲)의 글들 가운데는 고종황제가 은밀히 전한 마음 즉 삼곡(三曲) 대천벽(戴天壁)에 새겨진 '보가효우(保家孝友)'는 의병을 일으켜 나라를 구하고 백성들을 지켜 달라는 밀지(密旨)이며 이 외에도 낙관(落款)이 없는 글들 가운데는 어필(御筆)로 전해지는 글은 물론 대원군이 썼다고 전해지는 글들이 있다.

이에 수년 동안 여러 가지 가능성을 두고 나름대로 자료들을 전문 학자들에게 보이고 사람들을 초빙 의뢰하는 등 그 진위 여부를 밝히려 하였지만 어느 글이 누구의 것인지 또는 제3자의 글인지 확인할 방도가 없어 밝히지 못하였다.

그러나 청류동 암반에 새겨진 글들을 가만히 살펴보면, 누구의 글인지 그 주체를 밝혔음에도 이곡(二曲)에 있는 사무사(思無邪)는 전각(殿閣)을 세워 보호하는 등 성리학의 우두머리인 주자(朱子)의 글보다 유독 낙관(落款)이 없는 글들을 각별히 예우하고 주제로 삼은 것은 물론이거니와 특히 구곡의 주제 가운데 일반 유생들이 함부로 쓸 수 없는 글들은 임금의 마음이 여기에 이르렀음을 뜻하는 것이다.

이는 대원군이 파락호 시절 서산 조형일의 그늘을 의지하여 여기 청류동에서 호남의 주자학파들과 어울렸고 그의 아들 조필승은 대원군의 뜻을 따랐음을 상기하면, 조필승이 부친 조형일의 개혁사상을 받들어 활동하면서 부친과 함께 개혁을 논의했던 대원군이 만인지상(萬人之上)의 자리에 오르고 이어지는 국난을 당하여 대원군과 고종황제가 은밀히 전한 마음을 널리 홍보 교육하고 실천한 것이다.

대원군과 조형일의 관계는 훗날 고종황제가 아무런 연고도 없는 무관(無官)의 조병순에게 하사한 보가효우(保家孝友) 어필에서 대원군과 조씨 가문 사이에 대를 이은 특별한 인연이 있었음을 알 수가 있다.

[부연하면, 낙관이 없는 글들을 각별히 예우하고 구곡의 주제로 삼은 것은, 여기 동악산에서 활동한 세력들은 위기에 처한 대원군과 고종황제 두 아버지와 아들이 대를 이어 은밀히 부촉(附囑)한 비밀조직이었음을 뜻하는 것이다.]

그러나 여기 청류동에 새겨진 글의 주인이 누구이든 철종 당시부터 동악산에 은거한 주자학파들이 나라를 구하는 방책을 성리학에서 구하고 선비정신을 바탕으로 이끌어 간 개혁정신은 항일의병운동과 민족독립운동의 지도이념으로 계승, 민족주의사상으로 발전하였으며, 특히 선비정신으로 이끌어 간 비폭력과 불복종 저항운동은 3·1운동의 정신이 되었고 사티야그라하(진리파악)라고 명명한 간디의 비폭력 저항투쟁과 불복종운동보다 앞선 자랑스러운 역사였다.

기타 상세한 것은 해당 본문에서 설명하겠지만, 수년 동안 연구한 동악산 항일독립운동사를 한 권의 책으로 만들어 공개하는 것은 세상의 무관심 속에 방치 훼손되고 있는 유적을 보호함과 동시에 그동안 수집된 자료를 공개하여 미진한 자료들을 찾으면서 다른 한편으로는 나의 논증을 강호의 논객들로부터 검증받아 수정 보완하기 위한 목적으로 출간하는 것이다.

　즉, 동악산 항일독립운동사를 한 권의 책으로 출간하는 것은 많은 사람들로 하여금 보게 하여, 대대로 이어 온 동악산 학맥은 물론 항일독립운동에 헌신했던 수많은 인물들의 행적을 찾아, 그 후손들이 가지고 있을 자료들을 찾고 청류동 사곡(四曲)처럼 사라져 버렸거나 또는 필자가 아직 찾지 못한 유적이나 문집(文集) 등 관련된 기록들을 찾아 동악산 항일독립운동이라는 퍼즐을 완성하려는 목적이다.

　따라서 본문은 개인들의 친일과 변절 여부에 초점을 두지 않고 전체적인 항일독립운동사를 밝힌 것이므로 본문에서 드러난 인물들 가운데 몇몇을 제외한 나머지 인물들의 평가는 이름을 새길 당시까지의 기준일 뿐, 그 이후 변절 여부는 확인하지 못하였다.

　그러므로 본문에 거론된 인물들 가운데 그 후손들이 선대들의 이름이 있다 하여 마치 변절 여부가 사실로 확인 검증된 것처럼 왜곡하여 공적(公的) 사적(私的)으로 인용하거나 본문을 출판 또는 인터넷 매체에 무단 전재하는 것 등, 유형무형의 사익(私益)을 위한 어떠한 행위도 거부하며 이러한 사실을 여기에 분명하게 밝혀 둔다.

[부연하면, 세상이 아는 분명한 강도(强盜)를 독립군으로 조작하여 국가로부터 훈·포장을 받게 하고 그 이름을 돌에 새겨 아무것도 모르는 후손들로 하여금 고개를 숙이도록 하고 있는 현실에서, 친일파들의 후손들과 부패세력들이 얼마든지 악용할 소지가 있고 무엇보다도 수년을 연구해 온 당사자로서 앞으로 친일 또는 변절 여부를 확인 규명해야 할 인물들의 객관적이고 공정한 자료를 확보하기 위한 고육책(苦肉策)임을 양해하여 주기 바란다.]

아울러 동악산 청류동(淸流洞)과 원계동(元溪洞)의 글들은 여러 시대를 거치면서 여러 형태의 글들이 있고 그 가운데는 훗날 변절한 인물들은 물론 친일파들이 새겨 놓은 이름들도 있어 자세히 살피지 않으면 헛수고는 물론 낭패를 보기 십상이니 유념하기 바란다.

다음은 본문에 게재된 글씨 사진들에 관하여 불필요한 오해를 불식시키고 관심 있는 이들을 위하여 필자가 사용했던 방법을 여기에 공개한다.

본문에 게재된 사진자료 가운데 촬영된 글씨들은 페인트나 특정 물감을 칠한 것이 아니다.

처음 탁본을 뜨려고 생각했지만, 워낙 방대한 분량이고 많은 시간이 소요되는 것은 물론 그 과정이 번거롭고 인쇄되었을 때 선명하지 못하여 누구나 쉽게 확인할 수 있는 것이 아니었다.

고민 끝에 글의 훼손을 방지하기 위해 필자가 사용한 첫 번째 방법은 오염되지 않은 맑은 계곡 물에 살짝 적신 화장지를 일일이 손으로 조각하듯 음각된 글씨의 획을 따라 채워 넣고 촬영하였는데, 이 방법은 미세한 글까지 모두 적용할 수는 있어 좋지만, 많은 시간이 소요되는 것이 단점이다.

일곡(一曲) 도채위경(淘採爲耕)과 구곡(九曲) 목석거록시유(木石居鹿豕遊) 등 대부분의 주제 글은 이 화장지 방법으로 촬영하였다.

두 번째 방법은 폭설이 내리고 혹한이 겹쳤을 때, 깨끗한 면장갑을 끼고 손바닥으로 흙을 바르듯 바위에 음각된 글씨에 눈을 바른 뒤 붓으로 주변의 눈을 털어내고 촬영하였는데, 이 방법은 미세한 글씨까지 모두 촬영할 수 있어 좋지만 반드시 혹한이어야 하는 계절과 시간의 제약은 물론 추위를 견뎌야 하는 단점이 있다.

◇ 화장지를 이용하여 촬영한 목석거록시유(木石居鹿豕遊)

◇ 눈을 이용하여 촬영한 고종황제의 어필(御筆) 보가효우(保家孝友)

◇ 백묵을 이용하여 촬영한 '팔곡(八曲) 포경재(抱經齋)' 주제 글 명경성의(明敬誠義) 양협진지(兩夾進持)

　삼곡(三曲)에 있는 고종황제의 어필 보가효우(保家孝友)를 비롯하여 원계동(元溪洞)은 물론 특히 인명(人名)은 눈을 이용하여 촬영한 것이다.

　세 번째는 백묵으로 글을 쓰듯 바위에 음각된 글을 따라 백묵을 칠하는 것인데, 이 방법은 촬영했을 때 선명하지도 않거니와 작은 글에는 해당되지 않으므로, 위 두 가지 방법이 어려울 때 이외는 사용하지 않는 것이 좋다.

　삼곡(三曲) 징분질욕(懲忿窒慾)과 팔곡(八曲) 명경성의(明敬誠義) 양협진지(兩夾進持) 등이 백묵을 사용한 것이다.

　위 열거된 세 가지 방법을 쓰면, 화장지는 사용 후 제거하면 되는 것이고, 눈은 그 자리에서 털어 버리면 되고, 그냥 놔 두어도 날씨가 풀리면 스스로 흔적 없이 녹아 버리며, 백묵은 촬영 후 물을 뿌리거나 비가 오면 이 또한 깨끗이 지워지는 까닭에 탁본을 뜨는 것보다 훨씬 더 안전하고, 시간과 비용이 절감되는 것은 물론 본문에서 보듯이 판독과 자료 활용에 매우 유익하다.

◇ 도림사 정면 계곡 물 가운데 사람 얼굴의 형상을 한 오곡(五曲) 요요대(樂樂臺)의 표정 없는 모습은 자연이 빚어 놓은 것이라고 믿기 어려울 만큼 불교와 유교 어느 쪽의 시각으로 보아도 대단한 걸작이다.

끝으로 수년 동안 조사 연구하는 과정에서 아무런 조건 없이 어려운 금석문을 판독 지도하여 주신 동국대 역경원 동강(東江) 김두재(金斗再) 선생님의 은공을 내 어찌 잊을 것인가!

수년 동안 많은 가르침을 주시고, 시도 때도 없는 질의에 답해 주시면서도 감사의 인사마저 당치 않다며 사양하신 동강 선생님은 아마도 동악산 성모(聖母)이신 관세음보살님이 선생님을 통해 나를 이끌어 주시는 것이라 믿고 불은(佛恩)에 감사할 따름이다.

다음은 애국지사 장중권(張仲權)의 손자이며 장동환(張東煥)의 아들로 태어나 92세로 망백(望百)의 노구(老軀)를 이끄시고 동악산 옛 현장을 다니시며, 옛 모습과 옛사람들의 이야기를 증언해 주신 구원리 장일남(張一男) 옹과 75세의 어려운 걸음으로 직접 동악산 구곡과 유적을 답사하며 인명을 확인하여 주시며 격려해 주신 구한말 애국지사이신 청호(青湖) 유인수(柳寅秀) 선생의 증손이며 한평생 교육계에 헌신하여 수많은 제자들을 길러 내신 유회수(柳檜洙) 은사(恩師)님께 진심으로 감사의 인사를 드린다.

특히 동악산의 정의(正義)가 바로 서기를 학수고대하며, 적극 협조해 주시다 지난 2006년 봄, 가을, 겨울, 동악산 신선이 되어 떠나가신 조희두(曺喜斗) · 박현래(朴賢來) · 조만태(趙萬泰) 세 분 옹(翁)들의 영전(靈前)에 진실로 슬프고 안타까운 술잔을 올린다.

그리고 그동안 나와 함께 바위에 새겨진 글들을 손으로 더듬으며 협조해 준 옥과 설산 수약재(守約齋) 엄찬영(嚴鑽煐) 훈장과 곡성읍 금산서사(金山書舍) 박성룡(朴星龍) 훈장, 두 아우님의 노고는 훗날 내 죽은 관 앞에 누군가 따라 놓은 술이 있다면 그때 그 술로 갚겠다.

이 밖에도 동악산 독립운동사를 밝히는 데 많은 인연들이 있었지만, 컴퓨터 자료정리에 협조해 준 곡성읍 '컴퓨터 월드' 김판수(金判洙) 대표와 현장 확인을 위해 거동이 불편한 노인을 업고 산을 오르내려 준 옥과 정홍균(鄭洪均) 그리고 바위에 새겨진 글씨의 흔적 여부 등을 감식 협조해 준 평화석재 석공(石工) 이귀재(李貴宰) 대표와 일곡(一曲) 쇄연문(鏁烟門) 앞에서 도림산장을 운영하면서 청류동을 오르내리는 나에게 많은 도움을 준 김선오(金善五), 조은숙(曺銀淑) 내외분께 특별한 감사의 인사를 전한다.

태초 이 산에 성스러운 관세음보살님이 출현하여 신령한 덕(德)을 베푸니 그 덕이 신(神)들을 보호하였고, 신(神)들은 나라를 일으켜 보전하였으니 바로 동악산 항일독립운동의 역사다.

　오늘 이 산의 신(神)이 되신 구한말 항일의병과 애국지사들이 바람을 먹고 구름으로 토해 놓은 구국의 역사를 청류동 맑은 물에 띄우나니 바라건대 동악산(動樂山) 성모(聖母)는 다시 시현(示現)하여 동악(動樂)의 아름다운 노랫소리가 하늘과 땅 사이에 가득하게 하소서.

　　　　　　　정해년(丁亥年) 입하(立夏)에 동악산 누옥에서 박혜범 씀

목차

제1부 천간지비 동악산

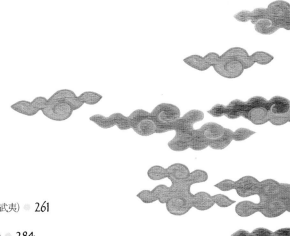

제2부 법화경의 향기

제1부
천간지비 동악산

천간지비(天慳地秘) 동악산(動樂山)

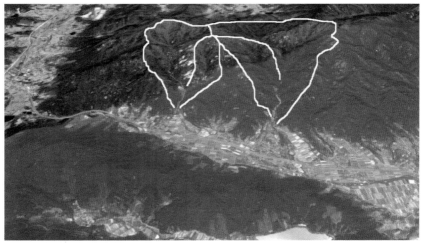

◇ 천간지비(天慳地秘) 동악산(動樂山)
처음 하늘의 상제(上帝)가 세상을 다스리기 위해 하늘 천(天) 자로 만들어 숨겨둔 천부(天府) 전남 곡성군 곡성읍에 소재한 동악산(動樂山)은 이 땅의 우국지사들이 주역(周易)의 빛나는 방책(方策)과 가르침으로 항일독립운동을 일으켜 나라를 되찾고 백성을 구하여 오늘의 자유 대한민국을 있게 한 역사의 현장이며, 귀감으로 삼아 자손만대에 전할 호국(護國)의 성지(聖地)다.

사람의 머리 위에서 끝없이 넓은 것이 하늘(天)이고 하늘은 태극(太極)이니, 처음 하늘의 상제(上帝)가 세상을 다스리기 위해 하늘 천(天) 자로 만들어 숨겨 둔 천부 (天府, 천신(天神)의 관청) 전남 곡성군 곡성읍에 소재한 동악산(動樂山)은 이 땅의 우국지사들이 주역(周易)의 빛나는 방책(方策)과 가르침으로 항일독립운동을 일으켜 나라를 되찾고 백성을 구하여 오늘의 자유 대한민국을 있게 한 역사의 현장이며, 귀감으로 삼아 자손만대에 전할 호국(護國)의 성지(聖地)다.

특히 영원무궁한 하늘인 태극이 음(陰)과 양(陽)으로 나뉘어 운기(運氣)하고 있는 2개의 봉우리(형제봉)를 다시 하늘이 대장봉(大壯峯)에서 동북과 남서로 2개의 산줄기를 내어 청룡(靑龍)과 백호(白虎)를 만들어 좌우를 성곽처럼 에워쌌고 정면의 남동 방향에는 통명산(通明山)에서 흘러내린 산줄기가 주작(朱雀)이 되어 동천(洞天)을 굳게 지키고 있는 산의 모습은 이곳이 천부(天府)이며 천·지·인(天·地·人) 삼태극(三太極)이 운기하고 있는 천하제일의 명당임을 말해 주고 있다.

[부연하면, 최근 노무현 정부에서 봉직(奉職)한 청와대 인사수석 김완기(金完基)와 기획예산처장관 장병완(張秉浣)은 여기 동천(洞天, 구원마을)의 정기를 받은 인물들이다. 이는 동시대(同時代)에 한 마을에서 두 인물이나 한 임금을 섬기며 백성을 살핀 것이니, 나라와 백성이 어려울 때마다 끊임없이 성인(聖人)을 배출하여 나라를 지키고 백성 구하는 성출산(聖出山)이라는 동악산의 전설이 결코 헛된 것은 아니다.]

이처럼 하늘 천(天) 그 중심에서 태극이 음과 양으로 나누어져 상생상극(相生相剋)하면서 운기하고 있는 동악산은 구한말과 일제 강점기에 항일의병과 독립군들이 구곡(九曲) 즉, 구궁팔괘진(九宮八卦陣)을 설치하여 빼앗긴 나라를 되찾고 오늘의 자유 대한민국을 있게 하여 주었으니 동악산이야말로 하늘의 상제가 우리 민족을 위해 마련해 둔 천부인(天符印)이며 세상의 선비들이 도통(道統)의 연원(淵源)을 이어 가는 근본도량(根本道場)이다.

다음은 동악산 형제봉을 중심으로 흘러내린 청류동(淸流洞)·고반동(考槃洞)·원계동(元溪洞) 3개의 골짜기에 설치된 구곡(九曲) 즉, 구궁팔괘진(九宮八卦陣)에 관한 설명이다.

쇄국정책의 상징인 청류동 일곡(一曲) 쇄연문(鎖烟門)과 나를 따르라는 원계동(元溪洞) 일곡(一曲) 종오소호(從吾所好)가 하늘 천(天)을 받치고 있는 주춧돌이며, 대장봉에서 뻗어내려 운기하고 있는 태극을 지키고 있는 좌우 성문(城門)의 역할을 하고 있다.

또한 동쪽을 지키는 청류동을 태극통체일리(太極統體一理)가 만화(萬化)의 근본이라는 주자(朱子)가 해석한 태극도설(太極圖說)을 인용한 무태통천(無太洞天)이라 하여 하늘(天)을 뜻했고, 마을을 선비들이 사는 곳이라는 언동(彦洞)이라 하고 태극도설의 중심사상인 인간은 또 다른 하늘이라는 인간별시천(人間別是天)과 중정

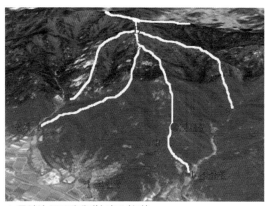 

◇ 동악산 구궁팔괘진(九宮八卦陣)
A. 대장봉(大壯峯, 744m) B. 형제봉(兄弟峯, 750m; 서봉, 음(陰)) C. 형제봉(兄弟峯, 715m; 동봉, 양(陽))이고, 청류동 구곡(九曲)과 고반동 구곡(九曲) 원계동 구곡(九曲)은 천지인(天地人) 삼태극(三太極)을 상징한 것이며 3개의 골짜기에 설치된 구곡(九曲)은 구궁팔괘진(九宮八卦陣)이다.

인의(中正仁義)를 돌에 새겨 인극(人極)을 세운 고반동(考槃洞)은 땅(地)을 뜻했으며, 원계비둔(元溪肥遯)이라 하여 군자(君子)가 그 지위에서 물러나 세상을 피해서 산다는 원계동은 사람(人)을 뜻했으니, 태극이 변한 음(陰)과 양(陽)인 형제봉 2개의 봉우리를 중심으로 천·지·인(天·地·人) 삼태극(三太極)을 안배하여 괘(卦)를 설치했음을 분명하게 알 수가 있다.

이 하늘 천(天)에서 흘러내린 청류동·고반동·원계동 3개의 골짜기에 구곡을 설치한 주체가 당시 주자의 성리학(性理學)을 신봉하면서 동악산 항일의병과 독립운동을 이끌어 간 의병(義兵)들이었으니, 이 하늘 천(天)은 주역(周易)의 우주관을 말하는 것이며, 3개의 골짜기에 설치한 구곡은 주역의 괘사(卦辭)를 인용한 구궁팔괘진(九宮八卦陣) 즉, 기문팔진도(奇門八陣圖)를 펼쳐 놓은 것이다.

이는 우주(宇宙) 즉, 하늘은 태극(太極)이고 태극은 변하여 음양(陰)과 양(陽)을 낳고, 음과 양은 변하여 사상(四象)을 낳고, 사상은 팔괘(八卦)를 낳으며, 8괘는 다시 64괘가 되어 천·지·인(天·地·人) 삼극(三極)의 한 축인 사람들이 다양한 길흉화복을 극복하는 지침이며, 군자(君子)가 나라의 위기를 극복하고 천하를 태평성대로 이끄는 치국(治國)의 요결이므로, 청류동·고반동·원계동에 설치된 구곡은 곡성의 선비들을 중심으로 전국의 우국지사들이 모여, 이 주역의 괘사(卦辭)를 이용하여 일본군에 대항했던 군사전략이었으며, 당시 기우만(奇宇萬 1846~1916)·전우(田愚 1841~1922)·송병선(宋秉璿 1836~1905)·황현(黃玹 1855~1910)·최익현(崔益鉉 1833~1906) 등등 전국의 우국지사들이 동악산으로 모여들어 원통한 눈물을 흘리면서 국권회복의 방책을 논의한 이유가 바로 이것이었다.

알기 쉽게 설명하면 구한말 전국의 우국지사들이 동악산으로 모여들어 의기(義

旗)를 세우고, 일제(日帝)에 강탈된 나라의 국권회복을 위해 각 고을의 창의(倡義)를 독려하고, 특히 1906년 윤 4월 13일 전라북도 태인(泰仁) 무성서원(武城書院)에서 의병을 일으킨 최익현이 각종 군자금과 무기를 확보하기에 보다 손쉬운 장성군(長城郡)을 비롯한 인근의 부유한 고을들을 버리고 굳이 아무것도 바랄 것이 없는 빈곤한 곡성으로 곧장 달려와 4월 17일 호남 각 고을의 선비들에게 의병을 일으켜 나라를 구해 달라는 격문을 띄우고 돌아간 이유가 바로 하늘 천(天)의 동악산이 천지자연의 이치와 만물을 나타내는 괘(卦)이며, 태극이 운기하고 있는 조선 성리학(性理學)의 성지(聖地) 해동무이(海東武夷)이고, 조선의 선비들이 실사구시(實事求是)의 정신으로 유학(儒學)의 본지(本旨)를 찾고 도통(道統)의 연원(淵源)을 이어 가면서 민족자존의 항일의병과 민족독립운동을 이끌어 간 위정척사사상(衛正斥邪思想)의 모태(母胎)였음을 말해 주는 것이다.

조선시대의 기록을 보면 김인후(金麟厚, 1510~1560)·고경명(高敬命, 1533~1592)·정철(鄭澈, 1536~1593)·유형원(柳馨遠, 1622~1673)·허생(許生)·박세채(朴世采, 1631~1695)·김창협(金昌協, 1651~1708)·김창흡(金昌翕, 1653~1722)·이익(李瀷, 1681~1763)·정약용(丁若鏞, 1762~1836)·기정진(奇正鎭, 1798~1879) 등등을 비롯하여 구한말에는 기우만(奇宇萬)·최익현(崔益鉉)·전우(田愚)·송병선(宋秉璿)·황현(黃玹) 등등 그 이름만 들어도 쟁쟁한 선비들과 나라를 위해 절의를 지킨 열사(烈士)들이 동악산으로 들어온 것은, 동악산이 조선의 유학자들이 도통의 연원을 이어 가는 성지였음을 말해 주는 것이다.

처음 성인(聖人)이 주역을 만든 큰 뜻을 설명한 설괘전(說卦傳)을 보면, "옛적에 성인이 주역을 지음은 장차 천성(天性)과 천명(天命)의 이치에 순응하려 함이었다.

그러므로 하늘의 도를 세워 음과 양이라 하고, 땅의 도를 세워 유(柔)와 강(剛)이라 하고, 사람의 도를 세워 인(仁)과 의(義)라 하였다. 이처럼 천·지·인(天·地·人) 세 가지 삼재(三才)를 겸하여 포함하였으되 모두 둘씩 표현하였기에 주역에는 한 괘를 여섯 획으로 이루게 되었다 하였고, 이미 지나간 것을 아는 것은 그 역(易)의 순서(順序)를 알아내는 것이고, 미래의 일을 알아내는 것은 거꾸로 거스르는 것이다. 그러므로 주역은 미래를 거꾸로 헤아려 알아내는 것이라고 하였으며, 성인이 남쪽으로 바라보고 천하의 소리를 듣고 다스린다" 하였으니, 하늘 천(天)으로 만들어진 동악산 골짜기에 주역의 괘를 설치하고 음과 양으로 나란히 선 형제봉 동남쪽 기슭에 사람들이 마을을 이루고 중정인의(中正仁義) 즉, 인(仁)과 의(義)라는 사람의 도를 세운 것은, 천성을 알고 천명을 따라 사람의 도리 즉, 이 나라 선비의 도리를 세운 것이니, 동악산과 언동마을 즉, 동막은 아무것도 가진 것 없이 맨주먹으로 일본군과 맞서 빼앗긴 나라를 찾고 백성을 편안케 하려는 전국의 우국지사들이 모여 주역의 괘를 펼쳐 이끌어 간 항일독립운동의 역사였음을 증명하는 것이다.

참으로 두렵고 신비한 것은 필자가 동리산 태안사사적을 추적하며 연구할 때 (동리산 사문비보(桐裏山 沙門裨補, 2009년 1월 발간)) 혜철국사(惠哲國師, 785~861)의 땅을 보고 점지하는 안목에 전율하면서 왕건으로 하여금 삼한(三韓)을 하나로 융합 통일하여 고려를 창업게 한 그 도참비결(圖讖秘訣)을 천 년 후 동악산에서 일어선 항일의병과 독립군들이 그대로 이어 응용 실천했음을 알고는 있었지만, 이처럼 분명하고 정밀하게 실존한 역사였음을 상상하지는 못했었다.

당시 동악산에 구곡을 설치하면서 정확히 하늘 천(天)의 좌우 자획(字劃) 끝에 청류동의 일곡(一曲)과 원계동의 일곡(一曲)을 설치하여 하늘 천(天)자를 받치고 있는 것은, 우주에서 촬영한 구글어스의 위성사진을 통해서 오늘 내가 확인하는 하늘 천(天) 자를 백 년 전 구곡을 설치한 조병순(曺秉順)과 정순태(丁舜泰)를 비롯하여 이 산에서 항일의병과 독립운동을 이끌어 간 의인들은 분명하게 알고 있었음을 말하는 것이니, 진실로 선인(先人)들의 혜안에 후인(後人)은 그저 놀라고 탄복할 뿐이다.

다음 사진을 보면 동악산이 주역의 태극도설을 근거로 안배된 땅임을 알 수가 있다.

사진을 보면 1. 청류동 2. 고반동 3. 원계동 4. 괘치재 5. 구원(舊院, 동막(東幕))마을이고 하늘 천(天) 즉, 음양으로 나뉘어 운기하고 있는 태극(太極 형제봉)을 대장봉(大壯峯)에서 동북(東北)과 남서(南西)로 2개의 산줄기를 만들어 성곽처럼 에워쌌고 남동쪽에는 통명산(通明山)이 주작(朱雀)이 되어 굳게 지키고 있다.

특히 곡성읍 남서쪽에 있는 구원마을을 동막(東幕)이라 부르는 것은, 동쪽의 오랑캐 왜놈들을 몰아내고 나라를 되찾는 본부 즉, 군영(軍營)이라는 뜻이며, 곡성으로 들어오는 동악산 남쪽 관문인 서계마을(西界, 위 동막) 산 고개를 괴티재로 부르

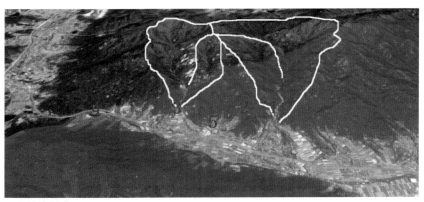

◇ 동악산 설명도

고 있는데, 이는 역리(易理)로써 군도(君道)를 세우고 나라를 잘 다스리는 치술(治術) 즉, 태극이 운기하고 있는 산의 고개라는 의미의 '괘치(卦治)재'가 변한 것이고, 형제봉을 중심으로 흘러내린 3개의 골짜기에 펼쳐 놓은 구곡이 일제에 저항했던 항일의병과 독립군들이 실천했던 전술(戰術)이었음을 알 수가 있는 일이다.

[부연하면 총독부가 대한제국의 행정을 개편한 1914년 4월 1일 당시 곡성군청을 기준하면, 서쪽은 동악산 정상인 향로봉인데, 그 향로봉 남쪽에 있고, 군청의 남서쪽에 위치한 마을(위 동막)을 방위와 상관없이 서계(西溪)마을로 만든 것은 땅의 기운을 역행시켜 동악산 형제봉을 중심으로 순행하는 태극을 파괴하려는 공작이며, 괘치재를 고개를 넘는 아리따운 신부를 겁탈하여 죽이고, 주민들을 상대로 강도(強盜) 짓을 일삼은 정갑산(鄭甲山)의 본거지였다는 무시무시한 공포의 고개로 만들어 버린 것 또한 주역의 괘로 구궁팔괘진(九宮八卦陣)을 설치하여 날래고 용맹스런 신병(神兵)들이 지키고 있는 산을 의미한 것으로 동악산과 동막마을을 비보(神補)한 정갑산(精甲山)을 훼손하기 위해 일제가 친일파들을 시켜 날조한 이야기가 세월에 묻히면서 사실처럼 되어 1987년 11월 곡성군에서 발간한 곡성군 관내 "마을 유래지(由來誌)"에 그대로 인용된 것이다.]

구원마을의 또 다른 이름인 바다 건너 동쪽의 오랑캐 왜놈들을 쳐부수는 군영(軍營)을 뜻하는 동막(東幕)이라는 이름이 언제 어떤 연유로 비롯되었는지 알 수 있는 증거가 마을 정자 앞에 세워놓은 돌에 새겨져 있다.

동막(언동)마을 정자 앞 축대에 모아 놓은 돌 가운데 일반인들은 알 수가 없는 전서체(篆書體)로 새겨진 망형어제(忘形御帝)는 의병을 일으켜 나라를 잃어버린 자신을 도와 달라는 고종황제의 밀지(密旨)다.

◇ 고종황제의 밀지 망형어제(忘形御帝)

잉어의 모습을 한 돌을 골라 글을 새긴 것은 즉, 잉어의 형상을 한 돌은 이씨(李氏) 왕조를 뜻하고, 글은 그 주인인 고종황제를 뜻하는 것으로 망형어제가 고종황제의 밀지임을 말하는 것이다. 국호(國號)는 물론 주인인 임금의 어휘(御諱, 이름)도 쓰지 못하고 잉어의 형상을 한 돌을 골라 국호와 임금을 대신한 이 유적은 청류동 삼곡 바위에 그려진 오얏꽃 그림과 함께 일제치하에서 우국지사들이 어떻게 역사를 전했는지 잘 보여 주고 있는 좋은 교본이다.

정확히 어느 때 보내온 밀지인지 알 수는 없지만, 황제를 뜻하는 제(帝)를 사용한 것으로 보아 1895년 명성황후가 시해되고 고종(高宗)이 1897년 10월 13일 경운궁(慶運宮, 현 덕수궁) 태극전(太極殿)에서 국호를 대한제국(大韓帝國)으로 선포하고 황제(皇帝)로 즉위한 이후 그리고 김정호(金正昊, 1871~1909.4.27)가 죽기 이전 1909년 4월 27일 이전에 보내온 것만은 확실하다.

그러나 망형(忘形)이라는 글귀와 1906년 김정호를 중심으로 곡성의 선비들이 동막마을에 모여 의병을 일으키려다 실패한 역사를 통해 추측해 보면, 1905년 11월 17일 을사늑약(乙巳勒約) 직후 고종황제는 동악산을 중심으로 은둔한 곡성의 선비들에게 의병을 일으켜 "잃어버린 나라를 찾을 수 있도록 짐을 도와 달라"는 밀지를 보내 호소하고, 곡성의 선비들은 이에 부응하여 이 동막마을에 모여 의병을 일으킬 것을 결의하고 털끝만큼이라도 임금의 위엄이 훼손되는 불충함이 없도록 하기 위해 이씨(李氏) 왕조의 상징인 잉어를 닮은 돌을 골라 고종황제의 밀지를 새기고 "힘을 모아 임금의 뜻에 따르겠다"는 구종군자지절(니從君子之節)을 새겨 황제의 밀지에 맹약한 것이다.

잠시 필자가 이 망형어제(忘形御帝)를 왜 고종황제의 밀지로 보았는지 이에 관한 설명을 하고 가야 할 것 같다.

이 망형어제는 본래 김정호가 후학들을 가르쳤던 구원마을 631(동막길 75)번지 언동서당에 있었던 것을 70년대 마을 사람들이 지금의 위치로 옮겨 놓은 것이다.

빼앗긴 나라를 되찾기 위해 절규하며 구국에 앞장섰던 의인들이 고인으로 떠나고, 나라를 되찾은 해방 후 곡성을 장악한 친일파들의 학살과 득세로 모든 것을 잃어버린 우국지사들과 그 후손들이 떠나 버린 뒤 서당은 허물어지고 새로이 이사 들어와 구국의 역사를 모르는 주민이 담 돌로 쌓아 놓은 것을 어렴풋이나마 의로운 역사를 알고 있던 노인들의 뜻을 받들어 김용철(金容喆, 1919년, 현 생존) 옹과 김주기(金住基, 1933년, 현 생존) 옹 등이 1970년 무렵 새마을사업으로 마을길을 넓힐 당시 발굴하여 마을 앞 정자 축대 위에 모아 놓은 것이라 한다.

머리 부분이 깨어져 멋지고 늠름한 모습을 잃어버렸지만 처음 언동서당에 세워 두었던 위치를 보면 임금의 밀지인 망형어제는 고종황제가 있는 북으로 향하여 가고 있는 잉어의 형상을 한 돌의 가슴에 새겨 놓고 의병들의 맹약인 구종군자지절(니從君子之節)은 힘차게 물을 젓는 꼬리에 새겨 놓았는데 이는 어떠한 고난에 부딪쳐도 굴하지 않고 힘을 모아 임금의 뜻에 따르겠다는 맹약으로 당시 고종황제와 의병들의 의지가 어떠하였는지 잘 보여 주고 있다.

일부 글씨는 훼손되어 잘 보이지 않지만, 전서체로 새긴 망형어제 각각의 글씨 우측과 좌측 구종군자지절 옆에 일반인들이 알기 쉽게 해서(楷書)로 조그맣게 새겨 놓은 것은 추측건대 나라를 위해 일어선 우국지사들의 피눈물이 남천(南川)으로 흘러가고 안타까운 절규가 동악산 바람으로 떠나간 어느 해 우국지사들의 자취를 보존하여 꺼져 가는 항일독립운동의 불씨를 어떻게든 살려 내려고 조병흠(曺秉欽, 1881~1947)과 정봉태(丁鳳泰)가 고군분투했었는데, 아마도 그때 새겨 놓은 것으로 보인다.

아울러 본문인 '망형어제'는 물론 부제인 '구종군자지절'은 창작한 것으로 공자의 글이 아님에도 마치 공자의 글인 것처럼 '공부자 서(孔夫子 書)'라고 새겨 놓은 것은 돌에 새겨 놓은 글의 본질을 알고 있는 조병흠과 정봉태가 글의 본뜻을 감추기 위해 위장해 놓은 것으로 생각된다.

망형어제를 발견한 뒤 필자의 사견(私見)을 배제하고 객관성을 담보하기 위해, 곡성군 입면 금산리에서 태어나 동악산 독립군으로 활동하고 해방 후 고향마을 금산으로 돌아와 조선의 마지막 선비로 여생을 마친 경와(敬窩) 엄수동(嚴受東, 1905~2003) 선생의 뒤를 이어 금산(金山)을 지키고 있는 한학자 엄찬영과 곡성읍에서 한문학원 금산서사(金山書舍)를 열어 한학을 지도하고 있는 박성룡은 물론 구례 조휘봉 선생의 소개로 섬진강 변에 자리한 '무르단도원'에서 주역을 연구하는 청여(淸如) 선생과 경남 하동 청학동 도인촌(道人村)을 찾아가 서형탁(徐亨卓) 훈장님을 뵙고 정밀 촬영한 사진자료를 보여 주고 자문을 구하는 등 전남대는 물론 서울과 전국에 산재한 한학자들에게 자료를 보내고 또는 직접 찾아가 의견을 들었다.

그 가운데 관심을 가지고 의견을 낸 사람들의 이야기를 종합하여 보면, 한 장의 서지(書紙)에 일필(一筆)로 쓴 것이 아니고 한 사람이 두 장의 서지에 시차를 두고 쓴 것을 부절(符節)처럼 한 문장으로 맞춰 돌에 새겼다는 것은 이견이 없었지만, 누가 쓴 글이냐는 것은 두 가지로 나뉘었고, 당연히 누가 썼느냐에 따라 해석도 달랐다.

몸을 잃어버렸다는 의미의 망형(忘形)은 나라를 잃어버렸다는 뜻이고, 어제(御帝)는 임금의 마부(馬夫)를 말하는 것으로 임금을 돕는다는 뜻이므로 나라를 잃어버린 짐(朕)의 마부가 되어 달라 즉, 잃어버린 나라를 찾을 수 있도록 자신을 도와달라는 고종황제의 밀지라는 의견과 몸과 마음을 다하여 임금을 모시자 즉, 목숨을 바쳐 나라를 지키자는 의병들의 맹약이라는 두 가지의 해석이 나왔다.

필자는 많은 자료와 전례(前例)를 수없이 검토한 끝에 의병을 일으켜 나라를 지켜 달라는 고종황제의 밀지로 최종 판단하였는데 그 이유는 다음과 같다.

① 전서체로 쓴 망형어제(忘形御帝)는 장자(莊子)의 "지(志)를 기르는 자는 형(形)을 잊게 되고, 형을 기르는 자는 이(利)를 잊게 되고, 도(道)에 이르는 자는 심(心)을 잊게 된다"는 도가의 수양법(修養法)인 망형(忘形)을 끌어다, 창작한 것으로 일반 유생(儒生)들이 쉽게 함부로 쓸 수 있는 문장이 아니다.

② 아무리 고사를 인용한 글귀라 하여도 어제(御帝)는 사전에 없는 것은 물론이거니와 그 쓰임도 매우 중요하지만 해석에 따라서는 이른바 삼족(三族)이 반역의 죄를 쓰고 죽임을 당할 수도 있는 금기(禁忌)의 문자이기에 일반 사람들이 함부로 쓸 수 있는 단어가 아니며, 조선 오백년사에서 유생(儒生)들의 정신적 지주이며 성인(聖人)으로 받드는 문왕(文王)의 세가(世家)를 밝히고 찬탄하는 문구 이외에 현

재까지 드러난 수많은 문헌 가운데 정승판서는 물론 조선의 선비들 그 누구도 이 단어를 사용한 예는 단 한 번도 없었던 특별한 문자라는 것은 자문에 응한 사람들 모두 동의한 공통된 견해였다.

③ 망형어제를 이씨왕조를 상징하는 잉어의 형상을 한 돌의 의미와 함께 풀어보면 참으로 망극(罔極)할 글이 되기도 하는데, 이는 정조(正祖) 사후 동악산에 은거하면서 탐관오리들이 횡행 만연된 부정부패로 말미암아 이미 국가로서의 기능과 힘을 잃어버린 조선을 개혁하여, 왕도정치를 구현하려는 뜻을 세우고 묵묵히 실천하다 나라가 위기에 처함에 의병을 일으킨 이들 선비들이 선택할 수 있는 글귀가 아니다.

④ 고 박현래 옹이 정봉태의 지시로 도림사 골짜기에 인명(人名)을 새긴 삼기 괴소리 출신 석공(石工) 강신교(姜信敎)로부터 들은 "옛날 의병들이 왜놈들과 싸우라는 임금의 글들을 왜놈들이 모르게 돌 속에 감추어 두었다"는 전설은 물론 청류동·고반동·원계동 3개의 골짜기에 새겨진 많은 글들이 고종황제가 보낸 어필이라는 노인들의 전언과 구한말 고종황제가 조병순을 주축으로 한 동악산 유림들을 격려하고, 그 대표인 의병장 조병순에게 의병을 일으켜 나라를 지켜 줄 것을 당부한 밀지 보가효우(保家孝友)를 보내온 것은 고종황제와 이곳 동악산 의병들과 은밀한 교류가 있었고 그 교류는 글을 통해서 이루어졌다는 역사적 사실과 부합한다.

⑤ 망형어제를 이곳에서 활동하던 의병들이 썼다면 당시 언동서당의 주인이며 곡성의 선비들을 이끌면서 항일독립운동을 주도하던 김정호가 썼을 것인데, 1921년 7월 백중날 밤 조병순이 살해된 뒤 조병순의 동생 조병흠과 함께 맹약하고 동

◇ 고종황제의 어필, 보가효우 청류동(保家孝友 淸流洞)
동악산 청류동 삼곡(三曲) 대천벽(戴天壁) 석림(石林) 돌벽에 새겨진 고종황제의 어필이다. 우(友) 자 옆에 명기된 '주연서우석어당(珠淵書于昔御堂)'은, 주연(珠淵)은 고종황제의 호이고 석어당(昔御堂)은 덕수궁에 있는 고종황제의 집무실이니 고종황제가 덕수궁 석어당에서 썼다는 뜻이며, 의병장 조병순의 서실(書室) '이이재(怡怡齋)' 대청마루에 걸려 있던 현판과 똑같은 것으로, 이는 구한말 고종황제가 조병순을 주축으로 한 동악산(성출산) 유림들을 격려하고 그 대표인 조병순에게 천하를 안정시켜 줄 것을 부촉한 어필이며 원본은 후손에게 전해져 있다.

악산 독립운동을 이끌었던 정봉태가 1918년 발간한 스승 김정호의 추모집 오강유고(梧岡遺稿)에 이 중요한 망형어제를 누락시켰다는 것은 있을 수 없는 일이며, 혹 정봉태가 실수로 빠뜨렸다 해도, 김정호의 문집에 망형(忘形)이나 어제(御帝)라는 글귀가 없는 것은 이 망형어제는 김정호가 쓴 것이 아님을 말하는 것이며, 김정호가 쓰지 않았다는 것은 곧 이 산을 의지하여 싸운 의병들이 쓴 것이 아님을 말하는 것이다.

⑥ 망형어제(忘形御帝)를 살펴보면 형(形), 몸을 버리고 지(志), 뜻을 받든다는 의미의 망형(忘形) 두 자는 작고, 황제를 모시겠다는 어제(御帝)는 조금 크게 쓴 것은

◇ 구종군자지절(좌측)과 망형어제(우측)

머리 부분이 깨어져 처음 하늘이 만들어 놓은 멋지고 늠름한 자태는 잃어버렸지만 용(龍)이 되기 위해 황하(黃河) 상류에 3단계의 높은 폭포로 이루어진 용문(龍門)의 거센 물길을 뚫고 오르기 위해 잠시 숨을 고르고 있는 것 같은 잉어의 모습이 당시 의병들의 의지를 보는 것 같아 가슴이 뭉클해진다.

물론 세로의 높이도 돌과 맞지 않아 겨우 새겼는데, 이는 글의 기본을 무시한 것으로 예(禮)를 중시하는 선비들이 취할 바가 아니다.

그러므로 만일 이 글을 곡성지역에 거주하는 선비들 가운데 누군가가 쓴 것이라면, 특히 언동서당의 주인인 김정호나 또는 당시 청류동 구곡의 주제(主題)와 부제(副題)의 글들을 쓰고 고을의 명필로 이름났던 의병장 조병순이 썼다면 즉, 이 지역에 거주하는 사람이 쓴 것이라면 몇 번이고 다시 써서 글의 균형은 물론 글과 돌의 균형까지 잘 맞추어 새겼을 것이다.

⑦ 당나라를 세운 이씨(李氏)들이 잉어를 부르는 이(鯉)가 자신들의 성씨인 이(李)와 소리가 같다 하여 잉어를 잡아먹는 것을 금지하는 법을 제정하고 글자도 쓰지 못하게 한 이후 비록 이씨들이 세운 조선왕조에서는 당나라처럼 엄격하지는 않았지만 잉어의 형상을 한 돌을 일부러 골라 사사로이 정치적인 글을 새기는 것은 이씨왕조 즉, 대한제국의 황제를 능멸하는 대역죄로 다스려질 수 있는 일임에도 굳이 잉어의 모습을 한 돌을 골라 글을 새긴 것은 즉, 잉어의 형상을 한 돌은 이씨왕

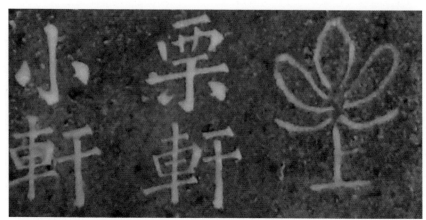

◇ 사진 우측에 그려진 꽃은 오얏꽃으로 이씨왕조인 조선을 뜻하고 꽃가지인 상(上)자는 임금을 뜻한 것으로 대한제국 고종황제를 말하는 것이다. 국호는 물론 주인인 임금의 어휘(御諱 이름)도 쓰지못하고 오얏꽃을 그려 국호와 임금을 대신한 이 유적은 언동마을 망형어제를 새긴 잉어 형상의 바위와 함께 일제치하에서 우국지사들이 어떻게 역사를 전했는지 잘 보여 주고 있는 좋은 교본이다. 오얏은 자두의 순우리말이며 오얏꽃은 조선왕실을 상징하는 꽃문양이다.

조를 뜻하고, 글은 그 주인인 고종황제를 뜻하는 것이며, 이것을 이해할 수 있는 유형의 글이 청류동 삼곡(三曲)에 있다.

청류동 삼곡 고종황제의 어필 보가효우가 새겨진 바위 아래 새겨진 '동유록(同遊錄)'은 1930년대 정봉태가 그 아버지의 일을 사람을 시켜 새겨 놓은 것인데, 동유록이라 하여 놓고 그 밑에 오얏꽃과 상(上) 자를 넣어 가지를 만들어 놓은 것은 즉, 오얏꽃은 이씨왕조 대한제국을 뜻하고 상(上) 자는 임금을 뜻한 것으로, 고종황제를 모시고 함께 벼슬했었던 기록이라는 뜻이지만, 이 꽃그림은 우리의 역사와 연호는 물론 말과 글을 함부로 쓸 수 없었던 일제치하에서 우국지사들이 어떻게 역사를 전했는지 알 수 있는 좋은 교본이다.

대한제국의 고종황제 밑에서 벼슬을 하다 을사늑약으로 관직을 버린 세 사람의 일을 기록하면서 국호(國號)는 물론 주인인 임금의 어휘(御諱, 이름)도 쓰지 못하고 오얏꽃을 그려 국호와 임금의 어휘를 대신한 위 사례에서 보듯이, 의병들이 잉어의 형상을 한 바위를 골라 새겨 놓은 글 망형어제는 곧 잉어 자신 이외는 감히 쓸 수 없는 것으로 고종황제의 밀지임을 말하는 것이다.

⑧ 만일 망형어제와 군자지절을 의병들이 쓴 격문(檄文)이라면 세로로 쓰든 가로로 쓰든 "망형어제(忘形御帝) 군자지절(君子之節)"이라 하여 한 문장으로 쓰면 보다 알기 쉬운 것은 물론 주제와 부제로 분리할 이유도 없는 일인데, 애써 격식을 갖춰 주제와 부제로 새겨 놓고 구종군자지절(口從君子之節)이라 하여 새삼스레 규합하여 따르겠다는 구종(口從)을 새겨 다짐을 한 것은 주(主)와 종(從) 즉, 임금과 신하의 관계를 말하는 것이다.

특히 동악산 골짜기 암반과 암벽에 새겨진 수많은 글들 가운데 오직 이 망형어제만 격식을 갖춘 주제와 부제가 있는 것은 망형어제가 그만큼 예의와 격식을 갖추어야 할 아주 특별한 존재임을 말하는 것인데, 선비들이 이처럼 예를 갖추어야 할 대상이 누구이겠는가?

⑨ 수없이 찾아가 살피고 심지어는 밤중에 찾아가 플래시 불빛을 사선(斜線)으로 비추며 훼손되어 희미한 흔적만 남긴 부제의 획을 찾는 등 함께 고생하여 준 곡성읍에서 평화석재를 운영하는 지석(知石) 이귀재(李貴宰) 대표의 의견에 의하면 주변의 글들과는 달리 자연석에 음각(陰刻)한 본문 망형어제는 명필(名筆)이며, 요즈음에도 보기 드문 고도의 기술을 가진 전문가가 정성을 다해 아주 특별하게 새긴 것으로 글의 뜻과 함께 보면 임금의 밀지로 보인다는 조언이 있었다.

[부연하면, 혹 세필로 바위에 음각된 글들이 마모되어 잘 보이지 않으면, 필자처

럼 밤에 플래시를 사선으로 비추면 낮에 보는 것보다 잘 보이므로 관련 학계의 전
문인들은 참고하기 바란다.]

⑩ 청류동 이곡(二曲) 암벽 즉, 호랑이 턱 중앙 상단에 구한말 우국지사들이 전
서체로 새겨 놓은 선사어제(鮮史御帝)를 자세히 살펴보면 선사는 도동재(道東齋)의
선사발적(鮮史發跡)에서 선사(鮮史)를 보고 자신들이 직접 붓으로 쓰고, 어제(御帝)
는 여기 망형어제를 복사(複寫)하여 새겼는데, 이는 당시 의병들이 회합의 목적을
밝히면서 그냥 선사(鮮史)처럼 자신들이 직접 쓰면 되는 것을 군이 그 중심에 애써
어제(御帝)를 복사해서 새긴 것은 곧 어제(御帝)를 임금으로 모시고 그 앞에서 다짐
하는 형식을 취한 것으로 여기 망형어제가 임금의 밀지임을 말하는 것이다.

알기 쉽게 설명하면 청류동의 바위에 새겨진 어제(御帝)는 우국지사들이 동막마
을의 어제(御帝)를 격식을 갖춰 각별히 모신 것이므로 동막마을의 망형어제(忘形御

◇ 언동마을 망형어제(忘形御帝 좌측)와 청류동 선사어제(鮮史御帝 우측)
바탕이 매끈한 돌에 새긴 동막마을의 망형어제에 비하여 표면이 거친 암벽에 새긴 청류동 이곡(二
曲) 선사어제(鮮史御帝)에서 선사(鮮史)는 직접 붓으로 쓰고 어제(御帝)는 망형어제의 것을 그대로
복사하여 새긴 것으로 어제의 위상을 말해 주고 있다.

帝)는 선비들이 엎드려 받들어야 하는 위상(位相)이고 그 위상은 임금을 말하는 것이다.

이 외에도 전거할 내용이 몇 가지 더 있지만, 골짜기에 산재한 우국지사들의 자취와 옛 역사를 전하는 노인들의 증언을 바탕으로 앞에서 대략 설명한 10가지의 이유에서 필자는 망형어제(忘形御帝)를 잃어버린 나라를 찾을 수 있도록 의병을 일으켜 자신을 도와 달라는 고종황제의 밀지로 보았고, 세필로 좌측에 겸손하게 시립(侍立)하여 있는 형국인 구종군자지절(나從君子之節)은 어떠한 고난에 부딪쳐도 굴하지 않고 힘을 모아 임금의 뜻에 따르겠다며 의병을 일으킨 우국지사들의 맹약으로 해석했음을 밝혀 둔다.

당시 동학란과 명성황후 시해사건 그리고 아관파천(俄館播遷) 등등 나라의 안팎에서 끊임없이 국권이 유린되고 조선 오백 년 서슬 퍼렇던 임금의 권위가 땅에 떨어져 영(令)이 서지 않은 수모를 당하던 고종황제가 자주독립의 의지를 대내외적으로 널리 표명하고 땅에 떨어진 나라의 위신을 다시 일으켜 세우기 위한 방편의 하나로 전국의 유생들에게 밀지(密旨)를 내려 제위(帝位)에 오르도록 하는 상소문을 올리게 하여 백성의 뜻이라는 대의명분으로 대한제국을 건국하고 황제로 즉위한 역사에서 보더라도 고종황제에게 있어 당시의 상황은 말 그대로 실체가 없는 나라의 허수아비 임금이었으니, 언동마을 바위에 새겨진 망형어제는 힘없는 짐의 마부가 되어 달라 즉, 잃어버린 나라를 찾을 수 있도록 의병을 일으켜 자신을 도와 달라는 고종황제의 간절한 마음이 여기에 이른 것이며, 이 땅의 선비들과 민생들은 황제의 마음을 돌에 새겨 맹약하고 받들어 실천한 것이다.

무엇보다도 주제인 망형어제를 "몸과 마음을 바쳐 임금을 모시자"는 의병들의 맹약으로 해석하면 "어떠한 고난에 부딪쳐도 굴하지 않고 힘을 모아 따르겠다"는 세필로 꼬리에 쓴 부제 구종군자지절과 의미와 격식이 서로 달라 맞지 않는다.

만일 주제와 부제를 의병들이 쓴 것이라면, 주제와 부제를 차별할 이유가 없음에도 동등해야 할 주제와 부제가 차별되어 있고, 특히 앞서 설명했듯이 망형어제(忘形御帝)라 하여 몸과 마음을 바쳐 임금을 모시자고 자신들이 맹약한 글에 구종군자지절(乃從君子之節)이라 하여 자신들이 따르겠다고 자화자찬(自畵自讚)하며 다짐하는 우스운 꼴이 되는데……. 무릇 이 우주에서 선비가 따를 것은 부모와 스승과 임금과 대의(大義)뿐인데, 대저 선비가 누구를 따르겠다는 것인가?

그러나 주제인 망형어제를 잃어버린 나라를 찾을 수 있도록 의병을 일으켜 자신을 도와 달라는 고종황제의 밀지로 보면, 어떠한 고난에 부딪쳐도 굴하지 않고 힘을 모아 임금의 뜻에 따르겠다는 의병들의 맹약인 구종군자지절이 고종황제의 부름에 의병들이 화답하는 형식으로 문맥은 물론이거니와 주(主)와 종(從)의 격식을 갖춘 주제와 부제의 배치 구도까지 모든 것이 부절(符節)처럼 꼭 맞아떨어진다.

당시의 국내정세를 보면 한 치 앞을 장담할 수 없었던 구한말, 송병선·황현·기우만·최익현·전우 등등 기라성 같은 애국지사들이 곡성으로 모여들었고, 특히 의병장 기우만이 안향(安珦)을 주벽(主壁)으로 받들고 있던 곡성군 오곡면 도동묘(道東廟)를 호남유림들의 총의를 모아 자신들이 받드는 성리학의 스승 주자(朱子)로 바꾸고 전북 태인에서 의병을 일으킨 최익현이 의병들을 이끌고 곡성을 찾아와 천하에 은거한 선비들에게 떨쳐 일어나 누란의 위기에 처한 나라와 백성을 구하라는 격문을 띄우며 분노의 칼을 치켜든 것은 하늘의 상제가 세상을 다스리기 위해 감추어 둔 천부(天府) 즉, 위정척사사상(衛正斥邪思想)의 근원이며 도학(道學)의 근본이 동악산에 있었기 때문이니, 대원군이 그러했듯이 고종황제가 이 산의 선비들을 의지하고 마음을 전하는 것은 당연한 것이다.

조선 말기와 구한말 곡성의 향토사(鄕土史)를 보면, 위정척사론의 대표적 인물들인 기정진과 최익현, 송병선, 기우만 등등 많은 학자들이, 곡성의 도학자들과 교우하며 남긴 글들이 많이 있는데, 이것은 이들이 세상의 눈을 피해 이곳 동악산에서 은둔하며, 곡성의 도학자들과 고담준론(高談峻論)으로 도학을 논하면서 외세를 배척하고 왕도정치를 구현하는 존왕양이(尊王攘夷)를 세우고 자주독립의 이정표를 세웠다는 증표이다.

무엇보다도 당시 언동(동막)마을은 병약한 몸으로 의병을 일으켜 일본군과 맞서려다 실패하고 원통하게 요절한 김정호가 출생하여 한평생 활동한 마을이었고, 의병장 기우만이 은거했고 전우 · 송병선 · 황현 등등이 은거 강론을 했다는 사실은 고종황제의 밀지 망형어제가 왜 여기 언동서당의 뜰에 세워져 있어야 하는지, 그리고 마을의 이름을 동쪽의 오랑캐들을 물리치는 군영(軍營) 군막(軍幕) 즉, 동막(東幕)이라 한 그 이유를 분명하게 밝혀 주고 있다.

지금도 마을에 전하는 이야기들을 모아 보면 김정호를 중심으로 곡성의 선비들이 모여들고, 후학들이 이곳에서 교육되었으며, 김정호가 천기(天機)를 통달하고 축지법(縮地法)을 쓰면서 귀신을 부렸다는 이야기를 마치 엊그제의 일처럼 이야기하는 장일남(張一男, 1915년, 현 생존) · 김용철(金容喆, 1919년, 현 생존) · 김주기(金住基, 1933년, 현 생존) 옹 등을 비롯하여, 언동마을에서 태어나 6 · 25 당시 전남경찰대 소속으로 압록 전투에 참가한 후 고향에서 여생을 마친 조만태(趙萬泰, 1928~2006) 옹과 청류동 입구 마을에서 태어나 한평생 청류동을 지키며 동악산의 역사가 바로 서기를 학수고대하다 2006년 동악산 신선이 되어 떠나간 박현래(朴賢來, 1920~2006) 옹 등등 마을 노인들의 증언과 망형어제는 동막이라는 명칭이 언동마을을 중심으로 은밀히 진행된 의병활동에서 비롯된 이름이었음을 말해 주고 있다.

당시 구원마을 2구(아래 동막)는 도동재(道東齋)를 건립하여 항일독립운동을 이끌어 간 장철수(張喆洙, 1832년~?)를 중심으로 한 장씨(張氏)들의 집성촌이고 구원마을 1구는 김정호를 중심으로 한 김씨들의 집성촌이었으며, 이농(離農)현상이 심각한 지금도 후손들이 터를 이루며 그 명맥을 이어 오고 있는데 김정호의 언동서당(彦洞書堂)과 같은 1구 동산마을에 있었던 조병순(曺秉順, 1876~1921)의 서산서당(西山書堂, 동막길 42·42-1번지) 그리고 2구 장철수의 도동재(道東齋)는 마을 주민들에게 항일독립운동을 교육 주입하면서 주민들을 항일의병과 독립군으로 조직화시키는 역할을 했었고, 여기에 필요한 자금을 초기에는 곡성의 항일투쟁을 이끌었

◇ 구원(동막)마을 1구 언동(彦洞)마을
김정호(金正昊) 선생이 나고 자랐으며 후학들을 가르친 마을이다. 옛 언동서당에 있었던 것들을 마을 정자 앞에 모아 놓았는데 좌로부터 언동서당(彦洞書堂), 인간별시천(人間別是天), 중정인의(中正仁義), 망형어제(忘形御帝)가 새겨져 있어 마을의 정신과 역사를 밝혀 주고 있다. 만사우유(萬事須臾)는 옛 서당이었던 집 화단 돌로 서 있으며, 인간별시천(人間別是天)은 회암(晦庵) 주자(朱子)의 글이다.

던 의병장 조병순과 정순태(丁舜泰, ?~1916)가 조달하였다.

1916년 7월 16일 정순태가 병으로 사망하고, 이어 5년 후 1921년 7월 오늘날의 가치로 대략 7백억 원의 군자금을 마련하여 서해에서 상해 임시 정부로 보내고 돌아온 조병순이 며칠 뒤 백중날 밤 곡성경찰서에 끌려가 고문 살해된 이후에는 조병순의 아우 조병흠과 정순태의 아우 정봉태가 아버지 조필승(曹弼承)과 정일우(丁日宇) 그리고 형(兄) 정순태와 조병순의 뜻을 이어 독립운동에 매진할 것을 함께 맹약하고, 마을에 필요한 자금을 조달하여 주었는데, 이러한 사실들은 곧 언동마을이 곡성의 선비들이 중심이 된 의병과 독립군들의 아지트 비밀본부였음을 증명하는 것이니, 동막(東幕)이라는 또 다른 마을 이름은 왜놈들을 몰아내고 나라를 되찾는 본부 즉, 군영(軍營)이라는 뜻이며, 당시 의병과 독립군들이 본부를 칭하던 은어(隱語) 즉, 암호(暗號)가 마을 이름이 된 것이다.

"옛날에는 대나무가 금값이어서 정봉태가 마을 주민들의 생활을 안정시키기 위해 커다란 대밭을 구해 주고 논은 물론 마을 사람들이 땔감을 구할 수 있도록 산까지 마련하여 마을 주민들의 연명으로 마을 공동재산으로 만들어 주었는데, 해방 후 못된 놈들이 들어와 작당하여 다 팔아먹어 버렸다"는 등등 동막마을 사람들에게 많은 은혜를 베풀었다는 장일남 옹과 김용철 옹을 비롯한 노인들의 증언을 들어 보면, 조병순과 정순태 이 두 사람의 가문에서 3대를 이어 가면서 동막마을 주민들을 집중적으로 후원했음을 알 수가 있는데, 조병순이 마을 중심인 동산마을 앞에 서산서당(西山書堂)을 지어 서종순과 서중문 형제에게 위탁 관리 교육하는 등 정순태와 함께 자금을 후원한 것은, 장철수·김정호·정순태·조병순이 주축이 되어 은밀하고 조직적으로 동막마을을 항일의병과 독립운동의 비밀본부로 만들었음을 말하는 것이다.

정봉태가 가난한 마을 주민들의 생활을 안정시키기 위해 마련해 준 대나무밭의 흔적이 지금도 마을회관 앞에 대나무 몇 그루로 남아 있어 노인들의 증언이 사실임을 말해 주고 있으며, 동시에 보통 일반적으로 마을 뒤 쓸모없는 산을 대나무밭으로 만드는 데 비하여 정봉태가 이른바 삿갓배미라도 만들어 농사를 지을 수 있는 마을 앞에 커다란 대밭을 조성하여 주민들의 공동재산으로 만들어 관리하게 한 것은, 마을 주민들의 생업을 돕는 목적과 함께 외부의 감시로부터 마을을 보호하기 위한 전략이었음을 알 수가 있다.

참고로 일러 둘 것은 고급목재인 괴목나무로 잘 지어진 4칸 건물인 서산서당은 조병순이 지어 사적인 용도와 공적인 용도로 사용하다 마을에 기부한 것이라는 사실이다.

수년 전 처음 조사할 당시 필자는 서산서당이 서씨 집안사람들이 지은 것이라 하여 그런 줄로만 알았었다.

◇ 정봉태가 가난한 마을 주민들의 생활을 안정시키기 위해 마련해 준 대나무 밭이다. 서산서당은 대나무 좌측 마을회관 뒤에 있었고, 중앙에 우뚝 솟은 2개의 봉우리가 형제봉이다.

그러나 2007년 7월 필자가 발간(發刊)한 동악산 항일독립운동의 자료집 "도채위경(淘釵爲耕)"을 보고 여러 제보가 있었고 최근 모처에서 발간한 김정호의 유고집에 글을 쓴 김○○의 주장은 서산서당을 김정호가 언동서당(彦洞書堂)·동오서당(東迁書堂)과 함께 지어 운영한 것이라 하여 혼란스러웠다.

정밀하게 재조사를 한 결과 김정호는 겨우 식솔들의 끼니를 면할 정도의 선비였을 뿐 서당 3개를 운영할 재정 능력이 없었다는 노인들의 증언이 아니더라도, 김정호가 남긴 글을 보면 한평생 가난하고 병약했던 김정호가 정순태와 조병흠 등으로부터 많은 도움을 받았음을 알 수 있고, 굳이 옛일을 상고하지 않더라도, 한 사람이 작은 마을에서 서당 3개를 지어 별개의 이름으로 운영한다는 것 자체가 이치에 맞지 않는 일이며, 필자의 자문에 응해 준 마을 노인들은 물론 김정호와 같은 문중(門中)의 노인들도 동의하지 않았다.

동막마을 전체가 읍내 부자들 덕으로 살았으며 서산서당은 누구의 것도 아니고 읍내 부자(富者)가 희사했었다는 마을 노인들의 이야기와 조병순이 독립운동을 할 때 할아버지 서산(西山) 조형일(曺衡鎰, 1800~1860)의 호를 따 서산서당이라 이름을 지어서 동네에 희사했다는 조병순의 손부(孫婦, 손자며느리(1925년, 현 생존))의 증언과 당시 곡성의 선비들과 조병순이 서산 조형일을 추모하는 모임을 만들어 활동했었던 사실로 보아 고급 목재인 괴목나무로 지어진 4칸 건물로 방 3개와 부엌하나로 이루어진 서산서당은 그 구조로 보아 의병장 조병순이 특별한 목적 즉, 평상시에는 개인 사무실 겸 후학들을 가르치면서 외부에서 찾아오는 동지들의 숙소로 쓰기 위해 위장한 것으로 보이며 최근 필자가 발굴한 다음의 곤유언불신(困有言不信)은 서산서당의 목적을 분명하게 말해 주고 있다.

◇ 서산서당(西山書堂) 표지석(우측)

조병순이 동막마을에 설립하여 마을에 기부한 서산서당이 있었음을 알리는 서산서당의 표지석(사진 우측)이 마을 정자 옆에 방치되어 있다. '전생전귀(全生全歸)' 좌측에 학문을 하는 사람의 자세를 밝힌 '필학성인(必學聖人)'은 청류동 팔곡(八曲)의 것과 동일한 것으로 모각하여 쓴 것인데 누가 쓴 것인지 알 수는 없지만 그만큼 중요한 인물이 썼다는 의미다.

뒤에 보이는 집들이 괴목나무로 잘 지어진 4칸 건물로 된 서산서당이 있었던 자리이고, 곤유언불신(困有言不信)이 새겨진 바위는 본래 서산서당 뜰에 세워져 있던 것을 화재로 소실된 뒤 동네에서 개인에게 매각하여 개인들이 집을 지으면서 경계지 축대로 매립하여 버린 것이며, 또 다른 글들이 새겨진 바위들이 매립되어 있다고 하는데, 안타깝게도 더는 필자가 할 수 있는 일이 아니어서 확인할 수가 없었다.

길옆 축대로 만들어 쓰레기더미에 묻힌 것을 마을 주민에게 사정하여 확인해 보니 주역 47 택수곤괘(澤水困卦)이며 손자병법(孫子兵法) 제24계 길을 빌려 괵(虢)나라를 멸한다는 가도벌괵(假道伐虢)의 곤유언불신(困有言不信)이 커다랗게 새겨져 있었는데, 글을 확인한 순간 놀라지 않을 수 없었다.

처음 서산서당의 뜰에 새겨 놓았던 "어려움에 처한 조선을 도와주겠다고 나서는 일본과 러시아, 중국 등 주변의 열강들을 믿지 말고 곤궁해도 당당하게 견디어 내자"는 곤유언불신(困有言不信)은 서산서당의 교육 목적이 자주정신 자주국가의 존립이었음을 분명하게 말해 주고 있었다.

이 곤유언불신(困有言不信)은 조선 말기 동악산 선비들이 세계정세는 물론 주변

◇ 곤유언불신(困有言不信)

곤유언불신(困有言不信)은 당시 전국의 우국지사들이 왜 동악산으로 모여들었는지 그 이유를 밝혀 주고 이들이 얼마나 과학적이고 정밀한 시스템으로 움직였는지 확인시켜 주는 파일이다.

열강들의 틈바구니에 낀 나라의 운명을 정확하게 알고 그에 대한 대비책을 교육하고 있었다는 사실을 증명하는 것이며, 구한말 기라성 같은 전국의 우국지사들이 여기 동악산으로 모여든 이유를 설명해 주고 있었다.

실제로 일본의 조선 침략은 기회를 빌미로 상대를 공략하는 이 가도벌괵(假道伐虢)의 병법 즉, 어떤 강대국의 침략으로 어려움에 처한 이웃 약소국을 돕는다는 대의명분으로 또 다른 이웃에 있는 강대국이 군대를 보내 주둔하면서 전쟁의 상황을 밀고 당기는 등 임의로 상황을 연출하여 약소국을 파탄으로 내몰아 손쉽게 그 약소국을 점령하여 버리는 계략이었다.

당시 일본은 동학란이 일어나는 등 국내외로 어려움에 처한 조선을 도와주겠다며 군대를 보내 마치 초나라의 왕이 식(息)나라의 궁전에 들어가 절세미인을 얻고

식나라를 멸망시켜 버린 것처럼 아주 손쉽게 조선을 식민지로 만들어 버렸으니, 아무리 곤궁해도 저들의 말을 믿지 말고 당당하게 대응하자는 서산서당의 곤유언불신(困有言不信)은 당시 전국의 우국지사들이 왜 동악산으로 모여들었는지 그 이유를 밝혀 주고, 이들이 얼마나 은밀하고 조직적으로 움직였는지 확인시켜주는 증거자료다.

서산서당의 건학정신(建學精神)을 밝혀 주는 바위에 새겨진 전생전귀(全生全歸)는 어버이에게서 온전한 몸을 받아 태어나서 손상함이 없이 일생을 마치고 온전한 몸으로 되돌림을 이르는 말인데, 당시 의병을 일으키고 항일독립운동에 매진했던 우국지사들에게 있어 그 몸은 나라이니 곧 나라를 온전하게 지키고 보전하여 자손

◇ 전생전귀(全生全歸)
서산서당의 건학정신을 밝혀 주는 전생전귀(全生全歸)는 어버이에게서 온전한 몸을 받아 태어나서 손상함이 없이 일생을 마치고 온전한 몸으로 되돌림을 이르는 말인데, 당시 의병을 일으키고 항일독립운동에 매진했던 우국지사들에게 있어 그 몸은 나라이니 곧 나라를 온전하게 지키고 보전하자는 항일구국의 의지다.

만대에 물려주자는 항일 구국의 의지임을 상기하면 서산서당은 의병들을 수용하고 교육하기 위한 목적이었음을 알 수가 있다.

안타깝게도 해방은 되었으나 하나가 되지 못하고 60년이 지난 지금도 나라가 남북으로 갈리어 있으니, 우국지사들이 그토록 소원하던 또 하나의 전생전귀(全生 全歸)는 오늘을 살고 있는 우리 시대의 과제로 남았다.

그러나 김○○이 말한 동오서당의 존재는 물론 그 위치는 찾지 못했고, 필자에게 조언해 주는 장일남·김용철·김주기 옹 등 마을 노인들 또한 본 적도 없고 듣지도 못하였다 하고, 언동서당을 비롯하여 마을에 있는 서당은 물론 도동재까지 읍내 부자들이 후학들을 가르칠 수 있도록 지어 주고 자금을 주어 운영했던 것이라 한다.

곡성의 옛 역사를 기록한 '욕천속지(浴川續誌)'에 어느 해에 쓴 것인지 정확한 때는 알 수 없지만, 의병장 기우만이 지리산 여막으로 가는 길에 구원마을 도동재에 머무르며 쓴 "죽포장공철수(竹圃張公喆洙) 도동재강안서(道東齋講案序)"에 도동재에서 배우는 유생들이 "우리 스승이신 장공은 연로하신데다 자식은 어려서 끼니를 거르기 일쑤이므로 글방의 사람들이 약간의 돈을 추렴하여 겨우 연명하는 수단으로 삼고 있다" 하였으니, 마을 노인들의 증언은 모두 정확한 사실이었다.

동오서당에 관하여 어떤 자료가 있는지 알 수는 없지만, 1915년·1919년 아래 동막(구원)과 가운데 동막마을에서 태어나 현재까지 살고 있는 장일남 옹과 김용철 옹의 증언에 의하면, 언동서당과 서산서당은 해방이 될 때까지 그 명맥을 유지했지만, 동오서당에 관해서는 듣지도 보지도 못했다고 하는 것은, 구한말 잠시 현판을 걸었다가 사라진 것이거나, 혹 만일 동오서당이 실재했었다면, 김정호가 여생을 보냈던 구원마을 636(동막길 76-1)번지 뒤편 산기슭에 서당 터로 전해 오는 곳이 있는데 아마도 그곳이 아닌가 싶다.

일제 강점기에 독립군들은 말할 것도 없이 곡성군민들이 일본사람은 물론 일본의 문물, 사상, 언어 등등 심지어는 세금납부 거부까지 일제의 모든 것을 배척하는 배일사상으로 무장하고 투쟁했던 역사 속에서 보면, 동오(東迕)는 이른바 왜놈들을 쳐부수자는 동막과 같은 맥락으로 그 뜻을 풀어 보면 동쪽 즉, 일본을 멀리하고 어깃장을 놓는다는 배일사상(排日思想)으로 보기 싫은 왜놈들을 배척하여 쫓아내자는 목적성 건물이었음을 감안하면, 이 또한 김정호가 건립 운영한 것이 아니고 누군가가 서산서당처럼 세웠던 것이 아니라면 항일의병과 독립운동을 이끄는 리더들이 회합하는 모임의 장소를 서당으로 위장한 것으로 보인다.

이해가 되지 않는다면 비록 현대식으로 구조가 개조되기는 했지만 한평생 가난과 병고에 시달리면서도 책을 손에서 놓지 않고 학풍을 드날리며 누란의 위기에 처한 나라를 위해 방책을 구했던 김정호(金正昊, 1871~1909)가 여생을 마친 구원(언동)마을 636번지의 집과 동시대를 살면서 정봉태와 함께 항일독립운동을 이끌었던 조병흠(曺秉欽, 1881~1947)이 살았던 곡성읍 750번지와 골목을 사이에 두고 동쪽에 있는 본가인 745번지 조병순의 집을 비교하여 보면, 검약하기는 다를 바 없지만 이른바 집의 규모와 뼈대가 다름을 통해 조병흠과 정봉태의 가문에서 서당 운영과 기타 제반 경비들을 지원했다는 노인들의 이야기가 사실이었음을 알 수가 있다.

끼니를 굶는 것은 면했지만 한평생 검약했었다고 들었다는 필자를 안내해 준 김용철 옹의 증언과 주춧돌은 물론 집의 기둥과 들보가 옛날 그대로라는 집주인

◇ 김정호(金正昊, 1871~1909) 선생이 한평생 머무르며 생을 마친 집
비운의 김정호 선생이 난세를 살다가 동악산 신선이 되어 떠나간 집이다. 김정호 선생은 좌측 골목
건너 구원마을 631(동막길 75)번지에서 태어나 결혼 후 본가 옆 이곳에 가정을 꾸리고 후학들을 지
도하며 살았다.

윤봉임 노파(老婆)의 증언이 아니더라도, 흘러내린 산기슭에 나지막이 겸손하게 앉
은 집의 구조가 산중에 은둔한 은자(隱者)다운 모습을 보는 듯하다.

다음 사진은 형 조병순의 뒤를 이어 정봉태와 함께 항일독립운동을 이끌었던
조병흠이 살았던 곡성읍 읍내리 750번지 건물이다.

조병흠은 동쪽 골목길을 사이에 둔 본가인 745번지에서 태어나 결혼 후 750번
지 이곳에서 살면서 여생을 마쳤다.

현재는 곡성군수 허남석(許南錫)이 거주하고 있는데 댓돌과 기둥은 물론 서까래
까지 기본 구조가 그대로이고 행랑채를 갖춘 아담한 구조가 전형적인 시골 선비
의 참모습을 보는 듯하다.

이들 조병흠과 정봉태 두 가문이 김정호와 함께 여기 동막마을에서 이룬 일들
은 동막마을이 곡성의 항일의병과 독립군들의 본영이며, 산과 사람은 물론 고샅

◇ 조병흠(曺秉欽 1881~1947) 선생이 한평생 머무르며 생을 마친 집
조선 말기 대원군이 파락호 시절 의탁하여 몸을 숨긴 것을 비롯하여, 글과 그림과 글씨에 모두 뛰어나 삼절(三의 우국지사들이 날마다 모여들었던 동쪽의 본가와 함께 소중한 항일독립운동의 유적으로 언젠가는 복원하여 귀감(龜鑑)으로 삼아야 할 곡성의 역사와 문화다.

길에 세워진 돌 하나에 이르기까지 모든 것이 일본을 상대로 싸우기 위하여 조직화되고 만들어진 것임을 말해 주고 있다.

　처음 서두에서 설명했듯이 하늘의 상제(上帝)가 이 땅을 다스리기 위해 숨겨 둔 천부(天府) 동악산 그 가운데에서도 태극이 음양으로 변한 형제봉을 중심으로 청류동·고반동·원계동에 안배한 구곡과 그 속에서 살아가는 사람들을 교육하는 서당에 잃어버린 나라를 찾을 수 있도록 의병을 일으켜 자신을 도와 달라는 고종황제의 밀지 망형어제 앞에, 어떠한 고난에 부딪쳐도 굴하지 않고 힘을 모아 임금의 뜻에 따르겠다고 맹약하며 시립하여 있는 구종군자지절(니從君子之節)은 이 땅에 존재하는 모든 것들이 대한제국의 자주독립을 위한 교육과 저항 투쟁의 역사였음을 증명하여 주는 것이다.

　무엇보다도 조선의 역사를 배워 조선을 다시 일으키자는 도동재의 선사발적(鮮

史發跡)과 서산서당의 전생전귀(全生全歸)와 곤유언불신(困有言不信) 그리고 동막(東幕)과 망형어제(忘形御帝)는 이 산이 하늘 천(天)이고 태극이며 음과 양이 삼태극으로 운기하고 있는 땅이고, 골짜기 굽이굽이마다에는 의병과 독립군들이 나라를 구하기 위하여 주역의 괘를 설치하여 저항한 거점이었으며, 고종황제가 경운궁(慶運宮, 현 덕수궁(德壽宮)) 태극전(太極殿)에서 대한제국(大韓帝國)을 선포하고 황제의 등극의례를 봉행하였음을 상기하면, 왜 이곳을 동쪽의 오랑캐들을 쳐부수는 본부 군영(軍營)인 동막(東幕)이라 하였고, 석어당(昔御堂)에서 고종황제가 의병을 일으켜 나라를 지켜 달라는 밀지 보가효우(保家孝友)를 이 땅의 선비들에게 보냈으며, 전국의 우국지사들이 왜 이 산으로 모여들었는지 그 연유를 밝혀 주는 증거 자료다.

① 조선 말기 정조 사후 숙청된 일단의 실학파들이 동악산으로 들어와 세도정치 속에 탐관오리들이 횡행 만연된 부정부패로 말미암아 이미 국가로서의 기능과 힘을 잃어버린 조선을 개혁하여, 왕도정치를 구현하려는 뜻을 세운 이후, ② 구한말 전국의 우국지사들이 여기 하늘과 태극을 상징하는 동악산으로 모여들었고, ③ 태극팔괘도(太極八卦圖)를 바탕으로 국기를 제정하고, ④ 1897년 10월 12일 당시 한 치 앞을 내다볼 수 없는 난세의 위기에 처한 고종황제가 즉조당을 태극전으로 바꾸고 오백 년 사직을 이어 오던 조선의 국호를 대한제국으로 건국 선포하면서 자신은 대한제국의 황제로 즉위했고, ⑤ 이 산을 의지해 일제에 저항하고 있는 우국지사들에게 의병을 일으켜 잃어버린 나라를 찾을 수 있도록 자신을 도와 달라는 밀지 보가효우 등 많은 글들을 보냈고, ⑥ 이 산을 의지한 선비들은 황제의 밀지를 돌에 새겨 맹약하고 1945년 8월 15일 해방되는 그날까지 받들어 행한 이

여섯 가지의 역사는 불가분의 관계로 많은 것을 시사하고 생각하게 하는 부분이 지만, 이 모든 것들이 사전 정밀하게 계획된 프로그램에 의한 것이었음을 밝혀 주는 직접적인 증거를 찾지 못한 것이 못내 아쉬움으로 남는다.

가만히 당시의 상황들을 생각해 보면, 책을 읽은 선비가 선비의 본분을 다하기 어렵다며, 스스로 자신에게 나라와 임금을 지키지 못한 선비의 죄를 물어 자결한 매천(梅泉) 황현(黃玹, 1855~1910)의 유언에서 보듯이, 나라를 구하는데 어찌 자기만의 안위를 위해 몸을 사릴 것이며, 빈부(貧富)와 귀천(貴賤)을 가릴 것인가?

공자(孔子)와 그의 제자 안회(顔回)의 문답 좌망(坐忘)에서 비롯된 것으로 "지(志)를 기르는 자는 형(形)을 잊게 되고, 형을 기르는 자는 이(利)를 잊게 되고, 도(道)에 이르는 자는 심(心)을 잊게 된다(양지자망형(養志者忘形) 양형자망리(養形者忘利) 치도자망심의(致道者忘心矣))"는 장자의 양왕편(讓王篇)에 나오는 수양법(修養法)인 망형(忘形)을 인용하여 쓴 잃어버린 나라를 찾을 수 있도록 의병을 일으켜 자신을 도와 달라는 고종황제의 밀지 망형어제는 곧 이 나라 백성 된 자의 책무이고 선비의 도리이며, 예로부터 전해 오는 의절(義節)의 터, 곡성의 의인(義人)들이 받들어 행동한 구국의 역사였다.

구원마을 2구 입구 좌우에 두 그루의 커다란 정자나무가 마을을 지키고 있는데 "무슨 영문인지는 몰라도 왜정(倭政) 때 왜놈 순사들이 말을 타고 오면 말이 놀라 날뛰며 주저앉아 버려 왜놈들이 말을 타고 정자나무 사이를 통과하지 못했다"는 김주기 옹과 마을 주민들의 이야기를 새겨서 들어 보면, 마을 당산나무 근처에 말이 놀라며 기겁할 그 어떤 기운 또는 형상이 있었던 것으로 추측된다.

예를 들어 말이 싫어하는 나무를 심어 놓았거나 색깔 또는 냄새 등 지금 우리가

◇ 구원 2구 마을을 지키고 있는 당산나무
형제봉 동쪽 봉우리에서 솟아 나와 깃대봉을 거쳐 흘러내린 산줄기가 마지막 엎드린 구원 2구는 동막마을의 동쪽을 지키는 관문이었는데, 이제는 전설이 되어 버린 정자나무가 여전히 늠름한 모습으로 마을 앞을 버티고 서 있다.

알지 못하는 어떤 특별한 방책을 세워 불시에 말을 타고 쳐들어오는 일본경찰들을 경계했음을 말하는 것인데, 이는 한마디로 청류동에서 괘치재까지 즉, 구원마을 1·2구와 동막의 남쪽 입구 괘치재를 지키는 위 동막(서계마을) 주민들은 해방이 될 때까지 남녀노소 할 것 없이 모두가 독립군들이었으며, 머슴은 물론 사립문을 지키는 개들까지도 전체가 항일투쟁으로 조직되고 요새화된 마을이었음을 말하는 것이다.

이처럼 산골짜기와 마을에 남아 있는 유적과 일제 강점기를 생생하게 기억하고 있는 노인들이 들려주는 구원(동막)마을에 전해 오는 이야기들은 형제봉에서 흘러내린 산이 동쪽을 향하여 장막을 쳐 놓은 것 같은 형세 또는 형제장군이 군막을 치고 동쪽을 바라보고 있는 형국이라 하여 동막이라 하였다는 1987년 11월 곡성군에서 발간한 곡성군 관내 "마을 유래지(由來誌)"의 설명이 얼마나 잘못된 것인지 잘 말해 주고 있다.

마을의 주산인 형제봉 또는 대장봉을 기준하여도 방위는 물론이거니와 장막을 쳤다는 풍수론까지 곡성군에서 발간한 마을 유래지에서 말한 어느 것 하나도 맞지 않은 것으로 잘못된 것임을 다음 사진을 보면 분명하게 알 수가 있다.

동막(東幕, 언동)마을의 위치와 지세를 보면, 마을은 형제봉 동남쪽 손방(巽方)에 있고, 형제봉에서 발원하여 동막의 북쪽을 돌아 내려 동쪽을 지키는 청류동은 청룡(靑龍)이 되었고, 형제봉에서 발원하여 동막의 서쪽을 돌아 남쪽을 지키는 원계동은 백호(白虎)가 되어 북쪽(청룡)과 남쪽(백호)에서 동막마을을 에워싸고 있는 산의 모습이 전형적인 배산임수(背山臨水)의 궁혈(宮穴)로 마치 강가에 견고한 성(城)처

◇ 위성으로 본 동막(언동)마을 방위와 산의 형세
산의 모습이 형제봉 동쪽을 향하여 장막 또는 군막을 펼친 것 같아 동막이라 하였다는 마을 유래지의 설명과는 달리 동막은 형제봉 동남쪽에 있고, 산의 모양은 장막 또는 군막과는 전혀 다른 모습이며, 산세 또한 그 펼친 방향이 동남쪽을 향하고 있어, 마을 유래지의 설명이 잘못되었음을 말해 주고 있다.

럼 자리하고 있다.

　동막마을 주산(主山)은 하늘 천(天) 자이고 형제봉은 음과 양으로 나누어진 태극이며, 청류동·고반동·원계동은 삼태극이고, 태극인 형제봉을 중심으로 흘러내린 골짜기 굽이마다 주역의 팔괘, 알기 쉽게 설명하면 제갈공명(諸葛孔明)의 팔진도(八陣圖)를 펼쳐 놓았으며, 주역 설괘전(說卦傳)에 "천하의 모든 만물은 진(震)에서 시작하고 진(震)은 동방을 표현한 괘이며 동방은 봄을 상징한다. 천하의 모든 만물은 손(巽)에서 모이게 되니 손(巽)은 동남방(東南方)을 표현한 괘(卦)"라고 한 사실을 상기하면, 동막마을의 방위(方位)와 산세(山勢)는 한 치도 틀릴 수가 없는 것임을 알 것이고, 그것을 알면 동막이 형제봉 동쪽에 있고, 산의 모양이 장막 또는 군막을 친 것 같다는 마을 유래지의 설명이 아주 잘못된 것임을 한눈에 바로 알 수가 있는 일이다.

　지금도 마을 정자(亭子)에 걸린 편액(扁額)과 축대 위에 세워 둔 돌에 언동(彦洞)이 새겨져 있고, 일제 강점기 때 세운 마을 앞 신작로(新作路) 다리의 이름이었던 언동교(彦洞橋)의 이름이 새겨진 다리 표지석을 마을 앞 다리에 옮겨 놓고 필자에게 마을의 자랑을 늘어지게 할 만큼 마을 사람들의 자존심(自尊心)이며, 누구나 다 아는 언동마을의 고유 이름과 역사에 관한 기록이 누락되어 있는 것은, 당시 자료 조사가 부실했다기보다는 해방 후 벌어졌던 여순반란사건과 6·25를 빌미로 이 산에서 활동했던 우국지사들을 모두 학살해 버리고 곡성의 행정과 교육 문화계를 장악한 친일파들이 의도적으로 왜곡 날조한 잘못된 자료를 선택했음을 말하는 것이다.

　다음은 필자가 2007년 7월 동악산 항일독립운동의 비사를 밝힌 '도채위경(洮採

爲耕)'을 발간한 뒤 새로이 발굴한 고반동(考槃洞) 구곡(九曲)에 관한 설명이다.

고반동(考槃洞)은 태극이 음(陰)과 양(陽) 2개의 봉우리로 변하여 운기하고 있는 형제봉, 그 가운데 동쪽에 자리한 양(陽) 즉, 성출봉(聖出峯)에서 발원하여 깃대봉 남쪽을 돌아 구원마을 1반(동산마을)과 2반(내동마을) 사이를 흘러내리는 골짜기를 일러 고반동이라 하고 골짜기에는 구곡이 설치되어 있는데, 고반동에 설치된 구곡 가운데 오곡(五曲)을 제외하고 나머지 일곡(一曲)에서부터 구곡(九曲)까지 모두 찾았다.

[부연하면 불가(佛家)에서 말하는 성출봉은 동악산 정상인 향로봉(香爐峯) 동남쪽 신선대(神仙臺)가 속한 가파른 바위산 봉우리를 말하고, 유가(儒家)에서 말하는 성출봉은 형제봉 동쪽 봉우리를 말하는 것이니 참고하여 혼동이 없기를 바란다.]

구원마을 685번지(답(畓)) 과거 논으로 지었을 당시 물이 들어온 상류 좌측 굽이치는 물가에 내려앉은 작은 바위에 새겨진 고반동 일곡(一曲)에서 육곡(六曲)까지는 훼손이 심하여 겨우 흔적만 찾았지만 구곡이 온전하여 있다는 것을 확인한 것은 다행스러운 일이었다.

고반동 골짜기 물가에 있을 구곡(九曲)의 주제(主題)와 주변에 있었을 부제(副題)를 찾기 위해 수없이 골짜기를 오르내렸고 한학자 엄찬영과 함께 인부를 구해 몇 번을 헤맨 끝에 구곡을 모두 확인하였지만 분명히 있었을 괘(卦)와 오곡(五曲)을 찾지 못한 것은 지금도 여전히 아쉬움으로 남았다. 낙엽이 진 겨울에 다시 골짜기를 헤매며 찾아볼 생각이다.

골짜기의 이름이 된 고반(考槃)은 산중에 은둔하여 숲과 시냇가를 거닐며 자연을 즐기는 선비를 말하는 것으로 시경(詩經) 위풍(衛風)의 편명(篇名)에 나오는 말이다.

◇ 고반동(考槃洞) 궁인(窮忍)

　그러나 마을을 선비들이 사는 곳이라는 언동(彦洞)이라 하고, 한평생 성현(聖賢)의 말씀을 실천하기 위해서 끊임없이 자신을 반성하고 욕망을 경계하였으며, 내면의 마음을 바로잡고 개선하여 성인의 극점인 인의(仁義)에 도달하려 했었던 퇴계(退溪)가 쓴 분노를 징계하고 욕심을 막는다는 역경의 "징분질욕(懲忿窒慾)"을 청류동과 원계동에 새겨 놓은 것은, 언동마을 골짜기 고반동(考槃洞)은 퇴계의 도산서원(陶山書院)과 같은 의미로 선비들이 제자들을 가르치는 골짜기라는 뜻인데, 아무것도 없는 험한 산골짜기에서 제자들을 가르쳤다는 것은, 왜정 때 왜놈 순사들을 피해 이 골짝 저 골짝으로 숨어 다니면서 공부를 했다는 장일남 옹의 증언에서 보듯이, 항일의병과 독립군들이 이 골짜기에 숨어 활동했다는 의미다.

　따라서 언동마을 북쪽 고반동 골짜기에 설치된 구곡 가운데 칠곡(七曲)에 새겨진 골짜기의 이름 고반동은 은둔한 선비들이 제자들을 가르치는 골짜기라는 뜻으로, 선비들이 사는 마을이라는 언동과 같은 의미이며, 동시에 항일독립운동을 하는 독립군들이 숨어서 주민들을 교육 활동하는 골짜기라는 뜻이다.

일반적으로 골짜기 입구에 ○○동(洞)이라 하여 골짜기의 이름을 정하는데, 골짜기로 들어가는 관문(關門)의 역할을 하고 있는 산굽이가 거대한 암반으로 형성된 제칠곡(七曲) 암반에 고반동(考槃洞)이라 새겨 놓은 것은, 여기서부터는 독립군들이 숨어서 활동하는 골짜기의 관문을 뜻하고, 깃대봉 아래에 있는 구곡의 바위에 주역 36괘 지화명이괘(地火明夷卦)에서 나오는 용회이명(用晦而明)을 새겨 놓은 것을 보면, 이 골짜기의 역할을 말하는 것으로, 이는 우국지사들이 숨어서 주민들을 교육하고 항일독립운동을 이끌어 가는 골짜기라는 뜻이다.

특히 사진에서 보듯이, 고반동 큰 글씨 옆 암반에 애써 새겨 놓은 궁인(窮忍)은 어려움을 참고 견디어 내자는 뜻인데, 옛 고전(古典)에도 없고 사전(辭典)에도 없는 글귀 궁인(窮忍)을 골짜기의 이름인 고반동과 함께 풀어 보면, 이 골짜기에 숨어 항일독립운동을 이끌어 가는 지도자들이 정토(淨土)를 강탈한 일본의 가혹한 수탈과 탄압이 아무리 힘들고 괴로워도 죽을힘을 다해 참고 견디어 내며 조국의 광복에 매진하자고 동지들과 곡성군민들에게 보내는 희망과 격려의 메시지이며 눈물겨운 맹약이다.

다음은 고반동 구곡(九曲) 용회이명(用晦而明)에 관한 설명이다.

고반동 제9곡 주제 글인 용회이명(用晦而明)은 문왕(文王)이 은(殷) 왕조 주왕(紂王)의 폭정으로부터 살아남아 주(周)나라를 건국하는 토대를 만든 빛나는 방책의 하나인 주역 36괘 지화명이(地火明夷)에서 나온 것이며, 능선 너머 동쪽 청류동을 지키는 일곡 쇄연문의 주제 글 주역 17괘 택뢰수괘(澤雷隨卦)의 향회입연식(嚮晦入宴息)과 같은 전략으로 중궁(中宮)인 깃대봉을 좌우에서 보호하고 있는 형국이다.

◇ 고반동 구곡의 주제 글 용회이명(用晦而明)
깃대봉 앞을 가로막고 있는 작은 봉우리 좌우 골짜기에 고반동 용회이명(用晦而明)과 청류동 일곡 쇄연문의 주제 글 향회입연식(嚮晦入宴息)을 설치한 것은, 마치 힘센 장수가 천자(天子)의 앞에서 양손에 보검을 들고 지키고 있는 형국이다.

어려워도 마음을 곧고 바르게 가져야 한다는 명이괘(明夷卦)는 "안은 문명(文明)하고 밖은 유순(柔順)하여 큰 환난(患難)을 무릅썼으니, 문왕(文王)이 이것을 사용하였다"는 괘명(卦名)의 해석에서 보듯이 우국지사들이 용회이명(用晦而明)을 여기에 새긴 목적이 군자가 어려움을 극복하는 방법론 즉, 항일독립운동의 전략임을 분명하게 알 수가 있다.

알기 쉽게 설명하면, 용회이명은 적이 눈치 채지 못하게 안으로는 깊은 통찰과 반성으로 자신을 수양하면서 때를 준비하고, 밖으로는 소위 간도 쓸개도 없는 사람으로 밥이나 축내는 밸도 없는 못난 인간으로 행세하여 적을 방심시키며 준비하고 있는 그때를 기다리는 책략이다.

문왕이 그러했고 춘추시대 월(越)의 왕 구천(句踐, BC 497~465 재위)과 조조(曹操)

에게 볼모로 붙잡혔던 유비(劉備, 161~223)는 천둥소리에 놀라 들었던 숟가락을 떨어뜨려 겁 많고 별 볼일 없는 졸장부로 위장하여 조조의 경계를 푼 것 등이 바로 용회이명의 괘를 활용한 것이다.

다음은 고반동 구곡 맑은 물이 흘러내리는 나지막한 암반 위에 자리한 고궁수도(固窮守道)에 관한 설명이다.

고궁수도(固窮守道)는 군자는 곤궁해도 정도를 지킨다는 뜻이지만, 골짜기의 관문인 칠곡 고반동 궁인(窮忍)을 거슬러 올라와 왜군(倭軍)과 왜경(倭警)들을 감시하고 대적하는 지휘소의 역할을 하는 중궁(中宮)인 깃대봉 남쪽을 지키고 있는 고반동 구곡의 주제인 용회이명(用晦而明)과 함께 풀어 보면, 아무리 힘들고 괴로워도 중궁(깃대봉)을 지키자 즉, 나라를 지키자는 격려문이며 그 다짐이다.

"군자고궁(君子固窮) 소인(小人) 궁사람의(窮斯濫矣), 군자는 곤궁함을 잘 견디어 내지만, 소인은 곤궁해지면 함부로 행동을 한다"는 공자의 말을 굳이 빌리지 않더

◇ 고반동 구곡 고궁수도(固窮守道)

◇ 고반동 구곡과 깃대봉 전경
파란 하늘 사이로 둥글게 솟아 있는 봉우리가 깃대봉이고 읍내리 7구 노인산악회 회원들이 세워 놓은 산불예방의 흰 기(旗)가 마치 그 옛날 이 산에서 분노하며 절규하던 의병들의 모습을 보는 듯 가슴이 뭉클해진다.

라도, 고궁수도는 아무리 힘들고 어려워도 일제의 온갖 협박과 회유책에 휘둘리지 말고 정도(正道)를 지키자 즉, 나라를 지키자는 격려문이며 다짐이다.

당시 일제(日帝)가 대한제국의 자주독립을 열망하는 주요 인물들을 감시 관리하면서 온갖 술수와 음모를 꾸몄는데, 협박과 벼슬자리로 회유하는 것은 기본이고, 의도한 협박과 회유책이 먹혀들지 않을 때에는 도박과 마약으로 유인하여 스스로 가산을 탕진하고 끝내는 폐인으로 죽게 하였음을 안다면, 고반동 구곡 물가에 앉아 있는 돌에 새겨 놓은 이 고궁수도(固窮守道)가 이 산에서 활동하는 곡성의 우국지사들과 구원마을 주민들에게 얼마나 절박하고 간절한 절규였는지 백 년의 세월이 흘러 버린 지금도 충분히 짐작할 수 있는 일이다.

구곡의 주제 글 용회이명(用晦而明)은 고궁수도(固窮守道) 맞은편 좌측 숲에 있고, 물이 흘러내리는 암반 아래 좌측 숲 속 바위에는 공자를 추앙하고 정자(程子)와 주자(朱子)를 따른다는 소수사(溯洙泗) 망낙민(望洛閩) 여섯 글자가 세로로 새겨

◇ 구원마을(언동마을) 앞에서 바라본 깃대봉 전경

깃대봉 봉우리 남쪽 숲 속에 형성된 바위 군락의 모습이 마치 구궁팔괘진(九宮八卦陣)의 중앙인 천자(天子)가 머무는 구군(九軍) 가운데 중궁(中宮)을 상징하는 깃발처럼 보인다. 우국지사들이 이곳에 깃대를 세운 뜻이 바로 이것이었다.

져 있고 고궁수도 후면에는 골짜기를 지키던 터가 있다.

이곳 고반동 구곡은 우측 능선을 넘어 동쪽 청류동 입구 도림산장 맞은편 길섶 숲에 있는 일곡 쇄연문의 괘(卦) 향회입연식(嚮晦入宴息)과 함께 깃대봉을 굳게 지키고 있어 고반동 구곡은 깃대봉을 지키는 괘임을 알 수가 있다.

알기 쉽게 설명하면, 청류동 입구에 있는 도림산장을 중심으로 한 공터는 의병들이 모여 훈련하는 장소였으며, 지금도 도림산장 텃밭 옆 대밭 속엔 당시 청류동을 지키던 건물의 주춧돌이 그대로 있고, 의병들이 훈련하며 밥을 지어 먹었던 커다란 화덕이 도림산장 계곡 암반에 있는데, 이것을 도상(圖上)으로 옮겨 하나의 선으로 연결해 보면 깃대봉 앞을 가로막고 있는 작은 봉우리 좌우 골짜기에 용회이명(用晦而明)과 향회입연식(嚮晦入宴息)을 설치한 것은, 마치 힘센 장수가 천자(天子)의 앞에서 양손에 보검을 들고 지키고 있는 형국이다.

한마디로 백 년 전 항일의병과 독립군들이 동악산의 풍수 즉, 지세를 활용하여 형제봉에서 흘러내린 청류동(淸流洞)·고반동(考槃洞)·원계동(元溪洞) 3개의 골짜기에 펼쳐 놓은 구곡과 동막마을(구원리)은 주역(周易)을 바탕으로 치밀하게 계획된 병법(兵法)이며 항일의병과 독립군들이 은거한 요새(要塞)였음을 말하는 것이다.

아득한 옛날 제갈공명이 출사표(出師表)를 쓰고 중원의 패권을 다투는 그런 시절도 아니고 불과 백 년 전 이 땅의 우국지사들이 산골짜기에 구궁팔괘진(九宮八卦陣)을 펴고 주역의 괘를 활용하여 일본군과 싸웠다는 사실이 과학문명이 발달한 오늘날의 사고로 보면 터무니없는 일들로 믿기지 않을 것이다.

그러나 당시 전남 창평 출신으로 1907년(순종 원년) 기삼연(奇參衍)과 함께 의병을 일으켜 활약하다 그해 9월 구례 연곡사(燕谷寺)에서 일본군의 야습을 받아 전사한 의병장 고광순(高光洵, 1848~1907)이 소지한 태극기 상단 중앙에 붉은 글씨로 머지않아서 되돌아온다는 주역 24 지뢰복괘(地雷復卦) 초구(初九)에 나오는 불원복(不遠復)을 써 놓은 태극기는 당시 맨주먹이나 다름없는 우국지사들이 주역의 괘를 활용하여 일본의 군대와 싸웠음을 말해 주는 것이니, 오백 년 사직을 이어 오던 조선이 망하고 백성들이 굴욕을 당하던 구한말(舊韓末) 우국지사들이 여기 동악산 골짜기와 동막마을에 설치한 주역의 구궁팔괘진(九宮八卦陣)은 항일의병들이 일제와 맞서 싸운 전략이었으며, 해방이 되는 그날까지 실천된 비밀독립운동의 역사였다.

위 하늘이 동악산에 만들어 놓은 하늘 천(天)과 의병장 고광순이 사용한 주역의 태극기에서 보듯이, 고광순이 사용한 주역(周易) 지뢰복괘(地雷復卦) 불원복(不遠復)을 쓴 태극기는 당시 항일의병들이 주역의 방책을 군사작전(軍事作戰)으로 활용하여 실전(實戰)에 사용했음을 증명하는 것이며, 이는 처음 하늘의 상제(上帝)가 세상

◇ 하늘 천(天)을 중심으로 동악산과 의병장 고광순이 사용한 주역의 태극기
의병장 고광순이 사용한 주역의 태극기는 당시 의병들이 주역의 방책을 실전(實戰)에 사용했음을
증명하고 있다.

을 다스리기 위해 하늘 천(天) 자로 만들어 숨겨 둔 천부(天府) 동악산(動樂山)은 이 땅의 우국지사들이 주역(周易)의 빛나는 방책(方策)과 가르침으로 나라를 되찾고 백성을 구하여 오늘의 자유 대한민국을 있게 한 역사의 현장이며, 귀감으로 삼아 자손만대에 전할 호국(護國)의 성지(聖地)임을 밝혀 주는 귀중한 사료다.

동악산을 조선왕조 오백 년의 역사 속에서 보면 다음 네 가지로 분명해진다.

① 1592년 4월 13일 발발한 임진왜란을 당하여 곡성군 옥과면 합강 출신 유팽로(柳彭老, 1564~1592) 장군이 4월 20일 임진왜란 최초 의병을 일으켜 동악산 청계동(淸溪洞)에 은거한 양대박(梁大撲, 1544~1592) 장군과 함께 승전(勝戰)하여 조선의 임금과 백성들이 임진왜란을 극복하는 계기가 되었다.

② 조선 후기 정조(正祖) 사후 숙청된 일단의 실학파들이 여기 동악산에 모여 실사구시(實事求是)의 정신으로 유학(儒學)의 본지(本旨)를 찾고 도통(道統)의 연원(淵源)을 이어 가면서 민족자존의 위정척사론(衛正斥邪論)을 세워 항일의병과 민족독립운동의 모태가 되었다.

③ 구한말 기우만, 송병선, 전우, 황현, 최익현 등등 전국의 우국지사들이 동악

산으로 모여들어 국권회복의 방책을 논의하여 항일의병을 일으키고 1945년 해방될 때까지 일본에 저항하면서 독립운동을 교육 이끌었던 항일독립운동의 현장이다.

④ 하늘 천(天) 자로 만들어 놓은 동악산(動樂山)은 해동무이(海東武夷) 즉, 조선 성리학(性理學)의 근본도량(根本道場)이며, 하늘의 뜻을 살피고 땅의 일을 헤아리는 주역(周易)의 교본(敎本)이다.

그동안 동악산 항일의병과 비밀독립운동의 역사를 찾아 수년 동안 산을 오르내리며 씨름하다 보니, 숲이 감추고 내 생각이 내 눈을 가린 것이 한두 가지, 한두 번이 아니었다.

2007년 7월, 자료집 '도채위경(淘採爲耕)'을 세상에 내놓고서도 날마다 책을 들고 동악산을 오르내리며 새로이 제기되는 문제들을 확인하고 내 생각을 더듬고 내 눈을 비비며 많은 노력을 하였다.

혹여 하는 마음에 모든 것을 처음부터 다시 보고 다시 확인하였지만 백 년 전 김정호 · 정순태 · 조병순이 주도 동악산 청류동 · 고반동 · 원계동 3개의 골짜기에 설치한 구곡(九曲)과 바위에 새겨 놓은 글들은 분명한 항일투쟁의 역사였다.

250년 전 1757년 5월 1일 도림사 승려 성암당(聖巖堂) 의수(義修)가 쓴 길상암 나한전 상량문에 "외연괴암(嵬然怪巖) 보보익기(步步益奇)- 우뚝 솟은 이상한 형체의 바위들은 가면 갈수록 더욱 기이하다" 하였는데, 이는 구한말 형제봉을 중심으로 길과 계곡에 구곡(九曲)을 정하고, 글을 새겨 일본에 저항하며 자주독립의 의지를 다졌던 우국지사들의 투쟁이 단순 미신에 의지하거나, 한때의 문자놀이가 아닌 분명한 역사에 근거하고, 자연을 활용하여 주도면밀(周到綿密)하게 계획 실천했던 구국(救國)의 역사였음을 증명하는 기록이다.

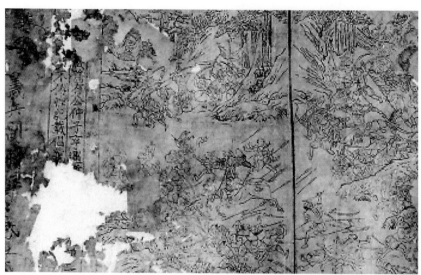

◇ 의병장 양대박 장군이 수결(手決)한 동악산 청계동 승전도(勝戰圖)

소장자(정상진, 47(광주 북구의회 4대 전반기 의장))의 발표에 의하면, 위 그림(가로 42.6㎝, 세로 27.4㎝: 정상진 소장)은 1592년 임진왜란 때 의병장 양대박 장군이 의병을 이끌고 섬진강 변에서 왜군을 격파 승리한 전남 곡성읍 신기리 동악산 청계동 전투장면을 그린 승전도이며, 좌측 끝에는 양대박 장군과 그 수하 장수 5명의 수결(手決)이 적혀 있다.

그러므로 동악산 골짜기에 설치된 구곡은 주역(周易)의 괘사(卦辭)를 바탕으로 한 풍수사상(風水思想)과 병법(兵法)이 결합된 항일의병과 비밀독립운동을 이끌어 간 우국지사들의 전략(戰略) 전술(戰術)이었으며, 입이 있어도 말하지 못하고 글이 있어도 전하지 못했던 일제강점기의 암울했던 시대를 살아야만 했었던 영웅들이 산과 계곡은 물론 물과 돌의 형태에서 말하지 못하고 전하지 못하는 역사를 교육하고 전했던 눈물겨운 항일투쟁의 역사였다.

아! 무슨 말을 더하여 해와 달이 하늘에 있음을 전할 것인가?

동악산의 옛 이름이 성인(聖人)이 출현한 성출산(聖出山)이고, 동악산을 안고 돌아가는 강을 일러 성인이 사는 순자강(鶉子江)이라 하였으며, 정조가 호남을 "최명현절의지향(最名賢節義之鄕)"이라 하여 조선 8도에서 가장 어질고 충성스런 고장이라 하였고, 정조 사후 숙청된 일단의 실학자들이 동악산으로 들어와 은거하였으며, 대대로 곡성을 성인들이 사는 절의지향(節義之鄕)이라 불러 온 역사에서 보듯이, 동악산은 성인들이 은거하여 도학(道學)의 연원(淵源)을 이어 가면서 국가와 민족이 누란의 위기에 처할 때마다 바람처럼 숲에서 일어나 나라와 백성을 구하고 숲으로 돌아가는 호국의 도량(道場)이다.

더 늦기 전에 하루속히 국가가 보호 보존하여 널리 선양(宣揚)하여 후대를 위한 귀감으로 삼아 다시는 선열들의 자취와 정신이 훼손되고 폄하되는 어리석은 일들이 없기를 바란다.

1. 일곡(一曲) 쇄연문(鎖烟門)

◇ 일곡(一曲) 쇄연문(鎖烟門)

쇄연문(鎖烟門)은 서구열강들의 침략을 막아 내고 조선을 구하는 문이라는 뜻이며, 동악산 청류동이 성리학을 바탕으로 항일의병운동과 민족독립운동을 기초했던 위정척사(衛正斥邪)의 역사가 시발(始發)된 성스러운 성역(聖域)임을 분명하게 밝혀 주고 있다.

동악산(動樂山) 청류동(淸流洞) 입구에 있는 초봉(初峯)에서 한 줄기 능선이 동쪽으로 흘러내려 머문 곳에 마치 소리 없이 일어나는 동악산 구름과 안개처럼, 이제 막 산기슭 흙 속에서 솟아나오는 것 같은 바위에 새긴 일곡 쇄연문(鎖烟門)은 문자 그대로 해석하면 연기가 잠그는 문이라는 뜻이다.

　그러나 이 쇄연문(鎖烟門)을 낱자로 풀어 보면, 조병순이 정순태와 함께 구곡에 새긴 것은 주역(周易)의 팔괘(八卦)로 나라를 지키고 맑고 투명한 선비의 나라를 건설하는 방법론을 기술한 것이므로, 여기서의 쇄(鎖)는 대문을 닫고 빗장을 건 쇄국정책(鎖國政策)의 상징이고 연(烟)은 봉화(烽火)를 의미하는 전쟁이며, 문(門)은 건곤기역지문(乾坤其易之門), 건곤(乾坤)은 역(易)의 문이라는 주역 계사전(繫辭傳)을 인용한 것으로 임금(건(乾))과 조선(곤(坤))을 지키는 주역의 문 즉, 서구열강들의 침략을 막아 내고 조선을 구하는 문이라는 뜻이며, 이곳이 자주적 민족사상으로 항일 의병운동과 민족독립운동을 기초했던 위정척사(衛正斥邪)의 역사가 시발(始發)된 성

◇ 쇄연문 전경
마치 동악산 구름 안개가 끊임없이 밀려오듯, 이중삼중으로 겹겹이 벽을 형성하여 청류동을 지키고 있는 쇄연문은 나라를 구하기 위해 위정척사의 기치를 든 우국지사들의 결사항전 의지가 잘 나타나 있다.

스러운 성역(聖域)임을 분명하게 밝혀 주고 있다.

동악산 청류동의 지형조건은 물론 풍수지리(風水地理)로 보아도 깃대봉 앞에서 늠름한 모습으로 청류동을 지키고 있는 백호(白虎, 흰 호랑이)의 우측 앞 발톱에 새겨 놓았는데, 이는 맞은편 동쪽을 지키고 있는 귀기간소(歸奇顧怪)가 새겨진 청룡과 짝을 이루어 청류동을 지키는 관문이며, 마치 신병(神兵)들이 이중삼중으로 겹겹이 벽을 형성하여 청류동을 지키고 있는 듯한 쇄연문은 외세의 침략으로부터 조선을 보호하려는 강력한 의지의 표현이며, 구곡을 정한 사업이 사전 치밀하게 계획 실천된 항일투쟁이었음을 분명하게 알 수가 있다.

다음 사진에서 구곡의 전경을 보고, 쇄연문 앞에 있었던 감시초소에 관한 주민의 증언을 들어 보면, 이곳 쇄연문의 중요성을 잘 알 수가 있다.

사진은 동악산 청류동 구곡 가운데 일곡에서 칠곡의 전경이다. 좌측에서부터

◇ 동악산 청류동 전경

1. 쇄연문(鎖烟門) 2. 무태동천(無太洞天) 3. 대천벽(戴天壁) 4. 단심대(丹心臺) 5. 요요대(樂樂臺) 6. 대은병(大隱屏) 7. 모원대(慕遠臺) ■ 도림사 ▲ 깃대봉(천문대) ● 구원마을이다.

특히 ▲ 깃대봉은 도림사 승려들이 산 정상에 석불(石佛)을 모셔 놓고 깃대를 세워 대대로 하늘에 제를 지내며 천기(天氣)를 살피던 장소였는데, 구한말 항일독립운동이 시작된 이후부터 1930대 초 도림사 주지 눌봉(訥峰)이 열반할 때까지 승려들과 우국지사들이 날마다 이곳에 올라 일본군과 경찰들의 동태를 감시하던 장소로 활용하였다.

다음은 1915년 곡성읍 구원리에서 애국지사 장동환(張東煥)의 아들로 태어나 청류동에서 글을 배운 장일남 옹이 필자에게 준 메모에서 이에 관한 사건을 간추린 내용이다.

도림계곡 제1곡에 가면 지금 왕대밭이 있는 자리가 옛날에는 묵정밭이었고 암석이 꽉 차 있고 가시덤불로 그 가운데에 초가오두막집이 하나 있으며, 도림사 가는 길은 사람 하나 겨우 다닐 정도로 현재의 도로까지 산으로 되어 있는 첩첩산중이었다.

그 초가집에는 중이 하나 살았고(도림사 주지 눌봉의 맏 상좌(上佐) 이한종(李漢宗) 부부) 항상 영(令) 자 기(旗)가 서 있었다. 경찰이 왔다 하면 기를 눕히면 멀리 있는 깃대봉에서도 기를 눕혀 모두 숨어 버리는 역할을 하였다.

저명인사들이 찾아와 접선을 하고 갈 때는 초비상 경계에 들어가 밑에 마을 월봉리 입구에서부터 산속에 숨어서 파수를 섰고, 경찰이 오면 깃대를 흔들어 산꼭대기에 전달하면 일행은 산에 숨어 버리는 등 훈련이 잘되어 있었다.

그럴 때는 절에 불공하러 가는 사람들까지 일체 입산을 금지하였으며, 한군데 오래 머물지 못하고 원효동(원계동) 등으로 수시로 옮겨 다녔다.

하루는 경찰이 절을 기습하여 주지 눌봉을 칼로 찔러 버렸으며 눌봉은 온몸이 피투성이가 되어 월봉마을로 피신하여 목숨을 구했다.

- 장일남 옹의 메모에서 발췌

이 밖에도 일본 경찰들의 감시를 피해 학생들이 청류동 반석에서 우국지사들로부터 글을 배울 때 날마다 도림사 승려들과 우국지사들이 일본 경찰들의 동태를 감시 보호하여 주었는데, 공부를 하다가도 왜놈 순사들이 온다고 하면 산속 숲으로 달아나 숨었다는 장일남 옹의 증언은 도림사 승려들과 우국지사들이 하나의 조직으로 일제에 대항하였음을 알 수가 있다.

특히 깃대봉을 비롯하여 곡성읍 모든 마을에 대략 폭 1.5m, 길이 2m쯤 되는 직삼각형 흰 광목(廣木)에 영(令) 자를 쓴 기를 세워 놓고, 깃대를 흔들어 일본경찰의 동태를 감시했다는 장일남 옹의 증언은 곡성읍민들이 깃대봉을 중심으로 즉, 청류동에 본부를 둔 항일저항세력들을 중심으로 그들의 통제하에 조직적으로 저항했음을 뜻하는 것이다.

필자가 수십 번에 걸쳐 깃대봉을 오르내리며, 조사하고 실험해 본 결과 장일남 옹의 증언대로 청류동 망루인 깃대봉에서 직접 쇄연문의 상황을 확인할 수 있으며, 언제든지 상호 연락이 가능한 것은 물론이거니와 깃발을 통해 곡성읍민들로부터 상황을 보고받고, 동시에 곡성읍민들에게 작전명령을 하달할 수도 있었다.

또한 일곡 쇄연문은 의병들의 본부가 있었던 신덕암(神德庵)과 일직선상에 있어,

◇ 쇄연문에서 바라본 의병본부(신덕암)와 초소(哨所, 도림산장 우측 대나무밭)

유사시 신덕암에서 청류동으로 들어오는 성문(城門)이었던 쇄연문의 상황을 직접 눈으로 확인하면서 소리와 기(旗) 등을 통해 상황을 보고받거나, 작전명령을 내리며 통제를 할 수가 있었다.

예를 들어 유사시 도림산장에서 의병 본부인 신덕암과 도림사와 깃대봉 그리고 곡성읍에 현대과학인 전화로 연락을 하는 것보다 깃발이나 소리 등을 통해 알리는 것이 훨씬 빠르다.

[부연하면, 쇄연문 또는 어디서든 깃대봉이 보이는 곳이라면, 깃대봉으로 연락하는 그 순간 신덕암과 도림사와 곡성읍이 동시에 상황을 알 수 있는 구조로 되어 있다.]

즉, 깃발을 이용하면 전화 한 통화 하는 시간 만에, 이미 모든 상황은 청류동 전체는 물론 곡성읍민들에게 전달되어 버린다.

사진에서 보듯이, 1번 쇄연문과 4번 귀기간소가 마주 보는 중앙에 2번 잡목과 산죽으로 은폐하여 승려가 상주하며 청류동을 감시하던 건물 즉, 초소가 있었고,

◇ 100년 전 청류동 쇄연문 앞 상황

1. 일곡(一曲) 쇄연문(鑠烟門, 도림산장 맞은편) 2. 초소(哨所, 승려들이 청류동을 지키던 집) 3. 일곡 주제인 도채위경(淘採爲耕) 4. 귀기간소(歸奇顧愃) 5. 화덕(火德) 6. 의병주둔지(義兵駐屯地, 주차장) 7. 이곡(二曲) 무태동천(無太洞天) 8. 사무사(思無邪)다.

6번 지금의 주차장 즉, 의병들이 주둔했던 장소는 대략 도림산장 옆 대밭 높이였는데, 지금의 높이로 매립한 것이고, 5번 도림산장 우측 계곡 암반 가운데 돌을 파고 의병들이 솥을 걸었던 화덕까지 구색이 갖추어져 있어, 이곳이 청류동을 지키는 관문이었음을 알 수가 있다.

장 옹의 증언에 의하면, 계곡 쪽에는 마을에서 오르는 길과 쇄연문 앞 도림사 주도로가 이곡 방향 주차장에서 하나로 합쳐지는데, 당시 도림사 주지 눌봉의 맏 상좌 이한종(李漢宗) 부부가 살면서 의병들이 도림사에서 회합하거나 외부에서 중요한 인물이 찾아오면, 24시간 청류동을 감시하던 오두막집은 지금은 대밭으로 변해 버렸지만, 즉, 계구근독(戒懼謹篤) 정면 도림산장 우측 대밭에 있는 미루나무

앞에 있었으며, 가시덤불과 산죽 등 잡목으로 은폐된 건물은 마을과 양쪽의 도로 상황을 알 수 있지만, 마을에서는 잡목에 가려 건물이 보이지 않았다는 것으로 보아도 이곳이 청류동 방어에 핵심이었음을 알 수가 있다.

다음의 사진은 깃대봉에서 바라본 쇄연문과 곡성읍 전경이다.

1. 쇄연문과 소초(대나무밭 중앙) 2. 귀기간소 3. 의병들의 훈련소와 주둔지 4. 구원리 도동재(道東齋) 5. 조병순의 집 이이재(怡怡齋)이며, 200m 좌측에 당시 곡성경찰서가 있었다(현 군청 앞 어린이집). 멀리 눈 쌓인 지리산이 선경처럼 보이고, 곡성읍이 한눈에 보인다.

그리고 사진에서는 보이지 않지만, 우측 구원리 도동재(道東齋)도 보이고, 도림사와 의병 본부였던 신덕암까지 상호 직접 의사를 전달할 수 있는 조직체였다.

즉, 사진에서 보듯이 깃대봉과 초소는 물론 마을마다 항상 영(令) 자 기(旗)를 세워 놓고 어떤 특별한 상황이 일어나면 즉, 일본 군대나 경찰이 오면 기를 눕히

◇ 깃대봉에서 바라본 쇄연문과 곡성읍 전경

고, 이것을 보고 있던 깃대봉에서 기를 눕혀 버리면 모두 숨어 버리는 등 깃대봉은 도림사를 비롯한 산내 암자는 물론 곡성읍까지 총괄하는 지휘 역할을 하였다는 장일남 옹과 박현래 옹의 증언이 사실임이 확인 입증되었다.

예를 들어 곡성경찰서에서 위장 활동하던 조병식(曺秉湜)이 의병토벌 또는 동악산에 은거한 요인들의 체포 작전계획을 인지(認知)하여 사전에 조병순에게 보고하면, 조병순은 사람을 보내는 한편 위급한 상황을 깃대를 통해 깃대봉으로 알리고, 깃대봉에서 도림사 산내에 은거한 의병이나 요인들을 대피시키거나, 또는 역으로 제3의 작전 명령을 하달 곡성읍민들로 하여금 사보타지를 일으키고, 저항하도록 지시하여 하나의 조직체로 저항했음을 알 수가 있다.

다음 사진은 깃대봉에서 바라본 구원(동막)마을 도동재(道東齋) 전경이다.

백여 년 전 일본에 대항할 인재들을 양성하기 위해 세운 '도동재'는 사진 속 동산 너머에 있었다.

그러나 다음 사진에서는 보이지 않지만, 쇄연문과 도동재는 읍내에 있는 조병순의 이이재(怡怡齋)와 함께 깃대봉에서 한눈에 관측되고, 깃대봉을 통해 상호 연

◇ 깃대봉에서 본 구원마을 도동재(사진 속 동산 중앙 너머에 있었다)

락이 가능했다.

다음은 깃대봉 정상에서 촬영한 사진이다.

우국지사들이 망대(望臺)로 활용한 깃대봉은 아주 오랜 옛날부터 도림사 승려들이 석불(石佛)을 모셔 놓고 깃대를 세워 대대로 하늘에 제를 지내며 천기(天氣)를 살피던 봉우리이며, 여기서 바라보는 지리산의 일출(日出)과 월출(月出) 그리고 섬진

◇ 깃대봉 정상의 돌탑군락(중앙의 탑 자리에 석불이 있었다)

◇ 깃대봉에서 바라본 곡성읍과 눈 쌓인 지리산은 한 폭의 신선도(神仙圖)다. 우측으로부터 노고단, 반야봉, 만복대이며 이 가운데 1년에 단 2회 반야봉 정상에서 뜨는 일출과 월출은 사람으로 태어나 볼 수 있는 최상의 아름다움이다.

강(순자강(鶉子江))의 운해(雲海)는 가히 신선의 세계를 방불케 하는 장관이다.

이곳에 올라서면, 북쪽의 향로봉 정상에서부터 동쪽의 곡성읍은 물론 남쪽인 구원리 방향까지 사람들의 이동을 한눈에 관측할 수 있어, 항일독립운동 당시 도림사 승려들과 우국지사들이 날마다 올라와 일본경찰과 군대를 감시하는 망대로 활용하였다.

깃대봉에 있는 돌탑 군락들은 1997년부터 이곳에 수련장을 만들어 놓고 오르내리던 곡성읍 7구 노인산악회에서 쌓은 것들이다.

가운데 2천 년 탑이라고 명명된 탑 자리에 석불(石佛)이 있었는데, 탑의 기단석 역할을 한 자연석에 흰색 페인트로 십자가를 낙서한 것으로 보아 교인들이 깨 버린 것으로 추측되지만, 현장은 이해하기 어려운 혐오시설들과 십자가 구호 등 각종 오물로 어지럽기만 하다.

그러나 무엇보다도 안타까운 것은, 항일의병운동과 민족독립운동의 근간이 되었던 성스러운 역사의 현장인 쇄연문을 공동화장실과 상가 오물의 배출구로 만

◇ 화장실과 하수구 배출구로 전락돼 버린 쇄연문
여기 공동화장실과 위 상가에서 배출되는 정화조와 설거지 등 배출되는 각종 하수가 농수로를 따라 야외 음악당을 돌아 흘러가는데 아무것도 모르는 관광객들이 앉아 식사를 하고 그릇과 손발을 씻는 것은 충격적이다.

들어 버렸다는 사실이다.

사진에서 보듯이 좌측 1번 바위벽에 새겨진 글씨가 쇄연문이고, 2번이 '향회입연식'이며, 3번은 공동화장실이고 4번 화살표 방향 긴 검은 선이 우수관로(雨水管路) 겸 화장실 정화조 배출구다.

소중한 역사의 현장을 공동화장실로 만들어 버린 것도 부끄럽고 한스러운 일인데, 더욱 충격적인 것은, 이 오폐수(汚廢水)가 쇄연문만 더럽힌 것이 아니고, 의병장 기우만이 머물며 지도하던 항일독립운동의 성지인 도동재와 비각 앞을 오염시키며, 도동재 옆에 있는 골짜기 저수지로 흘러들어 유서 깊은 마을주민들의 생활과 건강까지 위협하고 있다는 사실이며, 사철 악취가 진동하여 지나가기도 역겨운 부끄러운 현장이다.

다음은 쇄연문 앞에서(좌측) 초병(哨兵)처럼 지키고 서 있는 바위에 새겨진 '계구근독(戒懼謹獨)'에 관한 설명이다.

◇ 계구근독(戒懼謹獨)

계구근독(戒懼謹獨)은 "홀로 있을 때일수록 두 눈을 부릅뜨고, 늘 조심하며 잘 지키라"는 동악산 항일의병(義兵)들의 경계수칙이며, 성리학의 요결이다.

주변에 또 다른 글들이 있었을 것으로 보이지만, 안타깝게도 도로공사로 모두 파괴되어 버렸고, 이 계구근독과 우측 향회입연식(向晦入宴息)만 겨우 남아 있다.

공자의 손자 자사(子思)가 말한 두려운 마음으로 조심하고 혼자 있을 때 삼간 다는 계구근독은 대대로 성인(聖人)들이 전해 오는 요결(要訣)이며, 조선의 역사에서 이 계구근독을 가장 적절히 인용한 사람은 율곡(栗谷) 이이(李珥, 1536~1584)이고, 가장 명료하게 해석한 사람은 여기 동악산에서 은거했던 삼연(三淵) 김창흡(金昌翕, 1653~1722)이라 할 수 있다.

다음은 율곡의 자경문(自警文) 11조항 중 4항 근독(謹獨)에 인용된 계구근독이다.

常以戒懼謹獨 意思存諸胸中 念念不怠 則一切邪念 自然不起
상 이 계 구 근 독 의 사 존 제 흉 중 념 념 부 태 즉 일 절 사 념 자 연 부 기
늘 경계하고 두려워하며 홀로 있을 때 삼가고 생각을 가슴속에 담고서 유념하여 게
을리함이 없다면, 일체의 나쁜 생각들이 자연히 일어나지 않게 될 것이다.

萬惡 皆從不謹獨生 謹獨然後 可知浴沂詠歸之意味
만 악 개 종 부 근 독 생 근 독 연 후 가 지 욕 기 영 귀 지 의 미
모든 악은 모두 홀로 있을 때를 삼가지 않음에서 생겨난다. 홀로 있을 때를 삼간 뒤
라야 기수(沂水)에서 목욕하고 시를 읊으며 돌아온다는 의미를 알 수 있다.

−율곡 자경문에서 발췌

비록 처음 그 시작은 미약하지만, 저 산 저 숲 속에서 끊임없이 솟아나오매 스 스로 맑아져 해와 달이 비치는 거울이 되고, 숲을 살리는 생명이 되고, 강이 되고,

마침내 바다가 되는 옹달샘 물처럼 오직 한 마음으로 앉으나 서나, 자나 깨나 늘 깊이 궁구(窮究)하고 삼가라는 계구근독은 만고불변(萬古不變)의 진리다.

사람으로 태어나 계구근독 이것 하나만 들고 있으면 무엇을 근심하고 두려워할 것인가?

저승길을 가더라도 이것 하나만 들고 있으면 극락과 지옥으로 갈리는 저승길 삼거리에 있다는 주막집 주모(酒母)가 버선발로 나와 맞이하고 염라대왕(閻羅大王)도 심판하지 못할 것이다.

기수(沂水)는 중국 산동성(山東省) 기수현(沂水縣) 기산(沂山)에서 발원하여 사수(泗水)로 흘러드는 내의 이름인데 여기서 기수(沂水)에서 목욕하고 시를 읊으며 돌아온다는 의미를 알 수 있다는 것은 중용(中庸)의 종지(宗旨) 즉, 인간의 본성을 깨닫는다는 뜻이다.

자경문을 지은 율곡이 첫머리 입지(立志)에 모름지기 그 뜻을 크게 가져 성인(聖人)의 경지(境地)에까지 가는 것을 준칙(準則)으로 삼아 털끝만큼이라도 그에 미치지 못하면 나의 일은 끝나지 않는다고 정의한 것처럼 성인을 법으로 삼고 늘 스스로를 경계하여 성인의 경계(境界)로 가는 요결이며 동시에 나라와 백성들이 위기에 처한 원인을 마음 깊이 자각하고 국권회복과 민족의 독립을 생각하라는 의미다.

즉, 일곡 쇄연문을 열고 구곡 도원(桃源)으로 가려는 어부에게 주는 요결이며, 항일독립운동에 헌신하는 동지들에게 보내는 엄중한 지침이다.

다음은 쇄연문 정면에 있는 반석(磐石)에 새겨진 향회입연식(向晦入宴息)의 설명이다.

◇ 쇄연문과 계구근독 전경

성스러운 항일독립운동의 현장이 인정머리 없는 포클레인 삽에 파괴되고 화장실 정화조 배출구가
되어 버린 부끄러운 현장이다.

귀기간소(歸奇顧怪)가 청류동으로 들어오는 적을 경계하고 격퇴시키는 군사작전
이라면, 향회입연식은, 서구열강들로부터 조선을 지키는 방법을 기술한 병법(兵法)
이며, 쇄국양이(鎖國攘夷)의 정책을 세운 대원군은 물론 당시 쇄국을 주장했던 위정
척사파들이 개방이 무서워 대문을 닫고 앉아 공맹(孔孟)이나 읊던 겁쟁이들이 아니
었음을 입증하는 사료다.

[부연하면, 조선 말기 대원군의 개혁으로 대변되는 쇄국정책은 주역 '택뢰수괘(澤
雷隨卦) 향회입연식(向晦入宴息)'에서 나온 것으로, 파당파쟁과 안동 김씨들의 세도
정치 속에서 탐관오리들의 부정부패로 스스로를 지킬 힘을 잃어버린 조선을 지키
기 위해, 성리학을 바탕으로 주역의 가르침을 인용하여 서구 열강들로부터 조선을
보호하려는 적극적인 자구책이었으며, 여기 동악산 청류동이 위정척사사상이 시발

된 역사의 현장임을 입증하는 물증이다.]

　다음은 동악산 서북쪽 입면(立面) 금산리(錦山里)에서 태어나 청류동에서 사림(士林)의 정통성을 이어받고, 우리 역사를 지켜내며 조선의 마지막 선비로 살다 간 경와(敬窩) 엄수동(嚴受東, 1905~2003)의 주역 '택뢰수괘(澤雷隨卦) 향회입연식(向晦入宴息)'의 해석이다.

　엄수동의 해석은 조선 말기 이 동악산에서 활동했던 주자학파들로부터 배운 것임을 상기하면, 위정척사론이 어디서 나왔으며 대원군이 적극적인 개혁주의자였음을 충분히 알 수가 있다.

◇ 향회입연식(向晦入宴息)

　상왈(象曰) 택중유뢰(澤中有雷)가 수(隨)니 군자(君子) 이(以)하야 향회입연식(嚮晦入宴息)하나니라.

　상(象)에 가라대 택중(澤中)에 뇌(雷)가 있음이 수(隨)니 군자(君子)가 이(以)하야 회

(晦)에 향(嚮)하거든 입(入)하야 안식(安息)하나니라.

상(象)에서 말하기를 연못 속에 천둥이 있음이 수괘(隨卦)이니, 군자(君子)가 이로써 어두워지면 들어가 편안히 쉰다.

천둥이 연못 가운데에서 진동하여 연못이 따라 진동하여 움직이니 따름의 상이 된다. 군자가 상(象)을 보아 이로써 때를 따라 움직이고, 때의 마땅함을 따르니 만사가 다 그러하니 그 가장 밝고 또 가까운 것을 취하여 말함이라.

"晦에 嚮하면, 들어 安息(안식은 안거휴식(安居休息)임)한다." 함은 君子가 낮에는 스스로 强하여 쉬지 아니하고, "昏晦(혼(昏)은 어둡고 어지러움이요. 회(晦)는 어둡고 어두움이다.)" 한 곳에 嚮하게 되면, 곧 집안에 들어가 안에 거처하여 安息하고, 그 몸을 편안히 하여 起居(기거는 사람이 먹고 자고 일어남을 말함)를 때를 따라 그 마땅함을 적당히 한다.

예기에서는 "군자가 낮에는 안에 거하지 아니하고, 밤에는 바깥에 거하지 아니하니 때를 따름의 도리이다"라고 하였다.

-경와유고(敬窩遺稿)에서 발췌

위 상황에 따라 능동적으로 대처하며 여의치 않을 때는 전쟁을 멈추고 힘을 비축한다는 주역의 괘는 물론 도림사 앞 좌측 길섶 바위에 새겨진 세상의 일들은 잠깐의 순간이라는 만사수유(萬事須臾)를 함께 놓고 보면, 쇄국을 주장한 대원군과 유림들의 근본사상이 여기서 비롯되었으며, 동시에 그들이 안동 김씨들의 세도 정치와 탐관오리들의 부정부패로 이미 썩은 나무토막이 돼 버린 조선을 지키기 위해 얼마나 몸부림을 쳤는지 엿볼 수 있는 대목이다.

다음은 주역 택뢰수괘의 원리를 응용한 중국의 병법서(兵法書) 삼십육계(三十六計) 가운데 물을 흐려 고기를 잡는다는 '제이십계(第二十計) 혼수모어(混水摸魚)'다.

승기음란 이기약이무주 수 이향회입연식(乘其陰亂 利其弱而無主 隨 以向晦入宴息)
– 적의 내부가 혼란하여 주요작전이 부재한 틈을 타서, 우군의 작전대로 따라오도
록 유도한다.

이것은 마치 해가 지면 잠자리에 드는 것과 같다는 병법 삼십육계를 보면, 대원
군의 쇄국정책과 위정척사론이 나라의 근본을 지키려는 적극적인 실천이었으며,
동악산 청류동 구곡에 새겨진 글들이 항일투쟁의 방법을 기술한 병법(兵法)임을 알
수가 있다.

또 하나 이와 함께 여기서 눈여겨볼 것은 쇄연문과 향회입연식을 배열한 의도다.

다음 사진에서 보듯이, 좌측 바위 벽에 새겨진 글씨가 쇄연문이고 도림사 가는
길은 향회입연식 우측(지금의 도로)에 있었는데, 향회입연식을 성문과 같은 이곳
에 새겨 놓은 것은 그 의미가 그만큼 중요하다는 뜻이며, 청류동에 은거한 의병들,

◇ 쇄연문(鏁烟門, 좌측)과 향회입연식(向晦入宴息, 우측)

은 물론이거니와 도림사와 옥과현(玉果縣)으로 넘나들던 사람들이 쉬어 가던 쉼터 바위에 향회입연식을 새겨 놓은 것은, 일본에 대한 저항의지와 국민계몽의 효과를 극대화시키려는 홍보 전략이었다.

그러나 안타깝게도 서구열강들의 침략을 막아내고 민족의 자주독립을 이끌어 낸 동력이었던 이 향회입연식은 해방 후 청류동의 역사를 왜곡하고 우국지사들을 매도하여 죽이는 도구가 되어 버렸다.

이 향회입연식(向晦入宴息)을 글을 모르는 사람들이 보면, 날이 저물면 집에 들어가 술이나 마시고 잠자는 것이 상책이다. 또는 세상이 어지러울 때는 조용히 숨어 호의호식(好衣好食)하는 것이 상책이라는 말이 되는데……. 해방 후 친일파들이 도림사 반석의 글씨들은 부패한 양반들의 유희(遊戱)라며, 이간계(離間計)의 도구로 삼아 우국지사들을 매도하고, 청류동의 역사를 왜곡시켜 묻어 버린 것이 또한 이 것이었다.

이들 친일 매국노들의 만행은 일제강점기는 물론 대를 이어 지금도 계속되고 있는데, 해방 후 온갖 모략을 일삼으며 우국지사들을 괴롭히던 친일파들은 여순반란과 6·25라는 두 번에 걸친 동족상잔을 빌미로 일제강점기 동악산에서 항일 지하조직을 이끌었던 우국지사들을 제거하여 버렸다.

대표적으로 1950년 8월 6일 새벽 곡성읍 삼인동(三仁洞) 공동묘지에서 있었던 양민학살은 친일파들이 전쟁을 빌미로 자신들의 정체를 낱낱이 알고 있던 우국지사들을 죽이기 위해 이른바 빨갱이로 변신 계획된 야만적인 살인이었으며 이 소중한 청류동의 역사가 지금까지 왜곡되어 전해지면서 묻혀 버린 것은 이들 친일파들이 곡성의 교육과 문화계를 대를 이어 지배하면서 자신들의 범죄를 감추기 위해 조작

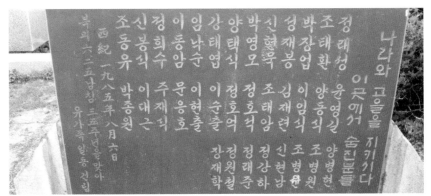

◇ 1950년 8월 6일 친일파들이 6·25를 빌미로 학살해 버린 우국지사들의 명단

한 음모의 결과였다.

[부연하면, 친일파들은 여수순천반란이 일어나자 관공서에 불을 질러 자신들의 친일부역과 범죄의 기록들을 없애 버렸으며, 6·25전쟁은 친일파들이 자신들의 과거를 세탁하는 결정적인 호기가 되었다.]

다음은 곡성읍에서 청류동으로 들어오는 길목 바위에 새겨진 귀기간소(歸奇顧慅)에 관한 설명이다.

쇄연문 맞은편 계곡을 건너 청류동 물이 빠져나가는 동쪽 월봉마을 뒷산 기슭 즉, 곡성읍에서 청류동으로 들어오는 길목 바위군락에 새겨진 귀기간소(歸奇顧慅)는 멀리 동악산 향로봉에서 곧장 날아온 청룡(靑龍)이 긴 목을 빼고 두 눈을 부릅뜨고 지키고 있다가 소리 나고 움직이는 것은 모두 죽여 버린다는 뜻이며, 주역 '계사전상(繫辭傳上)'의 귀기어륵(歸奇於扐)'을 인용한 것으로 악기경(握奇經)의 팔진법(八陳法)을 말하는 것이다.

즉, 청류동을 지키고 있는 청룡의 이빨에 새겨진 귀기간소는 마치 용맹한 군사

◇ 향로봉(중앙)과 귀기간소(歸奇顧怪, 우측 하단 바위) 전경

들이 무장(武裝)을 하고 숲 속에 매복하고 있다가 적의 움직임을 감시하여 격퇴시
킨다는 기동타격대의 의미이며, 청류동에 설치된 구곡이 구궁팔괘진(九宮八卦陣)에
의한 기문둔갑(奇門遁甲)의 진법(陣法)이고, 항일의병들의 요새였음을 증명하는 역사
의 기록이다.

　알기 쉽게 설명하면, 쇄연문은 서쪽을 지키는 백호(白虎)의 발톱에 새겨 놓고, 귀
기간소는 동쪽을 지키는 청룡의 이빨에 새겨 놓았는데, 이는 청류동 자체를 제갈
공명의 팔진법으로 만들어 놓고 쇄연문 즉, 성문(城門) 좌우에서 백호와 청룡이 매
복하여 지키고 있다가 적의 움직임을 포착하여 신속하게 격퇴시킨다는 뜻으로 초
소의 경계구호 즉, 요즈음 군대 용어로 하면 초전박살(初戰撲殺)과 같은 것이다.

　우국지사들이 이곳에 귀기간소를 새겨 놓은 것은 풍수를 활용한 것으로, 신성
한 청류동을 지키고 있는 청룡으로 하여금, 움직이고 소리 나는 것은, 모두 즉각

◇ 귀기간소(歸奇顧怪)

죽여 버리라는 비보(裨補)임과 동시에 작전명령이지만, 백성들에게는 정신적인 안정을 주고, 적에게는 공포를 불러일으키는 심리적 효과를 기대함과 동시에 유사시 신속하게 대처할 수 있는 방어 전략이다.

　쇄연문을 가운데 두고 동쪽에는 청룡언월도(靑龍偃月刀)를 치켜든 관우(關羽)가 서쪽에는 장팔사모(丈八蛇矛)를 치켜든 장비(張飛)가 지키고 있다가 침입하는 적을 신속하게 격퇴시키는 전략으로 생각하면 이해가 될 것이다.

　이 귀기간소를 풍수로 풀어 보면, 신성한 신들의 땅인 청류동을 보호하기 위해 동악산 향로봉에서 곧장 뻗어 내린 지기(地氣) 즉, 보란 듯이 여덟 번을 솟구쳐 위용을 과시하며, 두 눈을 부릅뜬 청룡이 목을 길게 빼고 지키고 있다 침입하는 적을 즉각 대응하여 섬멸(殲滅)한다는 뜻이니, 온전할 것이 무엇이겠는가? 살아 있는 자나 죽은 자 모두에게 지옥과 다름없는 땅이다.

이 죽음의 땅에 마을이 형성된 것은 어느 때인지 알 수는 없으나, 이곳에 활과 화살을 만들 수 있는 커다란 대숲과 튼튼한 정죽(箐竹, 시누대)이 자라고 있는 것으로 보아, 고려 말 대황강(보성강)변 당동리에 있었던 곡성 관아가 섬진강을 거슬러 온 왜구들의 끊임없는 노략질을 견디지 못하고, 지금의 곡성읍으로 옮겨 온 이후 곡성 주민들이 침입하는 왜구들을 방어하는 요새로 청류동을 활용하여 군사들이 주둔하면서 비롯된 것으로 추측되며, 시누대와 대나무 숲도 현장에서 양질의 무기를 생산할 목적으로 이때 조성된 것으로 보인다.

이러한 역사와 풍수철학을 주민들의 생활 속에서 살펴보면, 일반적으로 마을 공동묘지가 뒷산에 있는 것이 상식임에도, 이 마을은 대대로 개울 건너 마을 앞에 공동묘지를 만들었는데, 이는 신의 명령을 받고 청류동을 지키고 있는 청룡이 사람이든 귀신이든 소리 나고 움직이는 것은 모두 죽여 버린다는 전설에, 뒷산에 집을 짓거나 묘를 쓰면 패가망신(敗家亡身)하고 후손들이 비명횡사(非命橫死)한다는 말이 있어서 불문율(不文律)처럼 전해진 원인이며, 이것을 우국지사들이 일본군들과 맞서는 병법으로 활용한 것이다.

지금도 유사시를 대비하여 청류동을 방어할 군사용 참호가 쇄연문 앞 도로변 능선에 있고, 길 건너 계곡 벼랑에는 귀기간소와 월봉마을을 한눈에 관장하고 대응하기 위한 참호가 초소가 있었던 건물 앞에 커다란 참나무로 은폐되어 있는 것을 보면, 예나 지금이나 청류동은 곡성군민들의 피난지이며, 이곳은 청류동을 지키는 중요한 관문임을 알 수가 있다.

다음은 귀기간소에서 옛 길을 따라 즉, 농수로(農水路)를 거슬러 대략 80여 걸음

(60m 정도) 올라가면 만나는 암벽 중간 벼랑에 새겨진 일곡(一曲)의 또 다른 주제인 도채위경(淘採爲耕)과 간재(艮齋) 전우(田愚)가 창시한 '성사심제(性師心弟)'에 관한 설명이다.

우측으로부터 일곡 도채위경(淘採爲耕)이고, 좌측에 작은 글씨로 새긴 것이 성사심제(性師心弟)이며, 그 위쪽 즉, 성사심제 상단 경사면이 싸우면서 건설하자는 구호가 새겨진 위치다.

풍수로 보면, 서쪽에 있는 일곡 쇄연문은 백호의 발톱이고, 동쪽을 지키는 여기 도채위경은 신성한 신들의 땅인 청류동을 보호하기 위해 동악산 향로봉에서

◇ 옛 초소 앞에서 촬영한 일곡(一曲) 전경

남쪽으로 날아 내린 청룡의 어금니 즉, 용이 물고 있는 여의주(如意珠)에 해당하는 곳이다.

이 셋 가운데 먼저 도채위경(淘採爲耕)에 관한 설명이다.

맞은편 쇄연문과의 중간에 위치한 감시 초소 즉, 경비병들이 상주하던 건물 맞은편 계곡물 건너 곡성읍에서 오르는 도로에서 한눈에 들어오는 암벽에 새겨진 도채위경은 1800년대 중반 선비정신을 바탕으로 훌륭한 인재들을 발굴 육성하여 논밭을 갈아엎듯이 안동김씨들의 세도정치와 관료들의 부정부패를 일소(一掃)하여 도탄(塗炭)에 빠진 백성들을 구하고 왕도정치를 이루려 했었던 이른바 동악산 개혁세력들 즉, 조형일(曹衡鎰, 1800~1860)을 중심으로 모인 이하응·허유 등등 이른

◇ 일곡(一曲)의 또 다른 주제인 도채위경(淘採爲耕)

◇ 일곡 도채위경 위 암벽에 새겨진 "싸우면서 건설하자"는 항일 구호다.

바 동악산 청류동에서 결집한 조선 개혁세력들의 의로운 약속이었다.

글은 누가 쓰고 새겼는지 알 수는 없지만, 구곡을 정한 조병순과 정순태가 팔곡(八曲) 해동무이(海東武夷)처럼 아무런 서명 없이 곡(曲)만 정한 것으로 보아, 이곡 무태동천(無太洞天) 등과 함께 당시 개혁의 중심에 있었던 조형일이 새긴 것이며, 훗날 조형일의 손자이며 동악산 항일독립운동을 이끌었던 조병순이 팔곡(八曲)처럼 기존의 글을 일곡으로 정하고, 훌륭한 인재들을 발굴 육성하여, 논밭을 갈아엎듯이 왜놈들의 세상을 뒤엎고, 조선의 독립을 이루자는 항일투쟁 의지로 활용한 것이다.

특히 외부에서는 보이지 않지만 주제 바로 위 암벽 즉, 성사심제 방향 위쪽에 일제강점기 동악산에서 투쟁하던 의병들 가운데 누군가가 이 바위 위에서 보초를 서면서 창끝으로 새겨 놓은 싸우면서 건설하자는 글은 도채위경이 항일투쟁으로 바뀌었음을 말하는 것이며, 당시 의병들의 결사항전 의지를 분명하게 느낄 수 있는 글이다.

글귀의 어법과 "정신무장을 시키고 유사시는 나라를 위해서 목숨을 바치겠다는 각오로 독립운동을 시작했다. … 오늘은 여기 내일은 어디 하고, 늘 장소를 바꾸어 숨어 다니면서도 학생들을 가르치는 일을 게을리하지 않았다. 왜냐하면 머지않아 일본은 망하고 우리 세상이 곧 돌아온다. 과거를 보고 벼슬하는 희망을 믿고 있었기 때문이다. … 저명한 애국지사들이 회합차 도림사에 모이면, 우리 학생들까지 사전에 초비상 경계에 들어가는데, 절에 불공하러 가는 사람도 일체 입산을 금지시키고, 월봉리 입구에서부터 산속에 숨어서 파수(把守)를 섰다"는 장일남 옹의 증언을 종합해 보면, 싸우면서 건설하자는 구호는 1920년대 이후 독립군들 가운데 보초를 서던 누군가가 새겨 놓은 것인데, 이 글은 당시 보초를 서는 말단들까지 글을 깨우쳤고, 애국심으로 무장되어 있었음을 잘 알 수가 있다.

오로지 국리민복을 위한 애국심으로 일어선 조선 선비들의 의로운 사상이었던 도채위경(淘採爲耕)이 일곡 쇄연문으로 대변되는 쇄국정책의 위정척사로 변하고, 이러한 교육을 통한 개혁과 자주독립의 정신이 조선의 역사를 배워 빼앗긴 나라를 다시 일으켜 세우자는 도동재(道東齋)로 이어지면서, 국민계몽운동을 꽃피웠으며, 1937년 우국지사들이 10여 년 각고의 노력 끝에 비밀리에 자금을 모아 오늘의 곡성중고등학교 전신인 곡성농업실수학교(谷城農業實修學校)를 세운 뜻이었다.

곡성중앙초등학교, 석곡초등학교, 삼기 근촌초등학교 등 대부분의 초등학교 또한 이들 우국지사들이 세운 것이었다.

[부연하면 행서(行書)로 쓴 '도채위경(淘採爲耕)'을 두고 난세(亂世)에는 도연명(陶淵明, 365~427)처럼 벼슬을 버리고 은둔하여 제갈공명(諸葛孔明)처럼 밭을 갈고 수양하며 천하의 때를 기다리자는 '도채갈경(陶採葛耕)'이라는 주장이 제기되어 혹시나 하는 마음에 처음부터 다시 점검하고 전혀 다른 분들을 찾아가 물었지만 도채위경(淘採爲耕)과 도채갈경(陶採葛耕)으로 양론이었다.

심사숙고를 거듭한 끝에 필자는 예로부터 전하는 선인들의 글에 위경(爲耕)은 있어도 갈경(葛耕)이라는 글은 없고 특히 금석문으로 전하는 행서(行書)나 초서(草書)는 학파나 보는 사람의 관점에서 차이가 있는 것이라 불명확할 때는 그 문장의 흐름이나 사상에서 본뜻을 해석하는 관례를 따랐다.

따라서 필자는 이곳이 청류동의 물을 들로 끌어가는 보(洑)가 있어 부지런히 농사를 지을 것을 장려 권장하는 권농(勸農)의 생명인 물의 근원이고, 동시에 사재를 털어 널리 인재들을 양성하여 왕도정치를 구현하려 했었던 서산 조형일의 뜻과 이곳에서 교육받은 노인들의 전언 그리고 일제 강점기에 구곡에 성학(聖學)을 안배하여 인재들을 교육하여 자주독립을 기초했던 역사를 따라 금을 캐듯 인재들을 양성하여 왜놈들의 세상을 갈아엎자는 도채위경(淘採爲耕)으로 읽고 해석하였음을 밝혀 둔다.

아울러 서두에서 밝혔듯이 두 번째 발간하는 동악산 항일독립운동의 자료집인 '천간지비 동악산'은 필자의 논증을 검증하고 보다 더 분명한 역사를 규명하기 위함이니, 이 부분은 물론 이 산의 모든 것에 대하여 보다 더 많은 전문 학자들의 연구가 있어 필자의 논증에 오류가 있으면 바로잡아 주기를 바란다.]

다음은 성사심제(性師心弟)에 관한 설명이다.

앞에 게시된 사진에서 보듯이, 본문 도채위경 좌측에 간재(艮齋)가 창시한 성사심제(性師心弟)는 어느 때 누가 새긴 것인지 알 수 없지만, 간재 본인이 설명한 그대로 "주자가 말하기를 성(性)은 태극(太極)이라 하였고 심(心)은 음양(陰陽)이라고 하였다. 그러므로 하늘과 태극은 마땅히 높은 것이고, 심과 음양은 마땅히 낮은 것이다"라 하였고, 또 "이를 미루어 보면 성(性)은 사(師) 즉, 스승이고, 심(心)은 제(弟) 즉, 제자라는 것은, 주자의 설에 바탕을 두기는 하였으나 내가 새로 창시한 것이니, 의리가 지극히 정미한 것이며, 절실한 공부이며, 이것이 스스로 만든 심제(心弟) 두 글자이다"라는 뜻이다.

그러나 구곡을 거슬러 오르며 성리학의 요결을 차례로 펼쳐 놓은 것과 달리 보편적인 가치가 아닌 당시 유학자들 사이에 논박이 오가던 고도의 철학적 사고를 여기에 새긴 것은, 항일투쟁의 상징인 도채위경을 숨기려는 책략이라기보다는 훗날 누군가 새겨 놓은 것으로 보는 것이 옳을 듯하다.

다음은 쇄연문 맞은편 도림산장 계곡물을 건너 반석 가운데 만들어 놓은 화덕(火德)에 관한 설명이다.

쇄연문 앞 도림산장 계곡물 건너 반석 가운데 넓이 170㎝, 깊이 150㎝의 구덩이를 파고 대형 가마솥을 걸어 불을 지폈던 흔적이 있는데, 의병들이 임시 밥을 지었던 유적이다.

다음의 재현한 사진에서 보듯이, 취사를 위해 불을 피우면, 연기가 계곡을 거슬러 낮게 깔리면서 숲으로 사라지기 때문에, 멀리 산 밖 외부에서 위치가 쉽게 노출되지 않고, 토사가 쌓여 잡목과 잡풀이 우거졌지만, 주변에 흘러내린 암반은 백여 명의 의병들이 동시에 앉아 소금물에 끓인 송피죽이라도 훌훌 마시고, 잠시 눈을 붙여도 좋을 만큼 넓고, 맞은편 매립하여 주차장으로 쓰고 있는 공터까지 합치면 그 규모는 상당했던 것으로 보인다.

이 화덕은 그 형태로 보아 솥만 걸게 되어 있는 것이 아니고 다목적용인데, 지금 당장 불을 지피고 돼지를 통째로 구워도 손색이 없는 규모다.

당시 이곳에 주둔했었던 의병들이, 이 화덕에서 추위를 면하고, 눈물 밥을 삼켰을 것을 생각하니, 이 화덕이야말로 우리 민족을 구한 의로운 불구덩이다.

◇ 의병들이 가마솥을 걸었던 화덕(火德, 중앙)이다(불은 재현을 위해 낙엽을 조금 모아 태워 본 것이다).

화덕 맞은편 지금의 주차장에 대략 300평 정도의 공터가 있어 의병들이 주둔 훈련했었고, 1906년 윤 4월 17일 순창에서 의병들을 이끌고 배넘이재를 넘어온 최익현의 본대도 이곳에 주둔했었다 전한다.

당시 의병들이 주둔 훈련하던 공터는 매립하여 주차장으로 사용하고 있지만, 하류 도림산장 좌측 대밭과 같은 선상에 공터가 있었던 것으로 보아, 개울가 암반에 자연석을 활용하여 만들어 놓은 화덕은 공터에서 회합 훈련하던 의병들이 취사를 비롯한 다목적용도로 사용했음을 알 수 있다.

장일남 옹 역시 이러한 이야기들을 들었으며 자신이 직접 목격한 것으로, "당시 날마다 각 마을에서 모여든 어른들은 데리고 온 아이들을 공부하라며 도림사로 올려 보내 놓고 여기 공터에서 여러 가지 토의와 훈련을 하는 것을 보았다"고 하

◇ 의병들의 훈련장(주차장)과 화덕(火德 안내도 뒤편 물 건너 암반)
1. 쇄연문(鏁烟門, 도림산장 맞은편) 2. 초소(哨所, 승려들이 청류동을 지키던 집) 3. 도채위경(淘採爲耕) 4. 귀기간소(歸奇顧怪) 5. 화덕(火德) 6. 의병들이 훈련과 주둔하던 곳(義兵駐屯地, 주차장)이다.

였다.

   필자가 청류동과 이웃에 있는 원계동을 조사하면서 가장 안타까운 것은, 두 곳 모두 자연의 조건은 물론 역사적 사료에서도 중요한 장소가 채석장과 도로공사로 파괴되어 버렸다는 것이다.

   특히 수많은 유적들이 있었을 것으로 추정되는 청류동은 수년 전 곡성군이 수려한 계곡의 자연석들을 모두 쓸어내 버렸는데, 이는 곡성이 생기고 부임해 온 수많은 현감(縣監)과 군수(郡守) 가운데 가장 어리석은 결정이었으며 후손들이 자자손손 영원히 감내해야 할 손실이었다.

   더욱 안타까운 것은 이 공터와 채석장은 물론 청류동 도로공사로 파괴된 길섶에는 최익현을 비롯한 우국지사들의 글들이 있었다는 사실이다.

◇ 좌측 물가에 있는 암반(중앙)이 의병들이 가마솥을 걸었던 화덕이고, 우측 상단에 있는 바위에 곡성현감 정기증의 이름이 새겨져 있다.

다음은 별것은 아니지만, 화덕 하류에 있는 현감 정기증(鄭基曾)과 그 아들의 이름이 새겨진 바위다.

1871년(辛未) 현감으로 부임하여 1873년 떠나면서 그 아들 간조(侃朝)가 새긴 글이 뒤집혀 있는 바위 면에 청류동(淸流洞) 현감(縣監) 정기증(鄭基曾) 자(子) 간조(侃朝) 계유(癸酉, 1873) 중동각(仲冬刻, 음력 11월 새겼다)이라고 새겨져 있다.

동강 난 채 굴러와 뒤집혀 있는 이 현감 정기증이 새겨진 바위는 이곡 호암 근처에 부친 장동환(張東煥)을 비롯한 많은 이름들이 새겨진 바위들이 있었으나 채석장과 도로공사로 사라져 버렸다는 장일남 옹의 증언과 합치되는 것으로, 이곡 어디쯤 있다가 포클레인 삽 끝에 뒤집히고 깨어지는 수모를 당하며, 계곡으로 굴러내린 것이, 물에 휩쓸려 여기까지 온 것으로 보인다.

[부연하면, 필자가 청류동 독립운동사에서 관련도 없는, 어쩌면 별것도 아닌 현감 정기증을 새긴 돌을 여기에 소개 기록하는 것은, 무지한 행정의 역사 파괴를 보라는 의미다.]

끝으로 일곡 쇄연문 좌측 끝에 새겨진 한기순(韓基順), 박장업(朴章業), 신성균(申性均, 1907.6.8~1967.9.28)에 관한 설명이다.

이들 세 사람 가운데 신원을 알 수 없는 한기순을 제외하고, 곡성읍 묘천리 2구에서 출생하여 해방 후 곡성지역 소방대장을 지내기도 했던 박장업은 곡성의 항일 독립운동을 이끌었던 정봉태(丁鳳泰)의 수하에서 소작인들을 관리하고, 각종 대소사와 사무를 총괄 대리하던 사음(舍音)이었는데, 그 직무상 친일파가 될 수 없는 인물이다.

일제강점기 곡성은 물론 전국적으로 의병들이 포수로 위장 활동했는데, 정봉태의 마름이었던 박장업이 포수였다는 것은, 동악산 항일의병들의 변형이며, 친일파들에 의한 양민학살의 명단에서 보듯이, 의열단(義烈團)과 같은 비밀결사로 조직을 이끌던 정래성, 조태환 등을 도와 활동했던 항일 비밀요원으로 알려진 인물이다.

[부연하면 어렵게 찾아낸 박장업의 후손이 실명 확인은 물론 변절 여부 검증에 필요한 기본적인 확인 요청을 거듭 거부하여 2007년 발간한 자료집 도채위경에 박장업을 최후까지 지조를 지켰다고 보기는 어려운 인물로 기술하였는데 그 후 함께 활동했었던 사람들의 증언으로 비밀조직의 일원이었음이 밝혀졌다.]

다음 묘천리 1구 출신으로 일본 와세다대를 졸업하고 곡성면장을 지냈으며, 해방 후 곡성군 건국준비위원장을 맡아보다 전북 전주(전주부 제1선거구)에서 무소속으로 초대 국회의원에 당선되어 반민특위 법을 제정하고 위원으로 활약을 하면서 친일파 숙청에 앞장을 서다 국회프락치 사건에 연류되어 서대문 형무소에 수감되었다가 1950년 6 · 25 이후 월북(?)한 것으로 기록된 신성균은 정봉태와 얽힌 인과로 보아 친일파가 될 수 없는 사람이었으며, 주민들의 증언 또한 관직이 그러했을 뿐 친일파가 아니었다는 것이다.

[부연하면 신성균의 출생지가 1987년 12월 곡성군에서 간행한 마을 유래지에는 읍내리 1구로 기록되어 있고, 최근 공개된 북한 측 자료에는 교촌리 출신으로 되

어 있는데, 모두 잘못된 것이다.]

신성균은 정봉태가 그 천재적인 재능을 아껴 적극적인 지원으로 키워낸 인물이었으며, 그 재목은 군수를 하고도 남음이 있었으나, 술을 핑계로 업무를 제때 수행하지 않음으로 승진하지 못하고 면장으로 그쳤다는 주민들의 증언은 신성균이 친일파가 아니었음을 뜻하는 것이다.

세상이 인정한 천재 신성균이 매번 술을 핑계로 총독부가 시행하는 각종 정책을 뭉개 버리거나 늑장 대응했다는 것은, 행정을 마비시키고 일제의 각종 수탈로부터 주민들을 보호하기 위한 고의적인 사보타지였으며, 이것은 당시 지하로 잠입한 우국지사들의 투쟁방법의 하나였는데, 신성균이 해방 후 곡성군 건국준비위원장을 맡았다는 것은, 민족주의자와 사회주의자들이 모여 만든 건국동맹(建國同盟)의 비밀요원이었음을 말하는 것이다.

일제 말기 면장을 지낸 경력의 신성균이, 1948년 5월 31일 전주에서 무소속으로 출마하여 초대국회의원으로 당선되자, 반민특위법을 적극적으로 주도 제정하고 위원으로 활약을 하면서 친일파 숙청에 앞장을 섰다는 것은, 그 자신이 친일파가 아니었음을 증명할 자료가 있었으며, 반민특위를 와해시킨 이승만 정권이 눈엣가시인 신성균을 친일파로 잡지 못한 것은, 친일파가 아니었음을 반증하는 것이다.

도채위경이 발간된 후 새로이 드러난 증언에 의하면 신성균을 우국지사들이 곡성군수로 만들어 군무를 장악하려 했었다는 것은 조병식(曹秉湜)·조병연(曹秉然)·정수태(丁秀泰) 등과 같이 동악산 항일독립운동을 이끌던 세력들이 조직을 보호하고, 계획된 사업을 원활히 수행하기 위해 총독부 행정에 침투시킨 요원이었음을 말하는 것이다.

[부연하면, 제헌국회에서 처음 정부 조직을 정할 때 '대통령을 책임제로 한다면 직접 선거할 것이고, 대통령을 간접으로 선거할 것 같으면, 내각책임제로 해서 우리가 탄핵의 가장 쉬운 길을 열어 두지 않으면, 민중의 의사가 반영되기 어렵다고 본다'고 주장한 신성균의 발언과 "결코 좌익이 아니었으며, 좌익이 될 수도 없는 사람이었다"는 장일남 옹의 증언은 신성균이 이른바 국회프락치 사건으로 대변되는 남로당 간첩이었다는 것은, 반민특위를 와해시키려는 이승만정권의 음모였음을 뜻하는 것이다.]

해방 후 어지러웠던 정치적 상황을 접고, 신성균이 제헌국회에서 국호(國號)를 정할 때, 사회주의 공화국이 아닌 대한제국(大韓帝國)을 계승한 대한민국(大韓民國)을 강력 고수하고, 반민특위법을 비롯하여 입법한 각종 법안들과 남북단일정부수립을 위한 활동을 보면, 동악산 우국지사들이 청류동 구곡에 펼친 뜻을 그대로 실천하고 있는데, 이것은 신성균은 교육을 통한 자주독립을 갈망하며 동악산 우국지사들이 뿌리고 가꾼 한 명의 인재(人材)였음을 말하는 것이다.

역사의 혼란기에 대를 이어 조국의 자주독립을 위해 함께 고군분투했던 동악산 우국지사들이 친일파들에 의해, 공동묘지에서 학살되고 또는 간첩으로 몰려 짧은 생을 마감한 것은, 우리 민족의 비극이며 손실이었다.

2. 이곡(二曲) 무태동천(無太洞天)

◇ 이곡(二曲) 무태동천(無太洞天)
1. 거연천석(居然泉石) 2. 무태동천(無太洞天) 3. 독호수선(篤好守善) 4. 선사어제(鮮史御帝)이다.
전체적인 바위의 모습이 포효하는 호랑이가 신선들이 산다는 청류동을 지키고 있는 형국이다.

동악산 청류동 도림사로 오르는 길옆 숲 속에 엎드려 포효하며 길목을 지키고 있는 듯한 형상을 한 호암(虎巖, 범바위)에 새겨진 글들은 1. 거연천석(居然泉石)은 호랑이 입천장에 2. 무태동천(無太洞天)은 호랑이 혀에 3. 독호수선(篤好守善)은 호랑이 혀 밑에 4. 선사어제(鮮史御帝)는 호랑이 턱에 새겨 놓았다.

여기 이곡에는 많은 주제(主題)들이 새겨져 있는데, 이 가운데 고종황제의 어필
(御筆)로 전해지는 '거연천석(居然泉石)'은 금수(禽獸)의 왕 호랑이처럼 머무를 때는
마음을 삼가며 고요하고, 행동함에는 잡스럽지 말라는 것으로, 뜻을 세운 군자가
그 마음과 몸을 어떻게 해야 하는지 규정한 지침이다.

[부연하면, 숲 속에 웅크리고 앉아 포호하는 호랑이 입천장에 음각(陰刻) 주사
(朱砂), 즉 붉은 경명주사를 칠한 거연천석(居然泉石)은 액면 그대로 보면 두 가지의
해석이 가능한데, 하나는 산천은 변함없다는 뜻으로 서구열강 너희들이 제아무리
지지고 볶아도 조선은 영원하다는 자긍심의 선언이고 하나는 서구열강들의 침략
으로 위기에 처한 나라를 구하기 위해 경거망동하지 말고 호랑이가 먹이를 잡듯

◇ 거연천석(居然泉石)
음각(陰刻)된 글씨에 주사(朱砂), 즉 붉은 경명주사를 칠한 것으로 보아 고종황제의 어필(御筆)이라
는 것이 낭설은 아닌 것 같다.

이, 산처럼 물처럼 의연하게 대처하라는 강력한 투쟁의 메시지다.]

오백 년 조선이 망해 가던 구한말 1895년 명성황후(明成皇后, 1851~1895(철종 2년 ~고종 32년))를 시해(弑害)한 일본을 응징하고 단발령(斷髮令)을 실시한 친일개화파의 거두 김홍집(金弘集, 1842~1896(헌종 8년~고종 33년)) 등을 배격하기 위해 일어난 의병(義兵)들을 격려하기 위해 고종황제가 하사한 어필로 전해지는 글이며, 그 뜻은 동요하지 말고 산처럼 물처럼 의연하게 대처하라는 항일투쟁(抗日鬪爭)의 메시지다.

다음은 이곡의 주제인 '무태동천(無太洞天)'에 관한 설명이다.

호암(虎巖), 즉 포효하는 호랑이 혓바닥에 새겨 놓은 '이곡'의 주제인 무태통천(無太洞天)은, 무극(無極)과 태극(太極)은 같은 하늘이다. 즉 끝없는 저 우주도 태극이 중심이며, 태극통체일리(太極統體一理)가 만화(萬化)의 근본이라는 주자가 해석한

◇ 무태동천(無太洞天)

태극도설(太極圖說)이다.

무태통천(無太洞天) 역시 아무런 서명 없이 정순태와 조병순이 곡(曲)만 정한 것으로 보아, 일곡 도채위경(淘探爲耕)과 팔곡 해동무이(海東武夷) 등과 함께 조형일이 새겨 놓은 것을, 항일독립운동을 위해 조병순이 청류동에 구곡을 정하면서 이곡의 주제로 정하였는데, 이는 곧 무릉도원(武陵桃源)을 찾아가는 어부(漁夫)처럼, 조선의 젊은이들이 주역의 비결을 들고 성현들의 가르침을 받들며 조선의 독립을 찾아가는 과정, 즉 이상의 나라 도원(桃源)으로 가는 동천(洞天)이라는 뜻이 되었다.

[부연하면, 입이 있어도 말하지 못하고, 글이 있어도 쓸 수 없었던 시절 항일 독립을 위한 책략이므로 무태동천(無太洞天)을 가지고, 태극도설을 말할 때는 무태통천(無太洞天)으로 읽어야 하고, 독립운동을 말할 때는 무태동천(無太洞天)으로 읽는 것이 옳은 것이다.]

조병순이 이것을 이곡의 주제로 삼은 것은, 파당파쟁과 부정부패를 일소하고 왕도정치를 실현하기 위한 개혁과 위정척사를 일으킨 선대들이 청류동에 펼쳐 놓은 성리학을 활용하여 항일독립운동을 감추기 위한 병법의 하나다.

그러므로 독립운동사의 측면에서 보면, 무태통천(無太洞天)은 조선의 백성들은 임금을 중심으로 하나로 뭉치자는 뜻이며, 동시에 무극(無極)은 무극태극(無極太極), 즉 우주의 중심인 태극으로 조선을 뜻하고, 동천(洞天)은 젊은 어부가 찾아가는 이상의 나라 무릉도원(武陵桃源), 즉 조선의 젊은이들이 주역의 비결을 들고 성현들의 가르침을 받들며 상서로운 아침 해가 빛나는 동방의 나라, 즉 무태통천(無太洞天)은 신선(神仙)들이 살고 있다는 무태동천(無太洞天)으로 들어가는 관문이며, 구곡의 도원(桃源), 즉 조선의 독립을 위해 헌신하는 동천(洞天), 즉 골짜기라는 뜻이며, 뒤에 구곡 도원편에서 설명하겠지만, 실제 도원은 산의 형태가 태극이며, 그 중심에는 조선을 상징하는 바위가 있다.

여기서 말하는 젊은 어부는 '금을 캐듯 인재들을 발굴 육성하여 세상을 갈아엎자는, 일곡 도채위경의 뜻을 받들어 가겠다는 조병순과 정순태 자신들의 의지이며, 동시에 자신들이 이끌어야 할 후학들과 애국심으로 항일투쟁에 헌신하려는 조선의 젊은이들에게 주는 메시지다.

이해가 되지 않는다면, 지금 우리가 사용하고 있는 국가의 상징인 태극기(太極旗)가 주역 팔괘(八卦)에서 나왔으며, 또한 여기 청류동 구곡에 펼쳐 놓은 것이 주역 팔괘이며, 그 완성이 구곡 도원(桃源)이라는 것을 상기하면, 이는 젊은 어부가 동천(洞天)에 들어가 무릉도원을 찾아가는 과정에서 성리학의 진수를 배우며, 대한제국의 자주독립을 위한 교육의 장으로 활용한 것임을 알 수가 있다.

다음 사진 자료에서 보듯이, 전남 창평 출신으로 1907년(순종 원년) 기삼연(奇參衍)과 함께 의병을 일으켜 일본의 침략에 항거하고, 동복(同福)에서 일본군을 대파한 후 8월 구례 연곡사(燕谷寺)로 가서 화개동(花開洞)과 문수암(文殊庵)을 본영으로 활약하다 1907년 9월 일본군의 연곡사 복멸작전에 의한 야습을 받아 전사한 의병장 고광순(高光洵, 1848~1907)의 사례에서 보아도, 당시 우국지사들이 주역을 활용했음을 알 수가 있다.

당시 고광순이 사용한 태극기를 보면, 상단 중앙에 붉은 글씨로 쓴 불원복(不遠復), 즉 머지않아 국권을 회복한다는 희망이 당시 맨주먹이나 다름없는 우국지사들의 유일한 무기였는데, 이는 주역 '지뢰복(地雷復) 초구(初九)에 불원복(不遠復) 무지회(无祗悔) 원길(元吉)— 머지않아서 되돌아온다. 크게 후회하는 일이 없을 것이다.

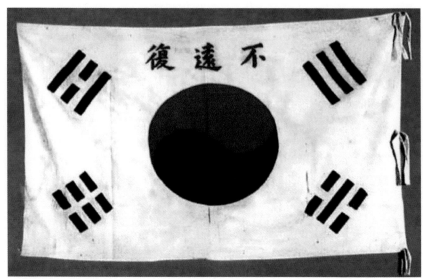

◇ 의병장 고광순이 사용한 태극기(독립기념관 소장)

대길하다'는 글귀를 인용한 것으로, 구한말 나라를 위해 일어선 우국지사들에게 주역이 어떤 영향을 주었고, 지사들은 어떻게 활용했는지 잘 보여 주는 대목이다.

이와 같이 여기 청류동 구곡에 새겨 놓은 글들은, 우국지사들이 일제의 감시를 피해 국민들을 교육 일본과 맞서게 하여, 국권을 회복하려는 목적을 가지고, 글자마다 성리학의 진수로 항일독립운동을 고취하면서, 가르치고 배운 일석삼조(一石三鳥)의 교육이었다.

즉 일곡 쇄연문(鏁烟門)에서 쇄국정책으로 군게 빗장을 걸어 놓고 실천해야 하는 향회입연식(向晦入宴息)은 곧 힘을 기르는 것이며, 그 힘을 기르는 방법은 금을 캐듯 훌륭한 인재들을 발굴 육성하는 것, 즉 국민들을 교육하는 것인데, 여기 이곡 무태동천(無太洞天)은 일곡에서 제시된 과제인 민족정신을 일깨우는 대국민교육을 무릉도원을 찾아가는 어부의 고사를 인용하여, 실천하는 민족자각운동(民族自覺運動)의 방법론이며, 거대한 군사제국인 일본에 맞서 군사를 동원한 전쟁은커녕 의병단체나 각자가 무장투쟁도 할 수 없는 비참하고 굴욕적인 상황에서 할 수 있는 실질적인 실력배양으로 국권을 회복하려는 항일투쟁의 실천운동이다.

여기 청류동에서 배출된 인물들이 각 마을마다 서당을 열어 끊임없이 국민들을 교육 민족정신을 일깨워 대일항쟁을 생활 속에서 실천하는 대중운동으로 발전시켜 국민들로 하여금 일화(日貨)를 배척하고 세금을 거부케 하면서 필요한 자금을 모아 각종 항일사업을 일으켰다.

1921년 8월 초순 곡성군민들이 모은 자금 1만 원(당시 곡성읍 논 매매 시세로 환산하면 현 7백억 원 이상)을 서해안에서 상해임시정부로 보낸 것을 비롯하여, 10여 년간 비밀리에 자금을 모아 1937년 지금의 곡성중고등학교의 전신이 된 곡성농업실수학교(谷城農業實修學校, 현 곡성중학교 자리)를 설립한 것 등등이 국민들을 교육 항일운동을 대중화시킨 결과였다.

[부연하면, 상해임시정부로 전해졌다는 현금 1만 원은 당시 동악산 항일운동을 이끌었던 조병순이 1921년 8월 10일쯤 나주(羅州)로 가서 전해 주었는데, 이 사건으로 일주일 뒤 체포되어 18일 곡성경찰서에서 고문 살해되었고, 곡성중고등학교의 전신인 곡성농업실수학교는 동악산 항일세력들이 비밀리에 사전 학교를 세울 위치를 선정하고, 10여 년간 몇몇 대표자들이 각개로 해당 토지들을 매입한 후 곡성군민들의 성금과 참여로 설립된 민족자각운동의 결과물이며, 항일독립운동의 상징이다.]

다음은 '독호수선(篤好守善)'에 관한 설명이다.

◇ 독호수선(篤好守善)

독호수선은 논어 8편 태백(泰伯) 13장 '굳게 믿어 배우기를 좋아하고 죽음으로써 도를 지키라'는 '독신호학(篤信好學) 수사선도(守死善道)'의 준말이며, 아래 호랑이 턱에 새겨진 묵용(黙容)과 같은 맥락이다.

다음은 논어 제8편 태백(泰伯) 13장 전문이다.

子曰 篤信好學 하며 守死善道니라 危邦不入하고 亂邦不居하며 天下有道則見하고
자왈 독신호학   수사선도   위방불입   난방불거   천하유도즉견

無道則隱이니라. 邦有道에 貧且賤焉이 恥也며 邦無道에 富且貴焉이 恥也니라.
무도즉은   방유도 빈차천언 치야 방무도 부차귀언 치야

공자께서 말씀하셨다. "굳게 믿어 배우기를 좋아하고 죽음으로써 도(道)를 지켜라.

위태로운 나라에 들어가지 말고 어지러운 나라에서는 살지 말라. 천하에 도가 있으면 나타나고 도가 없으면 숨어라. 나라에 도가 있는데 가난하고 미천하면 부끄러운 노릇이요, 나라에 도가 없는데도 부유(富裕)하고 고귀(高貴)하면 부끄러운 노릇이다"

－논어 제8편 태백(泰伯) 13장

위 논어 제8편 태백(泰伯) 13장에서 나라에 도가 있는데, 가난하고 미천하면 부끄러운 노릇이라는 것은, 태평성대에 스스로 노력하지 않은 게으름을 질책하는 것이고, 도가 없는 세상에 부유하고 고귀하면 부끄러운 노릇이라는 것은, 부정한 세상에서 악과 타협하면서까지 부귀영화를 탐하지 말라는 성리학의 요결이며, 동시에 조선을 침략한 일본과 타협하거나 협조하지 말라는 것으로, 일화(日貨)를 배척하고 세금을 거부하는 등 항일저항운동의 근간이다.

그러나 이것이 항일독립운동의 실천교육임을 상기하면, 여기서의 독호수선(篤好守善)은 맹자 고자하편(告子下篇) 13장(章) 소주(小註) 남헌 장씨(南軒張氏)의 말을 인용, 서로 믿고 협력하여 나라를 지켜달라는 간곡한 호소문이다.

다음은 맹자 고자하편(告子下篇) 13장(章) 소주(小註)다.

好善成篤 非舍己私者不能 能舍己則中虛 虛則能來天下之善
호 선 성 독 비 사 기 사 자 불 능 능 사 기 칙 중 허 허 칙 능 래 천 하 지 선

於爲天下何有 蓋善者 天下之公也 自以爲是則 專己而絶天下 之公理 蔽孰甚焉.
어 위 천 하 하 유 개 선 자 천 하 지 공 야 자 이 위 시 즉 전 기 이 절 천 하 지 공 리 폐 숙 심 언

선을 좋아하여 독실함을 이룰 수 있음은 사사로움을 버리지 못한 자가 능히 할 수 없다. 능히 자기를 버린즉 마음이 비어지고, 비어진즉 천하 사람들의 선을 오게 하여 천하를 다스림에 무슨 어려움이 있으리오. 대개 선이란 것은 천하의 공정함이라. 스

스로 옳다고 여긴즉 자기만 오로지하여 천하의 공리를 끊으니, 폐단이 이보다 심한 게 있을 수 있겠는가?

-맹자 고자하편(告子下篇) 13장(章) 소주(小註)

기본적으로 선(善)을 좋아하는 것만으로 천하가 다스려질 수 있다는 맹자의 사상을 인용한 것으로, 군주가 선을 좋아하면, 현자(賢者)들이 그를 위해 일하고 백성들이 스스로 따를 것이라는 인의(仁義)가 천하를 다스리는 요체임을 말하는 것이다.

그러나 나라를 다스리는 기본 요체인 선을 행함에 있어 사사로움을 경계하고, 독선(獨善)의 폐해를 질타한 남헌장씨(南軒張氏)의 논거를 보면, 독호수선(篤好守善)은 곧 나라의 자주독립을 위해 일어선 성인군자들이 사사로움과 독선을 버리고 서로 믿고 협력하여 일본과 대적하게 하는 병법이며 나라를 지켜 달라는 간곡한 호소문이다.

제아무리 나라의 자주독립을 위한 대의(大義)를 위해 일어섰다 하여도 그것이 혼자만의 생각으로 때를 잘못 판단하거나 혼자만의 외로운 싸움이라면, 어찌 일본의 군대와 대적할 수 있을 것인가?

독호수선(篤好守善)은 비록 나라를 위한 의로움일지라도 사사로움과 독선을 경계하여 주변의 어진 선비들과 백성들의 호응을 얻으라는 지침이며, 이것이 구한말 영웅호걸들을 여기 동악산 청류동으로 모이게 한 정신이며 일제가 군대를 동원할 수밖에 없었던 호남의병들의 강력한 힘이었다.

이러한 독호수선의 정신이 잘 나타나 있는 것이 사찬곡성군지(私撰谷城郡誌)에 실려 있는 여규형(呂圭亨, 1849~1922)의 서문이다.

지난 갑오년(甲午年, 고종 31년(서기 1894년) 6월 22일 진도부(珍島府) 금갑도(金甲島) 유배에서 방면(放免)할 것을 윤허), 내가 호남의 갑도(甲島, 현 진도군 금갑도) 유배로부터 풀려나 조정으로 돌아올 때, 전국이 혼란스러워 길이 막혔다(2차 동학란(東學亂) 상황).

이에 팔량치(八良峙)를 넘어 영남(嶺南)의 우도(右道)로 향하기 위해 곡성군의 경계를 지나게 되었는데, 산은 높지 않았으나 수려하였고, 강물은 많지 않았으나 굽이쳐 아득하여 산수가 아름다웠다.

나를 맞이하는 주민들은 15작대(作隊)로 행렬을 지어 손에 창(槍)을 들고 주의를 경계하느라 한가할 겨를이 없었음에도 나의 행색을 보고 탄식하면서 예(禮)를 갖추어 노고를 환송하였는데, 이런 정성 어린 친밀감은 다른 곳에서 느껴 볼 수 없었던 공경하는 마음이었다. 이러한 차이점에 의문을 가지고 둘러보면서 나는 이와 같은 습속이 현인(賢人) 군자(君子)들이 그 사이에 숨어서 백성들을 가르치고 풍속을 이루지 아니하고서는 있을 수 없는 일이라 생각하였다.

－사찬곡성군지 여규형(呂圭亨)의 서문에서 발췌

위 여규형이 2차 동학란을 피해 곡성을 경유하면서 목격한 상황은, 당시 곡성은 민병(民兵)들에 의해 동학도들의 약탈과 방화로부터 안전하게 지켜지고 있었음을 말하는 것이며, 군민이 일치단결하여 외부 반도(叛徒)들로부터 스스로를 지켜낸 것은, 현인군자들의 지도력이었다는 기록이 제아무리 옳은 선이라 할지라도 민심을 얻지 못하는 독선은 폐해일 뿐이라는 독호수선(篤好守善)의 정신이 잘 나타나 있고, 아무것도 예측할 수 없었던 그 어지러운 시절 고종황제가 곡성의 유림들을 의지하고, 목숨을 내건 의병활동을 위해서, 자연적인 조건도 중요하지만, 무엇보다도 민심의 절대적인 지지와 협조가 절실히 필요했던 우국지사들이, 곡성을 거점으로 삼은 이유가 무엇인지를 분명하게 말해 주고 있다.

[부연하면, 세인들이 간재 전우를 두고, 의병을 일으켜 함께 싸워 줄 것을 요청한 면암 최익현의 제의를 거절했다 말하면서, 나라가 망하여도 의병을 일으키려 하지 않고 도학군자로 자처하는 데 그쳤다고 비판하는 것은, 근본을 모르는 잘못된 평가이며, 동악산의 기록을 보면, 간재 전우는 적극적인 항일지도자였다.

결과론으로 보면 최익현의 요청을 거절하고, 내실을 다지는 데 충실한 간재가 옳았으며, 간재가 의병을 일으키는 시기와 방법에 이론(異論)은 제기했을지 몰라도, 최익현의 요청을 거절 반대했다는 것은, 근거도 없는 일방적인 낭설이다.

즉 나라를 위한 구국의 열정과 임금을 향한 충심에는 털끝만 한 차이도 없었던 간재와 면암의 사이에는, 이 독호수선이 정의한 호선(好善)과 독선(獨善)의 차이가 있었을 뿐이었다.

그렇다고 무모하게 의병을 일으켜 제대로 싸워보지도 못하고 아까운 젊은 인재들만 죽이면서 열흘 만에 괴멸, 체포되어 굴욕의 땅 대마도(對馬島)로 끌려가 치욕스럽게 생을 마감한 면암 최익현이 잘못이라는 것은 아니다.

초나라에 굴원(屈原)이 없었다면, 어찌 어부사(漁父辭)가 전해졌을 것이며, 고려의 정몽주(鄭夢周)가 없었다면, 어찌 단심가(丹心歌)가 전해졌을 것인가? 면암과 간재는 다 같이 조선왕조의 마지막 충신이며 스승이었다.

다음은 독호수선 아래, 즉 호랑이 아래턱에 해당하는 바위에 새겨진 인명(人名) 가운데 금문(金文) 선사어제(鮮史御帝)에 관한 설명이다.

호랑이 턱에 새겨진 인명 가운데 금문 선사어제(鮮史御帝)에서 선사(鮮史)는 조선의 역사를 말하고 어제(御帝)는 임금을 모신다, 돕는다는 뜻이니 '조선의 역사를 배워 임금을 지키자', 즉 조국의 역사를 배워 나라를 지키자는 항일투쟁의 결사(結社)이며, 좌우에 있는 17명은 맹약(盟約)한 동지들의 명단이다.

다만 다른 글씨들처럼 일반적인 해서(楷書)로 쓰지 않고, 금문(金文)으로 새긴 것은, 이른바 왜놈들이 알아보지 못하게 하고, 맹약한 동지들만 알고 골수(骨髓)에 새기는 항일독립정신이다.

[부연하면 서두에서 설명했듯이 2007년 7월 발표한 도채위경에 선사발적(鮮史發跡)으로 잘못 오기한 것을 선사어제(鮮史御帝)로 정정 바로잡았다.]

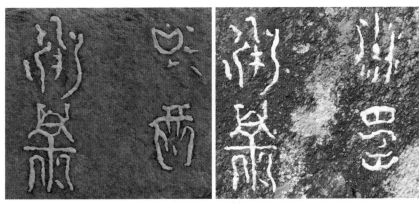

◇ 망형어제(忘形御帝, 좌측)와 선사어제(鮮史御帝, 우측)
바탕이 매끈한 돌에 새긴 동막마을의 망형어제에 비하여 표면이 거친 암벽에 새긴 청류동 이곡(二曲) 선사(鮮史御帝)에서 선사(鮮史)는 직접 붓으로 쓰고 어제(御帝)는 망형어제의 것을 그대로 복사하여 새긴 것으로 어제의 위상을 말해 주고 있다.

특이한 것은 여기 선사어제의 글 가운데 선사(鮮史)는 도동재의 것을 보고 붓으로 필사하여 새겼고 어제(御帝)는 구원(언동)마을의 망형어제(忘形御帝)에서 어제만을 그대로 복사하여 조선의 역사를 배워 임금을 지키자, 즉 조선의 정신을 배워 나라를 지키자는 선사어제(鮮史御帝)라는 글을 만들어 새기고 좌우에 당시 맹약한 선비들의 명단을 새겼는데, 이는 당시 의병들이 회합의 목적을 밝히면서 그냥 선사(鮮史)처럼 자신들이 직접 쓰면 되는 것을 굳이 그 중심에 애써 어제(御帝)를 복사해서 새긴 것은 곧 어제(御帝)를 임금으로 모시고 그 앞에서 다짐하는 형식을 취한 것으로, 어제(御帝)가 임금의 어필 밀지임을 말하는 것이다.

간지(干支)가 없어 글을 새긴 연대와 누가 쓴 것인지 알 수가 없지만, 좌우에 새겨 놓은 바위 우측으로부터 송석(松石) 이중희(李重禧)·한주(寒洲) 곽임선(郭林善)·봉산(鳳山) 오관순(吳寬淳)·사운(沙雲) 유인영(柳寅永)·매운(梅雲) 조영가(趙泳嘉)·오강(梧岡) 김정호(金正昊)·근암(近庵) 박인섭(朴寅燮)·남강(南岡) 조원승(曺元承)·가곡(可谷) 이정식(李正植)·소봉(小峰) 조상천(趙相天)·법재(法齋) 정일필(丁日弼)·죽

◇ 호랑이 턱에 새겨진 인명 가운데 금문(金文) 선사어제(鮮史御帝, 중앙)이다.

당(竹堂) 신봉국(申鳳國)·두후(斗後) 조상묵(曺相黙)·춘기(春沂) 정순태(丁舜泰)·회천(晦泉) 조병선(趙秉善)·금강(錦岡) 정신태(丁信泰)·하정(荷亭) 조병순(曺秉順)까지 모두 17명의 인물사로 보아 아마도 1895년(고종 32년) 10월 8일 명성황후를 시해한 을미사변 이후 최초 의병동지들의 결사 맹약이며, 노인들의 이야기나 글의 배치와 서명이 없는 것으로 보아, 고종황제의 어필로 보는 것이 옳을 듯하다.

그러나 글의 주인이 누구이든 분명한 것은, 선사어제(鮮史御帝)는 앞서 설명한 무릉도원(武陵桃源)을 찾아가는 어부(漁夫)의 고사를 인용하여, 조선의 젊은이들이 주역의 비결을 들고 성현들의 가르침을 받들며 조선의 독립을 찾아가는 무태동천(無太洞天)과 같은 맥락으로 이상의 나라 도원(桃源)으로 가는 동천(洞天), 즉 청류동은 조선의 역사를 배우고 나라를 되찾는 인재들을 양성하는 선비들의 도량이라는 뜻이며, 그렇게 하자는 결사 맹약이다.

한마디로 선사어제는 청류동이 일본을 상대로 싸울 의병들을 양성하는 곳이라는 뜻이다.

다음은 호랑이 턱 끝에 새겨진 묵용(黙容)에 관한 설명이다.

제2곡 호랑이 턱에 새겨진 묵용(黙容)은 주자의 '경재잠(敬齋箴)'에서 가져온 것으로, 위 독호수선(篤好守善)과 같은 맥락이다.

난세(亂世)에 함부로 경거망동(輕擧妄動)하지 않음으로써 자신의 몸을 보전하는 중용(中庸) 제27장 '국유도기언이족흥(國有道其言而足興) 국무도기묵족이용(國無道其黙足而容)'을 인용한 것이며, 이는 나라의 자주독립을 위해 무태동천(無太洞天)을 들어선 젊은 어부에게 세상 돌아가는 판세를 정확히 분석하여 행동하라는 지침과 같은 것이다.

◇ 묵용(默容)

다음은 중용(中庸) 제27장이다.

大哉라 聖人之道여 洋洋乎發育萬物하야 峻極于天이로다.
대 재   성인지도   양양호발육만물   준극우천

優優大哉라 禮儀三百이요 威儀三千이로다 待其人而後에 行하나라.
우우대재   예의삼백   위의삼천   대기인이후   행

故로曰 苟不至德이면 至道不凝焉이라.
고 왈 구부지덕   지도불응언

성인의 도는 넓고 넓어 만물을 훌륭하고 아름답게 발육시켜 높이가 하늘에 닿았다.

넉넉하고 크나큰. 경례(經禮) 3백 가지와 곡례(曲禮) 3천 가지는 그 사람을 기다린

뒤에 행하여지는 것이다. 그러므로 진실로 지극한 덕이 아니면 지극한 도는 이루어지

지 않는다.

故로 君子는 尊德性而道問學이니 致廣大而盡精微하며
고   군자   존덕성이도문학   치광대이진정미

極高明而道中庸하며 溫故而知新하며 敦厚以崇禮니라.
극고명이도중용   온고이지신   돈후이숭례

그러므로 군자는 덕성을 높이고, 학문을 통하며, 광대한 것을 이루고, 정미(精微)한

것을 다하며, 높고 밝은 것을 끝까지 하고, 중용을 지키며, 묵은 것을 복습하여 새것을 알며, 두터운 것을 도탑게 하여 예를 받드는 것이다.

是故로 居上不驕하며 爲下不倍하니라. 國有道엔 其言足以興이요
시 고   거 상 불 교   위 하 불 배   국 유 도   기 언 족 이 흥

國無道엔 其默足以容이니라. 詩曰 旣明且哲 以保其身 其此之謂與.
국 무 도   기 묵 족 이 용   시 왈 기 명 차 철 이 보 기 신 기 차 지 위 여

그렇기 때문에 윗자리에 있어 교만하지 아니하고, 아랫사람이 되어 배반하지 않아 나라에 도가 있을 때엔 그 언론이 일어나기에 족하고, 나라에 도가 없을 때엔 그의 침묵은 용납되기에 족하나니, 명철보신(明哲保身)이라는 시경의 말이 바로 그것이다.

–제5편 성론(聖論) 제1장, 성인(聖人)의 도(道)

위 중용(中庸) 27장 성인의 도에서 말하는 나라에 도가 있을 땐 언론이 일어나기에 족하다는 것은, 배운 사람으로서 그 배운 바를 실천하여 국리민복에 이바지하라는 뜻이고, 나라에 도가 없을 땐 침묵하라는 것은, 조용히 관망하며 분석하고 준비하라는 것으로, 이는 외세의 침략에 준비되지 않은 나라, 힘없는 조선의 유림들이 일본제국주의 군대에 맞서는 방법이며, 일제에 저항하는 조선의 민중들에게 사사로운 감정에 사로잡혀 경거망동하여 대의(大義)를 그르치지 말고, 신중히 준비하라는 깨우침이다.

[부연하면, 묵용(黙容) 우측에 크게 새겨진 명와(明窩) 김봉배(金鳳培)는 구한말 벼슬아치인 듯한데, 관례로 보아 묵용(黙容)을 쓴 인물도 아니고, 우측 17의인들의 일원도 아닌 별도의 인물로 보아야 하며, 그가 누구인지는 확인하지 못했다.]

다음의 사진은 일제가 파괴해 버린 범바위(호암, 虎巖)의 모습이다.

처음 그대로의 모습을 상상해 보면, 역사 이전에 그 자체로 자연이 빚어 놓은 아

◇ 일제(日帝)가 파괴해 버린 범바위

좌측 아래 1번 바위는 1940년 이전 호랑이의 턱에 해당하는 우측 1번 자리에 있었던 것을 일제(日帝)가 파괴해 버린 것이고, 2번 바위는 본래 혀에 해당하는 위쪽 2번 자리에 있었던 것을, 수년 전 곡성군에서 도로확장공사를 하면서 훼손시켜 버린 것이다.

름다운 조각품이었는데, 일제가 훼손해 버린 역사의 현장을 채석장으로 없애 버리고, 다시 도로공사로 파괴하고, 상가로 훼손하고 있으니, 참으로 안타까운 일이다.

옛날에는 이 범바위 앞에 삿갓배미(삿갓만큼 작다는 뜻) 논이 있었고, 이곳에서 곡성의 양반들(선비들)이 날마다 모여 목을 놓아 울었으며, "왜놈들이 이 범바위 호랑이 턱을 깨버렸다"라는 월봉리 박현래(朴賢來, 2006년 작고) 옹의 증언은, 이 바위가 갖는 상징성이 그만큼 대단한 것이었음을 말하는 것이며, 오늘날 공터를 뜻한다는 공마당은 곡(哭)마당의 변형으로 당시 1919년 1월 21일 새벽 암살된 고종황제를 위한 분향소(焚香所)가 여기에 있었음을 증명하는 것이다.

지금은 채석장과 도로공사로 파괴되어 1919년 암살된 고종황제를 위해 황제의 상여를 발인(發靷)한 3월 3일까지 당시 곡성군민들이 매일같이 여기에 모여 분향배례(焚香拜禮) 하며, 울부짖던 장소였음을 입증할 객관적인 근거를 찾지 못하였지만, 군민들이 평상시 쓰고 다니던 검은 갓 위에 흰 베를 입힌 백포립(白布笠), 즉 백색의 갓을 쓰고 3년을 살았다는 장일남 옹의 증언은, 박 옹의 증언이 사실이었음을 말하는 것이다.

당시 산골 나무꾼으로 고종황제가 승하했다는 비보를 듣고, 국상의례(國喪儀禮)에 따라 상복(喪服)을 입고 매일같이 북쪽을 바라보며 통곡하다 이듬해 1919년 3월 3일 국장(國葬)을 마치고 스스로 목숨을 끊어 순절한 김기순(金奇順)에게 큰 빚을 졌다며 슬퍼한 간재(艮齋) 전우(田愚)의 글은 당시 곡성의 분위기를 충분히 짐작할 수 있는 일이다.

특히 지금도 80 노인들에게 '윤패랭이'라는 전설로 회자되고 있는 삼기면 괴소리 출신으로 의병장 기우만의 제자였던 회정(悔亭) 윤준(尹準)이 고종황제 사후 스스로 임금을 지키지 못한 죄인으로 자처하며, 한평생 패랭이를 쓰고 홀로 곡성과 화순 담양 인근을 유랑하면서, 후학들을 지도 애국사상을 고취한 일화는 지금도 살아 있는 감동이었다.

[부연하면, 윤준의 호 회정(悔亭)은 백성 된 자로서 임금을 지키지 못한 죄인임을 자책하며 스스로 쓴 가쇄(枷鎖, 조선시대 죄인의 목에 씌우는 나무칼)였다.]

장일남 옹의 증언에 의하면, 일제가 턱을 깨버린 이 바위 앞으로 많은 인물들이 새겨진 바위들이 있었으나, 채석장과 도로공사로 사라져 버렸다 한다.

다음은 '정종(正鍾)'에 관한 설명이다.

정종(正鍾)은 그 뜻이 무엇인지, 고사(故事)에도 없고, 전하는 이야기도 없어, 정

◇ 정종(正鍾)

확히 알 수가 없다. 그러나 다음 사진에서 보듯이 백호의 혀 정면에 해당하는 바위 면 자체가 글을 새기기에 최상의 조건임에도 정종(正鍾) 이외에 아무것도 새기지 않고 비워둔 것은, 이 공간 자체가 함부로 범접할 수 없는 금역(禁域)임을 말하는 것이며, 이는 여기 호암에 새겨진 글들은 임금이 하사한 어필(御筆)이라는 일종의 안내문으로 보는 것이 옳을 듯하다.

맞은편 계곡 아래 바위에 새겨 놓고 전각을 세워 보호한 사무사(思無邪)의 예에서 보듯이, 정종(正鍾)과 글이 새겨진 공간은 비밀리에 항일독립운동을 하는 선비들이 여기 호암에 자신들이 모시는 주군(主君)의 뜻을 새겨 놓고, 그것을 암시하고 예우한 것으로 보아야 한다. 즉 여기는 임금(고종황제)의 어필을 새겨 놓은 곳이라는 안내문 겸 함부로 훼손하지 말라는 경고문과 같은 것이다.

다음은 길 아래 축대 밑에 버려진 초라한 신세로 전락한 '영과후진(盈科後進) 방호사해(放乎四海)'에 관한 설명이다.

조병순이 이 글을 여기에 새긴 것은, "도덕적으로 수양이 된 군자는 주위의 환경과 유혹에 쉽게 동요되지 않으며, 나갈 바를 분명히 한다"는 뜻으로 경거망동하지

◇ 이곡(二曲) 영과후진(盈科後進) 방호사해(放乎四海)

말고 차분히 만반의 준비를 하여 적들을 물리치고 나라의 근본을 이어가는 선비의 자세를 밝힌 것이다.

특히 한때의 빗물이 모여서 크고 작은 도랑과 웅덩이들을 모두 가득 채웠다가 비가 그치면 모두 말라 버리는 것같이 일시적인 행동을 경계한 것은 목숨을 내건 독립운동을 하면서 한때의 울분으로 경거망동하지 말고 지속적인 저항운동을 독려한 말이다.

다음은 맹자의 이루장구하(離婁章句下) 십팔장(十八章) 원문이다.

孟子曰 原泉이 混混하여 不舍晝夜하여 盈科而後에 進하여
맹 자 왈 원 천   혼 혼   불 사 주 야   영 과 이 후   진

放乎四海하나니 有本者 如是라 是之取爾시니라.
방 호 사 해   유 본 자 여 시   시 지 취 이

맹자께서 말씀하셨다. 근원이 있는 물은 솟아나고 솟아나 주야로 항상 나아가 웅덩

이에 가득 찬 뒤에 점점 나아가 사해 바다에 이르듯이, 근본이 있는 사람은 이와 같

으니 이것을 취하심이니라.

苟爲無本이면 七, 八月之間에 雨集하여 溝澮皆盈이나 其涸也는
구 위 무 본   칠 팔 월 지 간   우 집   구 회 개 영   기 학 야

可立而待也니 故로 聲聞過情을 君子恥之니라.
가 립 이 대 야   고   성 문 과 정   군 자 치 지

진실로 근본이 없다면 비록 칠팔월 사이에 빗물이 모여서 크고 작은 개천들을 다 가

득 차게 할 수는 있지만 이내 그 물이 말라 버리는 것을 가히 서서 기다려 볼 수 있

을 정도이다. 그래서 명성이 실제보다 지나치게 나는 것을 군자는 부끄러워하는 것

이다.

－맹자의 이루장구하(離婁章句下) 십팔장(十八章)

　다음의 사진은 영과후진(盈科後進) 방호사해(放乎四海)가 새겨진 계곡의 전경

이다.

◇ 1. 사무사(思無邪) 2. 영과후진 방호사해 3. 소간(小澗)

무엇보다도 영과후진(盈科後進) 방호사해(放乎四海)를 암반을 흘러내리는 두 물이 하나로 합수되는 그 옆에 새겨 놓은 것은, 글을 모르는 백성들로 하여금 자연을 통해 느끼고 깨닫게 하려는 배려이며, 자연을 이용한 현장학습이다.

특히 사진에서 보듯이, 계곡에 글을 새긴 우국지사들이 결코 함부로 새기지 않았으며, 글을 새기되 백성을 위한 마음이었고, 임금을 향한 충심이었으며, 그들이 국민들을 계몽하기 위해 얼마나 고심하면서, 글귀를 찾고 글귀를 새겼는지, 그들의 진심을 잘 보여 주는 물증이다.

아무것도 없는 말 그대로 맨주먹뿐인 조선의 선비들이 막강한 일본의 군대와 싸워 빼앗긴 국권을 회복하려면, 오직 교육을 통해 국민들을 깨우치는 길뿐이라는 신념으로 국민 계몽에 혼신에 힘을 다한 눈물겨운 역사의 현장이다.

다음은 '사무사(思無邪)'에 관한 설명이다.

사무사(思無邪)는 고종황제의 어필로 전해지는 글이며, 사진 속 원 안(A4용지)이

◇ 사무사(思無邪)

비바람을 가려 글씨를 보호하기 위해 건물을 세웠던 기둥 자리다.

그러나 대대로 조선의 선비들이 받들고 일제치하에서 민족정신을 일깨우던 역사의 현장이 어김없이 각종 불법 시설들로 훼손되고 있다.

유유히 하늘을 나는 솔개의 모습이 보는 그 자체로도 충분히 아름답지만, 백여년 전 하늘을 나는 솔개의 잔등에 사무사(思無邪)를 새기고 다시 기둥의 굵기 최소한 A4용지 정도이고, 넓이는 가로 320cm 세로 210cm의 장중하고 아름다운 전각(殿閣)을 세워 글을 보호한 것은, 이 사무사가 상징하는 의미가 무엇이었는지, 능히 짐작할 수 있는 일이다.

기본적으로 '마음이 올바르다. 마음에 조금도 그릇됨이 없다'는 뜻으로, 퇴계의 경구(警句)로도 유명한 이 글은 선비로서 마땅히 지켜야 할 대의(大義)의 선언이다.

'무불경(毋不敬)'과 짝을 이루는 글귀로 바른 마음으로 모든 것을 공경(恭敬)하라는 사무사(思無邪)는 앞의 거연천석(居然泉石)과 독호수선(篤好守善)을 다시 확인하는 과정으로 선비가 마음을 수양하고 그 몸을 움직임에 마음속 삿된 생각까지 경계한 말이다.

이 사무사(思無邪)가 조선의 선비들에게 어떤 영향을 미쳤는지는 다음 경와 엄수동의 사례에서 보면 충분히 짐작하고도 남음이 있다.

지금으로부터 100년 전 을사늑약(乙巳勒約)으로 국권이 상실되던 해 1905년 3월 10일 동악

◇ 조선의 마지막 선비 경와(敬窩) 엄수동(嚴受東, 1905~2003) 선생의 생전 모습이다. 좌측에 사무사(思無邪) 무불경(毋不敬)이 선명하다.

산 입면 금산리(琴山里)에서 태어나, 이 골짜기에서 유학(儒學)의 거경궁리(居敬窮理)로 인격을 수양(修養)하며 학문을 완성하고, 성리학의 정통을 계승하여 우리 민족의 역사를 지켜내면서, 조선의 마지막 선비로 우리 시대를 살다간 경와(敬窩) 엄수동(嚴受東, 1905~2003) 선생이 날마다 새벽이면 목욕재계(沐浴齋戒)를 하고, 정성으로 향(香)을 사루며, 지행합일(知行合一)을 실천하면서, 98세의 천수(天壽)를 다하는 그날까지, 우측에 걸어 놓고 좌우명(座右銘)으로 삼았던 사례에서 보듯이, 당시 이 사무사(思無邪)가 조선의 유림들 특히 이 골짜기를 오르내리던 유림들에게 어떤 무게로 어떤 영향을 미쳤는지 미루어 알 수 있는 일이다.

다음은 이곡 상류 계곡을 가로누운 반석에 새겨진 주자의 시 소간(小澗, 작은 계곡 물가에서)에 관한 설명이다.

兩崖交翠陰
양 애 교 취 음
두 벼랑 사이 물총새는 정을 나누고

一水自淸瀉
일 수 자 청 사
한 줄기 폭포는 저절로 맑음을 쏟아내네.

俯仰契幽情
부 앙 계 유 정
쳐다보고 내려 보며 서로 언약한 깊은 정

神襟頓飄灑
신 금 돈 표 쇄
마음속 깊이 머리를 조아리네.

위 시는 정순태와 1921년 조병순의 사후 1925년 무렵 두 사람의 아우인 조병흠

(曺秉欽, 1881~1947)과 정봉태가 일제의 감시를 피하기 위해 여름날 어느 산기슭 작은 시냇가에서 물총새 한 쌍이 두 벼랑 사이를 오고가며 사랑을 나누는 정경을 노래한 주자의 시를 빌려다 청류동에 숨어 항일독립투쟁을 이끌어 가는 선비들의 우국충정에 진심으로 감사드린다는 인사이며, 선대들의 뜻을 받들어 항일독립운동에 매진하겠다는 후학들의 다짐으로 활용한 글이다.

즉 두 벼랑은 항일독립운동을 이끌었던 조병순과 정순태를 말하고, 냇물이 스스로 맑음을 쏟아낸다는 것은, 선비들이 스스로 일어서서 항일독립운동에 매진하

◇ 소간(小澗)이 새겨진 반석의 정경과 시
마치 광고를 하듯 주자의 시를 새겨 놓은 위치가 청류동 맑은 물이 억만년을 흘러 만들어 놓은 한 폭의 비단에 아름다운 장식을 한 걸개그림 같다.

는 것을 말하고, "쳐다보고 내려 보며 서로 언약한 깊은 정"은 계곡을 오르내리며 바위와 암반에 새겨 놓은 선대들의 뜻을 말하는 것이며, 이것을 후학들이 마음 깊이 받들어 조용히 실천하자는 다짐이다.

선대들의 뜻을 받들어 이어 가자는 조병흠과 정봉태 이 두 사람의 의지가 잘 나타나 있는 것이 서계동(西溪洞) 남주(南趎)의 생장 터인 선암동문(船巖洞門) 앞 계곡 암반에 새겨 놓은 맹약의 글이다.

이들이 서계동 암반에 새긴 선풍도골(仙風道骨) 산고수장(山高水長)은 그들의 선조이며 선배들이 그랬듯이, 남주의 선비정신을 이어가자는 뜻이지만 동시에 항일독립운동에 매진하다 원통한 한을 품고 죽은 부친들(조필승, 정일우)과 형들(정순태, 조병순)의 뜻을 받들어 이어가자는 맹약이니 부친과 형의 뜻을 이어 항일독립운동에 매진하자는 이들의 의지는 해와 달처럼 분명한 것이다.

◇ 선풍도골(仙風道骨) 산고수장(山高水長)
서계동 선암동문 앞 계곡 암반에 새겨진 이 글은 조병흠과 정봉태가 선대들의 뜻을 이어 항일독립운동에 매진하자는 맹약의 글이다.

다음은 이곡 호암과 계곡 사무사(思無邪) 암벽에 새겨진 주제(主題) 이외에 인명들에 관한 설명과 그 명단이다.

여기 새겨진 인명들은 대부분 1930년대 이후 일제의 극심한 탄압으로 그동안 활동하던 우국지사들이 지하로 숨으면서 정봉태(丁鳳泰)가 삼기 괴소리 출신 석공(石工) 강신교(姜信敎)를 불러 나라의 독립을 위해 헌신하면서, 조선의 말과 글을 가르치던 스승들이 여기 있었음을 영원히 잊지 않기 위해 친목으로 위장 세대별로 나누어 새겨 놓은 명단인데, 조선 말기부터 일제 때까지 곡성의 인맥들을 파악할 수 있는 귀중한 자료다.

인물 선정은 곡성의 과거와 당시의 인물들을 일목요연하게 배열한 것으로 보아서 정봉태가 여러 사람들의 의견을 모아 선정한 것이며, 글은 정봉태가 직접 쓴 것이다.

다음은 호암 거연천석(居然泉石) 좌측에 새겨진 명단이다.

여기 거연천석 좌측에 새겨 놓고 붉은 주사(朱砂)를 칠한 것으로 보이는 소아(小啞) 양덕모(梁德模) · 괴천(槐川) 조병필(曺炳弼) · 초은(樵隱) 신함(申械) · 경암(敬庵) 김재준(金在準) · 율헌(栗軒) 정일우(丁日宇) · 난사(蘭史) 박종택(朴宗澤) · 효곡(曉谷) 신종(申樅) · 이봉(二峰) 형시묵(邢時黙) · 악정(嶽亭) 신근(申根) 9명은 위정척사론을 일으키고, 조병순을 비롯한 젊은 세대들이 항일독립운동에 매진할 수 있도록 힘을 모아준 항일독립운동의 1세대들이며 정봉태가 새긴 것이다.

정봉태가 석공 강신교를 시켜 이곡의 인명을 새겼다는 것은, 박현래 옹이 직접 목격한 사실이며, 당시 강신교는 구경하는 동네 아이들에게 엿이나 사탕을 주면서 많은 이야기들을 해 주었다고 한다.

[부연하면, 당시 강신교는 정봉태로부터 글씨 한 자를 새기는데 평균 백미(白米, 쌀) 석 되를 품삯으로 받고 글을 바위에 새긴 석공(石工)일 뿐 글을 직접 썼다거나 동악산 독립운동에 의견을 낼 위치에 있지도 않았다.]

다음 호랑이 턱, 즉 묵용(黙容) 우측에 새겨진 명단은 앞서 금문(金文) 선사어제 (鮮史御帝)에서 설명되었으므로 생략하고 호암 우측 바위벽에 새겨진 명단이다.

장철수가 속한 중앙 '1'의 명단이 1세대들이고, 장중권이 속한 좌측 '2'의 명단이 2세대들이며, 박봉안이 속한 우측 '3'의 명단이 3세대들이다.

모두 세 편으로 나누어진 명단은, 각기 다른 세대 다른 사람이 쓰고, 새긴 것으로 보이는데, 신원이 밝혀진 장철수, 장중권, 박봉안 3인 가운데, 제일 연장(年長)인 장철수가 있는 중앙의 명단은 글씨에 주사(朱砂)를 칠한 흔적이 있는 것으로 보아 거연천석에 새겨진 명단과 함께 정봉태가 새긴 듯하고, 나머지 나이 어린 박봉안

(朴鳳安)이 우측 끝에 있는 것으로 보아, 처음 중앙의 명단을 새긴 후 좌우 명단은 훗날 누군가 새긴 것으로 보인다.

따라서 번호는 중앙, 즉 선대로부터 정하였고, 명단은 각 세대별 우측으로부터 1. 심재(心齋) 이곤수(李崑壽)·방재(方齋) 신의모(申義模)·죽포(竹圃) 장철수(張喆洙, 1832~?)·은남(隱南) 정극두(丁極斗)·직재(直齋) 신필구(申弼求)·영천(英川) 정일주 (丁日柱) 2. 송오(松塢) 김기태(金基泰)·천은(泉隱) 김병선(金炳善)·석봉(石峰) 장중권 (張仲權, 1863~1913)·일강(一江) 김택술(金宅述)·춘봉(春峰) 오화선(吳化善) 3. 율리(栗 里) 박봉안(朴鳳安)·도재(道齋) 신성두(申聖斗)·덕재(德齋) 신성우(申聖雨)·탄은(灘 隱) 윤자경(尹滋慶)·소곡(小谷) 김창식(金昌湜)·소강(小岡) 이기춘(李起春) 이상 17명 의 이름이 새겨져 있다.

다음은 호랑이 좌측 볼에 해당하는 바위에는 새겨진 명단이다.

난사(蘭史) 김학묵(金學黙)·병초(屛樵) 유한영(柳韓永)·연정(淵亭) 신창희(申昌熙)·

추강(秋江) 김문회(金文會)·의암(毅庵) 신창훈(申昌勳)·죽촌(竹村) 정정태(丁正泰)·송석(松石) 김영회(金永會)·화당(花塘) 서종순(徐鍾舜)·송재(松齋) 양태호(梁泰浩)·죽포(竹圃) 최두현(崔斗鉉)·석계(石溪) 최두기(崔斗圻) 11명의 이름이 새겨져 있다.

다음은 사무사(思無邪) 암벽에 새겨진 명단이다.

바위 암벽 우측으로부터 오헌(梧軒) 조병식(曺秉湜)·죽헌(竹軒) 조병연(曺秉然)·동강(東岡) 이사엽(李士燁)·한천(寒泉) 양린(梁鱗)·금천(錦川) 홍성삼(洪聖參)·법헌(法軒) 조귀룡(趙貴龍)·성재(省齋) 곽동제(郭東濟)·백졸(百拙) 김정섭(金正涉)·동뢰(桐瀨) 이종휴(李鍾畦)·연정(蓮亭) 하태운(河台運, 1846~1914)·춘헌(春軒) 조병순(趙秉淳)·도곡(道谷) 변진국(邊鎭國)·율산(栗山) 오병주(吳秉柱) 이상 13명의 명단이 새겨져 있다.

여기서 조병식과 조병연은 형제인데 호가 바뀌었다. 따라서 죽헌(竹軒) 조병식과 오헌(梧軒) 조병연으로 바꾸어야 한다.

특히 이 두 형제는 조병순의 아우들인데, 조병순이 생전에 "우리가 일본을 이기려면 일본을 알아야 한다"며, 총독부의 내부정보를 얻기 위해 두 아우들을 총독부 경찰직과 행정직으로 보냈는데, 조병식은 경찰, 조병연은 군수를 역임하면서, 총독부 식민정책에 관한 각종 정보를 빼내 우국지사들로 하여금 사전 대비케 한즉 이 두 형제는 동악산 항일독립운동을 이끌던 세력들이 일제의 치안과 행정을 알기 위해 계획한 스파이 정보요원이었다.

중요 인물인 조병순의 행적과 가문을 추적하면서, 두 사람의 일화를 접했을 때 객관적인 자료가 없어 믿지 않았는데, 여기에 새겨진 명단이 조병순의 사후 10여 년 뒤 정봉태가 우국지사들을 기리기 위해 새긴 것이므로, 두 형제의 우국충정은 객관적인 증명이 된 것이다.

즉 이 두 사람의 호가 바뀐 것은, 명단을 작성할 당시 조병순의 형제 또는 그 후손이 관여한 일이 아니라는 명백한 증거이며, 동시에 조병순의 가문과 아무런 관련이 없는 제3자인 정봉태가 두 사람을 우국지사로 인정한 것은 물론 특별한 예의를 갖춰 돌에 새긴 것이므로, 두 사람의 행적에 관하여 의심할 여지가 없는 것이다.

무엇보다도 이 두 형제의 일화에서 당시 청류동을 중심으로 독립운동을 이끌던 우국지사들이 체계적인 조직을 갖추고 활동한 집단이었음을 알 수가 있다.

최근 새롭게 밝혀진 사실에 의하면 조병연(曹秉然, 1899~1939)은 1934년 9월 20일부터 1938년 11월 5일까지 영광군수로 재직하면서 군민들의 항일독립운동을 몰래 돕다가 발각되어 진도군수로 좌천되어 갔다고 전하는데, 조병연을 기억하고 있는 영광군민들의 증언을 들어 보면 당시 조병연이 군민들로부터 신망을 받았다는 것은 친일파가 아니었음을 말하는 것이다.

다음은 영광군수 조병연(曹秉然, 1899~1939)의 문묘중수기념비(文廟重修記念碑)와 좌우에 새겨진 찬양문(讚揚文)인데, 본래 영광군청에 있었던 것을 영광읍 우산공원으로 옮겨 놓은 것이다.

군수(郡守) 조공병연문묘중수기념비(曹公秉然文廟重修記念碑)

일심향성(一心向聖)

한결같은 마음으로 성인(聖人)을 모시니

다사종공(多士從公)

많은 선비들이 공(公)을 따랐네

기념불망(記念不忘)

기념비를 세워 잊지 않으니

구송무궁(口頌無窮)

사람들의 칭송이 끝이 없네

◇ 군수(郡守) 조공병연문묘중수기념비(曺公秉然文廟重修記念碑)
영광읍 우산공원 비림(碑林)에 있는 조병연의 기념비다. 화강암을 다듬고 갈아 글을 새긴 것으로 영광군의 선비들이 공(功)을 들인 흔적이 역력하다.

　　조병연이 영광군수(1934년 9월 20일~1938년 1월 5일)로 부임한 이듬해 1935년 대성전(大聖殿)·명륜당(明倫堂)·신문(神門)·전사청(典祀廳)을 대대적으로 중수를 하였는데, 기념비를 세운 연호가 지워져 있어 1935년 향교의 중수를 끝내고 세운 것인지 또는 이후에 세운 것인지 정확히 알 수는 없지만, 당시 조병연이 군민들로부터 존경과 신망(信望)을 받았다는 정종(鄭樅, 1915년(94세), 영광 출생 전 전남대 동국대 등 철학과 교수 역임, 현 생존) 옹의 증언과 비문(碑文)의 내용을 보면 영광군의 선비들이 뜻을 모아 세운 것으로 보인다.

　　여기서 눈여겨볼 것은 혹 비문의 내용이 의례적인 것이라 하여도, 영광군수로 재직하면서 군민들의 항일독립운동을 몰래 돕다가 발각되어 진도군수로 좌천되어 갔다는 이야기와 "일심향성(一心向聖) 다사종공(多士從公)" 한결같은 마음으로 성인

(聖人)을 모시니 많은 선비들이 공(公)을 따랐다는 것은, 조병연이 영광군수로 재직하면서 곡성의 선비들처럼 은밀히 유림(儒林)들을 규합하여 항일독립운동을 도모하였음을 알 수 있는 일이다.

비록 시간대는 다르지만 당시 조병연의 행적은 동악산에 의거한 항일독립군들이 "기우만의 문인계(門人契)와 합세 행상을 가장하여 호남일대를 돌아다니며 세포조직 공작으로 유대를 강화하고 상호 정보제공 등 세력을 전국으로 확대하여, 마침내 3·1운동 독립만세 사건을 이끌어 낸 원동력이 되었다"는 장일남 옹의 증언과 정봉태가 받들어야 할 우국지사의 표상으로 조병연을 바위에 새긴 것은 조병연은 동악산 항일독립 세력들이 총독부 행정조직에 숨긴 세포조직이었음을 말하는 것이다.

상식적으로 고종황제의 밀지를 받고 대를 이어 독립운동에 헌신하는 가문의 아들이 매국노 짓을 한다는 것은 앞뒤가 맞지 않는 것으로 조병연은 항일비밀요원이었다.

이 밖에 1921년 청류동 항일독립운동을 이끌어 오던 조병순의 암살과 조병순을 도와 청류동 골짜기의 보안을 책임지며, 항일독립운동에 매진하던 도림사 주지 눌봉대사(訥峰大師, 나주 출신)의 암살미수 사건을 겪으면서도, 우국지사들이 해방되는 그날까지 이 골짜기의 숲과 바위에 숨어 학생들을 지도했으며, 20여 명의 학생들이 일본 경찰들의 감시를 피해 우국지사들로부터 암반의 글을 주제로 읽고 암반에 글을 쓰며 배웠다는 장일남 옹의 증언은 이들이 대를 이어 활동하면서, 1937년 지금 곡성 중고등학교의 전신인 곡성농업실수학교(谷城農業實修學校)를 세운 뜻이, 교육을 통한 항일독립운동이었음을 분명하게 밝혀 주고 있다.

◇ 박봉안(朴鳳安) 선생이 운영했던 율리서실(栗里書室)
곡성읍 학정리에 있는 이 서실은 일제강점기 유림들이 운영하던 서실 가운데 '이이재(怡怡齋)'와 함께 유일하게 남은 유적이다. 일제강점기 내선일체의 미몽에 빠진 우리 민족의 혼을 깨우던 현장이 사실상 폐허가 된 모습은 오늘 우리들의 부끄러운 자화상이다.

　이 가운데 학정리에서 율리서실(栗里書室)을 운영 후학들을 양성하면서, 비밀리에 관내 독립단체에 군자금을 지원하고, 삼기 근촌초등학교를 세운 것을 비롯하여, 곡성농업실수학교를 세우는 데 많은 땅을 기부한 박봉안은 그 손자가 옛집을 지키고 있고, 아버지 장태환(張台煥)의 대를 이어 독립운동을 이끌었던 장상기(張相基)의 증손자가 기획예산처장관을 지낸 장병완이다.

　이와는 달리 뜻을 숨긴 봉황으로 살아가던 이들 가운데 조병순이 암살된 이후 사실상 동악산의 리더가 되어 활동하면서, 일본 경찰이 학생들의 단순 패싸움으로 축소 은폐시켜 버리려는 광주 학생운동을 배후 조종 전국적인 항일저항운동으로 이끌었으며, 말년에 일제의 극심한 수탈로 아사(餓死)에 직면한 군민들을 보호하고, 조직을 보호하기 위해 면장이라는 관직으로 몸을 더럽힌 정수태는 해방 후 친일파로 낙인 찍혀 역사의 죄인이 되어 버렸고, 의병장 기우만이 강안서(講案序)를 썼던 도동재(道東齋)를 지어 후학들을 양성하던 장철수는 가산을 탕진하여 그 후손들은 사는 몰골이 말이 아니다.

특히 조병순과 함께 동악산 독립운동을 이끌었던 정순태의 아들 정래성은 대를 이어 활동하다 6·25 때 삼인동에서 조태환과 함께 친일파들에 의해 학살되었으며, 겨우 목숨을 부지한 그 후손은 일본으로 떠나 식당을 운영하며 살고 있고, 일제 말기 곡성의 항일독립운동을 이끌면서 많은 돈을 기부하여 곡성농업실수학교를 세우는 데 중추적인 역할을 했던 정봉태의 후손들은 셋방살이를 전전하며 연명하고 있다 들었다.

그러나 일제강점기 민족의 고혈을 착취하고 우국지사들을 탄압하다 해방 후 전쟁을 빌미로 자신들의 죄상을 알고 있던 우국지사들을 한꺼번에 처단해 버리고, 곡성의 정치와 행정 교육과 문화계를 장악한 친일파들은, 정작 받들어야 할 우국지사들은 매국노로 만들고, 강도와 양민을 학살한 살인마들을 독립투사로 만들어 군민회관의 돌에 새겼으니 차마 눈뜨고는 보지 못할 부끄러운 오늘이다.

3. 삼곡(三曲) 대천벽(戴天壁)

◇ 삼곡(三曲) 대천벽(戴天壁)
바위의 모양이 공자의 옛집 벽장(壁欌) 속에서 발견했다는, 벽간(壁簡)을 펼쳐 놓은 것 같은 삼곡(三曲) 대천벽(戴天壁)은 위정척사의 상징이며, 우측 길섶 돌벽, 즉 석벽(石壁)에 새겨진 고종황제의 밀지(密旨)를 받들겠다는 동악산 우국지사들의 맹약이다.

    구한말 누란(累卵)의 위기에 처한 나라를 구하기 위해, 우국지사들이 동악산 청류동 구곡에 새긴 글자마다 소중한 선비정신과 구국의 뜻이 담겨 있지만, 그 가운데 삼곡(三曲) 대천벽(戴天壁)은 문자 그대로 해석하면, 하늘을 머리에 인 벼랑이라

◇ ㅁ 1번이 삼곡(三曲)의 주제인 대천벽(戴天壁)이 새겨진 바위고, ㅁ 2번이 나라를 지키고 백성을 보호하여 달라는 고종황제의 밀지가 새겨진 돌벽, 즉 석벽(石壁)이다.

는 뜻이다.

그러나 여기서의 대천(戴天)은 임금의 뜻을 받든다는 뜻이고, 벽(壁)은 의병을 일으키라는 고종황제의 밀지(密旨) 보가효우(保家孝友)가 새겨진 우측 길섶에 서 있는 돌벽을 말하는 것으로 즉, 석벽(石壁)에 새겨진 고종황제의 밀지를 받들겠다는 동악산 우국지사들의 맹약이다.

위 사진에서 보듯이 감히 나라를 지키고 백성을 보호하여 달라는 임금의 밀지를 길섶에 새겨 놓고 그 뜻을 받들겠다는 맹약의 상징인 '대천벽'을 별도의 장소에, 위치도 임금의 글보다 높은 곳에 있는 바위에 새겨 놓은 것은 일본을 속이기 위한 책략이다.

얼핏 보면, 서두의 사진에서 보듯이 마치 벽장 같고 또는 경전을 펼쳐 놓은 듯

◇ 대천벽 우측 바위군락에 새겨진 글씨들
1. 보가효우(保家孝友) 2. 낙경민직(洛敬閩直) 3. 비례부동(非禮不動) 4. 정윤리(正倫理) 독은의(篤恩義) 5. 징분질욕(懲忿窒慾) 6. 대천벽(戴天壁) 7. 동유록(同遊錄)

한 바위에 새겨 놓은 대천벽(戴天壁)은 중국 한(漢)나라 경제(景帝, BC 189~BC 141) 때, 노(魯)나라 공왕(恭王)이 공자(孔子)의 옛집을 헐다가 벽장 속에서 발견했다는 서경(書經)의 고본(古本) 고문상서(古文尙書), 즉 벽중서(壁中書)를 뜻한 것으로, 사학(邪學)을 배척하고, 정학(正學)의 도통(道統)을 지킨다는 위정척사파(衛正斥邪派)들의 주장처럼 보이지만, 그것이 바로 본뜻을 감추려는 책략이다.

특히 당시 조병순은 아무렇게나 함부로 글을 새기지 않았는데, 현장을 보면 더 전망 좋은 위치에 기세 좋은 바위가 있었음에도, 굳이 둘로 쪼개진 바위에 대천벽(戴天壁)을 새긴 것은, 바위의 형상이 공자(孔子)의 옛집을 헐다가 벽장 속에서 찾았다는 벽간(壁簡)을 상징한 것이며, 그것은 진시황의 분서갱유(焚書坑儒)에서 살아남아 세상의 도(道)를 전한 벽경(壁經)처럼, 임금의 뜻을 받들어 배달민족의 역사와 정신을 온전히 보전하여 외세로부터 조선을 보호하자는 의지임과 동시에 일제치하에서는 자주독립을 이루자는 눈물겨운 애국심이다.

위 사진은 대천벽 우측 길섶 바위군락에 고종황제가 일제의 감시를 피해 동악산 유림들을 격려하고 나라와 백성들을 지켜줄 것을 부촉한 보가효우 청류동과 함께 새겨진 글들이다.

전체적인 글들의 내용과 구도가 마치 어느 올곧은 선비의 서가를 보는 듯하며, 대천벽의 맹약 그대로 임금의 뜻을 받들어 항일의병을 일으켜 싸웠던 위정척사론자들의 실천사상이 잘 나타나 있다.

① 앞서 설명했듯이 보가효우(保家孝友)는 고종황제의 어필이다.

대천벽 우측 아래 길옆 바위에 새겨진 한집안을 보존하는 것은, 어버이에 대한 효도와 형제에 대한 우애만 한 것이 없다는 '보가효우(保家孝友)'는 '보가지본막여

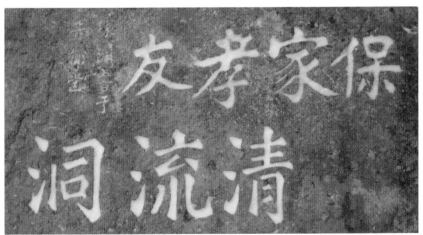

◇ 고종황제의 어필, 보가효우 청류동(保家孝友 淸流洞)

효우(保家之本莫如孝友)' 여덟 자의 준말인데, 난세에 처한 고종황제가 이 글귀를 자주 인용한 것은, 파당파쟁(派黨派爭)과 탐관오리(貪官汚吏)들의 득세와 부정부패로 오백 년 조선의 사직이 결딴나게 되었음에도 아랑곳하지 않고 파당파쟁을 일삼는 조정의 신하들에게 당파싸움을 중지하고, 한마음으로 나라에 충성하고 백성들을 살펴줄 것을 호소한 것이다.

마찬가지로 이 동악산 삼곡 대천벽에 새겨진 보가효우(保家孝友) 청류동(清流洞)은 나라를 위해 고군분투하는 선비들의 고을이라는 뜻이며, 고종황제가 일제(日帝)의 총검 아래 속절없이 무너지는 나라를 구하고 국권을 회복하기 위해 위정척사의 기치(旗幟)를 세우고, 항일독립운동을 이끌어 가던 동악산 유림들을 격려하고 자신을 지켜줄 것을 부촉한 밀지다.

[부연하면, 예부터 내려온 향약계(鄕約契)는 "부모에게 효도하고 나라에 충성하며 착하게 살자"는 것으로 마을 주민들의 상생과 화합을 도모하는 목적이었지만, 일제강점기에는 항일독립운동의 근간이었다는, 장일남 옹의 증언은 고종황제의 밀지(密旨) 보가효우(保家孝友)의 의미와 그 정신이 무엇인지 잘 말해 주고 있다.(장일남 옹은 1915년 2월 청류동 입구 구원리에서 애국지사 장동환(張東煥, 1885~1936)의 아들로 태어나 이 골짜기를 오르내리며, 우국지사들로부터 직접 교육받은 사람이다.)]

우(友)자 옆에 명기된 주연서우석어당(珠淵書于昔御堂)은, 주연(珠淵)은 고종황제의 호이고, 석어당(昔御堂)은 덕수궁에 있는 고종황제의 집무실이니, 고종황제가 덕수궁 석어당에서 썼다는 뜻이며, 조병순의 서실(書室) 이이재(怡怡齋) 대청마루에 걸려 있던 현판과 똑같은 것으로, 이는 구한말 고종황제가 조병순을 주축으로 한 동악산 유림들을 격려하고, 그 대표인 조병순에게 천하를 안정시켜 줄 것을 부촉

◇ 고종황제가 조병순에게 하사한 어필, 보가효우(保家孝友)
동악산 청류동 삼곡 대천벽 아래 새겨진 보가효우(保家孝友)의 원본이다.

한 어필이며, 원본은 후손에게 전해져 있다.

위 고종황제가 조병순에게 하사한 보가효우의 글머리 주문대방인(朱文大方印)을 보면, 치중화(致中和)라 하였는데, 이는 "치중화(致中和)면 천지위언(天地位焉)하며 만물육언(萬物育焉)이니라— 중(中)과 화(和)에 이르게 되면, 하늘과 땅이 제자리에 있게 되고 만물이 자라게 된다"는 중용(中庸)의 글귀를 인용한 것으로, 간단히 말하면 눈만 뜨면 파당파쟁을 일삼는 조정의 신하들이 하나가 되면 국권을 회복할 수 있다는 뜻이며, 동시에 너희 동악산 선비들이 분발하여 나라와 백성들을 지켜 달라는 애타는 고종황제의 호소이다.

[부연하면, 조병순의 가문은 집의 상량문 연호(年號)를 공부자(孔夫子)로 쓸 만큼 철두철미한 주자학파였다]

② 낙경민직(洛敬閩直)은 낙(洛)은 낙양(洛陽)의 정자(程子)를 말하고, 경(敬)은 정자의 거경궁리(居敬窮理)를 말하며, 민(閩)은 민중(閩中)의 주자(朱子)를 말하고, 직(直)은 주자의 경이직내(敬以直內)를 말하는 것이다.

알기 쉽게 설명하면, 낙경민직(洛敬閩直)은 정주학(程朱學)을 말하는 것으로, 공자와 맹자의 학통을 계승 선양하는 도학(道學), 즉 성리학을 말하는 것이며, 이는

◇ 낙경민직(洛敬閩直)

곧 조선의 전통사상을 지키고 받들라는 위정척사의 기치를 들었던 동악산 우국지
사들의 교육지침이다.

전해 오는 이야기는 최익현의 친필이라고 하지만, 아쉽게도 바위가 훼손되는 바
람에 낙관이 떨어져 없고, 특별히 인증할 만한 물증도 없어 단정할 수는 없다.

그러나 사진에서 보듯이, 글을 새긴 바위의 위치가 보가효우(保家孝友)라는 임금
의 어필이 새겨진 바위 옆에 엎드린 형국이고, 특히 낙경민직은 이항로(李恒老)가 최
익현을 깨우친 것으로 유명한 글임을 상기하면, 곡성에서 머물며 활동했던 면암의
글씨라는 것이 낭설은 아닌 것 같다.

지금은 도로공사로 파괴·훼손되어 버렸지만, 처음 글을 배치한 구도를 보면,
임금의 상징인 보가효우를 중심으로 위에는 명나라 의종의 글씨를 새기고, 좌측
도로공사로 훼손되어 다른 바위에 가려진 바위에 간재의 글을 새긴 것으로 보아,
당시 조선 의병들의 버팀목으로, 간재와 쌍벽을 이루며, 이곳에 은거했었던 면암의

글로 보는 것이 옳을 듯하다.

③ 비례부동(非禮不動)은 논어(論語) 안연편(顔淵篇)에 나오는 말이며, 예가 아니면 행동하지 말라는 것으로 고종황제가 일본에 저항하라는 비밀 메시지로 알려져 있다.

동악산 청류동 삼곡과 원계동 일곡 중간 바위에 새겨진 비례부동(非禮不動)은 명나라 의종(毅宗)의 글씨이다. 원계 일곡에 새겨진 글 좌측에 작은 글씨로 '숭정황제어필(崇禎皇帝御筆)'이라고 새겨져 있다. 충북 괴산군 화양동 오곡 첨성대 아래 암벽에 새겨진 비례부동과도 같은 글씨다.

그러나 여기에 새겨진 글씨는 중국 명나라 의종(毅宗)의 글인데, 이웃 원계동(元溪洞)에 이와 똑같은 글씨가 있으며, 숭정황제어필(崇禎皇帝御筆)이라고 명기되어 있다.

◇ 원계 비례부동

◇ 청류동 비례부동

동악산 우국지사들이 명나라 마지막 황제 의종의 글을 여기에 새긴 것은, "황제께서 나라가 망하면 임금이 사직(社稷)에서 죽는 바른 도리를 잃지 아니하여 후세에 그지없는 성훈(聖訓)을 밝혔으니, 어찌 거룩하지 않은가. 아! 이 같은 임금이 있었는데도 천하가 마침내 상망(喪亡)하기에 이르렀으니, 어찌 당시 신자(臣子)의 죄가 아니겠는가" 하고, 1671년 3월 18일 송시열이 쓴 '숭정황제어필(崇禎皇帝御筆) 발(跋)'에서 밝혔듯이, 나라를 잃은 애통함을 적시하고 이른바 섬나라 왜놈들을 멸망시키자는 강력한 저항 의지다.

④ 정윤리(正倫理) 독은의(篤恩義)는 윤리(倫理)를 바로잡고 은애(恩愛)를 돈독하게 하라는 역경(易經) 가인괘(家人卦)를 인용한 간재의 친필이다.

아래 대천벽 전경 사진에서 보듯이, 고종황제의 어필인 보가효우 뒤에 이 글을 새겨 놓은 것은, '수신제가치국평천하(修身齊家治國平天下)' 즉 자신의 몸과 마음을 바르게 한 사람만이 가정을 다스릴 수 있고, 나라를 평화롭게 다스릴 수 있다는

◇ 정윤리(正倫理) 독은의(篤恩義)

뜻으로, 아무것도 예측할 수 없는 난세에 목숨을 내건 의병 활동을 하려면 무엇보다도 가정의 화목, 즉 자기 주변의 화목단결(和睦團結)이 필수조건이라는 뜻이다.

이 정윤리(正倫理) 독은의(篤恩義)를 경거망동하지 말라는 이곡의 주제와 이어 보면, 원칙과 순리에 따라 지극히 공정하게 일을 처리하여 부족하거나 지나침이 없도록 하는 것, 즉 상하좌우를 보고 행함에 사심이 있어서는 안 된다는 의병들의 윤리강령(倫理綱領)이다.

즉 나라를 위해 싸우는 의병이라는 명분으로 민폐를 끼쳐 민심을 잃지 말라는 경고문이기도 하다.

우측에 새겨진 박헌주(朴憲周)·조병태(曺秉泰)·김판식(金判植)은, 간재의 글을 새긴 인물들인 듯한데, 누구인지 확인하지 못했다.

⑤ 징분질욕(懲忿窒慾)은 분노를 징계하고 욕심을 막는다는 주역 41 산택손괘(山澤損卦) '산하유택손군자이징분질욕(山下有澤損君子以懲忿窒慾)'을 인용한 말이며, 퇴계의 글을 모각(模刻)한 것이다.

◇ 징분질욕(懲忿窒慾)(뒤에 보이는 바위가 대천벽이다.)

또한 성리학 해설서인 근사록(近思錄)에 나오는 말이며, '징분여구화(懲忿如救火) 질욕여방수(窒慾如防水)'의 준말로 분함 참기를 불을 끄는 것과 같이 하고 욕심 막기를 물을 막는 것과 같이 하라는 뜻이며, 이웃한 원계동 이곡에도 새겨져 있다.

산을 보면서 묵묵히 자신의 분노를 참아내고, 깊고 깊은 연못이 모든 물을 담고 있듯이 욕망을 참고 분노를 제어하라는 징분질욕을 여기에 새겨 놓은 것은, 나라를 잃고 비분강개하는 의병들로 하여금 치솟는 분노에 휩쓸려 대의를 그르치지 말고 냉철한 생각으로 민첩하게 행동하라는 지침이다.

청류동 구곡이 명성황후(明成皇后, 1851~1895) 시해 이후 정해진 것임을 감안하면, 끊임없는 권력다툼과 부정부패로 썩을 대로 썩어 버린 조정과 국가의 심장인 구중궁궐에서 국모(國母)를 난자(亂刺)하고, 정토를 유린하는 일본의 만행에 명색이 글 읽는 선비들의 심정이 어떠했는지 충분히 엿볼 수 있는 글이다.

다음은 앞의 징분질욕 좌측 받침돌에 새겨진 명단이다.

우측으로부터 출신과 나머지 생애를 자세히 알 수 없지만 수문장(守門將)을 지냈던 북촌(北村) 유찬기(柳贊基)와 전남 화순 동복(同福) 출신으로 중추원(中樞院) 의관(議官)을 지내고, 최익현과 함께 의병을 일으켰던 영화당(迎華堂) 오계엽(吳啓曄)과

출신과 행적이 미상(未詳)인 야헌(野軒) 윤행덕(尹行德)의 명단이다.

　오계엽은 1928년 도내 유림들의 발의에 의해 정읍시 산외면 오공리 166번지에 창건된 하청사(河淸祠)에 최익현(崔益鉉) · 임병찬(林炳瓚) · 박재규(朴在珪) · 박재구(朴在球)와 함께 배향(配享)되었다.

　⑥ 대천벽(戴天壁)은 삼곡의 주제(主題)이며 서두의 설명과 같다.

　⑦ 동유록(同遊錄)은 정일우(丁日宇) · 김원섭(金元燮) · 박규채(朴奎采) 세 사람이 고종황제 당시 함께 벼슬살이를 했던 기록이며, 1930년 이후 정봉태가 부친 정일우의 일을 강신교를 불러 새긴 것인데, 다음 사진과 글을 참고하기 바란다.

　먼저 나는 앞서 언론에 청류동의 역사를 소개하면서, 동유록(同遊錄)을 정일우가 직접 새긴 것으로 보고, 즉 을사늑약은 1905년 11월 17일의 일이므로, 그해 봄 조

◇ 동유록(同遊錄)

선의 황제를 인정하지 않은 그런 글을 바위에 새겼다는 것은, 악질적인 친일파가 아니라면 할 수가 없는 일이었기에 대한제국의 황제와 그 백성들을 능멸(凌蔑)하는 만행으로, 친일 매국노들이 아니라면 감히 할 수 없는 배역(背逆)이라고 발표했었는데, 이는 1930년대 정일우의 둘째 아들 정봉태가 강신교를 불러 도림사 반석에 인명들을 새기면서, 부친의 일을 기록한 것으로 바로잡으며, 아울러 위 세 사람을 의로운 역사를 살았던 애국지사들이었음을 밝힌다.

그러나 위 사진에서 보듯이, 우리가 분명히 알아야 할 것은 처음 청류동에 글을 새긴 조병순과 정순태는 인명을 새기지 않았으며, 특히 예로부터 임금의 글 밑에는 사사로이 이름을 쓰거나 훼손하지 않는 것이 법도임에도, 정봉태가 부친의 일을 감히 고종황제의 어필 아래에 돌까지 다듬어 새겨 놓은 것은, 분명 예(禮)가 아니었다.

특히 대략 30년 세월에 묻힌 을사년 봄에 있었던 부친의 일을 기록하면서, 말미의 연대를 광무구년을사춘(光武九年乙巳春)이라고 표기한 것은, 이유여하를 막론하고 자신과 부친의 삶을 의심받게 만든 실수였다.

그러나 1930년대 글을 새기면서, 동유록(同遊錄)이라는 글 밑에 고종황제를 향하여 오얏꽃을 그려 놓고, 그 밑에 꽃가지를 임금을 뜻하는 상(上)자로 쓴 것은, 우리의 역사와 연호는 물론 말과 글을 함부로 쓸 수 없었던 일제치하에서 어떻게 역사를 전했는지 알 수 있는 좋은 교본이다.

다음은 대천벽 좌측에 있는 바위에 새겨진 명단이다.

우측으로부터 관재(貫齋) 이도영(李道榮)을 필두로 경암(敬庵) 오병남(吳秉南)·의암(義庵) 오형남(吳亨南)·춘계(春溪) 유경진(柳景鎭)·백재(栢齋) 오재형(吳在逈)·소매

(素梅) 박정선(朴珽善) · 죽정(竹亭) 서태봉(徐泰鳳) · 성암(性庵) 한규환(韓圭桓) · 성암
(省庵) 윤규환(尹奎煥) 9인의 명단이다.

　이 가운데 화가이며, 1909년 창간한 민족 언론 대한민보에 일제와 반민족적인
인사를 비판하고 민족적 각성을 촉구하는 우리나라 최초 신문시사만화의 개척자
인 이도영(李道榮, 1884~1933)과 화순 동복 출신으로 형제이며, 대천벽 우측에 시립
한 바위벽에 새겨진 오계엽의 아들인 오형남 · 오병남 등 밝혀진 인물들의 면면을
보면 동악산 항일독립운동이 호남 인근은 물론 전국적인 조직망을 가지고 있었음
을 알 수가 있다.

　이 밖에 오재형(吳在逈)은 화순 동복 출신이지만, 나머지 5인의 출생과 행적은
아직 찾지 못하였다.

　다음은 목식간음(木食澗歆)에 관한 설명이다.

　동방삭(東方朔)이 서왕모(西王母)의 정원에서 훔쳐 먹고 3천갑자(三千甲子(18만 년))
를 살았다는 천도(天桃)가 땅에 떨어진 것인가?

◇ 목식간음(木食澗飮)

그도 아니면, 손오공이 천상(天上)의 반도원(蟠桃園)에서 몰래 훔쳐 먹다 흘린 선도(仙桃)가 떨어져 바위가 되었는가?

신선(神仙)들이 산다는 청류동 길목에 복숭아 형상을 한 바위에 새긴 목식간음(木食澗飮)은, 예로부터 풀과 나무의 열매를 먹고 산골짜기 맑은 물을 마시며 살아가는 신선들을 상징한 것으로, 여기 청류동은 선비들이 벼슬을 버리고 숨어사는 곳, 즉 이곳은 선비들이 벼슬을 버리고 독립운동을 위해 모인 골짜기라는 안내문과 같은 것이다.

여기 새겨진 정씨들은 6촌 형제들이며, 확인된 몇 사람은 대를 이어 활동했던 항일투사들이다. 아마도 일제 말기 헤어지면서 새긴 것으로 추측되며, 주제인 목식간음(木食澗飮)과는 무관하다.

다음은 대천벽 정면 길섶에 '도림수석(道林水石) 시아원거(是我爰居) 기원4신유(紀

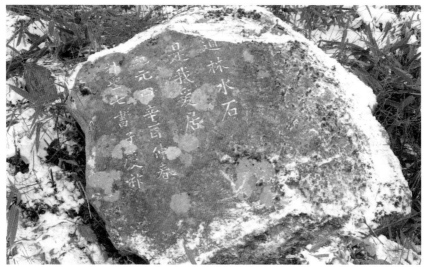

◇ 도림수석(道林水石) 시아원거(是我爰居)

'元山辛酉) 중춘(仲春) 박성칠(朴聖七) 서(書) 자(子) 경조(慶祚)'에 관한 설명이다.

1861년 2월 도림사 골짜기와 더불어 살아간다는 박성칠의 글을 그 아들 경조(慶祚)가 새겨 놓은 듯한데, 그 출생이 어디며 어떤 인물인지 찾지 못했다.

도(道)자와 명나라 마지막 황제 의종(毅宗)의 연호인 숭정(崇禎)이 깨어져 사라진 것으로 보아서 바위는 도로공사 과정에서 파손된 것으로 보인다.

골짜기 전체를 보면 아마도 도로공사 과정에서 상당히 많은 글씨들이 묻히거나 파손되어 사라진 것으로 추측된다.

다음 사진은 지난여름(2009년) 곡성군의 허가로 훼손되어 버린 삼곡의 현장이다.

사찰 주차장을 만드는 계획을 알고 수려한 청류동 계곡과 소중한 유적들이 훼손되는 것을 막기 위해 곡성의 역사이고 곡성을 살리는 자산이라며 그토록 보호

◇ 곡성군 공무원들이 주차장을 허가 훼손해 버린 청류동 삼곡 대천벽의 현장
1. 고종황제 어필 보가효우(保家孝友) 2. 청류동 삼곡 주제글 대천벽(戴天壁) 3. 명나라 황제 의종의 어필 비례부동(非禮不動) 4. 퇴계 이황의 친필 징분질욕(懲忿窒慾) 5. 면암 최익현의 친필 낙경민직(洛敬閩直) 6. 간재 전우의 글 정윤리(正倫理) 독은의(篤恩義) 붉은색 7·8번은 2009년 여름 곡성군이 허가 주차장을 만들면서 폐기한 바윗돌들이다.

하여 줄 것을 호소하였지만, 공무원들은 온갖 이유를 붙여 사찰의 주차장 공사를 옹호하면서 앞장서서 수려한 자연환경과 소중한 유적을 훼손하는 산림훼손 허가를 하여 주었는데, 참으로 기막히고 가슴 아픈 일이었지만 힘없는 서생(書生)에 불과한 필자는 훼손되는 것을 그저 속수무책으로 바라볼 수밖에 없었다.

지난 9월 21일 강원도 양양 하조대와 함께 국가지정문화재 명승으로 지정 예고된 청류동 골짜기 그 가운데 삼곡 대천벽(戴天壁)의 현장을 2009년 10월 30일 오전 필자가 촬영한 것이다.

2009년 여름 곡성군 공무원들이 허가한 주차장을 만들면서 폐기한 바윗돌과 잡풀에 가려 사진에는 보이지 않지만 폐목들을 버려 훼손해 버린 현장이 어떻게든

지 독립운동에 관한 역사를 이 땅에서 지워 버리려는 곡성군의 의도를 잘 말해 주고 있다.

말없는 법당의 부처가 날마다 카지노에 가서 마음껏 배팅을 하고, 주말마다 골프장에 가서 골프채를 휘두르고, 밤이면 밤마다 룸살롱에 가서 밤을 새우며 주지육림에 탐닉하는 인간들의 끝없는 탐욕을 어찌 막을 것인가 마는⋯⋯. 사진에서 보듯이 고종황제의 어필과 명나라 의종황제의 어필, 퇴계 이황의 친필 등등이 바위숲을 이루고 있는 현장을 아무리 세상이 썩었다 해도 이렇게 주차장으로 만들어 훼손하고 쓰레기장으로 만드는 지자체가 대한민국 어디에 있는가? 묻지 않을 수 없는 일이다.

다음은 계곡 반석에 삼곡의 부제로 새겨 놓은 '신산구절계(神山九折溪) 연소차중반(沿泝此中半)'에 관한 설명이다.

神山九折溪 沿泝此中半
신 산 구 절 계   연 소 차 중 반
신령한 산 아홉 굽이를 물을 따라 올라가는 중간쯤

水深波浪闊 浮綠春渙渙
수 심 파 랑 활   부 녹 춘 환 환
깊은 물 거친 물결에 푸른 봄이 둥실 떠 흘러간다

신산구절계(神山九折溪) 연소차중반(沿泝此中半)은 주자의 '행시무이정사(行視武夷精舍)'라는 시의 일부를 적어 놓은 것이다.

일반적으로 네 구(句)를 한 문장으로 쓰는 것이 상식인데, 두 구만 써 놓고 삼곡의 주제로 삼은 것은, 사곡과 팔곡에 써 놓은 주자의 시가 조병순과 정순태

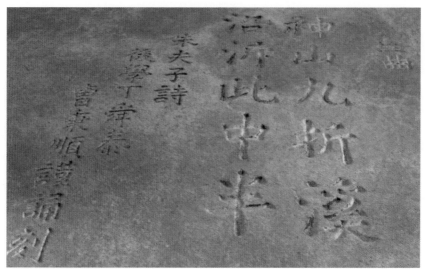

◇ 삼곡 신산구절계(神山九折溪)

가 항일운동을 은폐하기 위해 내세운 방편이므로, 이 또한 그렇게 보는 것이 옳을 듯하며, 이러한 관점에서 "신령한 산 아홉 굽이를 물을 따라 올라가는 중간쯤 깊은 물 거친 물결에 푸른 봄이 둥실 떠 흘러간다"는 것은, 부지런히 공부하고 열심히 싸우다 보면, 국권을 회복하는 그날이 반드시 올 것이라는 격려이며, 희망의 메시지다.

다음 끝의 서명에 '정순태(丁舜泰) 조병순(曺秉順) 근송각(謹誦刻)'이라 한 것은, 삼가 정순태는 노래하고 조병순은 새겼다는 뜻이지만, 동악산 항일독립운동을 이끌었던 두 사람이 마음을 모은 상징이다.

[부연하면, 춘기(春沂)・하정(荷亭)으로 서명한 구곡의 주제는 물론 기타 글마다 두 사람의 이름 밑에 근송각(謹誦刻) 또는 송각(誦刻)이라 한 것은, 송(誦)자를 예기

(禮記) 춘송하현(春誦夏弦)을 인용하여, 풍악에 맞추어 노래하는 의미로 써서, 정순태는 노래하고 자신은 글을 써 새겼다는 뜻이다]

정순태는 사찬곡성군지에 문사(文士)로 분류되어, 시와 술을 즐기므로 사람들이 거문고를 잘 타는 완적(阮籍)과 술을 잘 마시는 필탁(畢卓)에 비하였다 하였으니, 정순태는 조병순이 이따금 인근의 지사(志士)들과 회합하여, 우국지사들을 초청 강론(講論)을 하거나 시회(詩會)에서, 거문고를 튕겨 시가(詩歌)를 읊조리며, 분위기를 이끌었던 인물로 보인다.

그동안 아무것도 모르면서 청류동의 역사를 부정하던 사람들에게 이 대천벽(戴天壁)에 새겨진 고종황제의 어필(御筆)을 공개한다 해서, 청류동의 모든 것을 대변할 수는 없겠지만, 부정할 수 없는 역사임에는 틀림없는 사실이며, 파당파쟁과 탐관오리들의 부정부패로 도탄에 빠진 민생을 구하려 했었던 선인들의 노력까지 부정하지는 못할 것이다.

가만히 생각하면 과거 백 년 전 파당파쟁과 온갖 부정부패로 나라를 말아먹은 오욕의 당쟁과 세도정치가 오늘에 이어져 한 점 부끄러움도 없이 되풀이되고 있는 것은, 선열들과 후손들에게 진실로 부끄러운 일이다.

다음은 독립운동사와 관련은 없지만, 고종황제의 밀지 보가효우 좌측에 쓰러져 있는 나무아미타불(南無阿彌陀佛) 염호(念號)가 새겨진 입석(立石)과 1950년 여름 그 맞은편 산기슭에서 있었던 일명 보련자(保聯者) 집단 총살에 관한 설명이다.

먼저 나무아미타불 염호가 새겨진 입석에 관한 설명이다.

나무아미타불(南無阿彌陀佛) 글씨는 길이 190cm, 글씨 폭은 평균 25cm 크기로 "정월당(靜月堂) 극락권염심(極樂勸念心) 광서(光緖) 십 년(拾年) 갑신(甲申 1884년) 유월일

◇ 쓰러진 나무아미타불(南無阿彌陀佛) 입석(立石)
고종황제의 밀지인 보가효우(保家孝友)를 중심으로 우측이 면암이 썼다고 전해지는 낙경민직(洛敬閩直)이며, 좌측 간재의 정윤리(正倫理) 독은의(篤恩義)는 쓰러진 나무아미타불 입석에 살짝 가려져 있고, 위쪽이 명나라 의종의 어필인 비례부동(非禮不動)이다.

(六月日)", 즉 승려 정월(靜月)이 중생들에게 극락왕생을 위해 늘 마음으로 생각하라는 의미에서 아미타부처님의 염호를 1884년 6월 여기에 새겼다는 뜻이다.

　[부연하면, 보이지 않는 심(心)자는 자세히 살펴보면, 염(念)자 밑에 그 흔적이 있는데, 도로공사 당시 이설하면서 훼손된 것으로 보인다.]

　도로확장 공사를 하면서 포클레인 삽으로 밀어 버린 나무아미타불(南無阿彌陀佛) 염호가 새겨진 바위가 곡성군의 행정과 불교 특히 도림사를 대변하는 것 같아 보는 이의 마음을 아프게 한다.

　여기 삼곡 석림(石林)에 있었던 많은 글들은 물론 우국지사들이 청류동 길섶과 계곡 바위와 암반에 새겨 놓고, 국민들을 깨우치며, 일본에 저항했던 맹약의 글들이 도로공사와 계곡 정비 당시 애국심도 없고, 인정(仁情)도 없고 불성(佛性)도 없는 포클레인 삽 끝에서 사라져 버렸지만, 저 쓰러진 바위가 다시 일어서는 그날 청류동 구국(救國)의 역사도 함께 살아날 것이다.

다음은 일명 보련자(保聯者) 집단 총살에 관한 설명이다.

보가효우에서 상류 방향으로 계곡 건너 맞은편 산기슭 벚나무(사진 중앙) 뒤쪽이 1950년 6·25가 발발, 인민군들이 들이닥치자 후퇴하는 곡성경찰들이 숫자 미상(최하 10여 명 이상)의 보도연맹원들을 검거 집단 총살을 시킨 비극의 현장이다.

특히 섬진강 유역, 즉 1948년 10월 20일 전남 여수에서 주둔하던 국군 제14연대 소속 좌익계열 군인들이 일으킨 여순반란사건의 피바람을 겪었던 지역에서 이들 보도연맹원들에 대한 검거와 집단처형은 단호했는데, 곡성도 그 가운데 하나였다.

[부연하면, 1950년 여름 집단 총살은 분명히 있었고, 그 현장은 정확한데, 사살

◇ 보가효우 앞 맞은편 상류 방향 계곡을 건너 참나무(중앙) 뒤쪽이 6·25 당시 곡성경찰들이 숫자 미상의 보도연맹원들을 집단 총살한 현장이다(사진은 보가효우 앞에서 촬영).

된 인명의 숫자가 불명확하다. 당시 군용트럭 쓰리쿼터(three quarter) 서너 대에 실고 왔다. 또는 그렇지 않다는 등 여러 정황으로 보아, 대략 적게는 10여 명에서 많으면 50명 안팎이며, 총살된 사람들은 모두 산 밖, 즉 타 면 출신들이었고, 곡성읍 사람들은 없었다고 전한다.]

오늘날의 시각으로는 이해할 수 없는 반문명적인 사건이지만, 이름 그대로 눈돌려 보이는 것이 산뿐인 곡성에서 군이 곡성세무서(현, 곡성군 민원실 자리)에 가둬두었던 숫자 미상의 보도연맹원들을 여기 대천벽 맞은편까지 끌고 와서 집단 총살시킨 것은, 일제강점기 우국지사들이 청류동에서 일본에 저항하고 매국노들을단죄했던 역사에서 기인한 결과로 당시 전시(戰時) 상황에서 후퇴하기 급급했던 경찰들이 손쉽게 떠올릴 수 있는 장소였을 뿐, 특정한 목적이 있었거나, 우익으로 대변되는 청류동 항일세력들이 개입한 일은 아니었다.

여기 보가효우 맞은편 산기슭에서 실시된 보도연맹원들의 집단 총살 사건은 앞서 일곡 쇄연문에서 언급한 삼인동 양민학살에 희생된 사람들과는 아무런 관련이없는 곡성경찰들이 정부 명령으로 집행한 사건이며, 필자가 청류동 항일독립운동의 역사를 조사하다 노인들로부터 전해 들은 이 사건을 여기에 기록하는 것은, 이또한 청류동의 역사이며, 동시에 일제강점기는 물론 해방 후에도 친일파들이 얼마나 조직적이고 잔인하게 행동했는지 그 실상을 보라는 의미다.

즉 보도연맹원들의 집단 총살은 6·25 전쟁이 발발하자 정부 명령에 의한 작전이었고, 1950년 8월 6일 새벽 인민군들과 보도연맹원들이 죽곡면 동리산 태안사를 기습 경찰들과 그 가족들을 산 채로 대웅전에 가두고 불을 질러 죽인 것은, 살아남은 보도연맹원들이 벌인 100% 피의 보복이었다.

◇ 삼인동 양민학살의 현장에 세워진 추모탑
삼인동 양민학살은 일제에 부역했었던 친일파들이 좌익으로 변신 전쟁을 빌미로 자신들이 민족에게 저지른 친일부역을 은폐 세탁하기 위해, 자신들의 죄상을 낱낱이 알고 있는 우국지사들을 계획적으로 죽여 버린 집단 살인 만행이었다.

그러나 8월 6일 새벽 같은 날 같은 시각에 곡성읍 학정리 삼인동 공동묘지에서 있었던 좌익들, 즉 보도연맹원들에 의한 양민학살 사건의 내막은 북한 인민군들이 곡성을 점령하자 일제에 부역했었던 친일파들이 카멜레온처럼 재빨리 좌익으로 변신하여, 전쟁을 빌미로 자신들이 민족에게 저지른 친일부역을 은폐 세탁하기 위해, 자신들의 죄상을 낱낱이 알고 있는 우국지사들을 계획적으로 죽여 버린 집단 살인 만행이었다.

우리가 이 사건에서 분명히 알아야 할 진실은, 청류동 보도연맹원 집단 총살은, 당시 1948년 10월 20일 여순반란사건을 일으켰던 좌익들에 의한 야만적인 살인방화를 겪었던 곡성경찰들, 즉 6·25 전쟁을 수행 중인 정부가 사전 예방적 차원에서 집행한 공무였을 뿐, 여수순천반란 당시 피해를 입은 주민들이 가담한 피의 보복이 아니었으며, 삼인동 양민학살 또한 그 내막은 인민군들이 저지른 보복이 아니었다는 사실이다.

당시 해방 후 친일파들이 좌익으로 모함하여, 광주 교도소에 수감되었으나, 조사 끝에 무죄 방면되었던 조태환(曺台煥, 1901~1950)이 양민학살에 희생된 것은, 삼인동 양민학살이 친일파들의 음모였음을 입증하는 것이다.

아버지 조병순의 뒤를 이어 독립운동에 헌신했던 조태환은 비록 지주(地主)였지만, "조태환 씨는 남달리 애국심이 투철하여 동포애와 이웃 간에 인심 좋기로 읍내 부자들 중에서 소문난 덕망가(德望家)로 칭송이 자자하였다"는 장일남 옹과 박현래 옹의 증언 등 자신의 모든 재산을 독립운동에 쏟아부으면서, 가난한 주민들을 구휼(救恤)하여, 군민들의 신망이 두터웠던 사람으로, "좌·우익을 떠나 죽여야 할 이유가 없는 사람이었다"는 것이, 그를 기억하는 노인들의 증언이다.

노인들의 이야기를 요약하면, 당시 곡성의 3대 갑부 중에 친일파에 악질적인 지주(地主)였던 양씨를 제외하고, 정씨(정순태와 정수태 두 가문을 말함)는 독립운동에 헌신하면서 천문학적인 재산 대부분을 독립자금으로 사용했지만, 일반 주민들에게는 계산이 분명했으며, 조태환은 오갈 데 없는 독립 운동가들에게 이이재(怡怡齋)를 개방과 함께 동거동락(同居同樂) 하면서 독립운동에 헌신했고, 가을 추수에는 소작인(小作人)들의 형편을 먼저 살펴주면서, 정작 자신과 가족들은 송피죽(식량이 없어 소나무 껍질을 삶아 끓인 죽)을 끓여먹은 애국심과 인심이 후덕한 사람이었다.

즉 1950년 8월 6일 새벽 좌익들이 저지른 것으로 알고 있는 삼인동 공동묘지 양민학살이 100% 좌익들이 일으킨 정치적인 청소였다면, 지역의 덕망가이며 동시에 좌익으로 의심받고 있는 조태환을 군이 죽일 이유가 없었고, "당시 자랑스럽게 사건을 보고하던 보도연맹원들에게 명단을 본 인민군 책임자가 펄쩍 뛰면서 '이 새 끼들아 누가 너희들더러 이 사람들을 죽이라고 했느냐?'며, 책상을 치면서 격노했 었다"는 조만태(趙萬泰, 당시 전남도경 소속 경찰이었음) 옹의 증언은 삼인동 양민학살 의 진실이 무엇인지, 분명하게 말해 주는 것이다.

끝으로 소개하는 사진은 대천벽 능선을 타고 깃대봉으로 오르다 정상 부근에 서 발견한 그림인데 도무지 그 의미를 알 수가 없어 여기에 공개한다.

지금은 누군가가 일부러 깨어 버려 처음의 상태를 정확히 알 수는 없지만, 돌의 형태를 보면 마치 안내판을 세워 놓은 듯 북으로 향해 발기된 남자의 성기를 동쪽 의 해가 비추고 있는 형국인데, 정상인 깃대봉이 천자(天子)가 머무르는 중궁(中宮) 이고, 산줄기 끝자락인 대천벽에 보가효우가 새겨진 것을 보면, 의병들이 이 산에 구궁팔괘진을 설치할 당시 주역의 괘를 설치 다산(多産)으로 국태민안을 비보한

◇ 무엇을 상징하는 그림일까?
현장에서 보면 결코 장난삼아 그리거나 무당이 대충 그린 것이 아니고 누군가 꽤 공을 들여 새긴 그림인데 누가 언제 새긴 것인지 무엇을 의미하는 것인지 알 길이 없다.

것인지 또는 아주 오랜 옛날 무당이 그려 놓은 주술적 상징인지 정확한 뜻을 알 수가 없다.

주역의 괘(卦)를 보면 양기(陽氣)는 내려오고 음기(陰氣)는 올라가니 천지가 하나가 되며, 남편이 부르면 아내가 따르매 하나가 되고, 부부간에 화목함이 집안이 살찌는 것이라고 하였는데……. 이 또한 필자의 추측일 뿐 정확한 뜻을 알 수가 없다.

다만 어느 때고 여기 동악산의 역사에 관심을 갖고 찾아오는 후인들을 위하여 여기에 부기하여 두는 것이니, 참고하여 좋은 인연이 있기를 바란다.

4. 사곡(四曲) 단심대(丹心臺)

◇ 사곡(四曲) 단심대(丹心臺) 전경

　먼저 밝혀 둘 것은, 안타까지만 단심대(丹心臺)가 사곡(四曲)은 확실하지만, 사곡
(四曲)이라는 글자와 그 옆에 새겨져 있을 "○○○"이라는 주제의 글귀는 찾지 못하
였다.

일, 이, 삼곡과 육곡(六曲)에서 보듯이, 산과 물에 각각 있었을 사곡(四曲)과 주제 글이 없는 것은 도로공사로 사라진 것인지, 친일파들이 훼손시켜 버린 것인지, 또는 몇 해 전 있었던 계곡 정리 작업 당시 파손되어 묻혀 버렸거나, 아니면 누군가에 의해 밀반출되었는지, 알 길이 없어 부득이 편의상 사곡을 단심대(丹心臺)라 칭하고, 단심대를 중심으로 해석할 수밖에 없지만, 전체적인 구도와 역사성은 변함이 없음을 밝혀둔다.

동악산 청류동에 조병순과 정순태가 펼쳐 놓은 구곡 가운데 사곡에 있는 단심대는 향로봉(香爐峯)과 대장봉(大壯峯)에서 발원 굽이굽이 푸른 산을 돌아 도림사 앞 오곡 요요대(樂樂臺)를 동남(東南)으로 흘러내린 맑은 물이 고개를 돌려 동쪽으로 넓은 반석을 가로지르며, 흘러가는 물가의 북쪽 작은 계곡에서 흘러오는 물이

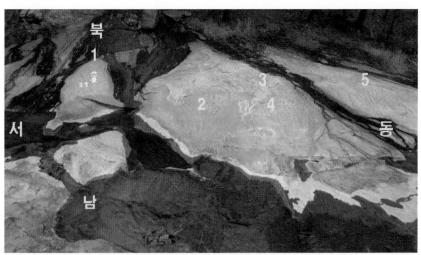

1. 단심대(丹心臺) 2. 간재의 단심가(丹心歌) 3. 기노사(奇蘆沙) 송사(松沙) 양선생(兩先生) 장구처(杖屨處) 4. 서산강론(西山講論) 5. 대원군이 썼다는 춘화화은희제(春和華隱戲題)이다.

청류동 본물과 합류하는 지점에 꼭짓점이 북(北)으로 향해 있는 작은 직삼각형의 암반을 말하는 것으로 항일독립운동의 역사다.

사진에서 보듯이, 사철 맑은 물이 흘러내리는 이 넓고 아름다운 반석이 하나의 바위로 이루어진 거대한 통반석이다.

몇 발자국 떨어진 상류 방향에 백여 명의 사람들이 앉아서 강의를 듣고, 피서객들이 비치볼 놀이를 할 만큼 더 넓고 둥근 담(潭)까지 형성되어 있는 아름다운 반석이 있음에도, 얼핏 보면 초라하기 짝이 없는 이곳(1번)을 조병순이 지고지순한 충심의 상징인 단심대(丹心臺)로 정하고, 그 옆 암반에 기노사(奇蘆沙) 송사(松沙) 양선생(兩先生) 장구처(杖屨處)라 하여, 기정진(奇正鎭, 1798~1879)과 그의 손자이며, 구한말의 의병장 송사(松沙) 기우만(奇宇萬, 1846~1916)을 상징하고, 간재(艮齋) 전우(田愚, 1841~1922)의 단심가(丹心歌)를 새겨 놓은 것은, 입이 있어도 말하지 못하고, 글이 있어도 전하지 못하는 일제치하(日帝治下)에서 일본의 감시를 피해 고종황제에게 일편단심을 맹세하고, 국민들을 깨우쳐 일제에 대항하기 위함이었다.

동구(洞口)에 있는 일곡 쇄연문(鎖烟門)에서부터 이곡 무태동천(無太洞天)과 삼곡 대천벽(戴天壁)을 지나 사곡 단심대(丹心臺)는 고종황제를 향한 우국지사들의 맹약이고, 단심가(丹心歌)는 1910년에 8월 29일 이른바 경술국치(庚戌國恥)로 나라와 임금을 잃어버리고 고뇌하는 우국지사들의 내면을 들여다볼 수 있는 중요한 파일이다.

백 년 전 이 땅의 선비들이 여기 청류동 단심대 넓고 평평한 너럭바위에 모여 나라를 구하기 위해 비밀결사(祕密結社)를 하고, 이곳을 그들의 목숨과 같은 단심대(丹心臺)로 정한 것은, 비단을 펼쳐 놓은 것 같은 반석을 흐르는 맑고 투명한 물이 선비를 상징한 청류(淸流)의 역사성도 있지만, 도림사 앞 오곡 요요대(樂樂臺)를 동남(東南)으로 흘러내린 맑은 물이 고개를 돌려 정동(正東)으로 흐르는 이 반석구간은 주인을 향한 영원히 변할 수 없는 일편단심을 뜻하는 것으로, 곧 동방의 나라 선비들이 임금을 향한 사심 없는 마음을 내보인 것이다.

특히 억만 년 동악산 맑은 물이 씻겨 드러낸 두 개의 크고 작은 직삼각형 암반의 꼭짓점이 북쪽을 향해 있는 것이, 마치 조병순을 비롯한 곡성의 유림들이, 기노사(奇蘆沙)·송연재(宋淵齋)·황매천(黃梅泉)·기송사(奇松沙)·전간재(田艮齋) 등등 당대의 스승들을 모시고, 임금을 향해 머리를 조아리며 엎드린 모습이다.

넓고 아름다운 반석을 옆에 버려두고, 북쪽 골짜기에서 반석을 타고 흘러내리는 작은 지류가 청류동 본물과 합류하는 지점에 꼭짓점이 북으로 향해 있는 보잘 것없는 이 직삼각점을 단심대(丹心臺)라 칭하고, 글씨의 획 하나까지 임금이 있는 정북(正北)으로 정확하게 맞추어 놓은 것은, 북향배례(北向拜禮) 하고 있는 선비들을 상징한 것으로, 당시 항일자주독립을 기초했던 위정척사론자들의 맹약이며, 조선 선비정신의 결정판이다.

다시 말해서, 선비를 상징하는 청류동 본물과 정북에 있는 작은 계곡에서 내려오는 물이 합류하는 지점 한가운데 물에 젖지 않은 작은 직삼각점을 단심대라 칭한 것은, 북쪽에서 흘러오는 미약한 계곡물은 고종황제의 은혜, 즉 국력을 뜻하고, 북쪽을 꼭짓점으로 하여 형성된 직삼각형의 단심대는 선비가 북쪽을 향하여 머리를 조아리며 엎드린 형국으로, 이는 당시 항일자주독립을 기초했던 위정척사론자들이 비록 나라의 힘은 미약(微弱)하지만, 고종황제를 향한 일편단심(一片丹心)을 엎드려 고하고, 일제의 조선침략에 절대로 굴하지 않겠다는 맹약의 상징이

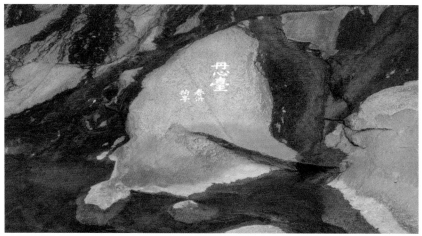

◇ 단심대(丹心臺)

여기 사곡(四曲) 단심대(丹心臺)는 삼곡(三曲) 대천벽(戴天壁)에서, 나라와 백성들을 지켜 달라는 고종황제의 밀지를 받들겠다고 맹세한 선비들이 고종황제를 향하여 머리를 조아리며 엎드린 모습이다.

니, 이 단심대(丹心臺)야말로 조선 선비들의 근본정신이다.

다른 글들은 바위의 형태에 따라 자연스럽게 글을 새겼는데, 유독 이 단심대와 그 옆 글들만 북으로 향해 있는 반석에 글자의 획 하나까지 정북으로 반듯하게 맞추어 놓은 것은, 삼곡 대천벽에서 나라와 백성들을 지켜 달라는 고종황제의 밀지를 받들겠다고 맹세한 선비들이 지금 우리가 국기에 대한 의례를 하듯이, 고종황제를 향하여 북향배례 하고 있는 모습이다.

다음 단심대 우측 암반에 새겨진 '기노사(奇蘆沙) 송사(松沙) 양선생(兩先生) 장구처(杖屨處)'는, 노사 기정진과 그의 손자이며, 구한말의 의병장 송사 기우만이 대를 이어 머무르며 강론한 장소임을 말하는 것이다.

실제 도림사 산문 앞 공터에 학교가 있었고, 이곳에서 위정척사론의 거두(巨頭)

기정진과 기우만 두 사람이 제자들을 육성했으며, 이 밖에도 곡성과 인연이 깊었는데, 곡성읍지(谷城邑誌)인 욕천속지(浴川續誌)를 보면, 곡성의 도학자들과 많은 교우가 있었음을 알 수가 있다.

곡성의 향토사를 보면, 위정척사론의 대표적 인물들인 기정진과 송병선, 최익현, 기우만이, 곡성의 도학자들에게 남긴 글들이 많이 있는데, 이것은 이들이 세상의 눈을 피해 이곳 청류동에서, 은둔하며, 향리의 도학자들과 고담준론(高談峻論)으로 도학을 논하고, 자주독립의 이정표를 세웠다는 증표다.

◇ 기노사(奇蘆沙) 송사(松沙) 양선생(兩先生) 장구처(杖屨處)

장구처(杖屨處)는 장구(杖屨)에서 비롯된 말로, 지팡이와 짚신 웃어른의 소지품(所持品)이라는 뜻으로, 예로부터 어른에 대한 높임말 존칭(尊稱)으로 쓰였으니, 여기서의 장구처(杖屨處)는 조병순이 받들어 모시는 스승, 즉 우리 국민들의 사표(師表)인 스승님께서 머무르며 강론한 장소라는 뜻이다.

단심대와 함께 정북으로 향해 있는 노사 송사 두 사람에 관한 기록이 중심에서 벗어난 것은, 단심대는 명성황후 시해사건 뒤에 새긴 것이고, 단심가는 경술년 국치 이후 새긴 것이며, 노사와 송사 두 할아버지와 손자에 관한 기록은 1916년 기우만이 사망한 1년 후 새겼는데, 이때는 이미 격식을 갖출 중심 공간이 없었기 때문이다.

이는 기우만이 사망한 1년 후, 1917년 5월 동악산 청류동을 이끌어 가던 그의 제자들이 모여 그동안 척양척왜(斥洋斥倭) 항일구국운동의 구심점이었던 스승의 죽음으로, 위기에 처한 조직을 재정비하고 스승의 유지를 받들어 항일독립운동에 매진하겠다는 맹약이다.

알기 쉽게 설명하면, '서산강론(西山講論)'이라 하여, 결집한 아홉 명은 기우만의 제자들로 도림사 앞에 있었던 학사와 골짜기에 산재한 암자와 반석에서 학생들을 지도하던 강사(講師)들이 모여 스승 기우만의 유지를 받들겠다는 결사(結社)다.

이로 보아도 기정진과 기우만 두 사람이 여기에 머물렀다는 것은, 누란의 위기에 처한 나라를 구하기 위해 여기 도림사에 은둔하거나 머무르면서, 뜻있는 후학들을 모아 나라의 자주독립과 시국에 대하여, 강론 교육하였음을 의미하는 것이다.

다음은 기정진과 기우만 두 사람의 장구처 밑에 새겨진 서산강론(西山講論)의 설명과 아홉 명 강사들의 이름이다.

西山講論
서 산 강 론

荷亭 曺秉順 小峯 趙相天 南沂 曺秉欽 恒齋 丁海泰
하 정 조 병 순 소 봉 조 상 천 남 기 조 병 흠 항 재 정 해 태

省齋 朴炳善 梧齋 丁鳳泰 蘆山 李 俊 忍齋 丁秀泰
성 재 박 병 선 오 재 정 봉 태 노 산 이 준 인 재 정 수 태

勿庵 尹奎彩
물 암 윤 규 채

丁巳 五月 丙申
정 사 오 월 병 신

1917년(정사 丁巳) 5월 병신(丙申)에 새겼다.

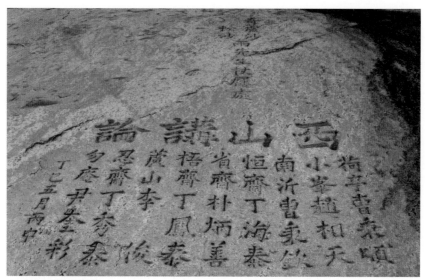

◇ 서산강론(西山講論)

기우만이 사망한 이듬해 1917년 5월 기노사(奇蘆沙) 송사(松沙) 양선생(兩先生) 장구처(杖履處)를 중
심으로 그 아래 서산강론(西山講論)이라 이름하여 9명의 이름을 새겼는데 이들이 당시 동악산 항일
독립운동을 이끌었던 리더들이다.

여기서 말하는 서산강론(西山講論)은 조병순의 할아버지이며, 철종 당시 파당파
쟁과 부정부패를 일소하고 군자가 다스리는 왕도정치를 실현시키려 했었던 서산
(西山) 조형일(曺衡鎰, 1800(정조 24년)~1860(철종 11년))의 유지(遺志)를 받들고 기념하
기 위하여, 설립된 일종의 장학재단 학술단체의 모임을 말하는 것이며 그 대표자
들의 명단이다.

[부연하면, 조병순은 1917년 3월과 4월과 5월에 청류동은 물론 좌우에 있는 서
계동(西溪洞)과 원계동(元溪洞)에 같은 동지들과 뜻을 모은 글을 남겼는데, 그가 7
명의 동지들과 함께한 3월 3일 서계동 남주의 사당이 있던 선암동문 바위에 새긴

제목은 '서상현현(西上賢賢)'이고, 4월 고종황제가 하사한 '원계비둔(元溪肥遯)'이라는 어필을 새기고, 17명의 이름을 새겼으나, 5월 조병순이 주도하고 우두머리로 이름을 새긴 청류동 단심대의 제목을 서산강론(西山講論)이라 한 것은, 선대로부터 이어져 온 할아버지 조형일을 추모하는 모임의 명칭을 말하는 것이며, 반석에 새겨진 아홉 명의 명단은 서산 조형일의 뜻을 받들어 동악산 청류동에서 도의(道義)를 강의하는 강사들의 이름이다.]

그러나 조병순이 당시 우국지사들이 강론하던 반석에 할아버지 조형일의 일을 글로 새긴 것은, 스승 기우만이 천수(天壽)를 다한 이듬해의 일로, 일거수일투족을 감시하는 일본의 눈을 피하기 위해 위장한 것이다.

이들 명단에 한평생 조병순과 함께하다 1916년 7월 16일 사망한 정순태의 이름이 없는 것으로 보아도, 이 서산강론은 의병장 기우만의 죽음으로 위기에 처한 청류동 항일비밀조직을 추스르고 보호하면서, 항일독립운동을 이끌어 가기 위한 목적으로 조직된 결사임을 알 수가 있다.

겉으로는 서산 조형일의 유지를 받드는 후학들이 모여 학문을 논하는 서산강론이라는 계(契)모임이지만, 그 내막을 보면 의병장 기우만의 제자들을 주축으로 뜻있는 우국지사들이 모여 위정척사사상을 바탕으로 반외세 민족의식을 고양하고, 자주독립의 필요성을 교육 실천했던 맹약이며 그 기록이다.

여기서 맹약의 동지를 군이 9명으로 한정한 것은, 9라는 숫자의 의미는 곧 천하를 상징한 것이지만, 청류동 구곡을 상징 당시 곡성 지역을 대표하여 동악산을 지키고 항일독립운동을 이끌었던 인물들을 선정한 것이며, 여기에 기록된 인물들이 대를 이어 활동하면서, 광주 학생운동을 배후 조종 전국적인 항일저항운동으로 이끌었다.

조병순이 선대로부터 이어져 온 할아버지 조형일을 추모하는 모임의 명칭을 빌려다 쓴 것은, 1907년 한일신협약이 강제 체결되고 군대해산이 이루어진 이후 거국적 의병봉기를 위한 전제로 계(契)와 향약(鄕約)을 조직하여 무장투쟁을 하는 한편 국민들을 계몽하여 일본의 침략을 규탄하자는 운동이 전국적으로 벌어졌음을 상기하면 이해가 될 것이다.

특히 어떠한 명분일지라도, 그것이 사사로운 것이라면, 조상의 이름을 함부로 사용하거나 또는 그런 유의 일에 가담하거나 동조하는 것은, 조상을 욕보이는 일이라 하여 금기했던 것이, 전통적인 유가의 법도임에도, 조병순이 서산강론이라 하여 조부를 추모하는 단체를 세상에 드러내고 그 밑에 우두머리로 자신의 이름을 새긴 것은, 이 서산강론이 결코 사사로운 것이 아님을 증명하는 것이다.

무엇보다도 을사늑약으로 온 나라 백성들이 함께 분노할 때, 오강(梧岡) 김정호(金正昊, 1871~1909. 4. 27)가 교우(敎友)하던 조병순의 호(號) 하정(荷亭)을 소재(素材)로 하여 지은 시(詩)를 보면, 그의 죽음이 이미 예고되어 있을 만큼 조병순의 역할이 중차대한 것이었으며, 1921년 7월 15일(칠월 백중) 밤 곡성경찰서에 끌려가 고문 살해되었으니, 그 충정(忠貞)은 동악산 해와 달이 아는 일이다.

특히 여기에 기록된 인물들이 대를 이어 활동하면서, 비밀리에 자금을 모아 1937년 청류동 정신을 이을 곡성농업실수학교(谷城農業實修學校)를 세웠고, 해방 후 곡성중고등학교가 여기에서 비롯되었으나, 6·25 전쟁이 발발하자 재빨리 빨치산으로 변신하여 항일독립운동을 이끌어 온 민족주의자들을 모두 체포 곡성읍 삼인동에서 학살 제거하고, 교육계와 문화계를 장악한 친일파들에 의해 그 자주독립을 위한 숭고한 건학정신(建學精神)이 사라져 버린 것은, 고귀한 정신문화의 손실이며 진실로 안타까운 일이었다.

[부연하면, 당시 곡성읍 구원리 출신으로 전남경찰국에 근무하면서 섬진강 전투에 참여했던 조만태 옹의 증언에 의하면, 항일애국지사들을 학정리 삼인동에서 집단 학살한 곡성지역 빨갱이들이, 이틀 후 곡성에 들어온 상급 지휘자에게 자랑스럽게 보고하자, 보안서원 책임자가 누가 너희들에게 이 사람들을 죽이라 했느냐며 대발노발(大發怒髮) 했다는 이야기는, 당시 학정리 삼인동에서 벌어진 양민학살은 친일파들이 전쟁을 빌미로 일제에 부역한 자신들의 반역을 알고 있던 애국지사들을 집단 학살한 것으로, 매국노들이 저지른 야만적인 살인이었음을 입증하는 것이다]

당시 양민학살에 관여했던 인물들이 인천상륙작전의 성공으로 후퇴하던 인민군들을 따라 도주했다. 전쟁이 끝난 후 돌아와 친일반역과 천인공노할 양민학살의 만행을 감추고 단순 부역자로 자수하여 지금껏 호의호식하면서, 곡성의 교육과 문화계를 장악한 이후 왜곡시키고 말살시켜 버린 역사가 어디 하나둘이던가?

문화계를 장악한 친일파들은 도림사 반석에 새겨진 글의 역사와 진실이 무엇인지 분명하게 알고 있었음에도, 돈 많고 부패한 지주(地主)들의 말장난이라고 왜곡뭉개버렸으며, 최근까지 일제강점기 강도를 항일독립군으로 만들어 돌에 새기면서, 끊임없이 역사와 진실을 유린하고 있는 것은, 우리의 역사 청산이 얼마나 잘못되었는지를 잘 말해 주는 물증이다.

다음은 간재(艮齋)가 이곳 단심대(丹心臺)에 올라 지은 단심가(丹心歌)다.

丹心客上丹心臺
단 심 객 상 단 심 대

단심(丹心)을 품은 나그네 단심대에 올랐네

縱有丹心有孰知(縱有丹心孰與開 간재 문집)
종 유 단 심 유 숙 지 종 유 단 심 숙 여 개

단심이 있다 한들 누구에게 이 마음을 열어 보여 줄 것인가?

莫道丹心知者少(休道丹心知者少 간재 문집)
막 도 단 심 지 자 소 휴 도 단 심 지 자 소

단심을 아는 이 적다고 함부로 말하지 말라

丹心只恐死如灰(丹心祇恐死如灰 간재 문집)
단 심 지 공 사 여 회 단 심 지 공 사 여 회

단심이 죽어 재가 될까 다만 두려울 뿐이라네

右 臼山翁 詩
우 구 산 옹 시

◇ 간재(艮齋)의 단심가(丹心歌)

단심가는 간재 전우가 나라의 독립을 위해 분발하던 시절, 이곳 동악산 도림사에서 우국지사들과 회합을 갖은 후 단심대에 올라 소회(素懷)를 읊은 것을 조병순이 암반에 새긴 것이다.

승구(承句)와 전구(轉句) 아래 여개 휴(與開 休)라는 세 글자는 조병순이 암반에 새긴 후, 간재가 다시 운자(韻字)를 맞춘 것으로, 그의 절절한 마음과 함께 이곳 동악산 청류동에서 우국지사들이 일제(日帝)에 대한 저항을 조직적이고 은밀하게 하고 있었음이 잘 나타나 있는 친필 시(詩)다. 특히 "단심이 있다 한들 누구에게 이 마음을 보여 줄 것인가?"의 대목은 사라져 버린 조선왕조를 복원하려 했었던 간재의 마음이 잘 나타나 있으며, 조선을 대표할 임금이라는 구심점을 잃어버린 우국지사들의 고뇌와 항일투쟁의 혼란을 엿볼 수 있는 기록이다.

다음은 1910년(경술 庚戌) 8월 29일 한일합병 이후 간재가 곡성에 머무르며 지은 '김기순순절사실후(金奇順殉節事實後)'이다.

題金奇順殉節事實後
제 김 기 순 순 절 사 실 후

所示金君奇順殉節事 讀之 令人歎賞歎賞之不足 繼以泣下也
소 시 김 군 기 순 순 절 사 독 지 영 인 탄 상 탄 상 지 부 족 계 이 읍 하 야

如今利欲滔天 禮義掃地之日 此人 乃能痛恨於君父之禍 至於
여 금 이 욕 도 천 예 의 소 지 지 일 차 인 내 능 통 한 어 군 부 지 화 지 어

決性命而不惜 眞可謂隆冬孤松而毅然烈丈夫也 顧余癃病垂死
결 성 명 이 불 석 진 가 위 융 동 고 송 이 의 연 열 장 부 야 고 여 룡 병 수 사

莫能爲之 立傳以擧揚於世 惜矣, 如有以思傳第九章論 此人者
막 능 위 지 입 전 이 거 양 어 세 석 의 여 유 이 사 전 제 구 장 논 차 인 자

子宜曉之 曰中庸非聖人之義精仁熟者 不能及何得 以是而責之
자 의 효 지 왈 중 용 비 성 인 지 의 정 인 숙 자 불 능 급 하 득 이 시 이 책 지

於人人哉.
어 인 인 재

내 이곳에서 군자(君子) 김기순의 순절(殉節)한 일을 읽고 슬픔을 감당할 수 없어 눈

물을 흘리지 않을 수 없었다.

오늘날 하늘에 사무치는 큰 죄악으로 조선을 침탈(侵奪)한 일본에 의해 예의(禮義)가 이 땅에서 사라지고, 나라의 임금이 화(禍)를 당하는 통한(痛恨)의 지경에 이르러, 이 사람은 목숨을 끊어 순절(殉節)하였으니, 가히 한겨울 홀로 푸르른 소나무와 같은 의연함으로 나라를 위하여 절의를 굳게 지킨 훌륭한 대장부(大丈夫)다.

생각건대 늙고 병든 내가 할 수 있는 일이라고는 그의 뜻을 거양(擧揚)하여, 세상에 전하는 것뿐이니 애석할 뿐이다.

이와 같은 일은 논어(論語) 제9편(第九篇)에 전하여 있는데, 말하기를 "삼군(三軍)의 장수(將帥)를 꺾을 수는 있어도, 한 사나이로부터 그 뜻을 빼앗을 수는 없다" 하였으니, 이 사람은 나라가 위기에 당하여, 이 도리(道理)를 밝힌 것이다.

중용에 이르기를 "도의 오묘한 이치를 깨닫고 어진 성품이 성숙(成熟)한 성인이 아니면 누구나 할 수 있는 일이 아니다" 하였으니, 우리나라 사람들은 모두 이 사람에게 빚을 진 것이다.

－간재(艮齋) 전우(田愚)

(욕천속지(浴川續誌)에서 발췌)

위 김기순순절사실후(金奇順殉節事實後)는 간재가 죽기 전 1919년 3월 이후 1922년 사이 어느 날 이곳 동악산을 방문하여 남긴 글이다.

전우는 이 외에도 곡성에 머물면서 열부전(烈婦傳) 등을 남겼는데, 단심가와 김기순 순절문(殉節文)과 이웃 원계동 반석의 글들을 보면, 그가 이곳 동악산을 자주 방문 협의하였음을 알 수가 있다.

지금도 청류동 단심대에 앉아서 반석 위를 흐르는 물소리를 들어보면, 노구(老軀)를 이끌고 여기 동악산 청류동 단심대에 올라 우국지사들을 모아놓고 "을사년의 수치에도 통곡할 수밖에 없었고, 우리의 모든 선비는 마땅히 피를 토하고 눈물을 흘리며, 이를 악물고 살 수밖에 없으나, 눈앞의 위태함만을 알고, 나라의 참된 힘이 무엇인가를 깨닫지 못하면, 그것은 총칼 앞에 헛되이 목숨을 버리는 일일 뿐이니, 차라리 몸과 마음을 올바로 가다듬어 신명을 얻어 학문을 열심히 닦아 뜻을 편다면 1년, 2년, 10년, 20년 어느 때인가는 우리의 힘으로 이룰 수 있을 것이다"라며, 이 나라 자주독립을 역설하던 목소리가 솔바람 물결소리에 살아서 들리는 듯하다.

다음은 2006년 8월 15일(광복절) 오후 5시 단심대에서 촬영한 사진이다.

백 년 전 우국지사들이 나라의 자주독립을 위하여 피눈물을 쏟았던 자리, 그분들의 이름자 위에 무지한 국민들이 고기를 굽는 불판을 놓고, 술상에 텐트까지 쳐놓은 현실은, 역사를 연구하는 후인으로 가슴만 아플 뿐이다.

몇 년 전 나의 안내를 받으며, 단심대에 오른 원로 학자 사재동(史在東) 교수님과 역사학자 이이화(李離和) 선생님은 놀라 반기었고, 지난 5월 13일 백 년 전 무장

◇ 2006년 8월 15일 오후 5시 단심대에서 촬영

투쟁을 선언 의병을 일으킨 면암 최익현을 호위하다 윤 4월 20일 순국한 정시해 (鄭時海, 1872~1906)의 후손 정재학(시인, 시인정신 작가회 회장) 선생님은 여기 단심대 앞에서 두 무릎을 꿇고 엎드려 목 놓아 울어버린 성소(聖所)인데……. 병술년 광복절 오늘은 차마 눈뜨고 볼 수 없는 광경이다.

2006년 8월 15일 대한민국이 일제식민지배에서 해방된 광복절을 맞이하여, 고이즈미 준이치로 일본 총리는 보란 듯이, 야스쿠니 신사 참배를 강행했는데, 자신들의 소중한 역사를 이처럼 홀대하는 이런 민족 앞에 어느 누가 반성할 것인가? 참으로 안타까운 일이다.

바라건대 후인들은 엎드려 절은 못 할망정 감히 함부로 밟지는 말라. 산이 아파하고 흐르는 물이 슬피 운다.

다음 단심대 하류 바위 언덕에 새겨진 '청류수석 동악풍경(淸流水石 動樂風景) 숭정기원후사신유(崇禎紀元後四辛酉) 춘화화은희제(春和華隱戲題)'라는 글씨는 1861년 봄 조대비(趙大妃)와 밀약으로 파락호(破落戶) 행세를 하며, 몸을 숨긴 흥선대원군 (興宣大院君, 1820~1898(순조 20년~고종 35년))이 썼다고 전해지는 글이다.

철종 당시 파락호 행세를 하던 흥선대원군이 조병순의 조부(祖父) 조형일에게 몸을 의탁한 연유로 대를 이어 인연이 깊었는데, 조병순의 부친 조필승과 이곳 도림사 골짜기에서 서예와 풍류로 어울리면서 쓴 것으로 추측될 뿐이다.

1861년 겨울 대한일(大寒日)에 글·그림·글씨에 모두 뛰어나 삼절(三絶)이라 불렸던 유명한 소치(小癡) 허유(許維, 1809~1892(순조 9년~고종 29년))가 찾아와 조필승의 집에 머물면서 유명 화가들의 화첩을 보고 묵죽(墨竹)을 필사했는데, 이는 조씨 가문에 희귀한 도서가 많았음을 말하는 것이며, 이곳이 호남 유림들의 거점이었음

◇ 단심대(丹心臺) 청류수석 동악풍경(淸流水石 動樂風景)이 새겨진 반석 언덕

◇ 우측으로부터 숭정기원후사신유(崇禎紀元後四辛酉) 청류수석 동악풍경(淸流水石 動樂風景) 춘화화은희제(春和華隱戲題)이며, 주제인 가운데 청류수석 동악풍경은 길이 4.20m 폭 최대 45cm이다 (본 사진은 곡성읍 성경크레인 박준기 대표의 도움으로 크레인을 동원하여 필자가 촬영).

을 말하는 것이니, 대원군을 비롯한 유림들이 이곳에 모여 시와 풍류를 즐겼다는 전언은 결코 낭설이라 할 수는 없는 일이다.

　[부연하면, 1800년대 말 청류동 입구 일곡 귀기간소(歸奇顧怪) 앞에 있는 월봉마을에서 생산되는 한지(韓紙)를 나라에 진상했다는 기록으로 보아 이곳에서 세월

을 보낸 이하응이 그 품질을 인정, 대원군의 자리에 올라 주문 사용한 것으로 추측된다.]

다음은 단심대 맞은편 죽은 단심송(노송) 아래 작은 바위에 새겨진 유상(流觴)에 관한 설명이다.

언제 누가 새긴 글인지 알 수는 없지만, 유상(流觴)은 곡수유상(曲水流觴)의 준말로 앞의 두자 곡수(曲水)를 빼버리고, 유상(流觴)만 새겨 놓은 것은, 반석을 휘돌아 흐르는 물을 곡수(曲水)로 보고 새긴 것이다.

이는 이곳에서 삼월삼짇날 곡수(曲水)에 술잔을 띄우고 자기 앞으로 흘러올 때까지 시가(詩歌)를 읊는 연회 곡수지유(曲水之遊)·곡강연(曲江宴)·곡수유상(曲水流觴)에서 연유한 전통으로 대대로 선비들이 이곳에 모여 시회(詩會)를 여는 장소임을

◇ 곡수유상(曲水流觴)

말하는 것이다.

다음은 곡수유상(曲水流觴) 옆 반석에 새겨 놓은 서자불사주야(逝者不舍晝夜) 청혜영탁혜족(淸兮纓濁兮足)에 관한 설명이다.

지금은 훼손되어 거의 알아볼 수는 없지만 서자불사주야(逝者不舍晝夜) 청혜영탁혜족(淸兮纓濁兮足)은 구원리 출신으로 의병을 일으켰던 오강(梧岡) 김정호(金正昊, 1871~1909. 4. 27)의 글을 정순태가 새긴 것이다.

얼핏 보면 세월의 무상함을 한탄하면서 사람들에게 시류에 맞춰 살라는 글이지만, 이 글은 천하를 주유하던 공자가 초나라 국경 냇가에 앉아 여로에 지친 몸과 마음을 쉬면서 "세월은 이처럼 흘러가는가, 밤낮을 가리지 않는구나"라고 탄식했다는, 자재천상(子在川上) 왈(曰) 서자여사부(逝者如斯夫) 불사주야(不舍晝夜)와 유명

◇ 서자불사주야(逝者不舍晝夜) 청혜영탁혜족(淸兮纓濁兮足)
위 명문(銘文)에 대한 원문은 구원리 장일남 옹으로부터 메모하여 두었던 것을 구하였다. 바위가 깨어진 것은 최근 계곡 정비를 하는 과정에서 비롯된 것으로 보인다.

한 굴원(屈原, BC 343?~BC 277?)의 어부사(漁父辭)인 '창랑의 물이 맑으면 갓끈을 씻고, 창랑의 물이 더러우면 발을 씻는다'는 '창랑지수청혜(滄浪之水淸兮) 가이탁오영(可以濯吾纓) 창랑지수탁혜(滄浪之水濁兮) 가이탁오족(可以濯吾足)'을 인용하여, 일제 치하에서 끝까지 선비의 절개를 지키며 고군분투하고 있는 청류동의 우국지사들을 찬양한 글이다.

다음은 단심대 아래 담(潭)에 조대(釣臺)라 하고 그 옆에 있는 주부자의 시(詩) 조기(釣磯)에 관한 설명이다.

削成蒼石稜
삭 성 창 석 능
깎아 세운 푸른 모서리

倒影寒潭碧
도 영 한 담 벽
못에 비쳐 푸르도다

永日靜垂竿
영 일 정 수 간
진종일 낚싯대 드리우니

玆心竟誰識
자 심 경 수 식
이 마음을 누가 알까

만약 중국 무이산(武夷山)의 사곡을 모방한 것이라면, 선조대(仙釣臺)라 해야 함에도, 주자의 시를 옆에 새겨 놓고 조대(釣臺)라 한 것은, 이 청류동 구곡이 주역의 괘법(卦法)을 풀어 나라를 구하는 진법(陣法)을 펼쳐 놓은 것이므로, 일본의 눈을 속이는 한편 강태공 같은 인물이 나타나 기울어 가는 천하를 반전시켜 주기를 바

◇ 조기(釣磯)

라는 마음으로 당시 우국지사들의 마음이 잘 나타나 있다.

　다음 조대(釣臺) 아래 반석에 새겨 놓은 '빙청옥결(冰淸玉潔)'에 관한 설명이다.

　빙청옥결(冰淸玉潔)은 얼음같이 맑고 옥같이 깨끗하게 하라는 뜻으로 맑고 깨끗한 선비의 덕행을 상징한 말인데, 이는 생사고락을 같이하는 청류동 의병들에게 얼음처럼 맑고 옥처럼 깨끗한 마음으로 나라를 위해 싸우라는 격려임과 동시에 지켜야 할 군율(軍律)과 같은 말이다.

　조병순이 나라를 위해 모인 의병들에게 윤리를 강조한 것은 1, 2차 동학란 때 동학교도들이 저지른 약탈과 폐해를 방지하고, 전국 도처에서 의병으로 위장 양민들을 약탈하는 강도들을 경계하여 조직을 보호하기 위함이었다.

　[부연하면, 실제 조병순과 정순태의 가문은 곡성군의 2대 갑부였는데, 그 재산을 모두 독립운동의 자금으로 활용하였으니, 이것을 보더라도 정재(淨財)를 통해

◇ 빙청옥결(冰淸玉潔)

올곧은 인재들을 양성하여 나라의 동량으로 삼으려 했었던 의지가 어떠했는지, 충분히 알 수 있는 일이다.]

다음은 '남파유적(南波遺跡)'에 관한 설명이다.

단심대 물가 반석에 새겨진 남파유적(南波遺跡)은 1857년 전남 나주(羅州)에서 태어나 벼슬에 나가 곡성군수를 지내다 1910년 경술(庚戌)국치를 당하여 고향으로 돌아간 뒤 이듬해 최익현을 따라 의병을 일으킨 남파(南坡) 박재규(朴在珪)를 기리는 글인데, 호(號)가 물결 파(波)로 잘못 새겨져 있다.

박재규는 1928년 전북 도내 유림들의 발의에 의해 정읍시 산외면 오공리 166번지에 창건된 하청사(河淸祠)에 최익현(崔益鉉)·임병찬(林炳瓚)·오계엽(吳啓曄)·박재구(朴在球)와 함께 배향(配享)되었다.

◇ 남파유적(南波遺跡)

다음은 주자(朱子)의 시 유밀암(遊密庵)이다.

弱齡慕丘壑
약 령 모 구 학

젊은 나이에 산을 좋아하여

慈山屢遊盤
자 산 루 유 반

이 산 반석에서 자주 노닐었네

晴嵐染襟裾
청 람 염 금 거

맑은 바람은 옷깃 속에 스며들고

水石淸肺肝
수 석 청 폐 간

반석을 흐르는 물은 마음까지 맑게 하네

◇ 유밀암(遊密庵)

　조병순과 정순태가 항일운동을 은폐하기 위해 주자(朱子)가 지은 유밀암(遊密庵)
의 시구(詩句)를 빌려 청류동 맑은 물이 흐르는 반석을 노래한 것이다.

　즉 감시하는 일본경찰들에게는 문자 그대로 유희의 글이지만, 조선인들에게는
특히 젊은이들은 이곳 청류동에 자주 와서 배우고 항일독립운동에 동참하라는
요즈음 인터넷 유행어로 하면 '낚시 글'이다.

　다음은 '세한후조(歲寒後凋)'에 관한 설명이다.

　단심대 물을 거슬러 오르며 좌측 바위에 새겨 놓은 세한후조(歲寒後凋)는 논어
세한연후 지송백지후조(歲寒然後 知松柏之後凋)라는 구절을 인용한 주부자의 글씨
를 새겨 놓은 것인데, 날씨가 추워진 뒤에야 소나무 잣나무가 늦게 시듦을 안다는
뜻으로 단심대에서 맹약한 우국지사들이 나라가 어려울수록 지조를 지켜 의연하
게 행동하자는 실천 강목이다.

　그 옆에 논어에 나오는 증자(曾子)의 세 가지 살필 것과 안자(顔子)의 네 가지 하

◇ 세한후조(歲寒後凋)
우측에 백운동문(白雲洞門) 회암서(晦庵書), 주자의 글씨라고 새겨져 있다.

지 말 것을 일러 놓은 사물삼성(四勿三省)을 늘 삼가고 공경하며 경계하라는 경재
잠(敬齋箴)으로 함께 새겨 놓은 것을 보면 더욱 그러하다.

다음은 수륜대(垂綸臺)에 관한 설명이다.

그러나 잉어는 이씨 왕조를 뜻하는 것이니 수륜대는 백성들에게 임금의 말씀을
전하는 자리라는 뜻으로 이씨 왕조를 이어가자는 의미다.

따라서 여기 수륜대(垂綸臺)의 수륜(垂綸)은 이씨왕조 즉, 대한제국의 통서(統緒)
를 자손에게 영원히 전하는 것으로, 대한제국의 황제인 고종황제의 세계(世系)를
이어 가자, 대한제국을 이어가자는 뜻이다.

알기 쉽게 설명하면 청류동 구곡이 주역의 팔괘로 자주독립을 교육하는 현장이
며, 단심대(丹心臺)의 단심가(丹心歌)에서 "단심(丹心)이 있다한들 누구에게 이 마음
을 열어 보여줄 것인가."의 갈등이 모든 산천의 수목들이 푸른 여름에는 온갖 잡
목들도 함께 푸르기 때문에 소나무와 잣나무의 푸른 진가가 드러나지 않지만 북

◇ 수륜대(垂綸臺)

수륜대(垂綸臺)는 낚싯줄을 드리워 고기를 낚는 자리라는 뜻인데, 고기는커녕 낚싯줄을 드리울 위치가 아님에도 불구하고 수륜대라 한 것은, 다음의 사진에서 보듯이 수륜대 아래 잉어를 닮은 바위를 두고 상징한 것이다.

◇ 잉어 형상의 바위 우측 상류 바위가 수륜대(垂綸臺)다.

풍한설에 잡목들의 잎이 지고나면 비로소 드러나는 소나무와 잣나무의 푸른빛처럼 나라가 어지러울 때 충신열사들이 드러난다는 세한후조(歲寒後凋)의 굳센 지조(志操)로 정리되고, 그 굳센 지조로 고종황제의 대한제국을 복원하여 이어가자는 맹약이 수륜대(垂綸臺)다.

다음은 수륜대 맞은편 도림사 옛 일주문 앞 좌측 바위에 새겨진 만 가지의 일이 잠깐이라는 '만사수유(萬事須臾)'에 관한 설명이다.

만사수유(萬事須臾)는 만 가지의 일이 찰나의 순간이라는 뜻이지만, 이는 조선을 향한 서구 열강들의 다툼은 잠깐의 순간이라는 뜻으로 개항(開港)을 요구하는 서구열강들을 쇄국정책으로 맞선 위정척사론자들의 사고(思考)와 자세를 엿볼 수 있는 역사의 물증이다.

이 만사수유를 주역 택뢰수괘(澤雷隨卦)를 활용한 일곡 쇄연문의 향회입연식(向晦入宴息)과 다음 사진에서 보듯이, 일주문(2번)을 지나 몇 걸음을 올라가 3번 알존(遏存), 즉 인간의 욕심을 막고 천리를 보존한다는 맹자의 알인욕 존천리(遏人慾 存天理)를 이어 보면, 당시 쇄국정책이 외세의 침략으로부터 대책 없이 무너지는 조선

◇ 만사수유(萬事須臾)
백 년 전 당시 일주문 바로 앞 좌측 바위에 새긴 뜻이, 지금 보아도 생생하게 느껴지는 듯하다.

◇ 1. 만사수유(萬事須臾) 2. 도림사 일주문터 3. 알존(遏存) 4. 도림사 해우소(解憂所, 화장실) 5. 도림사 정문 6. 오곡 요요대(樂樂臺)

진실로 안타까운 것은 항일독립운동의 유적들을 도림사 화장실로 축대로 만들어 버린 무지다. 아마도 또 다른 오곡의 주제와 글들이 축대 속에 묻혔을 것으로 추측된다.

을 지키려는 민족자존의 사활을 건 전쟁이었음을 알 수가 있다.

　[부연하면 당시 언동서당이었던 언동마을 동막길 75번지 가정집 마당 화단의 돌에 이와 똑같은 만사수유(萬事須臾)가 새겨져 있는데, 그냥 쉽게 써서 새기면 되었을 일을 애써 모각한 것은 이 글을 쓴 주인이 그만큼 중요한 인물이라는 것을 말하는 것으로 노인들이 말하는 고종황제의 어필이 아닌가 싶다.]

　무엇보다도 이 민족자존의 위정척사론이 항일자주독립운동으로 이어졌듯이, 일제강점기 이곳에서 활동하던 우국지사들이 가르치던 학생들과 곡성군민들에게 왜놈들의 세상은 금방 끝난다며, 항일독립투쟁에 분발할 것을 독려한 말이 또한 이 만사수유다.

도림사 입구 구원리 출신으로 기우만의 제자였던 장동환(張東煥)의 아들로 태어나 일본 경찰의 눈을 피해 도망 다니며 도림사 반석에서 글을 배웠다는 장일남(張一男) 옹의 증언을 들어보면, "당시 일제의 순사들이 거의 매일 마을마다 돌아다니면서, 서당을 폐쇄하라고 하였으나, 각 마을마다 조직화된 유림들이 왜놈들의 세상은 곧 끝나니 조금만 참고 견디라며 주민들을 교육시켰다"는 증언은 만사수유를 길옆에 새겨 놓은 뜻이 무엇인지 잘 말해 주고 있다.

[부연하면, 아득한 옛날부터 대대로 곡성읍에서 옥과와 순창으로 오가는 도림사 길은 비록 등산객들이나 다닐 수 있는 산길로 되어 있지만, 오늘날에도 곡성군 군도(郡道) 1호선으로 되었을 만큼 곡성에서는 중요한 도로였으며 목지였다]

다음은 '알존(遏存)'에 관한 설명이다.

알존(遏存)은 인간의 욕심을 막고 천리를 보존한다는 맹자의 알인욕 존천리(遏人慾 存天理)라는 말을 인용한 것으로, 위 만사수유에서 설명했듯이 개항을 압박하는 서구열강들을 물리치고 조선을 지키자는 민족자존의 호소문이며, 동시에 침략자 일본을 물리치고 자주독립을 이루자는 독려의 글이다.

맹자의 글을 인용하여 확실하게 지킬 것을 지켜 흔들리지도 않고 빼앗기지도 않으면, 바로 인욕(人慾)은 물러나고 천리(天理)가 유행(流行)하게 될 것이라고 말한 다산 정약용의 목민심서(牧民心書)를 보아도 알존(遏存)이 무엇을 의미하는지 분명하게 알 수 있는 일이다.

그러나 다음 사진에서 보듯이, 오늘날 도림사 화장실 축대로 추락해 버린 알존(遏存)의 모습은 승려들의 탐욕과 무지를 탓하기 전에 잘못된 역사교육과 아직도

◇ 알존(遏存)과 화장실
항일독립운동의 유적이 도림사 화장실 축대로 전락되어 버렸다.

청산하지 못한 식민사관의 폐해이며, 자자손손 부끄러울 우리 시대의 자화상이다.

처음 맹자가 사사로운 인간의 욕심을 경계하고, 백 년 전 우국지사들이 나라의 자주독립을 위하여 돌에 새긴 것으로, 섬나라 오랑캐들의 식민지였던 대한제국을 광복으로 되돌리고 자유대한을 건설케 한 돌의 운명이 오늘 어쩌다 이런 신세가

◇ 알존(遏存)

되었는가!

　인간의 사욕(私慾)을 경계하던 알존(遏存)이, 도림사 화장실 축대로 변해 버렸는데 인간의 사욕이 시대와 사람에 따라 어떻게 달라지는지 잘 보여 주고 있다.

5. 오곡(五曲) 요요대(樂樂臺)

◇ 오곡(五曲) 요요대(樂樂臺)
도림사 정면 계곡 물 가운데 사람 얼굴의 형상을 한 오곡 요요대의 표정 없는 모습은 자연이 빚어
놓은 것이라고 믿기 어려울 만큼 불교와 유교 어느 쪽의 시각으로 보아도 대단한 걸작이다.

맑은 물가에 형성된 사람 얼굴을 닮은 바위를 요요대(樂樂臺)라 한 것은, '지자
요수(知者樂水)=지혜로운 자는 물을 좋아하고, 인자요산(仁者樂山)=어진 자는 산
을 좋아하며, 지자동(智者動)=지혜로운 자는 움직이고, 인자정(仁者靜)=어진 자는

고요하며, 지자요(智者樂)＝지혜로운 자는 즐기고 인자수(仁者壽)＝어진 자는 오래 산다'는 논어(論語) 옹야(雍也)편을 인용한 말이다.

주자(朱子)는 이것을 지혜로운 사람은 사리에 통달하여 두루 통하고 막힘이 없는 것이 물과 같은 점이 있으므로 물을 좋아하고 어진 사람은 의리를 편안히 하고 중후하여 옮기지 않는 것이 산과 같은 점이 있는 까닭에 산을 좋아한다고 설파했는데, 오곡 요요대(樂樂臺)는 스스로 낮은 곳으로 흘러 모든 만물을 이롭게 하면서도 사사로이 경중을 두어 차별하지 않는 물처럼 지혜롭고 언제나 변함없이 그 모습 그대로 그 자리에 있으면서 만물을 차별 없이 보듬어 주는 산처럼 인자하라는 가르침이다.

즉 언제나 쉼 없이 흘러가는 물처럼 늘 깨어 있고 의연한 산처럼 인자하라는 행동철학이며, 그런 군자의 모습을 상징한 요요대(樂樂臺)의 표정 없는 모습은 자연이 빚어 놓은 것이라고 믿기 어려울 만큼 불교와 유교 어느 쪽의 시각으로 보아도 대단한 걸작이다.

◇ 오곡(五曲) 요요대(樂樂臺)의 가을 풍경

항일독립운동을 이끌던 조병순이 아무런 표정 없는 이 바위에 지혜로운 자는 물을 좋아한다는 지자요수(知者樂水)와 어진 자는 산을 좋아한다는 인자요산(仁者樂山)을 새긴 뜻 또한 산이 그러하듯 물이 그러하듯 생로병사(生老病死)와 희로애락(喜怒哀樂)에 의연하는 군자(君子), 즉 나라를 위한 성전(聖戰)에 사심 없이 산처럼 의연하고 물처럼 쉼 없이 임하라는 의미였을 것으로 본다.

울타리가 없는 산은 언제나 그 모습 그대로 그 자리에 있어도, 새들이 모여들고 들짐승들이 찾아들며, 바람과 구름이 자유로이 오가는 사통팔달이고, 스스로 겸손하여 낮은 곳을 찾아 쉼 없이 흐르면서, 세상 온갖 더럽고 흐린 물을 싫다 않고 받아들여 맑게 정화시켜 모든 생명들의 피와 젖이 되게 하며, 마침내 바다로 이어지는 물은 군자의 상징이며, 조선이 자주독립을 이룩해야 할 당위성의 역설이다.

이 요요대의 요산요수(樂山樂水)를 이어지는 육곡의 주제인 만절필동(萬折必東)과 함께 놓고 보면, 성리학의 진수가 계곡을 따라 올라가면서 병풍처럼 펼쳐진 것임을 알 수가 있는데, 다음은 한(漢)나라 유향(劉向)의 설원(說苑)에 언제나 강물을 보면 사색(思索)하는 이유가 무엇이냐는 자공(子貢)의 물음에 대한 공자의 답이다.

子貢問曰 君子見大水必觀焉 何也
자 공 문 왈 군 자 견 대 수 필 관 언 하 야

자공(子貢)이 물었다.

군자(君子)가 강물을 보면 반드시 사색(思索)하는데, 그 까닭이 무엇입니까?

孔子曰 夫水者君子比德焉 遍予而無私 似德 所及者生 似仁
군 자 왈 부 수 자 군 자 비 덕 언 편 여 이 무 사 사 덕 소 급 자 생 사 인

공자가 말했다.

물은 군자의 인품(人品)과 같은 것이다. 두루 베풀되 사사로움이 없으니, 군자의 덕

(德 마음)과 같고, 이르는 곳마다 생명을 살리는 어짊이니, 군자의 인(仁)과 같다.

其流卑下 句倨皆循其理 似義 淺者流行 深者不測 似智
기 류 비 하　구 거 개 순 기 리　사 의　천 자 류 행　심 자 불 측　사 지

그 스스로 낮은 곳으로 흘러가고 굽이치는 것이 모두 순리에 따르니, 군자의 의(義)와 같고, 얕은 것은 흘러가고, 깊은 것은 헤아릴 수 없으니, 그 지혜로움이 군자의 지(智)와 같다.

其赴百仞之谷不疑 似勇 綽弱而微達 似察
기 부 백 인 지 곡 불 의　사 용　작 약 이 미 달　사 찰

백길 낭떠러지와 깊은 골짜기를 두려워하지 않으니, 결단력 있는 군자의 용(勇)과 같으며, 가늘고 약한 것 같아도 작은 것 하나까지 모두 통달하니, 널리 살피는 군자의 찰(察)과 같다.

受惡不讓 似貞 包蒙不清以入 鮮潔以出 似善化
수 악 불 양　사 정　포 몽 불 청 이 입　선 결 이 출　사 선 화

이익을 위해 나쁜 것을 좇지 아니하니, 그 곧고 굳은 지조(志操)가 군자의 정(貞)과 같고, 혼탁한 물은 맑은 물로 포용하여 깨끗한 물로 만들어 내보내니, 사람을 바른 길로 인도하는 군자의 선화(善化)와 같다.

主量必平 似正 盈不求概 似度
주 량 필 평　사 정　영 불 구 개　사 도

크고 작은 웅덩이를 만나더라도 공평하게 다 채우고 나서 흐르니, 그 바른 법도가 군자의 정(正)과 같고, 그릇에 부으면 평미레로 밀지 않아도 틀림없이 그 양이 같으니, 군자의 도(度)와 같다.

其萬折必東 似意 是以君子見大水觀焉爾也
기 만 절 필 동　사 의　시 이 군 자 견 대 수 관 언 이 야

비록 만 갈래로 굽이쳐도 반드시 동쪽으로 흐르니, 어떠한 어려움이 있어도 결국은 본뜻대로 나아가는 군자의 의지(意志)와 같다. 이런 까닭에 군자는 강물을 보면, 반드시 사색하는 것이다.

다음은 인자요산(仁者樂山)에 관한 문답이다.

夫仁者何以樂山也
부 인 자 하 이 요 산 야

어진 이는 어찌하여 산을 좋아합니까?

夫山龍嵸累嶊 萬民之所觀仰
부 산 롱 종 류 죄 만 민 지 소 관 앙

산은 높으면서도 면면히 이어져 만민이 우러러 보는 것이다.

草木生焉 衆物立焉 飛禽萃焉 走獸休焉
초 목 생 언 중 물 립 언 비 금 췌 언 주 수 휴 언

풀과 나무가 생장하고, 백성들과 만물이 존재하며, 나는 새들이 모여들어 둥지를 틀

고, 달리는 짐승들이 보금자리를 만들어 그 속에 들어 산다.

寶藏殖焉 奇夫息焉 育群物而不倦焉
보 장 식 언 기 부 식 언 육 군 물 이 불 권 언

보배로운 것들을 심고 가꾸며, 훌륭한 지아비들이 살고 있고, 온갖 무리들과 만물을

기르면서도 싫어하지 않는다.

四方并取而不限焉 出雲風 通氣于天地之間 國家以成
사 방 병 취 이 불 한 언 출 운 풍 통 기 우 천 지 지 간 국 가 이 성

사방에서 모두 취(取)해도 제한하지 않으며, 구름과 바람을 내어 천지 사이의 기운을

소통시켜 나라를 이루니,

是仁者之所以樂山也
시 인 자 지 소 이 요 산 야

이것이 어진 이가 산을 좋아하는 까닭이다.

　　　　　　　　　　　　　-유향(劉向) 설원(說苑) 잡언(雜言) 발췌

[부연하면 요요대(樂樂臺)의 요(樂)를 사람들이 혼동하는데, 음악(音樂)이라는 명

사일 때는 풍류 악(樂)으로 읽고, 즐겁다는 형용사일 때는 즐길 낙(樂)으로 읽고,

좋아한다는 동사일 때는 좋아할 요(樂)로 읽어야 한다. 즉, 동악산(動樂山)의 악(樂)은 하늘에서 관세음보살님이 출현하여 노래를 불렀다 하여 지어진 이름이니 풍류악(樂)으로 읽고 여기 오곡은 성현들이 좋아하는 상징이므로 요요대(樂樂臺)로 읽어야 옳다.]

　다음은 요요대 후면에 새겨진 '학구성현(學求聖賢) 연비어약(鳶飛魚躍)'에 관한 설명이다.

　학구성현(學求聖賢) 배우는 학생들은 성인(聖人)과 현인(賢人)들의 도를 구하고, 연비어약(鳶飛魚躍) 솔개는 하늘에서 유유히 날고, 물고기는 연못 속에서 뛰고 있다는 것은 전쟁과 질병은 물론 천재지변과 기아(飢餓)로부터 해방된 낙원, 즉 성군(聖君)이 다스리는 태평성대 왕도정치의 이상을 말함이다.

◇ 오곡(五曲) 요요대(樂樂臺) 후면의 글
요요대 후면에 새겨진 학구성현(學求聖賢) 연비어약(鳶飛魚躍)은 주자의 글씨를 모각(模刻)한 것이며, 원계동(元溪洞) 삼곡 인지대(仁智臺)에도 새겨져 있다. 좌측 바위에 새겨진 글은 경재잠집자(敬齋箴集字) 모주앙금(慕朱仰金)이다.

그러나 이것을 독립운동사 측면에서 보면, 학구성현(學求聖賢)은 우리가 우리의 정신문화를 지킨다는 위정척사사상(衛正斥邪思想)이고, 시경(詩經) 대아(大雅)에 나오는 연비어약(鳶飛魚躍)은 성군(聖君)이 다스리는 태평성대를 말한 것으로, 곧 조선의 자주독립을 뜻하는 것이다.

즉 부지런히 성현들의 학문을 구하여, 일본을 물리치고 자주독립을 쟁취하여 조선의 땅에서 조선인으로 화목하게 살자는 뜻으로, 항일자주독립의 의지를 표현한 것이며, 청류동 이웃에 있는 원계동 삼곡 인지대(仁智臺)에도 같은 글이 새겨져 있다.

다음은 요요대 후면 좌측 바위에 새겨 놓은 모주앙금(慕朱仰金)에 관한 설명이다.

모주앙금(慕朱仰金)은 주자의 가르침을 따르고, 금화사자(金華四子)를 본받으라는 말인데, 이는 당시 사학(邪學)을 배척하고, 정학(正學)의 도통(道統)을 지킨다는

◇ 모주앙금(慕朱仰金)

위정척사론자들의 근본정신이며, 항일독립운동의 행동지침이다.

따라서 여기서의 모주(慕朱)는 조선의 정신인 성리학을 말하고, 앙금(仰金)은 원(元)에 의해 송(宋)이 멸망하자, 오랑캐 원나라의 녹을 먹지 않겠다며, 금화산(金華山, 지금의 절강성 금화현)에 들어가 절개를 지키고 도학을 전한 송나라 선비들을 본받으라는 것이며, 이는 곧 흩어지고 분열하는 국민들을 민족주의사상으로 규합 외세에 대항하려는 우국지사들의 전략이며, 동시에 민족정신으로 똘똘 뭉쳐 저항하자는 강력한 항일투쟁의 메시지다.

다음은 당시 이 골짜기에서 수학한 경와 엄수동이 정리한 금화산의 고사 화서기(華西記)의 내용이다.

昔胡元之猾 夏爲帝也 宋儒恥食其祿 隱居講義 以之不墜其道
석 호 원 지 활　하 위 제 야　송 유 치 식 기 록　은 거 강 의　이 지 불 추 기 도
學之傳焉 如何基王栢金履祥許謙 諸賢 之所爲是也 命雖屈於
학 지 전 언　여 하 기 왕 백 금 이 상 허 겸　제 현　지 소 위 시 야　명 수 굴 어
當時 道將伸於萬世 豈不爲後學之模範也哉
당 시　도 장 신 어 만 세　기 불 위 후 학 지 모 범 야 재

옛날 교활한 원나라 오랑캐가 중국의 황제가 되자, 송나라 여러 선비들이 그 봉록을 받는 것은 부끄러운 일이라며, 은거하여 도의를 강론하니, 이것으로 도(道)를 잃지 않고, 학문을 전할 수 있었다. 예를 들면 하기(何基), 왕백(王栢), 김이상(金履祥), 허겸(許謙)과 같은 많은 선비들의 일이 이것이다. 천명(天命)은 비록 당시에 굽히어졌으나 도의가 장차 만세토록 퍼져 나갈 것이니 어찌 후학의 모범이 되지 않으랴?

―경와사고화서기(敬窩私稿華西記)에서 발췌

원나라에 저항하여 절개를 지키고, 후학들을 양성하여 도학을 전한 송나라 선

비들을 조선의 후학들은 모범으로 삼아야 한다는 엄수동의 '화서기'는 당시 이 골짜기에서 무엇을 가르쳤으며, 수많은 선비들이 후학들을 지도하며, 나라의 독립을 위해 고군분투하고 있었음을 알 수가 있다.

다음은 소심학성 바위 앞에 있는 '득정(得正)'에 관한 설명이다.

득정(得正)은 예기(禮記) 단궁(檀弓) 상편에 나오는 '득정이폐(得正而斃)'의 준말로 증자(曾子)가 임종(臨終)할 무렵 대자리를 바꿔 깔도록 자제에게 명하면서 '오득정이폐언(吾得正而斃焉) 사이의(斯已矣)'라고 한 말에서 연유한 것이다.

曾子曰 爾之愛我也不如彼 君子之愛人也以德 細人之愛人也以
증 자 왈 이 지 애 아 야 불 여 피 군 자 지 애 인 야 이 덕 세 인 지 애 인 야 이

姑 吾何求哉 吾得正而斃焉 斯已矣 擧扶而易之 反席未安而沒
고 오 하 구 재 오 득 정 이 폐 언 사 이 의 거 부 이 역 지 반 석 미 안 이 몰

증자가 말하기를 "네가 나를 사랑하는 것이 저 아이만 못하구나. 군자가 사람을 사랑하는 것은 덕으로 하고 소인이 사람을 사랑하는 것은 고식(姑息)으로 하는 법이다. 내가 무엇을 원하겠는가? 나는 바른 것을 얻고 죽겠다. 그것을 원할 뿐이다" 하니, 몸을 부축해서 침상을 바꾸었는데, 증자는 다시 자리에 누워 안정하기도 전에 죽었다.

－예기(禮記) 단궁(檀弓)에서 발췌

죽는 그 순간까지도 기어이 바른 도리를 찾은 증자의 고사를 통해 예에 어긋남을 알았을 때 서슴없이 그것을 바로잡는 군자의 도를 설명한 득정(得正)은 선비로서의 자세임과 동시에 항일의병으로 갖추어야 할 정신무장을 교육하는 것으로, 당시 학생들을 어떻게 훈도했는지, 미루어 알 수 있는 파일이다.

◇ 득정(得正)

특히 대마도(對馬島)로 끌려가 왜놈이 주는 음식은 입에 먹지 않겠다고 선언하고 1906년 12월 17일 새벽 74세로 원수의 나라 대마도에서 순국한 최익현의 문집 부록(附錄) 제4권 연보(年譜) 병오년(1906년, 광무 10년)의 기록을 보면, "임병찬의 일록(日錄)에는, '선생께서 병이 나면서부터 20여 일에 이르기까지 혹은 평좌(平坐)하시고 혹은 꿇어앉고, 혹은 구부리고 혹은 기대기도 하셨으나 한 번도 드러눕지 않으시니, 여기에서 선생의 평소 소양(所養)의 훌륭하심은 다른 사람이 따를 수가 없음을 알았다.'고 했다" 하였는데, 생을 마감하는 마지막 순간까지 조선 선비의 자존심을 지켜낸 면암의 정신이 곧 득정(得正)의 실천이다.

다음은 요요대 맞은편 도림사 산문 앞에 있었던 학생들이 공부하던 건물 정문에 세웠을 것으로 추정되는 '생직(生直)'에 관한 설명이다.

모나지 않는 사각형 바위에 새겨진 생직(生直)은 '인지생야직(人之生也直) 강지생

◇ 생직(生直)

야(罔之生也) 행이면(幸而免)— 사람의 타고난 바는 정직한 것이다. 그러나 정직하지 않으면서도 살 수 있는 것은, 요행히 천벌을 면하고 있을 뿐'이라는 논어 옹야(雍也)를 인용한 것으로, 정직하게 사는 것이 인생의 정도이며, 곧 생(生)의 근본이라는 가르침이다.

훗날 맹자의 성선설(性善說)의 기초가 된 사람의 본성(本性)은 정직(正直)이라는 이 말은 사람이 정직이라는 본성을 잃어버리고 사람답게 살지 못하면 휘어지고 굽은 나무가 나무꾼의 도끼에 찍히는 화를 당하듯, 언제고 결코 화를 면할 수 없음을 경계한 것으로 올곧은 선비정신의 상징이다.

한마디로 요약하면, 예로부터 그 목을 벨 수는 있어도, 그 의지는 결코 꺾을 수 없다는 선비정신이 여기에서 나온 것이며, 대대로 충신열사는 물론이거니와 효자 효부 열녀들이 목숨을 버릴지언정 굽힘없이 살 수 있었던 본연지성(本然之性)인데, 이것을 여기에 새겨놓은 것은 이곳에 머물며 학문을 연마하고, 이곳을 지나가는 사람들에게 일본인들에게 굽히지 말라는 강력한 항일저항의 메시지다.

다음은 도림사 산문 앞, 즉 생직(生直) 앞에 있는 바위에 새겨진 '소심학성(小心學性)'관한 설명이다.

소학을 마음으로 배워 깨닫는다는 의미를 가진 소심학성(小心學性)은 도림사 정문 앞 길옆에 있는데, 그 자리에 있었던 학교의 이름인지, 또는 학문을 독려하는 표어(標語)인지 알 수는 없지만, 지금 텃밭으로 사용하고 있는 자리에 있었던 학사(學社), 즉 학교는 구한말 곡성의 유림들이 일본과 맞서 싸울 의병들을 양성 항일 자주독립을 교육하던 민족자존의 현장이었으며, 금방이라도 활짝 필 것 같은 꽃봉우리 속에 새겨놓은 소심학성(小心學性)에서 보듯이, 이곳에 있었던 학교는 동악산 주자학파들의 희망이었다.

[부연하면, 이곳에 있었던 학교는 언제 누가 세운 것인지 알 수는 없으나, 서산(西山) 조형일(曺衡鎰)을 추모하는 후학들이 강론하고 이끌었던 여러 정황으로 보아 철종 당시 조형일이 후학들을 위해 세운 것으로 추측된다.]

부정부패가 없는 군자가 다스리는 참 맑은 세상을 꿈꾸던 학교가 언제 사라졌는지, 정확한 기록이 없어 알 수는 없지만, 1915년 도림사 입구 구원마을에서 태어

◇ 소심학성(小心學性)
이제 막 피어나는 꽃봉오리 속에 이름을 새겨놓은 의미가 가슴이 저려온다.

나 일제강점기 이 골짜기에서 우국지사들로부터 교육을 받고, 망백의 나이로 병술
년 가을을 살고 있는 장일남옹과 평생을 이 골짜기에서 산 박현래옹의 증언에 의
하면, 일본 경찰들이 당시 신덕암에 본부를 두고 이 골짜기에 은거한 독립군들을
해산 소탕하기 위해 산재해 있던 신덕암을 비롯한 수많은 암자와 건물들을 방화
철거시켰는데, 그때 함께 철거된 것이라 한다.

　예닐곱 살 때부터 마을에서 글을 배우던 장 옹(張翁)은 "왜놈 순사들의 감시가
하도 심해 이 골짜기로 쫓겨 와 낮에는 송석(松石) 장상기(張相基)와 연정(蓮亭) 하
태연(河台蓮) 등등 우국지사들로부터 팔곡에 모여 바위에다 글을 쓰면서 배우고,
밤이면 도림사에서 자고 가르치던 선생들은 길상암으로 올라갔다" 하였고, 당시

(1923년 무렵) 소심학성의 터에는 건물이 없었으며, 가르치던 선생들로부터 들은 것은, 1909년 군대를 동원 이른바 남한폭도대토벌작전(南韓暴徒大討伐作戰)으로 호남 의병들을 대대적으로 소탕했는데, 이때 동악산 의병들의 본부였던 신덕암을 의병들의 거점을 없애기 위해 산재한 암자들과 함께 방화 불태워버렸으며, 여기에 있던 학교도 그때 철거되었다는 슬픈 이야기였다.

당시 20여 명의 학생들이 공부하고 있었는데, 도림사 주지 눌봉대사(訥峯大師)의 적극적인 도움으로 일본 경찰들의 감시를 피해 골짜기 바위를 옮겨 다니며 공부했다는 장 옹의 증언은 도림사를 중심으로 조직적이고 은밀한 항일조직이 있었음을 분명하게 알 수가 있다.

[부연하면, 1925년 무렵 이곳에 모여 교육받았다는 스물대여섯 명의 학생 숫자는 총독부가 주도하는 식민사관의 교육을 거부하고 한학을 통해 민족정신을 일깨우고 독립 운동가들을 양성하기 위해 각 마을에서 활약하던 우국지사들의 혈육들임을 감안하면 결코 적은 수가 아니다.]

조병순의 사후 곡성읍 구원리(도림사 입구) 마을 출신으로 기우만의 제자이며, 항일저항운동에 앞장섰던 장상기(張相基, 1879. 2. 2~1948. 10. 3)를 비롯한 우국지사들이 이곳에서 후학들을 지도한 사실에서 보듯이, 청류동은 항일의병운동과 민족 독립운동의 산실이었음을 분명하게 알 수가 있다.

다음은 소심학성(小心學性) 맞은편 바위에 새겨진 '광풍재월(光風霽月)'에 관한 설명이다.

비 갠 뒤에 부는 맑은 바람과 밝은 달이라는 뜻으로, 황정견(黃庭堅)이 주돈이(周敦頤)의 인품을 평한 말에서 비롯된 광풍제월(光風霽月)은 걸림 없는 자유자재한

◇ 광풍제월(光風霽月)

인품을 비유하여 이르는 말이다.

　조선의 선비들이 가장 많이 인용한 글귀 가운데 하나인 이 광풍제월(光風霽月)을 소심학성(小心學性)과 연결 지어 보면, 커다란 바위에 새겨놓은 뜻은 다음 고봉 기대승과 다산 정약용의 문집에서 잘 나타나 있다.

　사대부(士大夫)의 심사(心事)는 광풍제월(光風霽月)과 같이 털끝만큼도 가린 곳이 없어야 한다. 무릇 하늘에 부끄럽고 사람에게 부끄러운 일을 전혀 범하지 않으면 자연히 마음이 넓어지고 몸이 윤택해져 호연지기(浩然之氣)가 있게 되는 것이다. 만일 포

목(布木) 몇 자, 동전 몇 닢 때문에 잠깐이라도 양심을 저버리는 일이 있으면 그 즉시 호연지기가 없어지는 것이니, 이것이 바로 인(人)이 되느냐 귀(鬼)가 되느냐 하는 중요한 부분인 것이다. 그러니 너희들은 극히 주의하도록 하라.

- 다산시문집 제18권 가계(家誡)에서 발췌

다음은 기대승(奇大升, 1527~1572(중종 22년~선조 5년))의 시문집인 고봉집(高峰集) 김 선생(金先生) 행장에서 발췌한 글이다.

선생이 처음 점필재 김 선생에게 수학할 것을 청하니 점필재 선생은 소학(小學)을 주면서 "만일 학문에 뜻을 두었다면 마땅히 이 책부터 시작하라. 광풍제월(光風霽月)도 여기에서 벗어나지 않는다" 하였다. 선생은 정성껏 이것을 가슴속에 새겨 손에서 책을 놓지 않았으며 사람들이 혹 당시의 일을 물으면 반드시 말씀하시기를 "나는 소학동자(小學童子)이니 어찌 대의를 알겠는가?" 하였다. 일찍이 시를 지었는데, "소학책 속에서 어제의 잘못을 깨달았다. 소학서중오작비(小學書中悟昨非)는 글귀가 있었다." 점필재 선생은 비평하기를 "이 말은 바로 성인(聖人)이 될 수 있는 기초이다. 허노재(許魯齋) 뒤에 어찌 그런 분이 없겠는가?" 하였다.

- 고봉집(高峰集) 김 선생(金先生) 행장에서 발췌

이와 같이 광풍제월(光風霽月)은 소심학성(小心學性)과 짝을 이룬 것으로, 이곳에 주자학파들이 주도하는 소학을 가르치는 학교, 즉 독립군을 양성하던 장소였음을 알 수가 있으며, 날로 달로 새로워지는 상현(上弦)달을 상징한 바위에 글을 새겨 놓은 것은, 일취월장(日就月將)하는 달처럼 부지런히 배워 나라의 동량이 되라는 뜻이지만, 일본은 곧 망하고, 조선은 자주독립을 이룬다는 희망의 메시지이기도 하다.

끝으로 일곡에서부터 곡마다 주제 글이 산과 물에 나란히 있었던 것으로 보아, 하나가 더 있었을 오곡의 또 다른 주제 글은 안타깝게도 도림사 화장실 축대를 쌓으면서 묻힌 것으로 추측된다.

따라서 어느 때고, 축대를 다시 고쳐 쌓게 되는 일이 있다면, 그때는 정밀한 조사가 있기를 바란다.

6. 육곡(六曲) 대은병(大隱屛)

◇ 육곡(六曲) 대은병(大隱屛)

도림사 후문에 있는 육곡(六曲) 대은병(大隱屛)이다.

원래 이 바위는 마치 한 송이 연꽃이 피는 듯한 모습이었다 하는데, 지금은 사람들이 훼손하여 달랑 봉우리만 남아 금방이라도 굴러 내릴 듯 위태롭게 서 있다.

그러나 훼손되어 알 수는 없지만, 이 바위의 모습이 피어나는 연꽃이었다면 절의 중심이 되었거나 최소한 신성시되었어야 함에도 도림사 후문으로 천시되어 있고, 유림(儒林)들이 선택하여 자신들의 이상을 상징한 것으로 보아, 봉황이 머문다는 벽오동의 열매나 또는 봉황이 먹는다는 연실(練實)을 상징한 것으로 보는 것이 옳을 듯하다.

조병순이 이 바위를 대은병(大隱屛)이라 하고, 육곡의 주제로 삼은 것은, 무이산(武夷山) 구곡의 중심인 오곡에 있는 은병봉(隱屛峰) 남쪽에 주자가 세운 무이정사(武夷精舍)를 상징한 것이며, 예로부터 수많은 선비들이 흠모하며 즐겨 인용한 지명이다.

그러나 여기 청류동 육곡 대은병(大隱屛)은, 소인은 숲 속에 숨고 대인은 조정이나 저잣거리에 숨는다는 소은은릉페 대은은조시(小隱隱凌蔽 大隱隱朝市)의 뜻으로, 오곡 요요대(樂樂臺)와 소심학성(小心學性)을 이어 풀어보면 성현들의 가르침을 부지런히 배워 세상에 나가 나라를 지키는 울타리가 되라는 뜻이다.

병(屛)은 일반적으로 병풍을 뜻하나, 여기서는 논어(論語) 병사악(屛四惡: 물리치다, 치워 없애다, 제거하다), 예기(禮記) 병지원방(屛之遠方: 내쫓다, 쳐서 물러가게 하다)를 인용하여 세상에 나가 나라를 지키는 울타리가 되라는 뜻으로 애국사상을 고취 일제에 저항할 것을 독려한 말이다.

이 대은병 좌측에 새겨진 오산정래봉(梧山丁來鳳)은 글자 그대로 해석하면 오산(梧山), 즉 벽오동 심은 산에 정녕 봉황이 온다는 뜻으로 이는 청류동에서 나라를 구할 인재들을 양성하기 위해 학생들을 교육하고 국민들을 계몽하던 우국지사들의 간절한 염원이며 동시에 배우는 학생들과 국민들에게 보내는 희망의 메시지다.

대은병 좌측에 작은 글씨로 새겨진 오산정래봉(梧山丁來鳳)은 인명(人名)이 아니다.

혹시 하여 추적해본 결과 1921년 생으로 목사동에서 살다 6·25 때 석곡면 인민위원장을 지내고 51년 3월 10일 사망한 공산주의자 정래봉(丁來鳳)이 있었으나, 이 바위에 글을 새길 당시는 물론 해방 전까지 글을 새길 위치에 있지도 않았다.

무엇보다도 여기 동악산 인근에 살지도 않았으며, 해방 당시 24세에 불과했던 정래봉(丁來鳳)이 감히 지역 유림대표들이 새겨 놓은 주제보다 높이 쓰고, 동악산의 스승인 조병순은 물론 정씨가문의 어른인 정순태의 이름보다 높고 크게 새긴다는 것은 있을 수 없는 일이며, 당시 주변에서도 결코 용서하지 않았을 것이다.

오산정래봉(梧山丁來鳳) 오산에 정녕 봉황이 온다는 글 밑에 새겨진 구시(求是)는 부제인 듯한데……. 주변의 글과 당시의 정황으로 보아 봉황을 구(求)하는 것이다. 즉 나라를 구(求)할 인재를 구하는 의미를 숨긴 것으로 보는 것이 옳을 듯하다.

다음은 육곡의 주제인 '만절필동(萬折必東)'에 관한 설명이다.

양자강(揚子江)과 한수(漢水)를 마치 제후들이 천자에게 입조(入朝)하듯 합류하여 흐르게 하며, 동시에 양자강 아홉 갈래의 수로를 잘 다스려 놓으면 토지가 안정된다는 서경(書經) 우공(禹貢)의 강한조종우해(江漢朝宗于海)에서 연유한 만절필동(萬折必東)은 임진왜란 때 군대를 보내 왜적을 물리치고 나라를 다시 찾게 해 준 명나라에 감사한 조선 제14대 왕 선조(宣祖, 1567~1608)의 '만절필동재조번방(萬折必東再造藩邦)'으로, 우리에게 더 잘 알려진 말이다.

그러나 이 만절필동을 여기에 새긴 조병순의 관점에서 보면, 제아무리 일본이 짓밟고 탄압해도 기어이 일본을 물리치고 갈망하는 대한제국의 자주독립을 이루겠

◇ 육곡(六曲) 만절필동(萬折必東)

다는 의지의 표현이며, 잠시도 원수 일본을 향한 투쟁을 멈추지 말라는 방문(榜文)이다.

즉 우국지사들이 청류동 맑은 물이 동쪽으로 흐르는 계곡에서 동쪽을 향해 누워 있는 바위에 새겨 놓은 만절필동은 이 물이 흘러 바다로 가듯이 여기 청류동에서 배출되는 의병(義兵)들이 나라를 되찾을 것이라는 희망이며 격려다.

[부연하면, 송시열이 쓴 화양동의 만절필동은 망해 버린 명나라의 정통을 이었다는 뜻이고, 북벌(北伐)을 계획했던 효종(孝宗)의 시각에서 보면 와신상담(臥薪嘗膽)하던 복수의 상징이다.]

다음 병자호란 당시 주전파(主戰派)였으며 효종을 도와 북벌을 계획했던 김상헌(金尙憲)이 1652년(효종 3년) 6월 25일 양주(楊州)의 석실(石室) 별장에서 죽음에 임해 올린 싱소문을 보면, 조병순이 만절필동(萬折必東)을 여기에 새긴 뜻이 무엇인지 보다 분명하게 알 수가 있다.

嗚呼 毋信一時之要盟 毋忘前日之大德 毋過恃虎狼之仁 毋輕
오 호 무 신 일 시 지 요 맹   무 망 전 일 지 대 덕   무 과 시 호 랑 지 인   무 경

絶父母之邦 誰能以此爲殿下懇懇陳戒乎 夫以千里 爲讐人役
절 부 모 지 방   수 능 이 차 위 전 하 간 간 진 계 호   부 이 천 리   위 수 인 역

古今所羞 每思先王奏文萬折必東之語 不覺泣涕沾衣也
고 금 소 수   매 사 선 왕 주 문 만 절 필 동 지 어   불 각 읍 체 첨 의 야

"아! 한때의 강요에 의했던 맹약을 믿지 마시고 전일의 큰 덕을 잊지 마소서. 범이나 이

리 같은 나라의 인자함을 지나치게 믿지 마시고 부모와 같은 나라를 가벼이 끊지 마

소서. 누가 이것으로써 전하를 위해 간절히 진계하겠습니까. 대저 천리 강토로 원수의

부림을 받는 일은 고금에 부끄러운 바입니다. 매양 선왕(先王)의 주문(奏文)에 만절필

동(萬折必東)이라는 말이 있음을 생각하매 저도 모르게 눈물이 옷깃을 적십니다"

－효종실록에서 발췌

대저 천 리 강토로 원수의 부림을 받는 일은 고금에 부끄러운 일이었다는 김상

헌이 죽으면서 올린 상소문은 구한말 원수 일본에 나라를 빼앗기고 비분강개하

는 우국지사들의 피를 토하는 절절한 심정을 그대로 대변하고 있으며, 일필휘지

(一筆揮之)한 만절필동(萬折必東)의 글귀 속에서, 나라의 자주독립을 역설하던 우국

지사들의 목소리가 지금도 쟁쟁하게 들리는 듯하다.

다음은 '도취이성(陶醉李醒)'에 관한 설명이다.

조선을 침략한 일본을 상대로 선전포고나 다름없는 만절필동(萬折必東)을 온몸

으로 보호하고 있는 것 같은 바위를 활용하여 새겨놓은 도취이성(陶醉李醒)은, 남

기(南沂) 조병흠(曺秉欽)·죽촌(竹村) 정정태(丁正泰)·항재(恒齋) 정해태(丁海泰)·송재

◇ 도취이성(陶醉李醒, 좌측)과 만절필동(萬折必東, 우측)

㈜(松齋) 양태호(梁泰浩) 등 조병순의 후배들이 새긴 것인데, 그 뜻을 풀어보면 술 취한 이씨 왕조는 각성하라는 경고의 글이다.

만절필동과 그 뜻을 이어보면, 구한말 조정과 백성들이 항일투쟁에 힘을 모아야 할 상황에서 속절없이 무너지는 조선왕실을 바라보는 선비들의 분노와 안타까운 심정이 그대로 묻어나는 글이다.

마치 전국에서 일어선 선비들이 동지들의 피와 살로 구국이라는 탑을 공들여 쌓으면, 무능한 조선왕실과 부패한 관료들이 한순간에 무너뜨려 버리는 좌절감에서 비롯된 분노의 외침이다.

다음은 도취이성을 보호하고 있는 것 같은 바위에 새겨진 '암(岩)'자에 관한 설명이다.

암(岩) 자 앞의 글자를 누군가 고의로 깨버려 무슨 뜻인지 알 수가 없지만, 바위의 위치와 글의 배열로 보아 중요한 인명이거나, 의미심장한 글인 듯하다.

언제 누가 무슨 이유로 깨버렸는지 알 수는 없지만, 미루어 보건대, 아마도 만

천명월과 함께 일제가 깨버린 듯하다.

다음은 이해를 돕기 위해 만절필동(萬折必東)을 중심으로 촬영한 사진이다.

우측으로부터 1. 만절필동(萬折必東) 2. 도취이성(陶醉李醒) 3. 깨진 암(岩)자 바위 4. 만천명월주인옹자서(萬川明月主人翁自序) 5. 옛 도로와 현 차도 6. 도림사 후문 대은병(大隱屛)이다.

특히 사진에서 보듯이, 주변에 글을 새기기에 좋은 조건을 가진 바위들이 많이 있음에도, 당시는 물론 지금도 곡성 군도(郡道) 1호선으로 되어 있을 만큼 중요한 도로였던 곡성에서 입면과 옥과, 순창을 오가던 길 그 가운데에서도 사람은 물론 산도 물도 제일 번잡했던 도림사 산문 앞 길가 계곡 바위에 별것이 아니라는 듯 만절필동과 도취이성을 새겨 놓고 오가는 사람들로 하여금 보도록 한 것은, 일본의 눈을 피해 국민들을 교육하기 위해 치밀하게 계획한 홍보물이다.

다음은 육곡 좌측 암벽에 부제로 새긴 '만천명월주인옹자서(萬川明月主人翁自序)'

◇ 만절필동(萬折必東)과 주변의 글들

에 관한 설명이다.

　지금은 길의 축대가 되어 버렸지만, 도립사 산문 앞 소심학성에서 계곡으로 내려가는 암벽에 새겨진 만천명월(萬川明月)은 정조대왕이 재위 21년째인 1797년 백성을 만천(萬川)에 비유하고, 그 위에 하나씩 담겨 비치는 명월(明月)을 태극이요, 군주인 자신이라고 하여 모든 백성들에게 직접 닿는 지고지순한 왕정이 자신이 추구하고 실현시킬 목표라는 것을 정리해 보이고 자호(自號)로 삼은 만천명월주인옹자서(萬川明月主人翁自序)를 인용한 것으로, 임금은 하나라는 의미다.

　본래 만천명월주인옹자서 아홉 자가 새겨져 있었던 것을 일제가 파괴하여 버리

◇ 만천명월주인옹자서(萬川明月主人翁自序), 좌측 이어진 글들은 일제가 파괴하여 버렸다.

고 만천명월(萬川明月)만 남았는데, 이 만천명월주인옹자서는 정조대왕의 자호(自號)
이므로 일반 유림들이 인용하여 쓸 수 있는 글이 아니다.

따라서 여기 청류동에 새겨진 만천명월주인옹자서는 고종황제가 정조대왕의 자
호(自號)를 인용하여 보낸 것으로, "내가 조선의 임금이다" 또는 "조선의 임금은 오
직 나뿐이다"라는 선언이며 일본에 적극적으로 저항하라는 어명이다.

혹여 조병순이 정조대왕의 자호인 만천명월주인옹자서(萬川明月主人翁自序)를 모
각(模刻)한 것이라면 "조선의 임금은 오직 한 분 고종황제 뿐이다"라는 의미로 일
왕(日王)을 인정하지 말라는 뜻이며 동시에 동지들과 주민들에게 보내는 항일투쟁

의 메시지다.

다음 도림사 후문 계곡 바위에 새겨진 '단표(簞瓢)'에 관한 설명이다.

단표(簞瓢)는 대바구니의 밥과 표주박의 물이란 뜻으로, 논어(論語)에서 공자(孔子)가 안회(顏回)의 청빈한 생활을 '일단사(一簞食) 일표음(一瓢飮)'으로 찬양한 데서 유래한 준말이다.

賢哉라 回也여 一簞食와 一瓢飮으로 在陋巷을 人不堪其憂어
현 재　　회 야　　일 단 사　　일 표 음　　재 누 항　　인 불 감 기 우
늘 回也不改其樂하니 賢哉라 回也여
　회 야 불 개 기 락　　현 재　　회 야
참으로 안회는 어질도다. 한 그릇 밥과 한 쪽박의 물을 먹으며, 누추한 거처에 사노라면, 남들은 그 괴로움을 참지 못하거늘, 안회는 그의 즐거움을 변치 않으니, 참으로 안회는 어질도다.

－논어(論語) 옹야(雍也)에서 발췌

◇ 단표(簞瓢)

비록 가난할지라도, 군자는 정신적 가치를 존숭하고, 부정부패가 없는 청렴한 선비의 삶을 상징하는 단표(簞瓢)라는 글귀를 학교 후문 우국지사들과 학생들이 날마다 점심을 먹었을 계곡 바위에 새겨놓은 것은 당시 대한제국의 자주독립을 위해 허리띠를 동여맨 이들의 의지가 어떠했으며, 어떤 고통을 어떻게 감내했는지 충분히 알 수 있는 일이다.

다음은 1920년 8월 18일(음력) 도림사 보광전 상량문에 기록된 시주자(施主者) 명단인데, 대부분 청류동 반석에 기록된 우국지사들이다.

일제의 탄압이 극심한 1920년대 세상의 이목이 집중된 도림사 보광전 상량을 하면서, "조선국기원(朝鮮國紀元) 529년(五百二十九年 1920) 경신(庚申) 8월 18일(八月 十八日) 신시상량(申時上樑, 오후 3시 30분부터 4시30분)"이라고 기록한 것은 이른바 간이 배 밖으로 나오지 않았다면, 감히 상상도 할 수 없는 일이었다.

그럼에도 불구하고 보란 듯이 조선의 국호를 보광전 상량문에 쓴 것은 결코

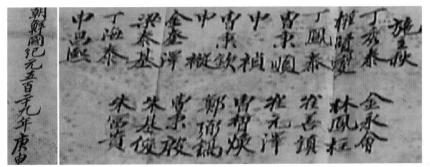

◇ 조선국기원오백이십구년경신팔월십팔일(朝鮮國紀元五百二十九年庚申八月十八日: 1920년 8월 18일(음력)) 도림사 보광전 상량문에 기록된 연호와 시주자 명단이다. 여기서의 서열은 시주한 금액의 순서이며 우국지사들이 대부분이다. 특히 이 상량문의 명단은 이듬해 1921년 8월 18일 일제의 살생부(殺生簿)가 되었다.

굴복할 수 없는 불공대천지원수(不共戴天之怨讐) 일본을 향한 강력한 투쟁과 독립 의지를 나타낸 것이며, 일제의 탄압과 주민들이 밥을 굶는 어려운 세월임에도, 이들 애국지사들이 주축이 되어, 도림사 보광전을 재건한 것은, 곧 도림사는 동악산 독립운동의 중심축이었으며, 보광전은 간절한 대한독립의 비원(悲願)을 담은 상징이었음을 뜻하는 것이다.

결국 이 상량문의 명단은 일제의 살생부(殺生簿)가 되어 이듬해 1921년 8월 18일 (양력) 밤 동악산 독립운동을 이끌어 오던 조병순이 곡성 경찰서에 끌려가 고문 살해되고, 주지 눌봉은 도림사를 기습한 일본 경찰의 표적으로 칼을 맞고 겨우 살아났으며, 나머지 사람들은 잡혀가 고문의 후유증으로 약 한 첩 써보지도 못한 채 죽거나 폐인이 되었고, 또는 미쳐서 거리를 헤매다 죽어 굶주린 짐승들의 먹이가

◇ 1930년대 촬영된 도림사 보광전(普光殿 대웅전)
1920년 음력 8월 18일 준공한 도림사 보광전은 당시 곡성지역에서 활동하던 우국지사들이 활동근 거를 마련하기 위해 중건한 것이다. 그러나 안타깝게도 이날의 기록과 여기에 새겨진 시주자 명단은 이듬해 1921년 양력 8월 18일 일제가 곡성지역의 우국지사들을 일제 검거·살해하는 살생부가 되어 버렸다.

되고 말았다.

[부연하면 도림사 보광전 상량문에 기록된 1920년 음력 8월 18일의 기록과 여기에 새겨진 시주자 명단은 이듬해 1921년 양력 8월 18일 일제가 곡성지역의 우국지사들을 일제 검거 살해는 살생부(殺生簿)가 되어버렸는데 1920년 음력 8월 18일과 1921년 양력 8월 18일의 밤이 음력과 양력의 차이만 있을 뿐 날짜가 같다는 것은 일제가 그만큼 치밀하게 계획한 작전이었음을 말하는 것이며, 이는 도림사가 우국지사들의 근거지였음을 말해 주는 것이다.]

다음은 도림사 경내 수각(水閣) 수반(水盤) 돌에 새겨진 '천수(川水) 기일신(己日新)'에 관한 설명이다.

여기 도림사 경내 수각에 있었던 수반(水盤) 돌에 새겨진 일신(日新)은 대학(大學) 제2장 신민(新民)편에 나오는 것으로, "구일신(苟日新) 일일신(日日新) 우일신(又日新)—진실로 하루가 새로워지려면 나날이 새롭게 하고, 또 날로 새롭게 하라"는 아홉

◇ 천수(川水) 기일신(己日新)
본래는 지금의 맞은편 도림사 식당(조립식 가건물)터에 있었던 것을, 2006년 여름 산사태로 인한 대대적인 불사를 하면서, 도림사 후문 소각로(燒却爐) 옆으로 옮겨 놓은 것이다.

자를 아침마다 얼굴을 씻는 세숫대야에 새겨놓고 스스로를 경계했던 옛 중국 은
(殷)나라 탕(湯)왕의 고사를 그대로 재현해 놓은 것이다.

폭군 걸(桀)왕을 정벌하고, 상왕조(商王朝, 은(殷))를 열어 백성들을 내 몸 내 가
족처럼 대하는 인(仁)의 정치를 펼쳤던 탕왕이 평생의 좌우명(座右銘)으로 사용했던
글을 인용한 일신(日新)을 탕왕이 그랬던 것처럼, 손을 씻고 얼굴을 씻는 수반 돌
에 새겨 놓은 것은, 일제강점기 도림사에 머물던 애국지사들이 함께했던 동지들과
가르치는 학생들에게 보내는 수신(修身)의 덕목이며, 항일투쟁의 메시지다.

즉 수반을 흐르는 냇물이 늘 새롭듯이, 이곳에서 얼굴을 씻는 스스로의 몸과
마음을 늘 새롭게 하라는 수신의 덕목이며, 폭군이었던 걸왕을 무찌르고, 백성들
을 사랑하는 인의 정치를 펼쳤던 탕왕처럼, 침략자 일본을 물리치고, 조선인들이
행복하게 살 수 있는 자주독립을 이루자는 항일투쟁의 독려이며 다짐의 글이다.

언제인지 정확히 알 수는 없지만, 1920년대 이후 일제의 요인암살과 근거지 방

◇ 수각(水閣 건물 좌측)과 장상기(張相基) 등 우국지사들이 숨어 지내면서 학생들을 교육했던 식당
(건물 우측)이 있었던 자리

화 등 가혹한 탄압으로 학생들을 가르칠 터를 잃어버린 장상기(張相基)와 조태환 (曹台煥) 등의 우국지사들이 궁여지책으로 도림사 식당을 짓는다는 구실로 당시 수각(水閣)과 대은병(大隱屛) 바위 사이 현 도림사 식당으로 사용하고 있는 터(조립 식 가건물)에 건물을 지어 놓고 은거 학생들을 지도했다는 장일남 옹과 박현래 옹 등 노인들의 증언은 1909년 의병들의 본부였던 신덕암이 일본군에 의해 방화 파괴 된 이후 일제 36년 동안 도림사가 독립을 위해 헌신하는 애국지사들의 구심점이었 음을 뜻하는 것이며, 도림사 경내에 있는 수반 돌에 새겨진 일신(日新)은 이때 침체 된 항일독립운동에 더욱 분발할 것을 다짐하면서 새긴 것으로 추측된다.

다음은 '신선동문(神仙洞門)'에 관한 설명이다.

여기서 말하는 신선동문(神仙洞門)은 동악산 청류동이 최치원으로부터 남주로 이어지는 신선의 도량임을 말하는 것으로, 신선의 땅이라는 선언이며 글씨는 회암

◇ 신선동문(神仙洞門)

(晦庵) 주자(朱子)의 글이다.

[부연하면 2007년 7월 간행한 도채위경에 신선동문(神仙洞門)을 명곡(明谷) 최석정(崔錫鼎, 1646~1715)이 쓴 글로 보았으나, 재조사 결과 주자의 글로 밝혀져 수정하였으니, 이 점 참고하여 오해가 없기를 바란다.]

특히 동악산은 예로부터 불로불사(不老不死)하는 신선(神仙)이 사는 신성한 곳으로 국내는 물론 널리 중국에까지 그 이름을 떨쳤는데, 다음은 박지원이 쓴 '열하일기(熱河日記) 피서록(避暑錄)'에서 발췌한 내용이다.

◇ 동악산(動樂山) 신선대(神仙臺)
예로부터 하늘에 제를 지내던 성소(聖所)인데, 대략 10평 정도는 되는 넓은 바위다. 최치원(崔致遠)과 남주(南趎)가 신선(神仙)의 계보를 이었으며, 열하일기 피서록 이야기의 주제가 된 현장이다. 지금도 인연이 닿는 사람들은 이곳에서 노니는 남주와 최치원을 만난다는 곳이다.

신장(辛丈) 돈복(敦復)씨가 일찍이 나에게 다음과 같이 이야기하였다.

중종(中宗) 때 남주(南趎)가 열아홉 살에 급제(及第)하여 문형(文衡 대제학(大提學))의 천거(薦擧)로 벼슬이 전적(典籍)에 이르렀다. 그는 어릴 때부터 이상한 일이 많았다.

매일 아침 글방 선생에게 글을 배우는데 결석할 때가 많으므로 집안사람들이 가만히 그의 뒤를 밟은즉 도중에 지레 어떤 숲 속으로 들어갔다.

한 정사(精舍)가 있는데 주인의 행동이 맑고 훤하여 속기(俗氣)가 없었다. 남주가 그의 앞에 절하고 나아가서 글을 강론받고 반드시 해가 저문 뒤에야 돌아오곤 하였다.

집 사람들이 물으면 문득 괴변으로 대답하더니, 그 뒤 신선의 수련술(修鍊術)을 행하였고 그가 급제하자, 기묘사화(己卯士禍)를 만나 곡성현(谷城縣)에 귀양 갔고, 이내 그곳에서 집을 정하고 살았다.

하루는 종을 시켜 편지를 갖고 지리산(智異山) 청학동(靑鶴洞)에 들여보냈는데, 오채가 영롱한 집이 있고 극히 정려(精麗)하며 두 사람이 살고 있는데, 하나는 운관(雲冠)과 자의(紫衣)요, 또 하나는 늙은 중이었다. 둘이 종일토록 바둑만 두기에 그 종은 하루를 묵고 편지를 받아 가지고 돌아왔었다.

종이 애초에 2월에 떠나 산에 들어갈 때는 초목이 바야흐로 무성하던 것이, 산을 나올 때에는 들판에서 익은 벼를 거두는 것을 보고 괴이 여겨 물으니 곧 9월 초순이다.

남주가 죽을 때 나이가 30세였다. 널을 들어보니 유달리 가벼운지라, 집안사람들이 관을 열고 본즉 빈 것이었고 그 안에 시가 쓰였는데, "창해난심주거적(滄海難尋舟去跡)—창해에 떠난 배는 찾을 곳이 전혀 없고, 청산불견학비흔(靑山不見鶴飛痕)—청산에 날은 학은 흔적조차 뵈지 않네"라고 하였다.

그 마을 앞에 김을 매던 농부가 공중에서 들려오는 음악 소리에 쳐다본즉 남주가 말을 타고 둥실 떠서 흰 구름 사이로 올랐다 한다. 지금 충주(忠州)에 살고 있는 진사(進士) 남대유(南大有)가 그의 방손(傍孫)이라 한다.

－열하일기(熱河日記)에서 발췌

연암 박지원이 쓴 남주에 관한 기록은, 그가 중국을 여행할 때 열하의 이궁(離宮)인 피서산장에서 만난 중국인의 이야기를 기록한 것임을 감안하면, 곡성에서 출생하고 성장한 것을 귀양처로 잘못 기술한 것 말고는 동악산을 배경으로 한 남주의 일대기를 비교적 정확히 고증한 기록이다.

이 밖에도 남주의 일화는 1634년(인조 12년)에 간행된 이수광(李睟光)의 지봉유설

◇ 선암동문(船巖洞門, 일명 배바위)
남주 선생이 출생하고 성장 사후(死後)에는 유림에서 서계사(西溪祠)를 지어 배향했던 곡성읍 월평리 서계동(西溪洞) 선암동문(船巖洞門), 일명 배바위다. 마치 바위 속에서 전설의 신선(神仙)이 얼굴을 내밀고 있는 듯한 바위의 형상이 신선이 되었다는 남주 선생을 보는 듯하다.

권십팔(芝峯類說卷十八) 외도부(外道部) 선도(仙道)와 홍만종(洪萬宗, 1643~1725(인조 21년~영조 원년))의 해동이적(海東異蹟)을 비롯하여 많은 이야기들이 선도비급(仙道秘笈)으로 회자되고 있으며, 특히 남주의 사후 조선의 도학자들과 민간에 회자되던 전설을 중국 사람들이 정확히 알고 있었다는 사실은 여기 동악산은 대대로 조선은 물론 중국에서까지 신성시되고 있었음을 증명하는 것이며, 이러한 남주의 일화는 1700년 전 서진(西晉)에서 건너온 원명법사(圓明法師)가 동악산을 찾아와 도림사를 세운 이유가 무엇이었는지, 분명하게 밝혀주는 역사의 기록이다.

7. 칠곡(七曲) 모원대(暮遠臺)

◇ 칠곡(七曲) 모원대(暮遠臺)

칠곡(七曲) 모원대(暮遠臺)는 가지런히 벗어 놓은 관대(冠帶)를 상징한 것이다.

개울을 건너기전 작은 바위에 회암(晦庵) 주자(朱子)가 쓴 신선동문(神仙洞門)이라는 글을 새겨놓은 의미는 세상의 영욕(榮辱)을 버리고 신선(神仙)의 세계로 드는 것, 즉 동악산을 주자가 은둔한 무이산(武夷山) 조선 성리학의 본산임을 뜻한 것이다.

그러나 조병순과 정순태가 육곡 만절필동(萬折必東)에 이어 여기 바위에 모원대(暮遠臺)라는 글을 새긴 것은, 사모관대를 벗고, 즉 벼슬을 버리고 원수 일본과 맞서 싸우자는 맹약이며 격문이다.

특히 모원대(慕遠臺)의 주제인 모원(慕遠)은 조병순을 비롯한 우국지사들이 북벌(北伐)에 실패한 효종(孝宗)이 소부(少傅) 비무기(費無忌)의 참언(讒言)으로 평왕(平王)에게 죽임을 당한 아버지 오사(伍奢)와 형 오상(伍常)의 원수를 갚기 위해 도리에 어긋난 일을 할 수밖에 없었다는 '사기(史記) 오일모도원(吾日慕途遠) 고도행이역시지(故倒行而逆施之) 초(楚)나라 오자서(伍子胥)'의 고사를 인용하여 "진실로 가슴에 원통한 한이 있는데 날은 저물고 갈 길은 먼 것 같은 생각이 들어서이다. 어찌 슬픈 일이 아니겠는가!"라며 한탄한 글귀를 빌려 자신들의 원통하고 참담한 심정을 표현함과 동시에 명성황후를 시해하고 국권을 강탈한 일본을 토벌(討伐)하자는 격문(檄文)이다.

다음은 병자호란(丙子胡亂) 패전 후 봉림대군(鳳林大君) 시절 청나라에 볼모로 잡혀가 갖은 고초를 겪고 즉위한 뒤 청나라에 대한 복수를 결심하고 북벌계획(北伐計劃)에 착수 친청파(親淸派)를 파직시키고 김상헌(金尙憲)·송시열(宋時烈)·이경여(李敬興, 1585~1657) 등 반청파(反淸派)를 등용하여 북벌계획을 세우다 파직당한 친청파 김자점(金自點) 등이 청나라에 밀고하여 북벌을 실패한 효종(孝宗)이 청나라의 정치적 압력으로 낙향한 이경여가 죽음을 앞두고 1657년(효종 8년) 5월 5일 올린 차자(箚子)에 비답(批答)한 내용이다.

箚中所論 無非出於肝膈 若非卿愛君之血忱 何以至此
차 중 소 론 무 비 출 어 간 격 약 비 경 애 군 지 혈 침 하 이 지 차
차자에서 논의한 것은 흉금에서 우러나온 말이 아닌 것이 없으니 만약 임금을 사랑하는 경의 충심이 아니면 어찌 이에 이르렀겠는가.

嗚呼 寡人絶嗜欲 而夙夜焦身 欲見小利者 非不知其爲末務 而
오호 과인절기욕 이숙야초신 욕견소리자 비불지기위말무 이

誠以至 痛在中 有日暮道遠之意故也 寧不戚然
성이지 통재중 유일모도원지의고야 영불척연

아! 과인이 좋아하는 것을 끊고 밤낮으로 몸 달아 하면서 조그마한 효과라도 보고

자 하는 것은 이것이 말단적인 일이라는 것을 모르지는 않지만 진실로 가슴에 원통

한 한이 서려 있는데 날은 저물고 갈 길은 먼 것 같은 생각이 들어서이다. 어찌 슬픈

일이 아니겠는가.

寡人愚昏 事多顚錯 宜乎大人先生之憂廬不能忘也 可不自反而
과인우혼 사다전착 의호대인선생지우려불능망야 가불자반이

服膺焉 箚中有才幹之臣 富於經術之言 而何嘗有才幹之臣乎 固未之見也
복응언 차중유재간지신 부어경술지언 이하상유재간지신호 고미지견야

과인이 어리석어 어긋난 일이 많으니, 대인 선생들이 우려해 잊지 못할 만도 하다. 스

스로 반성하여 가슴에 새기지 않을 수 있겠는가. 차자 중에 재간 있는 신하가 경학

이 있는 신하보다 많다고 한 말이 있는데, 언제 재간 있는 신하가 있었는가. 진실로

아직 보지 못했다.

近來臺閣之臣 每以黨論相勝 寡人甚惡之 輾轉激動 或不免過
근래 대각지신 매이당론상승 과인심오지 전전격동 혹불면과

中之擧 殊可歎也 先生長者 未可以誘掖勉勵 使無此習也乎
중지거 수가탄야 선생장자 미가이유액면려 사무차습야호

근래 대각의 신하가 매양 당론을 가지고 서로 싸우고 있으므로 과인이 심히 미워하

고 있는데, 점점 격동되어 혹 지나친 거조를 면치 못하기도 하니 자못 한탄스럽다.

선생이나 어른들이 이끌고 권면하여 이 악습을 없앨 수 없겠는가.

救弊之策 當與大臣及備局諸臣 日相講究 不負老卿之至意 卿
구폐지책 당여대신급비국제신 일상강구 불부로경지지의 경

其安心善攝 使嘉言讜論 日有聞也
기안심선섭 사가언당론 일유문야

폐단을 구제할 대책을 대신과 비국의 여러 신하와 매일 서로 강구하여 노경(老卿)의

지극한 뜻을 저버리지 않을 것이니 안심하고 몸조리를 잘하여 아름다운 말과 직언

을 매일 들려주기 바란다.

－효종실록(孝宗實錄) 권18, 8년 정유(丁酉) 5월 정미조(丁未條)

놀랍게도 240년의 시차를 넘어, 마치 고질적인 당파싸움으로 국가의 기능을 상실하고 마침내 원수들의 손에 사랑하는 왕비를 잃고 국권마저 빼앗긴 고종황제의 원통한 심정을 그대로 예시(豫示)하고 있는 듯한 효종의 비답(批答)을 보면, 모원대는 명성황후를 시해하고 국권을 강탈한 불공대천지원수(不共戴天之怨讐) 일본을 쳐부수자는 우국지사들의 맹약이며 동시에 이웃 국가들과 힘을 합쳐 침략자 일본을 이 땅에서 물리치는 병법(兵法)이다.

일곡 쇄연문에서부터 성리학의 진수를 펼쳐 일본의 감시를 피하면서 주역 팔괘로 나라를 찾는 방법론을 기술한 것이므로 부모의 원수를 갚기 위해 도리에 어긋난 일을 할 수밖에 없었다는 오자서의 고사를 인용한 칠곡 모원대는 앞의 오곡과 육곡을 이어보면 부지런히 공부하여 세상에 나가 오자서처럼 힘을 길러 원수를 갚고 나라를 찾자는 독려이며 동시에 당시 오(吳)나라로 망명하여 오왕의 도움으로 군대를 이끌고 와 초나라를 치고 부모를 죽인 원수를 갚은 오자서가 그랬듯이, 이웃 국가들과 협력하여 일본을 물리치자는 병법이다.

비록 실패한 일이었지만, 1910년 국권이 피탈되자 절명시(絕命詩)를 남기고 스스로 목숨을 끊은 황현이 1905년 을사늑약이 체결되자 망명을 시도했었고 고종황제 역시 중국으로 망명을 시도했었으며 1919년 4월 상해(上海)에서 우국지사들이 모여 임시정부를 세우는 등 중국과 미국, 러시아 등으로 망명 그곳에서 저들의 군대에 가담하면서 별도의 전투 병력을 양성했던 것이 이러한 신념과 교육에서 비롯된 실천이었다.

[부연하면, 안타깝게도 사실 여부를 밝혀 줄 객관적인 자료를 아직 찾지는 못했지만, 김구(金九)가 망명하기 전 이곳에 머물며 몸을 숨겼으며, 1921년 8월 초순 곡성군민들이 모은 자금 1만 원(당시 곡성읍 논 매매 시세로 환산하면 현 7백억 원 이상)을 서해안에서 상해 임시정부로 보냈다는 이야기는 여기 동악산 청류동에 근거한 항일독립운동이 예사롭지 않았음을 뜻하는 것이다. 당시 조병순이 나주에서 이 자금을 전하고 돌아온 일주일 뒤 8월 18일 밤 곡성경찰서에 끌려가 그 밤에 고문받고 살해되었다.]

이 모원대는 또 다른 측면에서 보면, 초나라의 내분을 틈타 오왕 합려(闔閭)의 도움으로 초에 쳐들어가 부모를 죽인 평왕의 묘를 파헤치고, 그 시체에 아홉 마디의 채찍으로 3백 번의 매질을 가하여, 아버지와 형의 원한을 풀어준 뒤 자신을 비난하는 세상의 여론을 향해 "오일모도원(吾日暮途遠)" 나는 나이가 늙었어도 할 일은 많다며 일축해 버린 오자서처럼 시해당한 명성황후의 원수를 갚고 나라의 자주 독립을 위해, 즉 대의를 위해서라면 도리에 어긋난 일을 할 수도 있다는 권장인데, 이는 당시 청류동을 이끌었던 선비들이 결코 도덕군자로만 머물러 있지 않고, 치밀하고 은밀한 조직운영으로 교육과 의병활동을 병행했던 집단이었음을 알 수가 있다.

다음 신선동문(神仙洞門)을 건너 칠곡에 들어서면 좌측에 있는 첫 번째 바위에 새겨진 명단은 과거 원효부터 눌봉까지 동악산을 거쳐 간 승려들이다.

기록대로 해석한다면 도림사는 원효조사(元曉祖師) · 의상대사(義湘大師) · 윤필거사(尹弼居士) · 도선국사(道詵國師) · 지환대사(智還大師) · 남파대사(南坡大師) · 눌봉대

◇ 역사 이래 도림사에 머물렀던 고승들의 명단이 새겨진 바위(정면)

사(訥峰大師)·영산선사(靈山禪師)·허주선사(虛舟禪師)·편월대사(片月大師)·용산대사(龍珊大師)·춘봉대사(春峯大師)·유석처(留錫處), 즉 12명의 고승들이 머물렀던 곳이라는 뜻이다.

　그러나 누락된 승려들이 많고 계보 또한 뒤죽박죽인 것으로 보아 아마도 일제 강점기 우리의 말과 글을 쓰지 못하게 하자, 사실 조사도 없이 마치 유서를 쓰듯 대략 생각나는 대로 적은 것 같다.

　그리고 이곳에 승려들의 명단을 적어 놓은 것은, 아마도 이곳에서 좌측 계곡을 따라 백여 걸음 올라가면 도림사가 창건된 이래 대대로 승려들이 죽으면, 화장한 후 그 유골을 빻아 밥에 버무려 새들의 밥으로 주던 조장(鳥葬) 터가 있는데 그 영향인 듯하다.

　다음은 칠곡 모원대 뒤편에 있는 '조장(鳥葬) 유물'에 관한 설명이다.

◇ 도림사 조장풍습(鳥葬風習) 유물 돌확

모원대 뒤편 산으로 백 걸음쯤 올라가면 뼈를 빻던 돌절구가 지금도 길옆에 있다. 눌봉대사 이후 아무도 이곳에서 무상계(無常戒)를 읊지 않았다.

본래 칠곡 모원대(慕遠臺)는 대대로 전해 오는 도림사 조장(鳥葬) 터다. 승려들이 열반하면 이곡 범바위와 삼곡 대천벽 중간쯤 암반에서 다비를 마치고 타다 남은 뼈를 이곳으로 가져와 곱게 빻은 후 밥에 버무려 새들의 밥으로 뿌려주며 무상계(無常戒)를 노래하던 유적인데, 이 모원대 뒤편 산으로 백 걸음쯤 올라가면 뼈를 빻던 돌절구가 지금도 길옆에 있다.

모원대 우측 숲에 널찍한 공터는 평상시에는 밭으로 지었고 장례를 치를 때는 승려와 신도들이 모여 조장(鳥葬)을 하는 동안 독경(讀經)하며 죽은 사람과 생을 이별하던 곳인데, 도림사 조장문화(鳥葬文化)는 오늘날 국토를 좀먹게 하는 장례문화를 해결할 수 있는 모범 답안이다.

다음은 '빙호추월(氷壺秋月)'과 '김청한자(金淸閒子) 소요처(逍遙處)'에 관한 설명이다.

칠곡 모원대에서 팔곡 해동무이(海東武夷)로 건너기 전, 마치 암컷 잉어가 수초에

◇ 빙호추월(氷壺秋月)과 김청한자(金淸閒子) 소요처(逍遙處)

◇ 암컷 잉어가 수초에 산란(産卵)한 알에 수컷이 방정(放精)을 하고 있는 듯한 형국의 빙호추월 바위 아래 석벽을 흐르는 물이 어변성룡(魚變成龍: 물고기가 변하여 용(龍)이 되는) 등용문(登龍門)이다. 우측으로 팔곡(八曲) 해동무이(海東武夷) 반석과 그 뒤편 숲에 도학자들이 거처하던 암서재와 포경재가 있었다.

산란(産卵)한 알에 수컷이 방정(放精)을 하고 있는 것 같은 형국의 바위에 새겨진 청렴하고 결백한 스승이나 도학이 높은 군자의 기풍을 상징하는 당시(唐詩) 빙호추월(氷壺秋月)은 '얼음을 담은 옥항아리와 맑은 가을 하늘에 뜬 달'이라는 뜻이며, 바위 아래 석벽을 흐르는 물이 어변성룡(魚變成龍), '물고기가 변하여 용(龍)이 되는' 등용문(登龍門)이다.

빙호추월(氷壺秋月)은 언제 누가 쓰고 새긴 글인지 알 수는 없지만, 조병순과 정순태가 구곡을 정하기전, 즉 김청한자(金淸閒子)를 새기기 이전 이미 새겨져 있던 글이다.

그러나 앞서 일곡에서 설명했듯이, 청류동의 역사와 글과 풍수 이 셋을 함께 풀어보면, 구곡을 정하기전, 즉 1800년 중반 동악산에서 개혁세력들을 이끌던 조형일(曹衡鎰, 1800~1860)이 해동무이(海東武夷)와 함께 새긴 것이며, 그 뜻은 계곡을 건너 암서재(巖棲齋)와 포경재(抱經齋)에 머물면서 부패한 조선을 개혁 왕도정치의 이상을 꿈꾸던 도학자들을 상징한 것이다.

다른 측면에서 이 빙호추월을 풍수와 결합하여 풀어보면, 스승들이 제자들을 가르치는 것을 상징한 것이며, 동시에 학생들에게는 이곳이 어변성룡(魚變成龍) 물고기가 변하여 용(龍)이 되는 등용문(登龍門)이고, 일반인들에게는 이곳은 훌륭한 스승들이 머물며 제자들을 가르치는 신성한 곳이니, 마음에 한 점 티끌이라도 묻은 자는 건너지 말라는 경고문과 같은 것이다.

한마디로 이 빙호추월은 훌륭한 인재들을 발굴 교육하여 안동 김씨들의 세도정치와 관료들의 부정부패를 일소(一掃) 도탄(塗炭)에 빠진 백성들을 구하고 왕도정치를 이루려 했었던 이른바 동악산 개혁세력들의 희망이었던 일곡(一曲) 도채위경(海採爲耕)과 젊은 어부가 이상세계인 도원(桃源)을 찾아 청류동을 오르는 이곡(二曲) 무태동천(無太洞天)과 같은 맥락이다.

조선말기 이곳에서 부패한 조선을 개혁 왕도정치의 이상을 꿈꾸던 선비들의 사상이 일제강점기에는 항일운동으로 발전 신덕암에 본부를 둔 의병들이 팔곡 해동무이에서 일본과 맞설 인재들을 양성하면서, 조선의 개혁을 꿈꾸던 선비들은 팔곡의 주제인 중류지주(中流砥柱) 백세청풍(百世淸風), 즉 나라의 자주독립을 위해 순결한 마음을 지닌 스승이 되었고, 도원을 찾아가는 젊은 어부는 독립투사가 되었으며, 빙호추월은 일본의 침략에 굴하지 않는 스승들이 머물며 가르침을 전하는 신성한 곳이니, 마음에 한 점 티끌이라도 묻은 자, 즉 애국심이 없는 자는 건너지 말라는 경고문이 되었다.

그냥 우연이라 하기엔 두려운 이야기 하나는 지난 2006년 한로(寒露, 10월 11일)에 어느 공직 단체를 위해 구곡을 안내하면서, 발생한 사건이다.

공직단체를 위해 구곡을 안내하던 필자는 이 빙호추월(氷壺秋月)의 설명 끝에, 마음에 한 점 티끌이라도 묻은 자, 즉 애국심이 없는 자는 건너지 말라는 경고문이 되었다고 설명하였는데, 필자의 말이 땅에 떨어지기도 전 일행 가운데 한 사람이 우리 가운데 그런 부끄러운 사람은 한 사람도 없으니 건너도 괜찮다고 큰소리치면서 앞장서서 다리를 건넜다.

백 년 전 항일독립운동사의 설명에 어이없는 반발을 하며 자신들은 깨끗하다고 큰소리치면서 호기롭게 다리를 건넌 그가 불과 백 걸음도 안 되는 팔곡에 이르러 발목을 접질리는 부상을 입고 부축을 받으며 하산하고 말았는데, 이 광경을 지켜본 일행들이 옛말이 하나도 틀린 것이 없다며, 쉬쉬하는 이야기 속에서 필자는 우국지사들의 혼령이 그곳에 살아 있음에 한없는 감사의 인사를 드렸다.

다음은 빙호추월 우측 꼬리에 새겨진 '김청한자(金淸閒子) 소요처(逍遙處)'에 관한 설명이다.

김청한자(金淸閒子) 소요처(逍遙處)는 생육신(生六臣)의 한 사람인 김시습(金時習)이 은둔한 골짜기라는 뜻이다.

◇ 빙호추월(氷壺秋月)과 김청한자(金淸閒子) 소요처(逍遙處)

[부연하면, 단종애사(端宗哀史)에서 살아남은 생육신의 한 사람으로 전설이 된 김시습은 호를 동봉(東峯)·벽산(碧山)·청은(淸隱)·청한자(淸寒子)·청간(淸簡) 등 여러 가지로 부르는데, 청한자(淸閒子) 또한 같은 것이다.]

조병순과 정순태가 구곡을 정하면서, 여기에 김시습이 은둔했었던 역사를 기록해 놓은 것은, 도원을 찾아 물을 거슬러 온 어부에게, 즉 조선의 민중들에게 김시습처럼 저항하라는 항일투쟁의 고취이며, 동시에 망한 나라와 임금을 되찾기 위해, 애국지사들, 즉 전우와 황현을 비롯한 충신열사들이 이곳에서 고군분투하고 있다는 의미이기도 하다.

여기서 충절의 화신인 김시습의 역사를 배우고 행동하라는 것은, 곧 일본과 전쟁, 즉 무장투쟁을 할 수 없는 상황에서 조선의 식자들이 할 수 있는 저항의 방법이며, 이것이 곧 사보타지를 일으키고 일화(日貨)를 배척하며 세금을 거부하는 등 항일운동을 말하는 것이다.

그렇다고 빙호추월(氷壺秋月)을 조병순과 정순태가 쓰고 또는 김시습을 위한 것이 아니다.

이 빙호추월(氷壺秋月)을 김시습을 상징한 것으로 혼동하기 쉬우나, 만일 그렇다 한다면, 빙호추월을 김청한자(金淸閒子) 소요처(逍遙處) 옆에 새겼어야 했고, 두 사람의 서명은 글의 끝, 즉 예법대로 빙호추월 좌측에 새겼어야 했다.

반대로 만일 두 사람이 빙호추월을 먼저 썼다면, 그리고 김청한자 소요처를 두 사람이 쓰지 않았다면, 두 사람의 호는 빙호추월 좌측에 있어야 옳고, 혹 물고기를 닮은 바위 형태를 따라 썼다면, 빙호추월의 글씨 배열이 바뀌어야 하는 것은 물론 선배인 춘기(春沂)의 호가 후배인 하정(荷亭) 좌측에 서야 하는데, 사진에서 보듯이 선배인 춘기가 우측에 서 있으므로 김청한자 소요처는 두 사람이 쓴 것이며, 빙호추월은 별개로 이미 오래전 구곡을 정하기 이전에 새겨져 있었음을 말하는 것이다.

만일 두 사람이 빙호추월보다 청한자를 먼저 썼다면, 바위의 형태로 보아 빙호추월의 자리에 청한자가 있어야 하고, 빙호추월은 청한자의 위치에 있어야 옳다.

따라서 빙호추월은 조병순 이전 이미 오래전에 새겨진 것이다.

빙호추월 좌측에 새겨진 송락(松樂) 조호현(趙鎬鉉)・졸헌(拙軒) 서상석(徐相奭)・옥강(玉岡) 이윤세(李潤世)・남회(南晦) 양장환(梁章煥)은 조선말기 또는 구한말 벼슬했던 향리 출신들이거나, 또는 이곳에서 은거한 인물들인 듯한데, 정확한 출신과 행적은 찾지 못했다.

다음 빙호추월 앞 계곡 가운데 있는 돌확, 확독에 관한 설명이다.

◇ 일제가 파괴하고 굴려 버린 돌확
폭 120㎝ 두께 72㎝ 돌의 중앙에 지름 57㎝ 깊이 43㎝의 규모가 큰 것으로 보아 돌확이라기보다 디딜방아 용도가 적합할 것 같다.

◇ 신덕암 길목 계곡 반석 아래 물가에 있는 돌확
구한말 이 골짜기에서 활동하던 의병들이 만들어 사용한 것이라 한다.

　이 돌확은 노인들의 말에 의하면 상류 의병들의 본부였던 신덕암(神德庵)에 있던 것인데, 구한말 당시 일본군이 동악산 의병들이 활동하던 주요 암자들과 의병들의 본부였던 신덕암을 파괴 불태우면서 다시 복구하여 사람이 살지 못하도록 각종 생활 기반들을 함께 파괴하면서 이때 굴려 버린 돌확이라 하였는데, 2007년 7월 '도채위경(淘採爲耕)'을 발간한 이후 이 돌확에 대하여 신덕암의 것이 아니라는 이견이 있었고, 이곳에서 대략 500~600m 상류쯤, 즉 길상암 갈림길에서 신덕암으로 가다가 첫 번째 철다리를 건너 길옆 계곡 반석 아래 물가에 돌과 낙엽 등 부유물로 가려져 있어 1차 조사 당시 찾지 못했던 다음 사진의 돌확을 발굴 의병들이 사용했다는 새로운 사실이 밝혀졌다.

사진에서 보듯이 본래 안정된 자리에 위치한 바위에 돌확을 만들어 놓은 것으로 보아 구한말 이 골짜기에서 활동하던 의병들이 만들어 사용했다는 이야기가 사실임을 알 수가 있다.

따라서 칠곡 빙호추월(氷壺秋月) 앞 계곡 가운데 있는 돌확은 상류의 신덕암의 것이 굴러온 것이 아니고 팔곡(八曲)에 있었던 암자에서 사용한 것이 굴러 내린 것으로 보는 것이 옳다.

그러나 빙호추월 앞에 있는 이 돌확이 어디에 있었던 것인지 정확히 알 수는 없지만 분명한 것은 1909년 일본군대가 동악산 의병들의 근거지를 제거하기 위해 파괴해 버린 잔해라는 사실이다.

이미 4백 년 전 임진왜란을 일으켜 조선을 정벌하려다 호남 의병들로 인하여 실패한 쓰라린 패전 경험을 했던 일본은 구한말 강력히 저항하는 호남 의병들을 놔두고서는 조선을 합병할 수 없다고 판단하고 1909년 군대를 동원하여 이른바 남한폭도대토벌작전(南韓暴徒大討伐作戰)으로 호남 의병들을 대대적으로 소탕했는데, 의병들의 근거지였던 동악산 또한 그 참화를 면할 수는 없었는데 이 2개의 돌확은 그 쓰라린 역사의 흔적이다.

폭 120㎝, 두께 72㎝ 돌의 중앙에 지름 57㎝ 깊이 43㎝의 둥근 홈을 판 이 돌 확이 섬나라 오랑캐들의 군화(軍靴)에 채이며, 굴림을 당하는 수모를 겪으며 계곡에 처박힌 뒤 큰물에 쓸려 팔곡(八曲)의 높은 반석을 굴러 내린 것은 확실한데 전혀 손상되지 않고 처음 그 모습 그대로 보란 듯이 살아남아 뒤돌아서서 자신이 있었던 계곡의 상류를 바라보고 있는 모습이 죽을지언정 결코 항일의지를 꺾지 않았던 의병들의 모습을 보는 것 같아 안쓰럽기만 하다.

8. 팔곡(八曲) 해동무이(海東武夷)

◇ 팔곡(八曲) 해동무이(海東武夷)
신령한 거북이가 한 송이 만개한 연꽃과 어린 거북이를 등에 싣고 도원으로 가고 있는 모습이다.
팔곡의 주제가 된 해동무이(海東武夷)는 1860년 이전에 서산 조형일이 새긴 글이며, 이곳이 성리학의 도량임을 말해 주고 있다.

　동악산 팔곡 해동무이(海東武夷)는 본래 서산(西山) 조형일(曺衡鎰, 1800~1860(정조 24년~철종 11년))이 여기에 새겨 놓았는데, 그가 이곳을 '해동무이'라 한 것은 이곳 동악산 청류동이 경치도 아름답거니와 주자학파들이 은거한 연유로 골짜기 전체를 지칭한 것이며 해동(海東)의 무이산(武夷山), 즉 조선의 주자학파들이 은거하는 산이라는 뜻이다.

그러나 이 골짜기를 오르내리며 의병활동을 하던 그의 손자 조병순이 팔곡으로 정해 활용한 것은, 중국으로부터 학문적 독립선언이며 "바다 건너 동쪽 섬나라 오랑캐들을 우리 힘으로 물리치자" 또는 "우리나라가 힘을 길러 섬나라 오랑캐들을 물리치자"라는 강력한 항일 메시지를 국민들에게 전하기 위함이었다.

해동무이(海東武夷)는 조선의 주자학파를 상징한 것으로, 조형일이 동악산 청류동 골짜기를 해동무이라 한 것은, 조선 제일의 성리학 도량이라는 자긍심으로, 예법과 도의에 어긋나는 일이 아니지만, 그의 손자인 조병순이 조부가 정한 해동무이이며, 동시에 자신이 믿고 공경하는 스승의 상징인 무이(武夷)를 전체가 아닌 팔곡으로 격하시켜 버린 것은, 기본적으로 예법과 도의에 맞지 않는 일이었다.

그러나 조병순이 그의 조부 조형일이 정하고, 부친 조필승이 뜻을 받들던 주자학파의 상징인 해동무이를 전체가 아닌 팔곡으로 활용한 것은, 비록 성리학이 중국에서 비롯된 것이지만, 조선에서 꽃피우고 열매를 맺었음을 선언하는 학문의 자주독립 선언이며, 동시에 일곡 쇄연문(鎖烟門)에서부터 칠곡 모원대(慕遠臺)로 이어지는 항일저항운동으로 어떻게 침략자 일본을 물리칠 것인가의 방법론을 제시한 것이며, 우리 힘으로 섬나라 오랑캐들을 물리치자는 대국민 호소문이다.

조병순이 성리학의 상징인 해동무이를 항일독립운동의 교본으로 활용한 것은, 이미 나라도 임금도 모두 잃어버린 백성들이, 나라와 동포들을 부를 수 있는 말은 예로부터 발해의 동쪽에 있다는 뜻으로, 정변과 관계없이 중국과 우리나라가 함께 부르던 해동(海東)이며, 불공대천지원수 일본을 공개적으로 지칭할 수 없는 식민치하에서 '바다 건너 동쪽 섬나라 오랑캐들'이라는 말을 대신할 수 있는 은어가 또한 해동무이(海東武夷)라는 것을 상기하면 쉽게 이해가 될 것이다.

예닐곱 살 때부터(1920년대 초) 여기 암반에서 우국지사들로부터 글을 배웠다는 도림사 입구 구원리 장일남 옹의 증언은 이 골짜기 이 암반에서 이루어진 역사가 무엇이었는지, 분명하게 증명해 주고 있다.

흔히 사람의 감정을 나타내는 말 가운데 '을씨년스럽다'는 말이 1905년 을사늑약으로 나라를 빼앗긴 비참했던 을사년(乙巳年)의 슬픈 국민감정을 나타내는 '을사년 같다'는 역사에서 비롯된 단어이듯이, 전라도 곡성지역 사투리 가운데 어떤 사안의 결정에서 절대로 양보할 수 없는 의지의 표현으로 "조선 없이 안 돼, 조선 없이 못 살아"라는 말이 있는데, 이는 조선이 없으면 안 된다는 나라를 찾아야 한

◇ 1915년 2월 청류동 입구 구원리에서 출생, 어린 시절 이곳에서 우국지사들로부터 교육을 받은 장일남(1915년 출생, 우측) 옹을 모시고 현장을 확인하는 장면이다. 얼마 전 고인이 되신 박현래 옹도 직접 현장을 확인하고 설명하여 주었다.

다는 강조어(語)로 여기 동악산 청류동 우국지사들이 글자를 모르는 국민들에게 항일 저항의식을 고취하기 위해 만들어 낸 것이라는 장일남 옹의 증언은 나라는 물론 말과 글까지 빼앗겨 버리고, 가랑비에 옷 젖듯이 점차로 일본에 동화되어 가는 우리 민족을 살려 내기 위해 맨주먹뿐인 우국지사들이 어떻게 저항했는지, 생생하게 느낄 수 있는 대목이다.

다음은 팔곡 반석 중앙에 가로로 길게 써 놓은 '중류지주(中流砥柱) 백세청풍(百世淸風)'에 관한 설명이다.

반석 중앙에 가로로 길게 써 놓은 중류지주(中流砥柱) 백세청풍(百世淸風) 아래 세로로 주부자의 시와 네 명 충신의 이름을 새겨 놓았는데, 이는 우측 중류지주(中流砥柱) 아래 새겨 놓은 주자의 시는 주제인 중류지주(中流砥柱) 백세청풍(百世淸風)의 목적, 즉 일본의 침략에 굴하지 않는 영원한 스승들의 가르침을 전하기 위한 방편이다.

中流砥柱 百世淸風
중 류 지 주 백 세 청 풍
일본의 침략에 굴하지 않는 영원한 스승

快瀉蒼崖一道泉
쾌 사 창 애 일 도 천
푸른 절벽 사이를 쏟아져 내리는 한 줄기 맑은 물은

白龍飛下鬱藍天
백 룡 비 하 울 람 천
백용(白龍)이 푸른 하늘에서 숲으로 날아내리는 듯하네

空山有此眞奇觀
공 산 유 차 진 기 관
인적 없는 산중에서 이런 절경을 보고 있으려니

倚杖來看思凜然
의 장 래 간 사 름 연
지팡이 의지해 와 둘러본 마음까지 젊어지누나

晦菴 朱夫子詩 後學 丁舜泰 曺秉順 誦刻
회 암 주 부 자 시 후 학 정 순 태 조 병 순 송 각
주부자(朱夫子)의 시(詩)를 삼가 후학 정순태는 노래하고 조병순은 새겼다.

얼핏 보면 같은 시와 제목으로 보이지만, 중류지주(中流砥柱) 아래 쓴 시는 '차관
폭포운(次觀瀑布韻)'으로 전혀 다른 것인데, 이는 일제의 감시를 피해 호연지기(浩然
之氣)를 통해 자신을 수양하고 의(義)를 실천하는 유가의 전통적인 교육으로, 국민
들의 항일저항의식을 고취하고, 나라의 자주독립을 교육하며, 일깨우려는 조병순
의 계책이다.

군이 주자의 시 차관폭포운(次觀瀑布韻)을 여기에 새긴 그 의도를 들여다보면,
이곳에서 공부하면서 훈련하고 있는 젊은 의병들을 찬양한 것이며, 자주독립의 희
망이 있다는 격려의 메시지다.

중류지주(中流砥柱)에서 지(砥)는 숫돌 지(砥)로 쓰이는데, 이 말은, 중국 황하 가
운데 있는 바위산으로 격류 속에 있으면서도 조금도 움직이지 않는다는 뜻에서
인용한 문구로 의연한 선비의 기상을 말하는 것이며, 백세청풍(百世淸風)은 세상살
이에서 비록 혹독한 역경을 만난다고 해도, 결코 선비의 지조는 꺾일 수 없다는 상
징적 의미가 있는데, 여기서는 일본의 조선침략에도 굴하지 않는 우국지사들을 말
하는 것이다.

몇 년 전에 발견된 안중근(安重根) 의사(義士)가 옥중에서 쓴 백세청풍(百世淸風)
이라는 친필 유묵(遺墨)은 비록 적의 포로가 되어 사형대에서 사라질 목숨이지만,

추호도 흔들림이 없는 의사의 의연한 마음을 상징하는 것이며, 곧 중류지주(中流砥柱) 백세청풍(百世淸風)의 본뜻이다.

이러한 주자의 글을 조병순이 일제에 저항하는, 자주독립의 기상을 상징하면서, 국민들을 자각시키는 교육적 의미와 함께 항일독립운동사에서, 우국지사들의 숭고한 단심(丹心)을 국민들에게 전하여 깨우치는 글이다.

다음은 영원한 스승 백세청풍(百世淸風)으로 돌에 새긴 스승들의 이름이다.

田艮齋 宋淵齋 鄭小松 三先生 杖屨處
전 간 재 송 연 재 정 소 송 삼 선 생 장 구 처

전우(田愚, 1841~1922)·송병선(宋秉璿, 1836~1905)·정소송(鄭小松, 1843~1910)이 이곳에 머무르며 강론한 장소다.

黃梅泉進士 杖屨處
황 매 천 진 사 장 구 처

진사(進士) 황현(黃玹)이 머무르며 강론한 장소다.

새삼 설명이 필요 없는 사람들이다. 이들이 여기에 머물렀다는 것은, 곧 해동무이 상류방향 숲 속에 있는 암서재(巖棲齋)와 포경재(抱敬齋)에 머무르며, 후학들을 지도했음을 말하는 것이다.

이들을 비롯한 유명(有名)·무명(無名)의 도학자들이 여기 해동무이 동악산 청류동에서 나라의 자주독립을 위하여 회합하고, 때로는 은둔한 사실이 향리의 선비들이 남긴 글들 속에 잘 나타나 있다.

무엇보다도 반석에 중류지주(中流砥柱) 백세청풍(百世淸風)을 횡(橫)으로 길게 써놓고, 중류지주(中流砥柱)의 밑에는 주부자의 시를 적어 놓고, 백세청풍(百世淸風)의

◇ 해동(海東)의 영원한 스승 백세청풍(百世淸風)으로 돌에 새긴 스승의 이름이다.

밑에는, 전우(田愚)·송병선(宋秉璿)·정소송(鄭小松)·황현(黃玹)을 영원히 꺾이지 않는 절의를 지킨 백세청풍(百世淸風)의 상징으로 돌에 새겼으니, 조병순의 의도가 무엇인지는 산도 물도 바람도 모두 아는 일이다.

특히 여기 청류동 반석에 새겨진 간재의 기록들은 그동안 면암에 관한 비사(秘事)에서 비롯된 폄하가 잘못되었음을 입증하는 것으로, 간재가 곡성의 유림들에게 남긴 글들과 청류동 우국지사들이 삼곡과 사곡 그리고 여기 팔곡 바위에 새기며 받든 것을 보면, 간재가 나라의 국권회복을 위하여 얼마나 고군분투했는지 잘 알수가 있으며 여기 청류동은 그의 진면목이었다 할 것이다.

[부연하면, 2005년 5월 필자가 발간한 '역사천자문(歷史千字文)'과 2007년 7월

발간한 '도채위경(淘採爲耕)'에 1910년 한일합병 당시 자살했다는 전남 곡성 입면(立面) 약천(藥川) 출신 소송(小松) 정재건(鄭在健, 1843~1910)은 유서의 진위를 비롯하여 비문의 관작이 날조되어 있는 등 의심되는 몇 가지 사항이 있어 아니라고 하였으며 지금도 그 의문은 의문 그자체로 남아 있다.]

그러나 이곳에서 공부한 노인들의 증언이 당시의 자세한 내력은 모르지만 입면의 정소송(鄭小松)으로 배웠다 하고 옥과 향교와 곡성향교에서 그렇게 인정하고 있음으로, 새로운 기록이 나올 때까지 입면 출신 정재건으로 정정하였음을 밝혀 둔다.]

다음은 백세청풍으로 상징한 스승 밑에 새겨 놓은 6명의 학자들이다.

姜鶴山 吳三好 趙紫谷 沈栗下 朴完堂 曺小軒 杖屨處
강학산 오삼호 조자곡 심율하 박완당 조소헌 장구처

강학산(姜鶴山)·오삼호(吳三好)·조자곡(趙紫谷(창준, 昌駿))·심율하(沈栗下)·박완당(朴完堂)·조소헌(曺小軒(석장, 錫璋))이 머무르며 강론한 장소다.

조자곡(趙紫谷)은 사찬곡성군지에, 향리(鄕里)에서 이르기를 당대의 방덕공(龐德公)이라 하였고, 조소헌(曺小軒) 또한 기록하였으나, 나머지 오삼호(吳三好)·심율하(沈栗下)·박완당(朴完堂)은 기록을 찾을 수가 없었다.

강학산(姜鶴山)은 조선 말기 삼기 괴소리 출신으로 문장이 높았으며, 일제강점기 청류동 골짜기에 우국지사들의 이름을 쓰고 새긴 학봉(學峯)이 그 후손이다.

1930년대 이 글을 새긴 정봉태가 여기에 장구처(杖屨處)라 하여, 별도 기명(記銘)한 것으로 보아서 최소한 향토지에 기록이 있어야 함에도, 아직 찾지 못하였다.

그 좌측 반석 중앙 한쪽에 새겨진 정일흥(丁日興)은 항일운동과 무관한 인물로 동학도들에게 학살된 정수태의 부친이며, 김정두(金正斗)·조상묵(曺相黙) 두 사람은 사찬곡성군지에 기록이 있는 것으로 보아 향토 출신의 선비들인 듯한데, 정확한 활동사항은 알 길이 없다.

다음 길옆 절개된 바위벽에 새겨진 명단은 조선 말기 이곳에 은거했던 선비들이다.

李心齋 姜蓮溪 李處菴 李德窩 柳松溪 申介石 趙明谷 吳懼菴 趙韋堂 杖屨處
이 심 재 　강 연 계 　이 처 암 　이 덕 와 　류 송 계 　신 개 석 　조 명 곡 　오 구 암 　조 위 당 　장 구 처

이심재(李心齋)[1]·강연계(姜蓮溪)[2]·이처암(李處菴)[3]·이덕와(李德窩)[4]·유송계(柳松溪)[5]·신개석(申介石)[6]·조명곡(趙明谷)[7]·오구암(吳懼菴)·조위당(趙韋堂)[8]이 머무르며 강론한 곳이다.

길옆 절개된 바위벽에 새겨진 9명의 명단은 이들 선비들이 암서재와 포경재에 은거하면서 여기 암반에서 강론했다는 기록이다.

이들은 세상에 기록이 없는 인물들이지만, 기정진·최익현·기우만이 묘비명(墓

---

1) 이심재(李心齋): 이곤수(李崑壽) 자(字)는 이회(爾晦), 호(號)는 심제(心齊)이다. 일찍이 입산하여 자리에서 일어나지 않고, 수백 권의 책을 읽었다. 후에 사람들이 글 읽기를 너무 좋아한다 말하였다. 노사(蘆沙) 기정진(奇正鎭)과 도의(道義)로써 교의(交誼)했고, 향중에서 선생이라 칭하였다.
2) 강연계(姜蓮溪): 강우문(姜祐文) 자(字)는 신지(信之), 호(號)는 연계(蓮溪), 진주인(晉州人)이다. 타고난 성품으로 학문을 널리 닦고 지조가 있어 당시 사람들의 모범이 되었다. 참판(參判) 노사(蘆沙) 기정진(奇正鎭)과 함께 도의(道義)로써 교의(交誼)하였다.
3) 이처암(李處菴): 이차경(李此敬) 자(字)는 자진(子眞), 호(號)는 처암(處菴)으로 언복(彦福)의 아들로 송성담(宋性潭)의 문인이며 유고가 있다.
4) 이덕와(李德窩): 휘(諱) 언복(彦福), 자(字) 명여(命余), 연안인(延安人)이며, 성리학자다. 욕천속지(浴川續誌)에 조장섭(趙章燮)이 쓴 행장이 있다.

◇ 조선 말기 이곳에 은거했던 도학자들의 명단이다.

碑銘)을 쓸 정도로 이른바 도통(道通)한 선비들이며, 이들이 있었기에 당대의 도학
자들이 이곳으로 모여든 것이다.

　다음은 팔곡 암벽에 새겨 놓은 늘 삼가고 공경하며 경계하라는 주자의 '경재잠
(敬齋箴)'이다.

　① '지경(持敬)'은 경서(經書)에서 말하는 덕목 중의 하나이며, 주자학파(朱子學派)
의 전통적인 수양법인데, 경(敬)이란 본시 하늘(天)과 신(神)과 임금과 부모에 대한
경건하고 공손한 마음과 태도를 말하는 것으로, 전통적인 성리학의 요결(要訣)이

5) 유송계(柳松溪): 류형순(柳馨淳) 자(字)는 담여(淡汝), 호(號)는 송계(松溪), 문화인(文化人)이다. 평생 학문
　을 좋아했고 권장하였으며 가훈과 통했고 문집으로 송하몽훈(松下蒙訓)이 있으며 송사(松沙) 기우만(奇
　宇萬)이 그의 묘갈명(墓碣銘)을 썼다.
6) 신개석(申介石): 신명희(申命熙) 호(號)는 개석(介石) 또는 임리헌(臨履軒)이며, 평산인(平山人)이다. 성담(性
　譚) 송 선생 문하에서 성리학을 연구하였으며, 그의 학행이 널리 알려졌다. 농산(農山) 신득구(申得求)와
　더불어 수학하였다.
7) 조명곡(趙明谷): 조창기(趙昌驥) 호(號)는 명곡(明谷) 또는 명옥(明玉), 옥천인(玉川人)이다. 타고난 성품이
　어진 사람으로 성리학에 힘썼으며 향리에서 존경받는 인물이었다. 면암(勉庵) 최익현(崔益鉉)이 그의 묘갈
　명(墓碣銘)을 썼다.
8) 조위당(趙韋堂): 조장섭(趙章燮) 곡성군 오곡면 대리 출신. 이덕와(李德窩)의 행장을 비롯한 글들이 옥천속
　지에 전한다.

◇ 좌측으로부터 1. 지경(持敬) 2. 필학성인(必學聖人) 3. 일심사천(一心事天)

며, 동시에 경을 지님으로써 마음을 다잡아 하나로 묶고, 늘 깨어 있는 눈으로 마음의 주체성을 확립하여 지행합일(知行合一)을 이루라는 뜻이다.

독립운동의 측면에서 보면 임금에 대한 충성의 강조이며, 행동철학이다.

② '필학성인(必學聖人)'은 율곡(栗谷) 이이(李珥)의 격몽요결(擊蒙要訣) 입지장(立志章)을 인용한 것으로, 학문을 하는 사람의 자세를 밝힌 것인데, 초심을 잃지 말고 부지런히 배워 성인(聖人)이 되라는 것은, 곧 요순(堯舜)을 말함이니, 이는 부지런히 배워 외세를 물리치고 태평성대를 건설하자는 격려이며, 언동마을 서산서당의 뜰에도 새겨져 있었던 것으로 지금은 글을 모각(模刻)한 바위가 서산서당의 표지석과 함께 마을회관 옆에 방치되어 있다.

③ '일심사천(一心事天)'은 여러 가지 뜻이 있겠으나, 여기서는 배우는 학생들에게 어버이를 섬기듯 한마음으로 힘을 합쳐 임금을 섬기고 충성하라는 의미다.

좌측에 새겨진 오천(梧泉) 신태열(申泰烈)은 일심사천(一心事天)과는 무관한 인물이며, 동악산 독립운동사에서도 흔적을 찾을 수 없는 인물이다. 누군지 모르지만 그 아들 학균(學均)이 새겨 놓은 것이다.

다음은 감히 반석 중앙 중류지주(中流砥柱) 백세청풍(百世淸風) 글 아래 새겨 놓은 정씨 형제들에 관한 설명이다.

(丁極庵 昌元)·(執堂 昌傑)·(淡叟 昌潤)·(明軒 昌斗)·(華堂 昌夏)·(淸士
정 극 암 창 원　　집 당 창 걸　　담 수 창 윤　　명 헌 창 두　　화 당 창 하　　청 사
昌彦)·(曉山 大爀).
창 언　　효 산 대 혁

여기서 1, 2, 3번은 조병순이 새긴 것이고 4번은 1930년대 정봉태가 새긴 것이며, 5번은 확인되지 않은 정(丁)씨 성을 가진 창(昌) 자 항렬(行列) 7명 일가족의 명단인데, 사찬곡성군지는 물론 조선환여승람 어디에도 없는 이름들이며 스스로 새

◇ 팔곡 해동무이 암반에 새겨진 명단들
1. 중류지주(中流砥柱) 백세청풍(百世淸風) 2. 영원한 나라의 스승들 명단 3. 주자의 시, 차관폭포운 (次觀瀑布韻) 4. 조선 말기 곡성의 선비들 명단 5. 정(丁)씨 형제들의 명단이다.

겨 넣어 우국지사들의 명예를 훔친 이른바 '무례한 상것들'이며, 양상군자(梁上君子)들이다.

필자가 이들을 무례한 상것들이며, 양상군자(梁上君子)들이라 하는 것은, 감히 나라의 스승이며 충신열사들과 이름자를 나란히 한다는 것은, 예법을 무시한 것으로 관례에 없는 무례한 일이며, 혹 조병순을 도와 거액의 군자금을 기부했거나 어떤 특별한 기여를 하였다 할지라도, 군자금을 기부한 행위와 스승은 그 격이 엄격히 다르므로 스승과 함께 이름을 쓴다는 것은 있을 수 없는 일이기 때문이다.

혹여 정씨 형제들이 천만금을 기부했다 하여도, 그 형제들을 모두 기록하는 것은, 멸문지화(滅門之禍)를 당할 수 있는 일제 치하에서 상식 밖의 일로써, 이는 훗날 정씨 형제들이 우국지사들의 이름 밑에 덧붙인 것으로 우국지사들의 명예를 훔친 무례한 상것들이며, 양상군자(梁上君子)들이라 할 것이다.

참고로 정일흥(丁日興)과 조상묵(曺相黙) 두 사람의 이름을 한쪽 옆으로 비켜 새긴 것은, 나이를 떠나 나라의 스승을 예우하는 선비의 좋은 본보기다.

특히 정일흥은 동학란 때 동학도들에 의해 살해된 사람인데, 아무런 관련도 없는 그를 여기에 새긴 것은, 아마도 후손의 사사로운 인정(人情)으로 보이지만, 우국지사들을 욕되게 하지 않고, 한쪽으로 비켜 작게 새겨 놓은 겸양으로 인하여, 감히 무례한 상것이었다는 비난은 면했다.

알기 쉽게 설명하면 본 팔곡의 주제인 해동무이(海東武夷)는 조형일의 글씨로 1860년 이전에 새긴 것이고, 중류지주(中流砥柱) 백세청풍(百世淸風)과 길옆 바위벽에 새겨진 조선 말기 도학자들의 명단은 조병순이 쓴 글이지만, 나머지 수많은 이름들은 일제 말기 정봉태가 학봉(學峯)을 시켜 새긴 것이다.

즉 반석 중앙에 새겨진 조자곡(趙紫谷)·심율하(沈栗下)·박완당(朴完堂)·조소헌 (曺小軒)·강학산(姜鶴山)·오삼호(吳三好)는 정봉태가 석공 강신교를 시켜 새긴 것 이며, 이 밖에도 수많은 이름들이 있지만, 나머지들은 어느 때인지 알 수는 없으나, 본인들이나 후손들이 새긴 것으로 특별한 의미를 둘 것은 없지만, 혹 모르는 일이 니 할 수만 있다면 진실성들을 가려 인물들의 진면목을 밝혀 주어야 할 것이다.

여기서 유념할 것은, 일제 말기 청류동 암반에 인명(人名)을 새긴 주체가 정봉태 이므로, 글을 쓰고 새긴 학봉의 조상인 강학산에 관한 평가는 객관적인 것으로 인 정되지만, 나머지 정씨들은 주체인 정봉태의 사사로운 인정(人情)이 개입된 것으로, 정일우(丁日宇)·정순태(丁舜泰)·정규태(丁奎泰)·정해태(丁海泰)·정봉태(丁鳳泰)·정 수태(丁秀泰) 등을 제외한 나머지 정씨들 개개인에 대한 평가는 보다 분명한 자료 가 나올 때까지 유보하는 것이 옳을 것이며, 후인들은 각별히 유념하기를 바란다.

특히 앞서 설명했듯이 비록 사사로운 인정으로 정봉태가 정씨 가문의 인명들을 새겼다 하나, 문중의 선대(先代)인 정일홍을 한쪽으로 겸손하게 비켜 새긴 사례에 서 보듯이, 팔곡 반석 중앙에 새긴 정씨 형제 7명은 정봉태와 무관한 것으로, 그들 형제들이 새긴 것이며, 이는 우국지사들의 명예를 훔친 도적들이다.

다음은 우측 길옆 바위에 새겨진 이한종(李漢宗)과 항일독립운동에 헌신했던 승 려들의 명단이다.

김진월(金震月)·최춘명(崔春明)·이한종(李漢宗)·김보병(金寶炳) 4명이다.

이 가운데 이한종은 1920년 보광전 중수 당시 별좌를 맡았으며 특히 일곡 쇄 연문 앞에서 부부와 함께 살면서 청류동을 감시하던 항일독립투사였는데, 확인 하지 못했지만 나머지 3명의 승려도 독립운동에 헌신한 것으로 보는 것이 옳을

◇ 이한종과 항일독립운동에 헌신했던 승려들의 명단이 팔곡 등산로 옆 바위에 새겨져 있다.

듯하다.

　다음은 해동무이 용소(龍沼) 위에 있는 '암서재(巖棲齋)'에 관한 설명이다.

　세속을 떠나서 산다는 뜻의 암서재(巖棲齋)는 "학문에 대한 자신을 오래도록 갖지 못하였더니 바위에 깃들여 '암서(巖棲)' 조그만 효험이라도 얻을 수 있었다"는 주자(朱子)의 글에서 인용한 것으로, 뜻을 품는다는 포경재(抱經齋)와 짝을 이루고,

◇ 암서재(巖棲齋)

비보(神補)하는 상징으로 만들어 놓은 것이다.

여기서 주자가 말한 '암서(巖棲)'는 무이구곡(武夷九曲) 중심에 있는 오곡 북쪽 은병봉(隱屛峰) 아래에 주자가 세운 무이정사(武夷精舍)를 칭한 것이다. 즉 황(凰)과 포경재(抱經齋)와 암서재(巖棲齋)는 모두 동악산의 청류동 팔곡의 풍수와 주자의 암서(巖棲)를 하나로 묶은 희망과 이상이었다.

[부연하면, 퇴계(退溪)가 거처하던 도산서당(陶山書堂)의 마루를 암서헌(巖栖軒)이라 하고, 충북 속리산 국립공원 화양구곡(華陽구곡) 가운데 사곡 금사담(金沙潭) 옆 절벽 위에 암서재(巖棲齋)가 있는데, 1666년 8월 송시열이 건립, 거처하며 제자들을 가르치던 곳이다.]

다음은 '포경재(抱經齋)'에 관한 설명이다.

단순 문자풀이를 하면, 군자(君子)가 경전(經典)을 안고, 즉 뜻을 품고 공부한다는 의미의 포경재(抱經齋)는 조선 말기 청류동에 모인 주자학파들의 거점이며, 팔곡 해동무이의 핵심이다.

동악산 청류동 포경재가 도림사 암자가 아닌 인간이 다스리는 이 세상이 바로 하늘의 뜻이 펼쳐진 대동사회(大同社會)이며, 요순시대의 이상세계를 실현하려 한 지치주의(至治主義) 도학정신(道學精神)으로 무장된 주자학파들의 거점이 된 것은, 중종 당시 청류동 입구 동쪽 월평마을에서 태어나 1519년 기묘사화가 일어나자 정암(靜庵) 조광조(趙光祖, 1482~1519(성종 13년~중종 14년))의 일파로 몰려 남곤에게 추방된 뒤 남곤(南袞)을 풍자하여 지은 유명한 촉영부(燭影賦)를 쓰고 영광의 유배지에서 사사(賜死)되었다가 조선 말기 호남의 유림들이 중지를 모아 월평리 서계동(西溪洞) 서계사(西溪祠)를 지어 배향(配享) 유림들의 정신적 지주가 되었던 남주(南趎)의

◇ 포경재(抱經齋), 어미 황과 어린 봉추가 한 폭의 그림이다.

영향이다.

　그러나 여기서는 다음 사진에서 보듯이, 성천자(聖天子)의 치세에 한해서 나타나는 상서로운 짐승이라는 용(龍)과 린(麟, 기린)과 봉황(鳳凰)이 동쪽에서 태극의 중심, 즉 상서로운 나라 도원(桃源)으로 찾아오니, 난조(鸞鳥)가 마중하여 날개를 펴고 기쁨의 춤을 추는 산의 풍수를 활용하여 나라의 자주독립을 비보(裨補)한 것이며, 동시에 동천(洞天)을 들어와 칠곡을 거슬러 온 젊은 어부(漁夫), 즉 나라의 자주독립을 위해 일본에 저항하면서 고군분투해 온 현인군자와 영웅호걸들에게 나라의 자주독립이라는 상서로운 희망을 전하고 부지런히 공부하라는 격려다.

◇ 포경재(抱經齋) 사신도(四神圖)
1. 용(龍. 길게 가로누운 암벽) 2. 황(凰. 포경재) 3. 린(麟. 기린 경재잠 글 염경(念敬)) 4. 난조(鸞鳥)
5. 구층탑이 있던 자리 6. 암서재(巖棲齋)

위 사진에서 숲에 가려 잘 보이지는 않지만, 1번 용(龍)은 그 형태가 도림사를 휘돌아 오르는 형국이며, 옛사람들도 그렇게 보았다고 전한다.

그러나 4번은 일제강점기 이곳에서 인물이 나는 것을 막기 위해 일본인들이 성인을 마중하고 있는 난조(鸞鳥)의 우측 날개를 부러뜨려 버렸는데 깨어진 바위가 그것이며 5번에 있었던 거대한 탑은 일본인들이 가져가 버렸다 한다.

일제강점기 1920년 청류동 골짜기 입구 마을에서 태어나 한평생 이 골짜기를 오르내리며 살았던 박현래(朴賢來, 1920~2006) 옹의 증언에 의하면, 이 포경재에 두 개의 커다란 돌탑이 있었다 하는데 박 옹이 지적한 탑의 위치를 보면 입구에 있던 탑은 이 터의 지기(地氣)가 유실되는 것을 막기 위함이었고 포경재 바위 앞, 즉 난조의 좌측에 세운 탑은 사신(四神)들을 보호하기 위한 비보(裨補)의 용도였는데, 이 터의 모든 것을 일본인들이 파괴하고 가져가 버렸다는 것은 당시 일본인들이 우리의 정신문화를 말살하기 위하여, 얼마나 혈안이 되어 있었는지 능히 짐작할 수 있는 일이다.

포경재 바위에 새겨진 '명경성의(明敬誠義) 양협진지(兩夾進持)'는 알기 쉽게 설명하면 안으로는 경(敬)으로서 마음을 바르게 하고 밖으로는 의(義)로서 행(行)하라는 말인데, 이 경(敬)과 의(義)를 수레의 바퀴처럼 둘을 겸하여 운용(運用)하라는 가르침이다.

이는 존재하는 모든 생명들은 그 마음이 있는 곳에 몸이 있어야 하고 그 몸이 있는 곳에 마음이 있어야 비로소 행복한 존재이며 그것이 하늘이 정한 순리이고

◇ 포경재(抱經齋)에서 인물이 나는 것을 막기 위해 일본인들이 부러뜨려 버린 난조(鸞鳥)의 우측 날개

◇ 명경성의(明敬誠義) 양협진지(兩夾進持)

사람의 도리라는 뜻이다.

그러나 이 지극히 평범한 진리를 아무나 다 알면서도, 아무나 다 행하지 못하는 것이 우리들 인간이고 보면, 성인(聖人)과 범부(凡夫)의 차이가 이것이라 할 것이다.

남명(南冥) 조식(曺植, 1501~1572(연산군 7년~선조 5년))이 임종하기 전 제자들을 불러 놓고 "벽에 써 붙인 경의(敬義) 두 글자는 지극히 절실하고 긴요한 것이다. 배우는 자가 공부를 부지런히 하여 익숙해지면 마음속에 한 가지라도 사사로움이 없어지게 될 것이다. 나는 이런 경지에 이르지 못하고 죽게 되는구나"고 하였다는 일화에서 보듯이, 경의(敬義)는 대대로 사림(士林)의 화두(話頭)였다.

그러나 이 경의(敬義)를 군자가 다스리는 왕도정치를 꿈꾸던 주자학파들이 새긴 것임을 상기하면, 일편단심 공경과 의리로서 임금을 보필하고 나라를 위해 충성하라는 메시지다.

다음은 경재잠 '염경(念敬)'에 관한 설명이다.

봉황을 인도하여 맞은편 도원(桃源)이 있는 구곡 동방의 나라, 즉 태극의 중심으로 가고 있는 상서로운 기린(麒麟)의 눈에 새겨 놓은 경재잠 염경(念敬), 즉 항상 경(敬)을 생각하라는 것으로 앞의 해동무이 경재잠인 지경(持敬)과 같은 맥락이다.

"경(敬)이란 성인(聖人)의 학문을 시종일관(始終一貫)하게 하는 것이며, 격물치지(格物致知)로부터 치국평천하(治國平天下)까지 경의 뒷받침을 받아야 한다" 하여, 학문에서 경의 중요성을 강조한 주자의 가르침을 깨우치는 말이다.

그러나 앞서 설명했듯이, 청류동 구곡이 주역의 팔괘를 펼쳐 놓은 것이므로, 바야흐로 계곡 건너에 있는 도원(桃源), 즉 태극도설(太極圖說)에서 말하는 만물의 근

◇ 포경재(抱經齋)의 경재잠(敬齋箴) 염경(念敬)
상서로운 기린(麒麟)이 봉황을 인도하여 맞은편 도원(桃源)이 있는 구곡 동방의 나라, 즉 태극의 중심으로 가고 있는 모습이다.

원이며, 우주의 중심인 태극(太極), 즉 무태통천(無太洞天)으로 드는 요결이다.

즉 풍수로 보면, 이 린(麟, 기린)은 성천자(聖天子)의 치세에 한해서 나타나는 상서로운 짐승이라는 용(龍)과 봉황(鳳凰)과 함께 동쪽에서 태극의 중심, 즉 상서로운 나라 구곡(九曲) 도원(桃源)으로 찾아드는 형국으로, 나라의 자주독립을 비보(裨補)한 것이며, 동시에 일곡(一曲) 도채위경(淘採爲耕)에서 금을 캐듯 발굴한 인재, 즉 무릉도원을 찾는 젊은 어부가 주역 팔괘를 들고, 쇄연문(鏁烟門), 즉 쇄국정책의 빗장을 걸어 놓고, 이곡(二曲) 무태동천(無太洞天)을 들어와 성인(聖人)들의 가르침을 받으며 칠곡(七曲)을 거슬러 오면서 마침내 섬나라 오랑캐들을 물리치고, 건설하는 자주독립국가, 즉 임금을 모시고 도학(道學)이 만개하고 성인(聖人)이 다스리는 이상의 나라 대한제국을 건설한다는 뜻이며, 구곡 도원으로 드는 요결이다.

여기 청류동 포경재에서 말하는 염경(念敬)이 임금을 지칭하는 것임을, 1906년 일본군에 패한 의병 민종식(閔宗植)을 숨겨 준 사실로 인하여 1907년(순종 원년) 체포되어 온양(溫陽) 평촌(坪村) 냇가에서 아들 충구(忠求)와 함께 일본군에게 피살, 순국한 이남규(李南珪, 1855~1907(철종 6년~순종 원년))의 시문집 '수당집(修堂集) 염경헌명(念敬軒銘)'을 보면, 분명하게 알 수 있다.

염경(念敬)이라는 두 글자를 가지고 나의 헌함(軒檻)에 대한 이름을 짓고, 이에 대한 명(銘)을 지었는데, 그 뜻으로 말하면 임금의 은혜에 대해 이를 생각하여 공경하지 않을 수 없다는 것이며, 아버지의 가르침에 대해 이를 생각하여 공경하지 않을 수가 없다는 것이다.

그러므로 지금 이처럼 임금님의 위령(威靈)에 의지하여 일을 마치고 나중에 돌아오게 되었을 적에 이것으로써 편액을 만들어서 선인(先人)이 거처하시던 곳에다 걸어 놓고 아침저녁으로 이를 쳐다보되 마치 항상 임금님과 아버지로부터 말씀을 듣고 지시를 받는 것처럼 하여 언제나 심중에 이와 같은 염경의 마음을 가진다면, 어쩌면 이것이 도움을 얻을 바탕이 될 수가 있을지도 모르는 일이 아니겠는가.

이것만이 아니다. 만약에 나의 자손들이 이 명문(銘文)을 읽고 이처럼 이 헌함을 이름 지은 뜻을 살핀다고 한다면, 우리 군신(君臣)과 부자 사이에 있었던 저간의 제회(際會)의 양상을 알 수가 있을 것이며, 또한 기필코 그 충성과 효도의 마음이 뭉클하게 가슴에서 일어나게 될 것이다. 그러니 저들이 어찌 그 공경할 것을 생각하면서 스스로 노력을 하지 않을 수 있겠는가.

　　　　　　　　　－수당집(修堂集) 염경헌명(念敬軒銘), 민족문화추진회

다음 기린바위를 지나 물을 거슬러 몇 걸음 올라가면, 즉 현재 다리 위 계곡 우측 바위에 새겨진 '산■(山■)'라는 직함을 가졌던 석재(石齋) 윤추섭(尹鄒燮)·석파(石坡) 김석린(金錫麟)·방은(方隱) 최성관(崔成官)·운강(雲岡) 최성철(崔成哲)은 직함을 고의로 뭉개 훼손시킨 것으로 보아 일제강점기 곡성군청 소속으로 청류동을 감시하던 산지기들이 해방 후 자신들의 친일 행각을 감추기 위해 고의로 훼손한 것으로 보는 것이 옳을 듯하다.

9. 구곡(九曲) 소도원(小桃源)

◇ 구곡(九曲) 소도원(小桃源)
구곡(九曲) 도원(桃源)은 마침내 완성된 자주독립의 나라 대한제국의 상징이다. 구곡 바위 뒤 계곡 돌섬이 회전하는 태극의 중심이며, 하늘이 감추어 둔 한반도 지도가 이 가운데 있다. 좌측이 포경재(抱經齋)이고 바위 앞에 길상수(吉祥水)로 불리던 약수(藥水)가 있었다.

　　구곡 소도원(小桃源)은 대장봉(大壯峯)에서 발원된 청류동 본류와 길상암(吉祥庵) 골짜기 물이 합류하는 지점에서 길상암 골짜기를 지칭한 것이며, 여기서의 소(小)는 작다는 의미가 아닌 겸양의 뜻이고, 도원(桃源)은 도연명의 도화원기(桃花源記)에 나오는 무릉도원(武陵桃源)의 준말로, 이상향 별천지를 비유한 것이다.

◇ 구곡 도원(1)과 길상암 전경(2)

조병순과 정순태가 마지막 완성인 구곡 도원을 여기에 정해 놓고 무릉도원을 찾는 어부를 이곳에 귀착시킨 것은, 이곳을 하늘과 땅이 아직 나누어지기 전, 태극에서 음양(陰陽)이 생겨났고 음양에서 수(水)·화(火)·목(木)·금(金)·토(土) 오행(五行)이 생겨났다는 주역의 태극도설(太極圖說)에서 말하는 천지인(天地人) 삼태극(三太極)이 운기(運氣)하고 있는 중심핵, 즉 무태통천(無太洞天)으로 보았기 때문이다.

예로부터 전해 오는 이야기나 풍수설(風水說)로 보아도 구곡 도원은 사령(四靈)에 속하는 영물(靈物)로 영생과 상서로움의 상징이며, 길상지복(吉祥之福)의 염원을 가지고 있다는 용(龍)과 봉(鳳)과 귀(龜)와 린(麟)이 모여들고 있는 길지(吉地)이며 산태극(山太極)과 수태극(水太極)이 절묘하게 조화를 이룬 태극의 중심이다.

이 태극의 중심은 청류동 본류와 길상암 물이 합류하는 팔곡 기린(麒麟) 앞에서부터 100걸음 64m이고, 다시 '제시인간별유천(除是人間別有天)'이 새겨진 거북바위까지 100걸음 64m의 중심에 있는 도원, 즉 정확히 도원이 새겨진 바위 뒤편 길상암에서 발원된 상서로운 물이 구곡 앞에서 두 갈래로 나누어 흐르다 다시 하나로 합하면서 형성된 바위섬을 말하는 것이다.

혹여 지나가는 등산객일지라도, 청류동 본류와 길상암 계곡물이 합수하는 지점에서부터 등산로(능선)를 따라 올라가면서 양쪽의 물을 가만히 살펴보면 하늘이 감추고 땅이 숨긴 비처(秘處)를 볼 것이다.

[부연하면, 고려 창업의 개국공신으로 대구 팔공산 전투에서 왕건을 대신하여 죽은 신숭겸 장군의 목을 묻었다는 죽곡면 태안사 봉두산 아래 있는 장군단(將軍壇, 무덤)의 풍수, 즉 지형도 이와 똑같다.]

이 구곡 도원을 앞서 이곡에서 설명했듯이, 무태통천(無太洞天), 즉 태극도설이 아닌 독립운동사인 무태동천(無太洞天)으로 보면, 주역에서 말하는 최상의 괘(卦)이며, 길지인 동시에 정동(正東), 즉 아침 해가 제일 먼저 찾아와 빛나는 동방(東方)으로 이루어진 상서로운 길상암 골짜기에 빼앗긴 나라 조선(朝鮮)을 되찾기 위한 비보(裨補)의 진법(陣法)이다.

즉 무릉도원을 찾는 젊은 어부가 주역 팔괘를 들고, 일곡 쇄연문(鏁烟門)에 쇄국정책의 빗장을 걸어 놓고, 이곡 무태동천(無太洞天)을 들어와 성인(聖人)들의 가르침을 배워 섬나라 오랑캐들을 물리치고, 마침내 건설하는 자주독립국가, 즉 임금을 모시고 도학(道學)이 만개하고 성인이 다스리는 이상의 나라 대한제국을 말함이다.

특히 상서로운 징조를 뜻하는 길상암에서 발원된 상서로운 물이 구곡 앞에서 두 갈래로 나누어 흐르다 다시 하나로 합하면서 형성된 바위섬 가운데 지금의 남북 분단 상황을 그대로 드러내고 있는 자연석으로 형성된 우리나라 지도가 있는데, 이는 장차 조선이 둘로 나누어질 것을 알고, 둘로 나누어지는 조선을 하나로 만들기 위한 비보(裨補)의 목적이다.

1905년 입면 금산에서 태어나 이 골짜기를 넘나들며, 도학의 정통을 이어받고, 항일독립운동에 매진하여 우리 역사를 지켜 낸 경와(敬窩) 엄수동은 물론 당시 이곳에서 수학하던 우국지사들은 이미 조선이 동족상잔의 피를 뿌리면서 두 개의 나라로 분단될 것을 알고, 그것을 막으려 고민했었는데, 그런 엄수동의 혜안이 백여 년 전 우국지사들이 여기 청류동에 펼쳐 놓은 주역 팔괘의 비결(秘訣)이었으니, 후인은 그저 놀라고 탄복할 뿐이다.

그러나 다음 사진에서 보듯이, 노인들의 말에 의하면 본래는 길상암을 향해 비스듬히 서 있었다는 자연석으로 형성된 우리나라 지도가 머리를 돌려 땅으로 처박은 형태로 거꾸로 누워 있고, 압록강과 두만강에 해당하는 부분에 새긴 글자를 누군가 지운 흔적이 있는 것으로 보아, 이는 일본이 청류동 우국지사들을 소탕하고 거점들을 파괴할 때 우리나라가 다시는 일어서지 못하게 주술적(呪術的) 의미로 뒤집어 놓은 것으로 보인다.

생각해 보건대, 예로부터 의(義)와 예(禮)를 숭상하는 우리 민족은 임금에 대한 충성과 의리로 굳게 뭉쳐 외세에 저항하여 왔으며, 그런 정신이 동방의 작은 나라인 우리 민족이 끊임없이 침략하는 중국의 대군(大軍)을 물리치고, 지난 세기 일본의 식민 지배를 극복하고 한민족으로 국가를 유지하며 살아남을 수 있었던 원동력이었다.

이런 민족을 깨트리는 방법은 이간계(離間計)를 써서, 임금과 신하와 백성들이

◇ 거꾸로 누워 있는 한반도

서로를 믿지 못하고 증오하며 분열하는 자중지란(自中之亂)을 일으켜 힘을 소진하고 멸망케 하는 것뿐인데, 일제가 한반도를 상징하는 이 돌을 깨버리지 않고, 다만 거꾸로 처박아 놓은 것은, 청류동 우국지사들이 펼쳐 놓은 주역의 괘를 역이용한 것으로 보아야 한다.

그러나 해방 후 남북이 동족상잔의 전쟁을 일으키며 대립하고, 영호남의 도민들이 서로를 증오하는 이 모든 것들을, 우리의 선열들은 이미 백 년 전에 예견하고 막으려 했었고, 일본은 지금도 그 이간책을 그대로 활용하고 있음에도 깨닫지 못하고, 자신들의 정권유지를 위해 국민을 부추기며, 국민을 적으로 삼고 있는 3김류의 정치는 하루속히 청산해야 할 우리 시대의 치부이며, 통일시대로 가는 최대 걸림돌이다.

다음은 구곡에서 길상암으로 오십 걸음쯤 올라가면서 길가 사각의 바위에 맹자의 글을 인용하여, 보란 듯이 새겨 놓은 '목석거록시유(木石居鹿豕遊)'에 관한 설명이다.

여기에 새겨진 출처와 서명이 없는 '목석거록시유'는 다음 이어지는 제시인간별유천(除是人間別有天)과 한 문장으로 엮어 놓은 것이며, 별유천에서 10분쯤 길상암을 오르다 보면, 사람의 형상을 한 암벽에 "서풍등고(西風登高) 서산의 유지를 받들어 산을 오른다"며, 산을 오르는 이유를 설명한 조필승의 글로 보아 서산 조형일이 새긴 글이다.

[부연하면, 앞서 설명했듯이, 당시 장사랑(將仕郎) 벼슬을 던져 버리고 낙향한 서

◇ 목석거록시유(木石居鹿豕遊)
1번 목석거록시유(木石居鹿豕遊)는 구곡 도원에서 36m 거리에 있다. 뒤편 2번이 제시인간별유천(除是人間別有天)이 새겨진 거북바위다.

산 조형일은 대원군이 파락호 시절 그의 그늘을 의지하여 여기 청류동에서 호남의 주자학파들과 어울렸을 만큼 영향력이 있었고, 사후(死後)에는 향리에서 칭송하며 받들었던 선비다.]

다음은 목석거록시유(木石居鹿豕遊)의 원전(原典)인 맹자 진심장구상(盡心章句上) 제16장(第十六章)이다.

孟子曰 舜之居深山之中에 與木石居하시며 與鹿豕遊하시니
맹 자 왈 순 지 거 심 산 지 중   여 목 석 거   여 록 시 유

其所以異於深山之野人者幾希러시니,
기 소 이 이 어 심 산 지 야 인 자 기 희

맹자가 말하기를 "순임금이 깊은 산속에서 살 적에는 나무와 돌 사이에서 살았고, 사슴과 산돼지와 함께 놀았으므로, 깊은 산의 야인(野人)과 다른 점이 거의 없었다."

及其聞一善言하시며 見一善行하사 若決江河라 沛然莫之能禦 也러시다
급 기 문 일 선 언   견 일 선 행   약 결 강 하   패 연 막 지 능 어 야

"그러나 선한 말 한 마디를 듣고 선한 행실 한 가지를 보게 되면 장강과 황하가 터져 쏟아져 나오듯이 선한 곳으로 나감에 그것을 막을 수가 없었다."

─맹자 진심장구상(盡心章句上) 제16장(第十六章)에서 발췌

위 맹자의 글은 순(舜)임금이 요(堯)임금에게 발탁되기 전, 역산에서 밭을 갈며 살던 때를 말하는 것으로, 온힘을 다해 선(善)을 추구하고 선을 행하는 순임금을 통해 성인의 도리를 설하고 성인(聖人)과 범부(凡夫)의 차이를 설파한 이 글은 액면 그대로 해석하면, 강화도로 유배되어 아무런 교육도 받지 못하고 북천마을 농사꾼 더벅머리 총각 이원범(李元範)으로 살다 1849년 6월 6일 헌종(憲宗)이 후사가 없이 죽자 대왕대비 순원왕후(純元王后)의 명으로 하루아침에 조선 제25대 왕이 된

철종(哲宗)을 찬양한 글이다.

그러나 여기에 새겨진 목석거록시유(木石居鹿豕遊)는 파당파쟁과 안동 김씨들의 세도정치 속에 탐관오리들이 횡행하고 만연된 부정부패로 말미암아 이미 국가로서의 기능과 힘을 잃어버린 조선을 개혁, 왕도정치를 구현하려는 뜻을 세운 서산 조형일이 다음 이어진 거북바위에 새겨진 제시인간별유천(除是人間別有天)과 한 문장으로 새겨 놓은 것으로 강력한 개혁의 메시지다.

조형일이 목석거록시유와 제시인간별유천이라는 전혀 다른 두 개의 별도 고사(故事)를 배열하여 한 문장으로 만든 것은, 일자무식 농사꾼으로 살다 갑자기 왕이 된 철종을 대신하여, 수렴청정을 하면서 국정을 농단하던 순원왕후(純元王后, 1789~1857(정조 13년~철종 8년))가 그의 외가인 김문근(金汶根)의 딸을 철종의 왕비로 맞아들임으로써 이후 하늘을 나는 새도 떨어뜨린다는 무서운 세도를 휘두르며 문란한 정치로 탐관오리들이 횡행하여 백성들을 도탄에 빠지게 한 안동 김씨들의 세도정치와 전횡을 비판한 것으로 "목석거(木石居)=나무와 돌처럼 아무런 생각 없이 살면서, 록시유(鹿豕遊)=권력에 빌붙어 매관매직을 일삼는 탐관오리들과 어울리며 부정부패를 일삼는 제시인간(除是人間)=썩어빠진 인간들을 제거하면, 별유천(別有天)=좋은 세상이다"는 뜻이다.

즉 정승판서에서부터 말단 향리(鄕吏)에 이르기까지 매관매직과 부정부패로 썩을 대로 썩어 버린 안동 김씨들의 세상을 뒤엎고 백성들이 잘사는 왕도정치 태평성대를 건설하자는 강력한 부패척결과 개혁의 메시지다.

다음은 구곡 도원에서 100걸음 64m쯤에 있는 거북바위에 새겨진 '제시인간별유천(除是人間別有天)'의 설명이다.

◇ 귀룡대(龜龍臺, 거북바위) 제시인간별유천(除是人間別有天)

마치 거대한 거북이가 도원으로 향하고 있는 것 같은 암벽에 주자의 무이산 구곡의 시 제시인간별유천(除是人間別有天)을 새겨 놓았는데, 이는 예로부터 신성한 거북이 삼신산을 지키고 있다는 고사를 인용한 것으로, 그만큼 간절한 마음이었음을 알 수가 있다.

다음은 주자가 지은 무이산 구곡 시다.

九曲將窮眼豁然
구 곡 장 궁 안 활 연

아홉 굽이 돌아드니 오히려 눈앞이 훤해지면서

桑麻雨露見平川
상 마 우 로 견 평 천

뽕밭과 삼밭에 이슬비 내리고 넓은 내가 보이네

漁郞更覓桃源路
어 랑 갱 멱 도 원 로

젊은 어부는 다시 무릉도원 가는 길을 찾지만

除是人間別有天
제 시 인 간 별 유 천
두어라 예가 바로 인간 세상의 별천지라네

여기서 눈여겨보아야 할 것은, 앞에 예시된 맹자의 글과 주자의 시 그리고 거북
바위 사진에서 보듯이, 마땅히 도리로 보거나 순서로 보아도, 성리학을 목숨처럼
여기는 주자학파들이 모여, 어떤 목적을 위해 그들이 받드는 스승이 머물렀다는
무이산 구곡을 표방(標榜)하여 일으킨 사업이라면, 마땅히 마지막 정하는 도원(桃
源)은 제시인간별유천과 함께 이 거북바위에 새기고, 이곳이 무릉도원(武陵桃源)임
을 선언했어야 했다.

즉 앞서 본문에서 설명했듯이, 남송 때 성리학을 집대성한 주자가 지금의 중국
복건성 무이산(武夷山) 계곡의 아홉 구비의 경치를 노래한 무이구곡가(武夷九曲歌)
는 그 첫 수를 제하고 무이구곡의 산과 물의 경치를 묘사한 것이지만, 내면은 도
학(道學)의 단계적 과정을 펼쳐 놓은 것이며, 조병순이 무이산 구곡을 표방한 동악
산 청류동 구곡 역시 주역의 팔괘를 기본으로, 각 곡마다 선대들이 새겨 놓은 성리
학의 진수를 활용하여 정학(正學)의 도통(道統)을 지키고, 항일의병운동과 민족독
립운동사상을 교육하여, 섬나라 오랑캐들을 물리치고 자주독립 국가를 건설하자
는 요결(要訣)로 활용한 것이므로, 구곡 도원은 제시인간별유천과 함께 거북바위
에 새겼어야 했다.

그러나 항일독립운동을 선도하던 조병순이 독립운동의 핵심이며 완성인 구곡의
도원을 별유천과 별도의 장소인 목석거록시유 아래 정한 것은, 주역과 풍수를 활
용한 것이지만, 그 할아버지 조형일의 개혁사상을 부친 조필승이 쇄국양이(鎖國攘

夷)의 위정척사로 이어 실천했던 것처럼, 선대들의 애국애민사상을 항일독립운동의 교재로 다시 활용한 것으로, 선대들이 이루려 했었던 왕도정치와 주역 팔괘의 완결이며, 성인(聖人)이 다스리는 무릉도원, 즉 독립된 나라 대한제국의 미래 지향점으로 예시한 것이다.

즉 잃어버린 나라를 되찾기 위해 주역 팔괘를 들고 무태동천을 들어와 도원을 완성시킨 조병순이 임금과 백성과 국토가 섬나라 오랑캐들에게 함께 유린된 것은, 끝없는 파당파쟁과 탐관오리들의 매관매직과 부정부패가 그 원인이었음을 뼈저리게 절감하고, 섬나라 오랑캐들을 물리치고 미래 세계에서 건설될 대한제국은 파당파쟁과 부정부패가 없고, 가난한 자와 부유한 자의 차별이 없는 무릉도원, 즉 천부낙토(天府樂土)임을 밝히고, 그 실천사항으로 적시한 것이다.

다음은 거북바위에서, 갈상암으로 가는 길을 따라 12분쯤 올라가다 좌측 길옆 사람의 형상을 한 암벽에 새겨진 '서풍등고(西風登高)'에 관한 설명이다.

사람의 형상을 한 암벽에 새겨진 서풍등고(西風登高)는 여러 가지 해석이 있겠으나, 마침내 탐관오리들과 부정부패를 일소하고 도원을 완성, 태평성대를 맞이한 동악산 우국지사들이 화려한 조복(朝服)을 갖추어 입고, 홀(笏)을 들고 임금을 알현하고 있는 장중한 모습을 상징한 것으로, 청류동 구곡의 역사를 일으킨 의인(義人)을 칭송하는 것이며, 그 뜻은 "서산(西山) 조형일(曺衡鎰, 1800~1860)의 유지를 받들어 산을 오르다", 즉 청류동에서 이루어진 왕도정치의 교육과 인재들을 양성하고 척양척왜(斥洋斥倭)의 투쟁을 이끌고 있는 주체를 밝힌 것이다.

여기서 조형일의 유지를 높이 받들었다는 것은, 안동 김씨들의 세도정치와 탐관오리들의 부정부패를 일소하고 왕도정치를 이루려 했었던 조선 말기 선비들의 개

◇ 서풍등고(西風登高)

마침내 도원을 완성, 태평성대를 맞이한 동악산 우국지사들이 아름다운 조복(朝服)을 갖추어 입고 홀(笏)을 들고 임금을 알현하고 있는 모습이다.

혁사상을 상징하는 것이다.

조형일을 일러 1917년 정수태가 발간한 곡성군지(谷城郡誌)에 '향당추칭(鄕黨推稱)' 고을에서 칭송하며 받들었다 하였고, 동악산 청류동이 성리학의 도량임을 선언한 팔곡 해동무이(海東武夷)가 그의 친필이고, 여기 서풍등고 좌측에 새겨진 괴천(槐川) 조필승(曺弼承)·경암(敬菴) 김재준(金在準)·율헌(栗軒) 정일우(丁日宇)·소헌(小軒) 김원섭(金元燮)·효곡(曉谷) 신종(申樅)·죽당(竹堂) 신봉국(申鳳國)은 동악산 항일운동 1세대들인데, 이 가운데 그 아들 괴천 조필승이 중심인물로 되어 있는 것은, 이 모든 일들이 조형일의 유지를 받든 것임을 말해 주는 것이다.

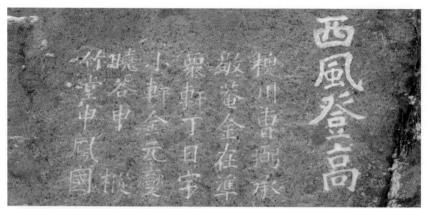

◇ 서풍등고(西風登高) 항일독립운동 1세대 명단

'서풍등고'는 1900년 사망한 조필승이 생전에 새긴 것이며, 명단은 위정척사를 이끌었던 주체들, 항일독립운동 1세대들이다.

다음은 1861년 겨울 조필승의 서재에서 소치(小癡) 허유(許維, 1809~1892(순조 9년~고종 29년))가 그린 여덟 폭 대나무 그림 가운데 일부다.

좌측 끝에 "분장주영(粉墻籌影) 갱연성성(鏗然成聲)─ 하얀 화선지에 대나무를 그려 놓고 보니, 갱연한 소리가 이는 듯하다. 신유동대한일(辛酉冬大寒日) 소치사(小癡寫)─ 1861년 겨울 대한(大寒) 날에 소치(小癡)가 모사(模寫)하다"는 소치의 화제(畫題)와 낙관(落款)이 있는 여덟 폭 그림 가운데 일부다.

그러나 이 여덟 폭 대나무 그림이 안동 김씨들의 세도정치로 인한 부정부패를 일소하고 왕도정치를 이루려 했었던 선비들이 조필승, 즉 1860년에 사망한 조필승의 부친 조형일이 쓰던 서재에 모여 시와 서를 논하면서 인재들을 양성하는 교육용으로 그려졌다는 것을 상기하면, 선비들이 모여 인재들을 양성하니 맑은 소리가 인다는 것은 선비들이 모여 천하의 개혁을 논하니 나라의 희망이 보인다는 뜻이다.

◇ 1861년 겨울 소치(小癡)가 모사(模寫)한 대나무 그림 여덟 폭 가운데 일부

안동 김씨들의 세도정치와 관료들의 부패정치로 나라가 망할 지경에 이르자 이에 반기를 든 전국의 선비들이 백회(白灰)로 담을 바른 조필승의 집에 모여 나라의 장래를 걱정하고 개혁을 논의했다는 뜻이며, 결국 이 대나무의 그림, 즉 선비정신이 위정척사와 항일독립운동으로 이어진 것이다.

이름을 새긴 바위가 마치 솔개가 둥지에서 알을 품고 있는 형국이다. 우측 날개에 새긴 명단이 1. 항일 1세대들이고 2. 좌측 날개에 새긴 계상현현(溪上賢賢)의 명단이 항일 2세대들이며, 마치 솔개를 보호하고 있는 듯한 형국의 우측 독립된 바위에 새겨진 명단이 3. 항일 3세대들이다.

뿐만 아니라, 조병순은 1917년 3월과 4월과 5월에 청류동은 물론 좌우에 있는 서계동(西溪洞)과 원계동(元溪洞)에 같은 동지들과 뜻을 모은 글을 남겼는데, 그가 참여한 3월 3일 서계동 남주의 사당이 있던 선암동문 바위에 새긴 제목은 '계상현현(溪上賢賢)'이라 하고, 4월 원계동에 새긴 제목은 '원계비둔(元溪肥遯)'이라 하였으

◇ 서계동 남주(南趎) 선생의 생장 터 선암동문(船巖洞門) 바위에 새겨진 명단들

나, 5월 청류동 단심대에 조병순이 주도하고, 선두에 이름을 새긴 명단의 제목을 '서산강론(西山講論)'이라 한 것은, 선대로부터 이어져 온 할아버지 조형일을 추모하는 모임의 명칭을 빌려다 쓴 것이다.

[부연하면, 본래 향당(鄕黨)은 자신이 머무는 마을 또는 고을을 통칭하는 말이다. 그러나 곡성군지를 발간한 정수태는 이 향리(鄕里)와 칭송(稱頌)의 뜻을 향칭(鄕稱)으로 약칭해 쓰면서, 조형일과 몇 사람에 한하여, 향당추칭(鄕黨推稱)이라 하여, 당(黨)과 추(推)자를 중복시켰는데, 이는 향리에서 따르는 무리들, 즉 조형일을 추모하며 받드는 모임 단체가 있었다는 뜻이며, 또한 사실이 그러하였다.]

다음은 서풍등고(西風登高) 좌측 암벽에 새겨진 명단이다.

서풍등고(西風登高) 좌측 암벽과 남주의 사당이 있었던 월평리 선암동문(船巖洞門) 암벽에 새겨진 정래길(丁來吉)·조태환(曺台煥)·김수현(金洙賢)·정래동(丁來東)·신용균(申溶均)·조정환(曺正煥)·정래명(丁來明) 이상 7명 가운데 가계(家系)를

◇ 청류동 서풍등고(西風登高) 좌측 암벽에 새겨진 명단

◇ 서계동 남주 선생의 생장 터 선암동문 바위에 새겨진 항일 3세대 명단

확인하지 못한 김수현과 신용균을 제외한 나머지 5인들은 선대들의 대를 이어 활동하던 항일독립운동의 3세대들이며, 여기에 이름을 새긴 것은 대를 이어 변치 말자는 맹약이다.

　[부연하면, 여기 구곡과 서계동에 새겨진 1·2·3세대들의 명단은, 1814년 안동 김씨들의 세도정치와 부정부패로부터 도탄에 빠진 민생을 구하고, 국정을 바로잡기 위해, 호남유림들을 결집시켜 서계사(西溪祠)를 세웠던 중심세력들의 후손들이 대를 이어 바위에 새긴 것이며, 이들이 위정척사와 항일독립운동의 모태이며 주축

이 되었다.]

오직 민족의 자유와 독립이라는 일편단심이 있을 뿐, 아무것도 남기지 않은 불문(不文)·불언(不言)·불명(不名)으로 대변되는 항일투쟁사에서, 의롭게 살다 간 선열들의 역사를 증명할 것은 아무것도 없다.

그러나 주민들의 증언과 1950년 8월 6일 새벽 친일파들이 전쟁을 빌미로 우국지사들을 학살한 삼인동(三仁洞) 양민학살의 묘비에서 보듯이, 동악산 항일독립운동 3세대들인 이들은 일제강점기 사회 각 분야에서 활동하면서 독립군 상호 연락과 자금 운반 시 경호와 요인암살 등을 담당했던 비밀요원들이었으며, 4대를 이어 온 조태환을 비롯하여 정래길과 나머지 정(丁)씨들은 방계(傍系) 형제들인데, 모두 3대를 이어 헌신해 온 가문이다.

특히 조태환과 조정환은 항일독립운동의 2세대를 이끌고 청류동에 구곡을 정한 조병순과 조병흠의 아들이니, 청류동 구곡은 1800년대 초부터 1945년 해방까지 조형일(1800~1860)이 처음 의기(義旗)를 든 후 → 조필승(1845~1900) → 조병순(1876~1921, 곡성경찰서에서 고문, 살해됨) → 조태환(1901~1950, 양민학살에 희생됨)까지 4대가 이어 온 역사다.

우리 역사가 시작된 단군 이래 가장 치욕적이었던 조선 말기에서 해방 때까지 백여 년 동안 이들 조병순의 가문이 4대를 이어 온 청류동의 역사는 조선 말기 안동 김씨들의 세도정치와 탐관오리들의 부정부패를 일소하고 왕도정치를 실현하려 했었던 개혁파들이(조형일) 쇄국정책으로 대변되는 위정척사파로 변하고(조필승), 위정척사파들이 다시 항일무장투쟁과 민족독립운동의 주체세력으로 변하고(조병순), 민족의 자주독립을 갈망하던 세력들이 일제 치하에서 어떻게 대처하며 자주독립을 이끌어 왔는지(조태환) 한눈에 보여 주는 살아 있는 역사이며 교본(敎本)이다.

그러나 이들 가운데 안타깝게도 읍내리 7구 방앗간 근처에 살았던 신용균은 해방 후 그가 죽은 뒤 가난에 허덕이던 그 부인과 딸이 구례로 떠난 후 소식을 아는 이가 없고, 필자의 요청으로 현장을 확인한 유회수(柳檜洙) 은사(恩師)님의 증언으로 곡성읍 죽동리 출신으로 밝혀진 김수현은 그의 아들들이 본인 여부를 확인하기 위해 반드시 필요한 몇 가지 사실 확인 요청을 누차 회피하여 본인 여부는 물론 변절 여부를 최종 확인하지 못했지만, 청류동 기록으로만 보면 대를 이어 독립운동에 헌신한 가문이며 비밀조직원이었다.

[부연하면, 나는 동악산 인물을 추적하면서 친일파가 분명한 사람들은 찾지 않았다. 찾아봐야 그들로부터 들을 것은 온갖 수모뿐이었기 때문이었다.

일제강점기 각종 산판과 이권개입 등으로 군민들의 고혈을 갈취했던 조(趙)씨들은 지금도 기억하는 노인들이 치를 떠는 이른바 악질 친일파 가운데 하나인데, 개인적으로 동악산 항일독립운동의 역사를 조사하면서, 해방 후 오늘날까지 곡성의 요직을 장악한 그 후손들의 조직적인 방해와 협박은 두 번 다시 겪고 싶지 않은 끔찍한 일들이었다.

특히 우국지사들을 괴멸시키려는 작전의 일환으로 일제의 보호를 받으며, 이들 조씨들이 벌인 산판사업은 산을 의지하여 싸우는 의병들에게는 은거지가 노출되고 사라지는 치명적인 결과를 가져와 마침내 동악산 의병들이 괴멸되는 결정타가 되었으며, 이것이 우국지사들이 산을 버리고 지하로 숨어 이른바 왜놈들과 친일파들에게 굴욕을 당하는 원인이었다.]

끝으로 이 청류동 구곡을 완성시킨 조병순(曺秉順, 1876~1921)에 관한 설명이다.

조병순에 대하여, 조선환여승람(朝鮮寰輿勝覽) 문행편(文行篇)에 "자(字) 선일(善日), 호(號) 하정(荷亭), 괴천(槐川) 필승(弼承)의 아들이다. 부모를 섬김이 효성스럽고 자식을 가르침은 엄하였으며, 아우 병흠(秉欽)과 함께 송사(松沙) 기우만(奇宇萬)의 문하에서 학문을 하였다. 해관(海觀) 윤용구(尹用求)가 그의 집 편액을 걸었는데, 이이재(怡怡齋)라 하였다" 하였고, 수비편(竪碑篇)에 "조병순(曺秉順)의 영사비(永思碑)가 석곡면 능파리(凌波里)에 있는데, 위암(韋菴) 장지연(張志淵, 1864~1921)이 비문을 짓고 썼다"고 기록하였다.

독립운동 자체가 기록을 남길 수 없는 비사(秘事)이지만, 일제의 끊임없는 탄압과 해방 후 6·25 당시 친일파들에 의한 그 아들 조태환의 죽음과 함께 인민군들의 약탈과 폭격으로 거처하던 서실이 불타 버리면서 1921년 8월 초 곡성군민들이 모은 군자금 1만 원(당시 곡성읍 전답(田畓)을 현재의 시세로 환산하면 7~8백억 원 정도)을 나주로 가서 상해임시정부로 보내고 돌아온 뒤 7월 백중날 밤(양력 8월 18일) 곡성경찰서에 끌려가 고문 살해당한 조병순에 관한 특별한 기록이 없어, 그날 밤 무

◇ 하정(荷亭) 조병순(曺秉順) 선생의 유택(幽宅, 월평리 소재)
조선 말기에서 일제식민지까지 조병순 선생의 할아버지와 아들에 이르는 4대(代)가 이름 없는 촌부(村夫)로 몸을 숨기며, 가문을 지키고 나라를 일으킨 역사는, 진실로 오늘 우리가 나아갈 바를 깨우쳐 주는 살아 있는 교훈이다.

슨 일이 벌어졌는지 알 수는 없지만, 세상이 쉬쉬하며 전하는 이야기는 평생을 스승 의병장 기우만을 보필하면서 동악산 항일운동을 이끌던 조병순을 당시 이 지역을 장악한 친일파들이 곡성경찰서로 끌고 가서, 고문과 폭행으로 살해(殺害)하였다는 것이다.

다음 을사늑약으로 온 나라가 공분(公憤)할 때, 오강(梧岡) 김정호(金正昊, 1871~1909. 4. 27.)가 교우(敎友)하던 조병순의 호(號) 하정(荷亭)을 소재(素材)로 하여 지은 시(詩)를 보면, 그의 죽음이 이미 예고되어 있을 만큼 조병순의 역할이 중차대한 것이었음을 알 수가 있다.

다음은 김정호가 조병순을 위해 지은 시다.

秋夜逢曺荷亭
추 야 봉 조 하 정
가을밤에 하정(荷亭) 조병순(曺秉順)을 만나

卽敎秋信淨盈堂
즉 교 추 신 정 영 당
가을밤 하정이 찾아와 정영당(淨盈堂)에 나아가니

橋北荷花定聞香
교 북 하 화 정 문 향
교북(橋北)의 연꽃 향기 정녕코 맡을 수 있구나

中夜雨收風不斷
중 야 우 수 풍 불 단
깜깜한 밤중에 비바람이 끊이질 않으니

黯然吹到水西長
암 연 취 도 수 서 장
암연한 가운데 바람 불어 서쪽 긴 강물에 불려 보낼까 염려로세

－오강유고(梧岡遺稿)에서 발췌

여기서 교북(橋北)이라 한 것은, 서울 교북동(橋北洞)에 있었던 독립문을 말하고, 하화(荷花)는 조병순을 지칭한 것으로, 추측건대 아마도 당시 서울 교북동 독립문 앞에서 있었던 어떤 항일집회 또는 비밀모임에서 주도적인 역할을 하고 온 이야기인 듯하다.

즉 당시 조병순의 열정적인 독립운동을 격려하고 염려한 글로서, 그 뜻을 풀어 보면, 가을밤에 교우(敎友)하던 조병순이 왔는데, 그는 나라의 독립을 위해 고군분투(孤軍奮鬪)하는 친구였다. 일본의 침략으로 나라와 백성이 수난을 당하는 때에, 저들의 마수(魔手)에 죽임을 당할까 염려된다는, 같은 의병동지이며 수학하는 교우로서, 김정호의 우정 어린 근심의 글이다.

왜냐하면, 이 두 사람은 비슷한 연배로서 동서(東西)로 10리쯤 떨어져 살고 있는 사람들이며, 서로 사는 마을이 보이는 상태인데, 언제나 빤히 보이는 동쪽을 보고, 교북(橋北), 즉 다리 북쪽이라 하고, 조병순 선생의 주변에 건널 다리도 연꽃을 피울 연못도 방죽도 없었으며, 또한 가을밤에 난데없는 비바람이 불어 강물이 범람하고, 서쪽 끝에서 사는 사람이 서쪽 긴 강을 이야기한 것은, 즉 깜깜한 밤중에 끊이지 않는 비바람이 그 연꽃을 꺾어 멀리 서쪽, 즉 서방정토, 즉 저승으로 보내 버릴까 우려(憂慮)한 것으로, 독립운동가 조병순의 안위(安危)를 심각하게 염려한 글이다.

이후 1921년 7월 15일(음력 백중날 밤) 조병순이 곡성경찰서에서 고문과 폭행으로 살해되었으니, 이는 1909년에 죽은 김정호가 암살(暗殺)될 것을 염려했을 만큼, 조병순은 오래전부터 이곳 동악산 항일의병활동에서 중요한 역할을 하고 있었다는 증명이다.

특히 당시 충의(忠義)의 상징인 장지연(張志淵)이 자신보다 12세 연하(年下)이며, 45세의 젊은 나이로 고문 살해된 조병순의 영전(靈前)에 영원히 잊지 않겠다는 비문을 썼다는 것은, 그의 생애가 무엇이었으며, 죽음이 그만큼 원통(寃痛)했음을 입증하는 것이다.

또한 윤용구(尹用求)가 자신보다 23세나 어린 조병순이 살고 있는 집의 편액을, 이이재(怡怡齋)라고 한 것은, 이 집에 오면 마음이 기쁘고 즐겁다는 뜻이니, 선비가 마음이 기쁘고 즐거운 것은, 학문과 충의로써 자기와 함께 벗할 우국지사 또는 선비를 만남이며, 곧 조병순이 그러하였다는 뜻이므로, 불망비를 쓰고 편액을 쓴 장지연과 윤용구 두 사람이 격식을 갖추며 예우한 사실에서, 조병순의 역사적 책무가 무엇이었는지, 충분히 짐작할 수 있는 일이다.

'조선환여승람'의 기록을 보면, 조병순의 부친 조필승(曹弼承)은 스스로 받들기를 검약을 중시하고 사람을 접함에 충신을 위주로 하였으며, 아들 조병순을 송사 기우만의 문하에서 수업을 하게 하였다고 했는데, 한 치 앞을 내다볼 수 없는 조선 말기 난세에 더구나 외세에 맞서 싸우는 의병장 기우만에게 자식을 맡긴 것은, 곧 자식을 나라의 자주독립을 위해 바친 것이며, 조병순은 부친과 스승의 기대를 저버리지 않았으니, 가히 그 아버지에 아들이었고, 그 스승에 제자였다 할 것이다.

또한 조병순의 아들 조태환(曹台煥) 역시 일제의 협박과 회유를 뿌리치고, 평생 포수(砲手)로 위장하여, 부친의 항일유업을 받들었으며, 이이재(怡怡齋)를 갈 곳 없는 우국지사들의 사랑방으로 만들어 쉬게 하면서, 일화배척(日貨排斥)과 납세거부(納稅拒否) 등 저항운동을 계속함에 따라 일제(日帝)의 탄압을 받아 마침내는 가세

◇ 조병순 선생이 거처하던 '이이재(怡怡齋)' 동편 방문 앞에 걸었던 '사물삼성(四勿三省)'이다. 낙관이 없어 언제 누가 쓴 글인지 알 수는 없지만, 고결한 선비정신이 느껴지는 글이다.

가 기울고 말았다.

특히 조태환의 호(號) 우하(又荷)는 의병장의 아버지 조병순(曺秉順)의 호 하정(荷亭)을 이은 것으로, 이는 고문 살해된 아버지의 뜻을 받들어 독립운동에 매진하겠다는 눈물겨운 맹약이며, 대를 이은 항일독립운동의 정신이었다.

이후 1950년 8월 6일 전쟁을 빌미로 친일파들이 자신들의 친일반역의 죄를 세탁하기 위해 자신들의 죄상을 알고 있는 우국지사들을 학살했는데, 이때 조태환이 희생되면서 역사 속으로 사라져 버린 가문(家門)이지만, 조선 말기에서 일제식민지까지 조병순의 할아버지와 아들에 이르는 4대(代)가 이름 없는 촌부(村夫)로 몸을 숨기며, 가문을 지키고 나라를 일으킨 역사는, 진실로 오늘 우리가 나아갈 바를 깨우쳐 주는 살아 있는 교훈이다.

끝으로 돌이켜 생각해 보니, 섬진강의 역사를 거슬러 온 것이 몇 년이었으며, 이 동악산은 또 몇백 번을 오르내렸던가?

처음 백 년 전 우국지사들이 나라를 위해 굳게 닫아 놓은 일곡(一曲) 쇄연문(鎖烟門)을 열고, 수년 동안 갖은 고생을 하며, 이곡(二曲) 무태동천(無太洞天)을 거슬러 온 필자가 구곡(九曲)에서 찾은 것은, '목석거록시유(木石居鹿豕遊) 제시인간별유천(除是人間別有天)'이다.

백 년 전 국가와 민족이 일본의 노예가 되어 겪은 치욕이 파당파쟁과 세도정치 속에 탐관오리들이 횡행하고 만연된 부정부패가 그 원인이었음을 깨닫고, 민족독립운동에 헌신하던 우국지사들이 미래에 건설되는 무릉도원 대한제국은 "나무와 돌처럼 아무런 생각 없이 살면서 권력에 빌붙어 매관매직을 일삼는 탐관오리들과 어울리며 부정부패를 일삼는 썩어 빠진 인간들을 제거하면 좋은 세상이다"며, 청류동 바위에 새긴 염원(念願)은 과거와 현재는 물론 미래세계에서도 결코 잊지 말아야 할 금과옥조(金科玉條)이며, 우리 민족을 살리는 비결(祕訣)이다.

오늘 백 년 전 일본에 빼앗긴 국권을 되찾기 위해, 전남 장성의 기우만(奇宇萬), 충남 회덕(懷德)의 송병선(宋秉璿), 전남 광양의 황현(黃玹), 전북 전주의 전우(田愚), 경기도 포천의 최익현(崔益鉉) 등등 우국지사들이 달려와 나라를 구할 방책을 논하고, 항일의병운동과 민족독립운동의 기틀을 마련하고 오늘의 자유대한민국을 존재케 한 동악산 청류동에서 백 년 전 우국지사들이 국가와 민족을 위해 동악산 청류동 바위 속에 예비해 둔 비결(祕訣)을 찾아 청류동 맑은 물에 띄워 보낸다.

바라건대, 이 물이 섬진강으로 흘러 바다로 가듯이, 우리 민족의 정통성을 되살려 영호남의 갈등과 남북 대립으로 사분오열된 우리 민족을 하나로 통합하고 새로운 국가발전을 이루어 내는 21세기의 삼한통합 남북통일의 감로수가 되기를 바란다.

10. 도동재(道東齋)의 눈물

◇ 도동재(道東齋) 표지석
선인들이 허리띠를 졸라매며 나라를 구할 의기로 세운 도동재는 감나무 밭이 되었고, 그 표상이 되었던 돌은 해방된 조국의 하늘에서 담 돌로 전락, 쓰레기에 묻혀 버린 슬픈 현장이다.

    곡성읍 구원마을 골안저수지 동산 앞에 있었던 도동재(道東齋)는 장일남 옹의 증언에 의하면, "본래 전해 오던 마을 서당을 경술년(庚戌年, 1910) 8월 29일 치욕적인 국치(國恥)로 왜놈들에게 나라를 빼앗기자 나라의 독립을 위해 왜놈들과 싸워야 한다며 장철수(張喆洙, 1832~?)・하태운(河台運, 1846~1914, 아우 하충용과 함께 남원 출신으로 항일투쟁을 위해 이사 합류) · 하충용(河充容)이 기우만의 제자인 장상기(張相基) · 장동환(張東煥, 1885~1936) · 서종순(徐鍾舜) 등과 손을 잡고 모의 끝에 서당을 새로 크게 짓고 이름을 도동재(道東齋)라 하였으며, 훈장은 장철수 · 하태운 · 하충용이 맡아서 일제 경찰의 탄압에도 불구하고 슬기롭게 이겨 가며 민족혼을 일깨우는데, 많은 업적을 남겼으며 많은 제자를 배출하였다. 서당 낙성식을 한다, 글짓기 대회를 한다는 등 여러 구실을 만들어 유생들을 많이 모이게 하여 죽포계(竹圃契) · 연정계(蓮亭契) · 도동계(道東契)를 조직하고 장상기가 총감독권을 쥐고 정신무장을 시키고, 유사시는 나라를 위해서 목숨을 바치겠다는 각오로 독립운동을 시작했는데, 이것이 구원마을에서 독립운동을 시작한 첫 출발점이다"라고 하였다.

[부연하면 장일남 옹의 증언에 1910년 서당을 새로 크게 지었다는 것은 이미 서당이 존재하고 있었음을 말하는 것이니 이 점 오해가 없기를 바란다.]

다음은 깃대봉에서 바라본 도동재가 있는 구원마을 전경이다.

백여 년 전 일본에 대항할 인재들을 양성하기 위해 세운 '도동재'는 사진 속 동산 너머에 있었다.

사진에서는 보이지 않지만, 쇄연문과 도동재는 읍내에 있는 조병순의 이이재(怡怡齋)와 함께 깃대봉에서 한눈에 관측되고 깃대봉을 통해 상호 연락이 가능했던 독립운동의 한 축이었던 도동재가 있었던 현장은 감나무 밭이 되었고 도동재를 새긴 돌은 담을 쌓은 돌로 전락 쓰레기에 묻혀 있으며, 심지어 사진 우측 안골저수지로 흘러드는 도림사 주차장 상가와 화장실 오폐수에 오염되어 있는 참으로 낯부끄러운 현장이다.

◇ 깃대봉에서 본 구원마을 도동재(사진 속 동산 중앙 너머에 있었다.)

   그러나 비록 해방 후 친일파들에 의해 역사는 왜곡되고 유적은 망실되어 도동
재를 증명해 줄 것은 아무것도 없지만, 당시 도동재의 역할과 상황이 어떠했는지,
다음 의병장 기우만이 도동재에 머물며 쓴 도동재강안서(道東齋講案序)를 읽어 보
면, 당시 눈물겨운 상황을 충분히 알 수가 있다.

   다음은 기우만(奇宇萬, 1846~1916)이 쓴 '죽포장공철수(竹圃張公喆洙) 도동재강안
서(道東齋講案序)'이다.

竹圃張公喆洙 道東齋講案序
죽 포 장 공 철 수 도 동 재 강 안 서
죽포 장철수 도동재 강안서

浴川之道東齋 吾今年再經過 齋生 皆先王法服 濟濟揖遜 心知 其師長之賢
욕 천 지 도 동 재 오 금 년 재 경 과 재 생 개 선 왕 법 복 제 제 읍 손 심 지 기 사 장 지 현
곡성(욕천, 浴川)의 도동재(道東齋)를 내 금년에 다시 지나가는데, 도동재의 재생(齋
生)들이 모두 선왕의 법복(法服)을 입고 수많은 사람들이 공손히 예를 올리니 그 스
승이 얼마나 어지신 분인가를 알 만하다(제제(濟濟)=성대하고 많은 모습).

◇ 욕천속지(浴川續誌)에 기록된 송사(松沙) 기우만(奇宇萬)이 쓴 죽포(竹圃) 장공(張公) 철수(喆洙) 도동재(道東齋) 강안서(講案序)

升其堂 壁上 有韻語 敎人節度 言外呈露 以此敎人 其效乃至
승 기 당 벽 상 유 운 어 교 인 절 도 언 외 정 로 이 차 교 인 기 효 내 지

於此乎 問而知其爲竹圃張公. 脚下
어 차 호 문 이 지 기 위 죽 포 장 공 각 하

그 당에 오르니 벽 위에 운시(韻詩) 한마디가 있는데 교인절도(敎人節度) 언외정로

(言外呈露)라는 글이었다. 이것으로 사람들을 가르치니 그 공효가 이 경지에까지 이

른 것이다. 이렇게 하신 분이 누군가를 물어보고 나서야 그가 죽포 장 공 각하임을

알았다.

張公 文行優長 生老於此 諸生 皆無他師 惟張公焉 爲依歸云
장 공 문 행 우 장 생 로 어 차 제 생 개 무 타 사 유 장 공 언 위 의 귀 운

장 공은 학문이 풍부하고 행실이 점잖았는데 여기에서 태어나 늙으니 모든 제생(諸

生 선비)들이 다 다른 이를 스승으로 삼지 않고 오직 장 공에게만 귀의하였다고 하

였다.

日邊君鎭國 行過三山之廬 致諸生之意 日鄙齋有講案 願有文 焉
일 변 군 진 국 행 과 삼 산 지 려 치 제 생 지 의 왈 비 재 우 강 안 윤 유 문 언

일본의 침략으로 인하여 임금과 나라를 지키기 위해 지리산 여막으로 가는 도중에

선비들이 뜻을 모아 말하기를 "누추한 재실(齋室)이지만 강안이 있어야 할 것이오니

재실에 대한 글을 써 주십시오" 하였다.

且日吾師張公年老子幼 簞瓢常空 案中人 出醵金若干 以爲服
차 왈 오 사 장 공 년 로 자 유 단 표 상 공 안 중 인 출 갹 금 약 간 이 위 복

勤之方 此事可否
근 지 방 차 사 가 부

또 말하기를 "우리 스승이신 장 공은 연로하신데다 자식은 어려서 끼니를 거르기 일

쑤이므로 글방의 사람들이 약간의 돈을 추렴하여 겨우 연명하는 수단으로 삼고 있

는데 이렇게 하는 일이 옳은 일입니까, 잘못된 일입니까?"

謹復日禮云 事師如事父 服勤宜無方 雖行傭便身 亦無乎不可
근 복 왈 예 운 사 사 여 사 부 복 근 의 무 방 수 행 용 편 신 역 무 호 불 가

而出力資養 又何疑乎
이 추 력 자 양 우 하 의 호

삼가 재삼 말씀드리지만 "예기(禮記)에 이르기를 '스승 섬기기를 부모 섬기듯 하라'

하였으니 어려운 살림살이 별다른 방도가 없으면 아무리 품팔이를 하여 부모의 몸

을 편하게 한다 해도 또한 불가한 일이 아닐 터인데 힘을 다해 자양하는 일이 또 무

슨 의심할 여지가 있겠습니까?"

第有一語 仰告者 養其體者 必先於養志 自事父而皆然
제 유 일 어 앙 고 자 양 기 체 자 필 선 어 양 지 자 사 부 이 개 연

"다만 한마디 존경하는 제생(諸生 선비)들에게 내가 드리고 싶은 말은, 스승의 몸만

봉양하는 데 힘을 쓰는 자는 반드시 스승의 마음을 먼저 헤아려야 할 것이며, 부모를 섬기듯이 모두 그러해야 한다.

願諸君 勖 書 勑行以樂其志 而無但以服勤於外者 謂可以報佛 恩在此也
원 제 군 구 서 칙 행 이 락 기 지 이 무 단 이 복 근 어 외 자 위 가 이 보 불 은 재 차 야

바라건대, 그대들은 글을 부지런히 읽고 삼가 스승의 마음을 즐겁게 해 드리는 데 힘써 행하되, 다만 형식적인 겉치레에 힘쓰지 않는 것이 스승의 큰 은덕에 보답함이 여기에 있다고 할 수 있을 것이다."

                              -기우만 도동재 강안서, 욕천속지(浴川續誌)에서 발췌

처음 이 강안서를 읽고 마음이 아파 잠을 이룰 수가 없었다.

답답하고 치미는 슬픔에 때마침 오밤중에 전화를 걸어 술 생각이 나느냐고 묻는 '도깨비'로 불리는 조윤봉(趙倫峰) 아우와 함께 밤새 술을 마셨지만, 지금도 마음이 아파 눈물이 난다.

가산(家産)을 후학들의 교육, 즉 독립군 양성에 쏟아붓고 끼니를 굶는 장철수에게 처가(妻家)에서 보다 못해 논을 몇 마지기 사줄 테니 농사나 지으며 편히 살라는 제의를 학생들이 배울 책으로 사 달라며 거절한 일화를 들려주면서, 늙은 눈을 적시던 장일남 옹의 말을 그저 촌부의 허세이거니 했었다.

그러나 욕천속지(浴川續誌)에 기록된 송사(松沙) 기우만(奇宇萬)이 쓴 "죽포(竹圃) 장공(張公) 철수(喆洙) 도동재(道東齋) 강안서(講案序)"를 찾아 읽고 보니, 당시의 정황이 어떠했는지 감히 상상하며, 선인들의 자취 앞에 엎드려 절할 뿐이다.

[부연하면, 1984년 장일남 옹 등이 뜻을 모아 세운 장철수(張喆洙) 흥학비(興學碑)에 기우만의 제자(弟子)라 하였는데, 이는 잘못된 것으로 장철수는 기우만의 제

자가 아니다.

기우만(奇宇萬, 1846~1916)이 쓴 "죽포장공철수(竹圃張公喆洙) 도동재강안서(道東齋講案序)"에서, 아무런 벼슬도 없는 장철수를 향하여, 장공각하(張公脚下)라고 존칭하고 늙었다고 한 사실에서 보듯이, 이는 난세를 살았던 만큼 족보에서조차 생몰연대가 불확실한 장철수를 후인들이 착각한 것으로 장철수는 기우만의 제자가 아니다.

족보에 기록된 장철수는 1832년 2월 11일 생으로 그가 사망한 연도는 기록되어 있지 않지만, 기우만보다 14세가 많은 장철수를 기우만의 제자라 한 것은, 아마도 도동재가 기우만의 제자들이 주축이 된 연유에서 비롯된 착각인 듯하다.]

다음은 도동재가 항일독립운동의 근거지였음을 분명하게 밝혀 주는 유일한 증거물인 무왕불복(无往弗復) 선사발적(鮮史發跡)이 새겨진 돌이다.

무왕불복(无往弗復)은 주역 지천태괘(地天泰卦) 구삼(九三) 효사에 "무평불피(无平弗陂), 편평하기만 하고 치우치지 않은 경우는 없고, 무왕불복(无往弗復), 가기만 하고 돌아오지 않는 법은 없다. 어려운 가운데서도 지조를 지키면 허물이 없으리니 식복(食福), 즉 태평성대가 있을 것이다"는 말에서 비롯된 말이다.

본래 태괘는 천지(天地)가 서로 교제하여 만물이 통해짐을 형상하는 괘로서, 하늘의 운수는 순환하는 것이므로 갔다가 돌아오지 않음이 없다고 하였는바, 다시 평소의 평온한 마음을 회복해야 한다는 것은, 즉 일본에 빼앗긴 국권을 회복하고 조선의 평화를 이루어야 한다는 강력한 항일투쟁의 의지다.

무왕불복(无往弗復) 옆에 작은 글씨로 새겨진 금문(金文) 선사발적(鮮史發跡)은 선사(鮮史)는 조선의 역사를 말하고 발적(發跡)은 일어남 또는 출발을 뜻하니, 조선의 역사를 배워 조선을 다시 일으키자, 즉 조국의 역사를 배워 빼앗긴 조국을 다시 일으켜 세우자는 맹약이며, 도동재가 나라의 자주독립을 위해 세운 것임을, 분명히 선언하고 밝힌 것이다.

◇ 무왕불복(无往弗復)과 선사발적(鮮史發跡)

본래 독립운동의 상징으로 도동재 뜰에 세워져 있던 '무왕불복(无往弗復)'과 '선사발적(鮮史發跡)'인데, 몇 년 전 도로포장 공사로 묻히는 것을 장일남 옹이 이곳으로 옮겨 세워 놓은 것이다.

아울러 필자의 짧은 식견으로 알 수 없는 금문(金文) 선사발적(鮮史發跡)의 해석은 우리 시대의 대학자이신 무등산 송담(松潭) 이백순(李栢淳) 선생님과 순천시에 계시는 무창(茂昌) 이해근(李海根) 한국서가협회전남지회장(韓國書家協會全南支會長)님께 의뢰하여 확인한 것임을 밝혀드리며 두 분 선생님께 감사의 인사를 드린다.

다만 선사발적(鮮史發跡)을 무왕불복(无往弗復)과 같이 일반적인 해서(楷書)로 쓰지 않고 전서(篆書)를 혼합한 금문(金文)으로 새긴 것은, 이른바 왜놈들이 알아보지 못하게 하고, 배우는 학생들과 선비들만 알아보고 대대로 전하여 골수에 새기는 항일의병과 민족독립운동의 정신이다.

이처럼 강력한 항일투쟁의지를 새긴 무왕불복(无往弗復)은 본래 도동재(道東齋) 뜰에 세워 놓고 와신상담(臥薪嘗膽) 마음에 새기던 글이었는데, 이러한 연유로 도동재와 함께 끝내는 일본에 의해 강제 철거되어 사라지는 수모를 당하며, 하찮은 돌이 되어 굴러다니다 몇 년 전 도로공사로 묻히는 것을, 장일남 옹(張一男, 1915년, 현 생존)이 여기에 세워 놓은 것이다.

좌측에 있는 죽포(竹圃) 장철수(張喆洙) 홍학비(興學碑) 역시 1984년 장 옹이 뜻을 모아 세워 놓은 것인데, 가산을 후학들의 교육, 즉 독립군 양성에 쏟아 붓고, 끼니를 굶는 장철수에게 처가(妻家)에서 보다 못해 논을 몇 마지기 사줄 테니 농사나 지으며 편히 살라는 제의를 학생들이 배울 책으로 사 달라며 거절한 일화는 이야기를 전해 주는 장 옹의 늙은 눈이 젖을 만큼 지금도 살아 있는 전설이었다.

해방된 조국에서 어리석은 후손들이 천대하며 묻어 버린 것을, 이른바 늙은이가 고집과 지혜로 여기에 세워 놓고 눈물겨운 도동재의 역사를 지킨 것이니, 장 옹이야말로 아버지 장동환의 대를 이어 도동재를 지켜 낸 은인이다.

끝으로 1915년 2월 15일 곡성읍 구원마을에서 애국지사 장동환(張東煥, 1885~1936)의 아들로 태어나 청류동을 오르내리며 글을 배우고 지금은 망백(望百)을 바라보고 있는 장일남 옹이 옛사람들의 자취를 찾기 위해 물어물어 몇 번을 찾아간 나에게 직접 목격하고 경험한 구원마을과 가문의 이야기를 중심으로 기술한 내용을 간추린 것이다.

장 옹의 증언 가운데 옹의 부친 장동환이 중요하게 거론이 되었는데, 이는 누구나 그렇듯이 옹이 어려서부터 듣고 본 바가 아버지 중심이었고, 인지상정(人之常情)임을 감안하면 당연한 귀결이며, 장동환이 석봉(石峯) 장중권(張仲權, 1863~1913)의 아들이니, 나라와 민족이 누란의 위기에 처했을 때, 그 아버지와 아들의 역할이 무엇이었는지 알 수는 없지만, 부자(父子)가 대를 이어 독립운동에 헌신한 가문의 역사는 의심할 여지가 없는 것이다.

◇ 1984년 장일남 옹 등이 뜻을 모아 세운 죽포(竹圃) 장철수(張喆洙) 흥학비(興學碑, 좌측)와 장 옹이 홀로 지켜 낸 무왕불복(无往弗復, 우측) 비(碑) 그리고 이 모든 것들을 지켜 낸 장일남 옹(張一男, 1915년, 현 생존)이다. 만일 장 옹이 지켜 낸 이 무왕불복(无往弗復) 선사발적(鮮史發跡)의 비가 없었다면, 도동재의 역사는 한낱 촌부들의 허세로 끝나 버렸을 것이다.

[부연하면, 장중권의 존재는 장 옹의 증언을 확인하는 과정에서 청류동 이곡(二曲) 범바위와 원계동 일곡(一曲)에 새겨져 있는 것을, 필자가 밝힌 것이므로, 장동환의 존재와 그 행적은 의심할 여지가 없는 분명한 것이다.]

그러나 장 옹의 증언을 여기에 전재하는 것은 아무런 연고도 없는 제3자와 시대적 사건에 관한 장 옹의 증언이 정확하게 일치하고 사실로 판명되어 동악산 항일독립 운동사를 밝히는 중요한 진술이기에, 기록으로 남기기 위해 옹의 허락을 얻어 증언과 메모를 간추려 여기에 싣는 것이니 특별한 오해가 없기를 바란다.

장일남 옹의 증언

옛날 도상면(道上面 현 곡성읍) 동막(구원마을)에 교육기관이라고는 유일하게 서당이 두 군데 있었는데, 도동재(道東齋)와 화당서실(花堂書室)이었고, 예부터 내려온 향약계(鄕約契)는 부모에게 효도하고 나라에 충성하며 착하게 살자는 것으로 마을 주민들의 상생과 화합을 도모하는 목적이었지만, 일제강점기에는 항일독립운동의 근간이었다.

〈주(註): 위 장 옹의 증언은 청류동 삼곡(三曲) 대천벽(戴天壁)에 새겨진 고종황제의 밀지(密旨) 보가효우(保家孝友)의 정신이다.〉

구원마을의 향약계는 한번 출동했다 하면 구원리 산천초목이 벌벌 떠는 무서운 단체이며, 일제강점기 이 향약계를 중심으로 마을 사람들이 하나로 똘똘 뭉쳐서 독립운동에 힘썼다.

초대 계장(契長)이 장상기(張相基)의 부친 장태환(張台煥)이고, 일제강점기에도 계속 그 명맥을 이어 내려오다가 해방과 더불어 헌법에 위배된다 하여 자진 해산하였다.

1905년 을사늑약이 체결되자 나라의 독립을 위해 왜놈들과 싸워야 한다며 장철수(張喆洙)·하태운(河台運, 남원 출신으로 항일투쟁을 위해 이사 합류)·하충용(河充容)이 기우만의 제자인 장상기(張相基)·장동환(張東煥)·서종순(徐鍾舜)과 손을 잡고 모의 끝에 서당을 새로 크게 짓고 서당 이름을 도동재(道東齋)라 하였으며, 훈장은 장철수·하태운·하충용이 맡아서 일제 경찰의 탄압에도 불구하고 슬기롭게 이겨가며 민족혼을 일깨우는 데 많은 업적을 남겼으며 많은 제자를 배출하였다.

서당 낙성식을 한다, 글짓기 대회를 한다는 등 여러 구실을 만들어 유생들을 많이 모이게 하여 죽포계(竹圃契)·연정계(蓮亭契)·도동계(道東契)를 조직 장상기가 총감

◇ 장일남 옹이 전해 준 메모는 모두 A4용지 여섯 장 이면지에 직접 칸을 그리고 쓴 글이다.

독권을 쥐고 정신무장을 시키고 유사시는 나라를 위해서 목숨을 바치겠다는 각오로 독립운동을 시작했는데, 이것이 구원리에서 독립운동을 시작한 첫 출발점이다.

〈주(註): 이때 구원마을에서 독립운동을 처음 시작했다는 것은 도동재와 가문에 얽힌 장 옹의 관점일 뿐 이 마을의 항일의병과 독립운동은 언동마을과 청류동의 사례

에서 보듯이 이미 오래전부터 조직화되어 있었다.〉

그러나 어려움이 한두 가지가 아니었다. 산 넘어 산이요 갈 길은 먼데 아무리 명분 있는 사업이라 할지라도 자금 없이 할 수 있는 일이 아니었고 군량미 없이 전쟁하는 군대와 같았다.

그러나 이 어려운 자금난을 정봉태(丁鳳泰)·박봉안(朴鳳安)·조병흠(曹秉欽)·정참봉 (?)·정수태(丁洙泰) 등과 비밀히 손을 잡고 해결하였다.

〈주(註): 조병흠은 재력가가 아니었다. 1921년 고문 살해된 형 조병순의 유업을 받들어 가문의 재산을 관리하면서 독립운동을 이끌었던 인물이며, 정참봉은 누구인지 정확하지가 않다.〉

자금 확보에 성공한 구원리에서는 사기충천(士氣衝天)하여 각지에 밀사를 보내고 세력을 확장하였으며, 기우만의 제자였던 장동환, 서종순은 기우만의 문인계(門人契)와 합세 행상을 가장하여 호남 일대를 돌아다니며 세포조직 공작으로 유대를 강화하고 상호 정보 제공 등 세력을 전국으로 확대하여, 마침내 3·1운동 독립만세 사건을 이끌어 낸 원동력이 되었다.

이와 같이 해를 거듭하여 구원리 서당은 날로 번창하고 인심은 애국심으로 불타오르니 일본경찰이 눈치를 채고 탄압하였다. 당장 서당을 폐지하라는 명령을 내리고 주모자들을 체포하니 나머지 사람들은 훗날을 기약하며 다음 작전을 위하여 모두 숨어 버렸다.

그러나 미처 피하지 못하고 잡혀 간 사람들은 죽도록 두들겨 맞고, 그 후유증으로 병들어 죽거나 불구자가 되어 일생을 폐인으로 살다 죽은 사람들도 있었다.

장상기는 자기 집 뒷방 벽을 한 사람이 겨우 누워 잘 정도로 이중으로 벽을 만들어 놓고 거기서 숨어 살다가 잡혀 가서 고문을 당하고 감방에서 죽기 직전에 정진태의 도움으로 살아 나왔으나 그때는 약도 없고 고문의 상처가 곪아 살이 썩어 고름이 찌걱찌걱 나고 구더기가 들썩들썩하였다고 들었다.

어느 정도 몸을 회복한 장상기는 사방에 숨어 있는 동지들을 찾아서 함께 동악산 밑에 있는 신덕암(神德庵)에 집결하여 지하운동을 계속하였지만, 경찰이 알고 와서 불을 질러 버려 할 수 없이 도림사로 내려와서 절 뒤안(뒤꼍)에 있는 조그마한 밭떼기에 절 식당을 만든다는 구실로 방 한 칸을 짓고, 낮에는 산에서 살고 밤이면 들어와 자고, 오늘은 여기 내일은 어디 하고, 늘 장소를 바꾸어 숨어 다니면서도 학생들을 가르치는 일을 게을리하지 않았다.

왜냐하면 머지않아 일본은 망하고 우리 세상이 곧 돌아올 것을 믿었기에, 과거를 보고 벼슬하는 희망을 버리지 않았기 때문이다.

또 절 보제루(普濟樓) 밑에 숨어서 살았고, 절 마당 앞에 있는 요사채에서도 살았으며, 공부할 때는 주로 팔곡(八曲) 용소(龍沼) 반석 위에서 많이 하였다.

책 대신 반석에 새겨진 글씨의 뜻을 선생님들로부터 배워 외우고, 종이와 먹이 없어 붓에 물을 적셔 바위에다 글을 쓰면서 배웠다.

독립운동의 중요성을 강조하기 위해 만들어 낸 "조선 없이 못 살아, 조선 없이 안 돼"라는 말도, 처음 이 반석에서 글을 가르치던 선배 선생들이 만들어 퍼트린 말이라고 배웠다.

어려서 누가 누구인지 잘 몰랐지만, 서울이나 다른 지역에서 활동하던 저명한 애국지사들이 회합차 도림사에 모이면, 우리 학생들까지 사전에 초비상 경계에 들어가는데, 절에 불공하러 가는 사람도 일체 입산을 금지시키고, 월봉리 입구에서부터 산속에 숨어서 파수(把守)를 서다, 경찰이 오면 깃대를 흔들어 산꼭대기(깃대봉)로 알리면, 그 즉시 온 산에 알려 일행은 산으로 숨어 버렸다.

이러한 보안과 경비는 도림사 주지 눌봉의 주도하에 조직적으로 훈련하고 움직였는데, 외부에서 찾아와 도림사에 숨은 선생들은 한군데서 오래 머물지 못하고 하루는 서반박굴(고반동, 考槃洞)에서 하루는 원계동(元溪洞)에서 동에 번쩍 서에 번쩍 하듯 골짜기를 늘 옮겨 다니며 숨었다.

애국지사들을 검거하려다 번번이 실패한 경찰이 도림사를 기습하여, 주지 눌봉을 칼로 찔러 버렸지만, 눌봉은 온몸이 피범벅이 된 채 월봉마을로 피신하여 살았고, 장상기는 식구들도 모르게 멀리 가서 숨어 버렸다.

〈주(註): 정확한 기록이 없어 단정할 수는 없지만, 1920년 가을 눌봉의 주도하에 도림사 대법당인 보광전의 중수를 마쳤고, 1921년 8월 18일(양력) 야밤에 조병순이 곡성경찰서로 끌려가 고문으로 살해되었는데, 눌봉이 암살을 면한 것도 아마 이 무렵이었을 것으로 추정된다. 장 옹의 증언은 박현래 옹의 증언과도 일치한다.〉

왜놈들의 탄압이 지속되면서 선배 선생들은 늙은 몸으로 악조건의 피신 생활을 이기지 못하고 병들어 다 죽고 서당은 폐허가 되고 말았다.

1922년 형시묵(邢時黙)을 훈장으로 모시고 다시 서당을 복원하여 학도들을 모아서 민족혼을 일깨우는 데 힘을 쏟았으며 장상기는 자기 집 사랑과 읍내에 있는 조태환의 이이재(怡怡齋) 서실(書室)에서 돈 없고 가난한 사람들을 모아 주경야독(晝耕夜讀)을 시키는 등 많은 선덕을 베풀다 장흥군 어느 산속에 들어가 서당을 차려 놓고 끈질긴 저항을 하다 노병(老病)으로 집에 돌아와 1948년 해방 후 3년 만에 생을 마쳤다.

일제 말기 우리는 머리를 땋고 상투를 틀었는데, 동네 할아버지들의 말씀이 민족정신을 잃으면 영원히 망한다면서, "머리 깎는 놈들은 다 죽는다. 절대로 머리를 깎지 마라"며, 머리 깎고 학교를 못 가게 할아버지들이 지켰다.

그때는 민족정신을 잊지 말라는 뜻으로만 알았는데, 지금 와서 생각해 보니 머지않아 해방이 되면 친일파들은 다 죽인다는 것을 알고 있었기 때문이었다.

※ 다음은 장일남 옹이 나를 불러 두 번째 전해 준 메모다.

이 내용은 장 옹이 전해 준 앞전의 메모와 구두로 들려주었던 이야기 가운데 미진한 부분을 다시 6개 항으로 정리하여 전해 준 것이다.

읽어 보니, 내용이 중요한 것이라, 불필요한 오해를 없애기 위해, 사투리와 구문(舊文)을 표준체로 바꾸었을 뿐 내용은 원문 그대로 실었으며, 오해될 수 있는 부분은 필자가 '주(註)'를 달아 설명하였으니, 참고하기 바란다.

장일남 옹의 2번째 증언

"① 일전에 내가 증언한 가운데 빠진 대목이 있어서 다시 첨가하여 말씀드립니다.

도림계곡 제1곡에 가면 지금 왕대밭이 있는 자리가 옛날에는 묵정밭이었고 암석이 꽉 차 있고 가시덤불로 그 가운데에 초가 오두막집이 하나 있으며 도림사 가는 길은 사람 하나 겨우 다닐 정도로 현재의 도로까지 산으로 되어 있는 첩첩산중입니다. 〈주(註): 이때는 정수태가 도림사 도로를 확장하기 전의 상태를 말한다.〉

그 초가집에는 중이 하나 살고 항상 영(令)자 기(旗)가 서 있습니다. 경찰이 왔다 하면 기를 눕혀서 멀리 있는 깃대봉에서도 기를 보고 모두 숨어 버리는 역할을 하였습니다.

〈주(註): 청류동을 감시하던 승려는 눌봉의 맏 상좌(上佐) 이한종(李漢宗)이었으며, 1920년 보광전 상량 당시 별좌(別座)였다. 해방 후 월봉리에서 살았고, 그 이름이 팔곡 등산로 옆에 새겨져 있다. 일제강점기 승려들은 대처승들이었으니, 부부였다는 장옹의 증언은 정확한 것이다.〉

② 제2곡에 세칭 호랑이 바위 입 부분과 일부가 도로공사로 인하여 파괴가 된 점은 참으로 유감천만으로 생각합니다. 왜냐하면 그 바위에 새겨 있는 장동환 등 여러 애국자 명단이 없어진 것입니다.

③ 제2곡 사무사(思無邪)가 있는 곳에 집이 있었고, 그 밑에 용이 났다는 용소(龍沼)가 있고, 그 계곡은 독립군들이 밥을 해 먹고 살았다는 흔적이(화덕) 남아 있습니다.

〈주(註): 사무사가 있는 곳에 집이 있었다는 것은, 사무사 글씨를 보호하기 위해 지은 작은 전각(殿閣)을 말함이다.〉

④ 또 하나 연정(蓮亭) 하태운(河台運)은 하우용(河宇容)과 동일인이오니 연정(蓮亭) 하태운(河台運)을 하우용(河宇容)으로 기재하여 주시기 바라오며, 호은(湖隱) 하충용(河充容)은 장철수·하태운·형시묵·장상기의 뒤를 이어 차례로 도동재(道東齋)를 이끌면서 끝까지 왜경과 대항하면서 후배 양성에 신명을 바친 자타가 공인하는 애국자이오니 참고하시기 바랍니다.

⑤ 장동환과 서덕문(서종순)·장상기는 의병장 기우만의 제자로 이미 애국정신 사상이 몸에 배고 생활화하여 온 인물들입니다.

특히 장동환과 서덕문은 자고 눈만 떴다 하면 갓을 쓰고 두루마기를 입고 읍내 조병흠(조병순의 집 이이재(怡怡齋))의 집으로 매일 출근하는 일이 일과로 되어 있어서 그 연유를 식구들 아무도 모르고 애만 태우고 있던 중 하루는 할머니께서 나를 시켜서 아버지(장동환)를 미행하라 명하셨습니다.

나는 아버지를 따라 읍내 조병흠의 서재로 갔습니다. 그 집에는 나의 친구 조희문이 있었습니다. 나는 조희문으로부터 모든 정보를 들을 수가 있었습니다.

그곳은 독립운동가들의 아지트라는 것을 알았고 군자금 확보하는 것도 알게 되었습니다.

〈주(註): 장일남 옹이 나이 어린 조희문을 친구라 칭하는 것은, 함께 수학한 동문이었기 때문이라 한다.〉

하루는 아버지께서 겸면 마전리에 사는 천석꾼 부자를 상대로 군자금 확보를 목적으로 밤에 가는 도중 강도를 만나 몸이 피투성이가 되어 가지고 그 마을 강원중 씨 집에 찾아가서 강원중 씨의 도움으로 마을 청년들을 동원하여 그 강도를 잡았으나 돈은 없었고, 애걸복걸하여서 용서해 주었다고 합니다. 그 후부터 아버지의 비밀을 알게 되었습니다. 그때 내 나이 15세가량이었습니다.

〈주(註): 이 대목은 1930년대 초의 상황이다.〉

⑥ 제 부친 말씀에 의하면, 조태환 씨가 조실부모(早失父母 일찍 어려서 부모를 잃다)로 천석꾼 부자 살림을 의지할 곳이 없어서 숙부인 조병흠이 서재를 지키고 전 재산을 관리하면서 선생을 모셔다 태환 씨를 충효사상과 애국정신 함양에 역점을 두고 교육을 시켰다고 합니다.

〈주(註): 조병흠은 조병순의 친동생으로 조태환의 숙부다. 특히 조병순·조병흠 두 형제가 부모에게 효도하고 한 몸처럼 나눈 형제의 의(義)는 향토지와 선비들의 문헌에 기록되어 있다.〉

그 영향을 받아서 조태환 씨는 남달리 애국심이 투철하여 동포애와 이웃 간에 인심 좋기로 읍내 부자들 중에서 소문난 덕망가(德望家)로 칭송이 자자하였습니다.

〈주(註): 조태환(曺台煥, 1901~1950)이 광주 서중을 다니던 1921년 8월 동악산 항일 독립운동을 이끌던 부친 조병순이 곡성경찰서에서 고문 살해되었고, 조태환은 중퇴하였다. 후손들의 말해 의하면, 부친의 일로 강제 퇴학당했으며, 학적은 말소되었다 한다.〉

그리고 조병흠의 뜻에 따라 독립운동을 하는 데 음으로 양으로 돕고 엽총을 소지하여 군자금을 이동하는 데 많이 도와주었고 매일 수십 명씩 독립 운동가들이 서재에 모이니 접대하는 데 무료봉사하신 조태환 씨 부인의 공이 지대하므로 "적선지가필유경(積善之家必有慶: 착한 일을 하는 집에는 반드시 좋은 일이 있다)"이라 하였으니, 반드시 그분의 후손께 좋은 복이 오리라 믿습니다.

서기 2007년 2월 23일 곡성군 곡성읍 구원리 460번지 장일남(93세) 증언합니다."

　　　　　　　　　　　　　　　　　　　　　　　　　-장일남 옹의 증언 메모에서 발췌

[부연하면, 도동재가 있는 구원마을은 노무현 정부에서 청와대 인사수석 김완기와 기획예산처장관 장병완이 태어난 마을이다.

한 임금 밑에서 두 재상이 태어난 마을이니, 나라의 동량이 끊임없이 배출되는 명당이라는 전설이 헛된 것은 아니지만, 이러한 모든 것은, 교육이 나라를 지키는 힘이라는 도동재의 정신이 대를 이어 실천된 결과로 나타난 것이다.]

11. 원계비둔(元溪肥遯)

◇ 원계동(元溪洞) 전경
형제봉에서 흘러내린 산의 형국이 마치 호랑이가 숲 속에 엎드린 모습이다. 좌측 계곡이 세진대(洗盡臺)와 활연대(豁然臺)가 있는 원류이고, 우측 계곡 아래 형성된 암벽이 복호폭포(伏虎瀑布)이며 우측 능선 너머에 고반동(考槃洞)과 청류동(淸流洞)이 있다.

원계동(元溪洞)은 곡성읍 서쪽 구원리에 있는 골짜기의 이름이다.

마치 동악산 성모(聖母)이신 관세음보살님이 중생을 위해 펼친 치맛자락처럼 남쪽의 원계동(元溪洞)에서부터 고반동(考槃洞)·청류동(淸流洞)·서계동(西溪洞)·삼인동(三仁洞)·청계동(淸溪洞)까지 남쪽에서 북쪽 방향으로 부챗살처럼 펼쳐진 여섯 개의 계곡 가운데 가장 신비하고 아름다운 골짜기가 원계동(元溪洞)이며, 이름 또한 으뜸이라는 뜻이다.

무엇보다도 예로부터 산의 모습이 마치 하늘의 상제(上帝)가 세상을 다스리기 위해 숨겨 둔 천부(天府)의 징표인 양 하늘 천(天)으로 만들어진 산 가운데 나란히 솟은 두 개의 봉우리를 중심으로 여섯 개의 산줄기가 나와 휘도는 형상인 형제봉을 만물을 생성시키는 우주의 근원인 태극(太極)이 음(陰)과 양(陽) 양극으로 나뉘어 운기(運氣)하고 있는 중심으로 보고 수많은 선비와 신선(神仙)을 꿈꾸는 사람들이 이 산으로 들었는데 그 가운데 바위에 새겨진 이름들을 보면, 유형원(柳馨遠, 1622~1673)・박세채(朴世采, 1631~1695)・김창협(金昌協, 1651~1708)・김창흡(金昌翕, 1653~1722)・이익(李瀷, 1681~1763)・정약용(丁若鏞, 1762~1836)과 연암(燕巖) 박지원(朴趾源)의 열하일기에 기록된 동악산 출신 남주(南趎)의 일화처럼 박지원의 대표적 한문 소설인 허생전(許生傳)의 실존 인물 또는 그 모델인지 알 수는 없지만, 허생(許生)이 머물렀던 유서 깊은 골짜기다.

이처럼 유서 깊은 원계동을 일명 원효골이라 하는 것은, 이 으뜸 원(元)을 원효(元曉, 617~686)와 결부시켜 지어 낸 것일 뿐, 백제와 고구려가 망하면서 삼한(三韓)이 피를 토하던 당시 경주 남산에서 신라의 국운을 비보(裨補)하던 원효가 이 산에 들어와 수도했다는 그 자체가 난센스다.

따라서 원효골이라 하는 것은 으뜸가는 골짜기라는 원계동(元溪洞)을 도림사를 창건했다고 잘못 알려진 원효와 혼합되어 사람들이 만들어 낸 것일 뿐, 올바른 역사도 아니며 지명(地名)도 아니다.

특히 골짜기의 이름이 된 원계비둔(元溪肥遯)은 하늘 아래 산이 있음을 상징하며

◇ 원계비둔(元溪肥遯)

은둔(隱遁)을 뜻하는 주역(周易) 천산둔괘(天山遯卦)에서 비롯된 괘로서 군자가 그 지위에서 물러나 세상을 피해서 산다는 뜻이지만, 여기서의 비둔(肥遯)은 군자, 즉 선비가 그 뜻을 지키기 위해 숨었다는 뜻으로, 원계비둔(元溪肥遯)은 형제봉에서 흘러내린 청류동·고반동과 함께 구한말 항일의병과 독립을 추구하는 애국지사들이 구곡(九曲)을 설치, 즉 구궁팔괘(九宮八卦)의 진(陣)을 펼쳐 싸웠던 전략으로 항일의병과 독립운동의 역사이며, 곡성의 항일의병과 독립운동을 이끌다 고문 살해된 의병장 조병순과 정순태가 청류동구곡을 정할 때 고반동(考槃洞) 구곡과 함께 새긴 것이다.

그러므로 이제부터라도 골짜기의 이름을 이 산 이 골짜기에 있었던 항일의병과 독립운동의 역사인 원계동(元溪洞)으로 바로잡아 천 년 뒤에 오는 후손들에게 전해야 할 것이다.

덧붙여 일러둘 말은, 지난 2007년 7월 도서출판 박이정에서 발간한 도채위경(淘採爲耕)에서 원계비둔에 관한 내용의 일부가 본문을 합본하는 과정에서, 처음 기초조사하면서 메모하여 두었던 잘못된 자료가 합본되어 출판되었는데, 이에 관한 부분을 수정하였으니 참고하여 주기 바란다.

그동안 원계동에 배열된 구곡(九曲)과 주제의 글을 찾기 위해 병든 몸을 이끌고 수없이 골짜기를 오르내리며 헤맸고, 며칠 전에도 한학자 엄찬영 아우와 함께 인부(人夫) 1명을 구하여 품삯을 주고 산을 뒤졌으며, 추석 연휴인 어제도 1명의 인부를 대동하고 원계동 골짜기를 헤맸고, 오늘은 혼자 원계동에 들어가 구곡(九曲)의 주제 글인 활연대(豁然臺)를 촬영한 뒤 골짜기를 헤맸지만, 산이 워낙 험하고 중요한 부분들이 채석장(採石場)으로 훼손되어 육곡(六曲)과 칠곡(七曲)을 끝내 찾지 못하고 돌아와 밤을 새며 이 글을 정리하고 있다.

알기 쉽게 설명하면 원계동에 설치된 구곡과 주제 글들을 찾으려 하였으나, 과거 채석장 사업을 하면서 훼손된 연유로 사곡(四曲)과 오곡(五曲)은 곡(曲)의 위치만 확인했고, 육곡(六曲)과 칠곡(七曲)은 아무것도 찾지 못했다는 말이다.

신선이 살고 있다는 깊은 골짜기 내에 많은 유적이 있을 듯한데, 산이 워낙 깊고 오묘하여 다 찾지 못하고, 산이 보여 준 것만 겨우 아둔한 이 두 눈으로 보았을 뿐, 필자가 보지 못한 역사의 자취는 많이 있을 것으로 추측된다.

바위에 새겨진 많은 인명들 또한 청류동과 중복되고, 나머지 사람들은 어느 때 어떤 역할을 했는지, 그들을 추적한다는 것은 많은 시간과 예산이 소요되는 관계로 일일이 확인하지 못했다.

아쉽지만 훗날의 인연을 기대하며, 원계동에 새겨진 많은 글들 가운데 대표적인 주제들을 입구에서부터 물을 거슬러 가면서 사진과 함께 요약하였다.

먼저 일곡(一曲) 종오소호(從吾所好)에 관한 설명이다.

일곡 '종오소호(從吾所好)'는 '내가 좋아하는 길 가리라'는 뜻이며, 논어 술이(述而) 11편에 나오는 말이다. 글은 고종황제의 어필이라 전한다.

◇ 일곡(一曲) 종오소호(從吾所好)

子曰 富而可求也 雖執鞭之士 吾亦爲之 如不可求 從吾所好
자 왈 부 이 가 구 야 수 집 편 지 사 오 역 위 지 여 불 가 구 종 오 소 호

공자가 말하기를, "부(富)를 구함이 옳다면 비록 말채찍을 잡는 마부가 될지라도 나는 그러한 일을 하겠다. 그러나 부(富)를 구함이 옳지 않다면 내가 좋아하는 일을 하면서 살겠다."

– 논어 술이(述而)편에서 발췌

이 말의 뜻은, 총독부가 주는 관작과 유혹에 현혹되어 조국을 버리지 말고, 비록 힘들고 고달프더라도 참고 견디며, 국권 회복에 헌신하여 달라는 호소문이다.

옆에 새겨진 율헌(栗軒) 정일우(丁日宇)는 글을 쓴 주체의 표식인 낙관이 아니다. 계곡 상류에 있는 세진진토(洗盡塵土)의 사례에서 보듯이, 서열이 중시되는 사회에서 한참 뒤에 서야 할 인물을 무심코 잘못 새긴 연유로 중단한 것이다.

다음은 '원계비둔(元溪肥遯)'에 관한 설명이다.

◇ 원계비둔(元溪肥遯)
아래는 고종황제가 신임했다는 18명의 명단이다.

　낙관이 없어 알 수는 없지만, 주역 33 천산둔괘(天山遯卦)를 인용한 원계비둔(元溪肥遯)의 글씨는 고종황제가 이곳에 은거(隱居)하여 저항하는 선비들을 격려하기 위해 하사한 어필(御筆)이라 전하며, 비둔(肥遯)은 적이 무서워 도망가는 것이 아니라, 일단 물러났다가 다시 뇌천대장괘(雷天大壯卦)로 회복하기 위해 그때를 기다리는 전략이니, 대장봉으로 이어지는 원계비둔은 때를 보아 왜놈들을 물리치고 국권을 회복하려는 병술(兵術)이며, 이 산에 은거한 항일의병과 독립군들을 격려하는 동시에 잃어버린 나라를 찾으려는 고종황제의 간절한 마음이다.

　여기서 말하는 비둔(肥遯)은 난세에 혼자 산으로 숨어 잘 먹고 잘사는 것이 아니며, 백이(伯夷)와 숙제(叔齊)처럼 세상을 등지는 것이 아니다.

　위수(渭水) 강물에 낚싯대를 드리우고 고기를 낚는 낚시꾼으로 위장하고 은둔하다 문왕(文王)을 도와 은(殷)나라를 멸망시키고 주(周)나라를 건국한 공으로 제

(齊)나라의 후(侯)가 되었으며, 병법을 세운 시조로 추앙받고 있는 강태공(姜太公, 여상(呂尙))의 처세와 천하를 경영하는 전략을 말하는 것이다.

다음은 1917년 4월 4일(양력 5월 24일) 원계비둔 아래 새긴 고종황제가 아꼈다는 곡성지역 선비 18명의 명단이다.

난사(蘭史) 박종택(朴宗澤)·이죽(二竹) 김종선(金鍾善)·한주(寒州) 곽임선(郭林善)·봉선(鳳仙) 오관순(吳寬淳)·금강(錦岡) 정신태(丁信泰)·하정(荷亭) 조병순(曺秉順)·소봉(小峯) 조상천(趙相天)·남기(南沂) 조병흠(曺秉欽)·거암(擧庵) 신창희(辛昌熙)·동연(東淵) 양두식(梁枓植)·성재(省齋) 박병선(朴炳善)·송석(松石) 김영회(金永會)·항재(恒齋) 정해태(丁海泰)·화당(花塘) 서종순(徐鍾舜)·오재(梧齋) 정봉태(丁鳳泰)·노산(蘆山) 이준(李俊)·인재(忍齋) 정수태(丁秀泰)·물암(勿庵) 윤규채(尹奎彩)

정사(丁巳) 사월(四月) 병인(丙寅)

◇ 1. 원계비둔 2. 비례부동 우측 3. 이어진 바위들에 인명들이 새겨져 있다.

주변이 도로와 농수로(農水路)를 내면서 훼손되어 알 수는 없지만, 주제 글 위에 산에서 흘러내리는 물로부터 글을 보호하기 위해 시멘트를 발라 놓았던 흔적이 있고, 좌측에 있는 명나라 의종의 글씨 등 주민들의 증언과 주변의 상황으로 보아 글을 보호하기 위해 비바람을 가릴 최소한의 시설이 있었을 것으로 추측된다.

유의할 것은, 주제인 원계비둔은 오래전에 새긴 것이며, 인명은 1916년(병진(丙辰)) 봄 곡성 군내 대표들이 모여 이곳에서 활동했던 오강(梧岡) 김정호(金正昊)를 추모하는 원계계(元溪契)를 만들었는데, 그 명단이며, 1917년 4월 4일(음력)은 이 계원들의 명단을 새긴 날짜의 기록이다.

위 명단에서 보듯이 조병순과 함께 동악산 항일독립운동의 한 축으로 활동하다 1916년 사망한 정순태가 명단에 없다는 것은, 당시 생존했던 인물들을 기준으로 1917년 4월 4일 작성됐음을 뜻하는 것이다.

원계비둔이 고종황제의 어필이라는 것은, 이 골짜기에 쟁쟁한 조선의 실학자들이 은거 수학하였으며, 구한말 김정호가 이 골짜기에서 은거 저항했고, 의병장 기우만과 황현 등등 우국지사들이 세진대(洗盡臺)에서 은거하였으며, 글씨를 보호하기 위한 수단을 강구한 것으로 보거나, "고종황제가 자신을 따라 왜놈들의 씨를 말려 버리자는 글을 하사했다"는 주민들의 증언과 글의 내용이 일치하는 것으로 보아 사실인 듯하다.

다음 사진의 비례부동(非禮不動)은 원계비둔(元溪肥遯)과 같은 바위에 있는 것으로 좌측 상류방향에 새겨져 있는데, 명나라 의종의 어필이며, 청류동 삼곡 대천벽(戴天壁)과 충북 화양구곡의 글씨와 같은 본이다.

주역 33 천산둔괘(天山遯卦)를 이어 34 뇌천대장괘(雷天大壯卦)의 비례부동(非禮不

◇ 비례부동(非禮不動)

動)을 여기에 새긴 것은, 우레가 하늘에 있는 것이 대장괘(大壯卦)다. 그러므로 군자는 그것을 본받아 예가 아니면 행하지 않는다는 뇌재천상(雷在天上) 대장(大壯) 군자이(君子以) 비례부리(非禮不履)를 인용한 것이니, 비례부동 또한 함부로 경거망동하지 말고 강태공이 그랬던 것처럼 철저히 준비 실천하여 빼앗긴 나라를 되찾자는 전략이다.

[부연하면, 같은 의종의 어필인 이 비례부동(非禮不動)을 두고 설명하는 것이 다른 것은, 청류동 삼곡 대천벽에 있는 비례부동은 역사를 논한 것이고, 여기 원계동의 비례부동은 주역의 괘를 논한 것이므로 괘로 설명한 것이다.]

다음은 이곡(二曲)에 있는 '세진진토(洗盡塵土)'에 관한 설명이다.

세진진토(洗盡塵土)는 고종황제의 어필로 전해지는 글이며, 나라의 치욕인 왜놈들을 한 놈도 남김없이 깨끗이 쓸어버리라는 어명을 동악산 선비들이 받들어 실천한 것이다.

◇ 이곡(二曲) 세진진토(洗盡塵土)
선열들이 피눈물을 뿌리던 소중한 항일독립운동사가 시멘트포장에 묻히고 쓰레기장이 되어 버린 안타까운 현장이다.

그러나 만일 동악산 우국지사들이 쓴 것이라면, 임금의 수치이며, 나라의 치욕인 왜놈들을 한 놈도 남김없이 깨끗이 쓸어버리자는 맹약이다.

여기에 새겨진 소아(小啞) 양덕모(梁德模)·괴천(槐川) 조병필(曺炳弼)·경암(敬庵) 김재준(金在準)·율헌(栗軒) 정일우(丁日宇)·효곡(曉谷) 신종(申樅)·소헌(小軒) 김원섭(金元燮) 등 인명들 대부분은 청류동 이곡 거연천석(居然泉石)과 구곡 서풍등고(西風登高) 그리고 남주의 유적이 있는 서계동 선암동문(船巖洞門), 즉 배바위에 새겨져 있는데, 이들이 위정척사를 실천한 세력이며, 항일독립운동의 1세대들이다.

안타깝게도 소중한 항일유적이 도로공사로 훼손되어 있는 것은 물론 지각없는 여름 피서객들로 주변이 쓰레기장이 되어 버렸다.

다음은 삼곡(三曲) '인지대(仁智臺)'에 관한 설명이다.

삼곡 인지대(仁智臺)는 어질고 지혜로운 선비가 산을 즐기고 물을 즐기는 자리라는 뜻이고, 청류동 오곡 요요대(樂樂臺)와 같은 맥락이며, 부제로 새긴 학구성현(學求聖賢) 연비어약(鳶飛魚躍)도 같은 것이다.

인지대 바로 위에 거처하던 건물지가 있으며, 이곳을 반계(潘谿, 磻溪) 유형원(柳馨遠, 1622~1673) · 허생(許生) · 성호(星湖) 이익(李瀷, 1681~1763) · 다산(茶山) 정약용(丁若鏞, 1762~1836)이 머무른 장구처(杖屨處)라 한 것은, 이들이 여기서 호연지기(浩然之氣)를 기르며 학문을 연마했다는 기록이다.

유형원(柳馨遠)보다 후대이고, 이익(李瀷)보다 선대였을 허생(許生)이 누구인지는 밝히지 못하였지만, 연암(燕巖) 박지원(朴趾源, 1737~1805)의 열하일기(熱河日記) 피서록(避暑錄)에 기록된 동악산 월평리 출신 남주의 일화처럼, 박지원의 대표적 한문

◇ 인지대(仁智臺)
바로 위가 거처하며 호연지기(浩然之氣)를 기르던 터다.

◇ 삼곡(三曲) 인지대(仁智臺) 유적지

소설인 허생전(許生傳)의 실존 인물 또는 그 모델이었는지 알 수 없는 일이다.

그러나 백성을 사랑하는 것을 인(仁)이라 하고, 사물을 잘 가리는 것을 지(智)라 하므로, 인지대(仁智臺)는 정황으로 보아 세진대(洗盡臺)·활연대(豁然臺)와 함께 조선 말기 동악산 도학자들이 이곳에서 은거한 성현들의 자취를 흠모하여 새긴 것으로 보이며, 그 앞에 엎드린 형국의 바위에 새겨진 명단은 이들 조선 실학자들의 학맥을 이은 곡성지역 도학자들이며 다음은 그 명단이다.

이처암(李處菴)·이덕와(李德窩)·유송계(柳松溪)·변만각재(邊晚覺齋)·조명곡(趙明谷)·이심재(李心齋)·신개석(申介石)·오구암(吳懼菴)·조위당(趙韋堂)·김송오(金松塢) 이상 10명이다.

지면 관계상 이들 10명의 인적 사항을 일일이 열거할 수는 없지만, 일부는 청류동 팔곡에도 새겨져 있는데, 노사(蘆沙) 기정진(奇正鎭)과 도의(道義)로써 교의(交誼)했고, 의병장 기우만과 최익현이 행장과 묘갈명(墓碣銘)을 쓸 만큼 훌륭한 선비들이며, 이들이 위정척사상의 근간이며 발의한 세력들이다.

　　동악산 신선이 아껴 둔 비처(秘處)인가? 바위 앞에 있는 큰 와상 한 개 정도의 넓은 반석이 유형원 · 허생 · 이익 · 정약용 등 조선의 학자들이 호연지기를 기르며, 학문을 연마하던 현장이다.

　　그러나 삼가 겸손히 받들어야 할 인지대 주제 글이 새겨진 바위보다 감히 높은 곳에 있는 바위에 새겨 놓은 세천(洗川) 김정순(金正淳) · 석로(石老) 김정규(金正圭) · 눌강(訥岡) 김정홍(金正洪) 삼 형제는 선비의 예가 아니므로 이 골짜기에서 의(義)를 행한 인물로 보기는 어렵다.

◇ 원계동 사곡(四曲)

다음은 사곡(四曲)에 관한 설명이다.

사곡(四曲)은 채석장으로 모든 것이 파괴되고 채석장 입구 계곡 물 건너 자라가 숲에서 머리를 물가에 내밀고 있는 형국의 좌측 암벽에 사곡(四曲) 글자만 새겨져 있다.

다음은 오곡(五曲)에 관한 설명이다.

오곡은(五曲) 물을 거슬러 올라가다 복호폭포(伏虎瀑布)로 들어가는 계곡 초입 우측 암벽에 주제 글이 없이 오곡이라는 글자와 원효대사 · 의상대사 · 윤필거사 · 적인선사 등 승려들의 명단과 정씨들과 일단의 인명들만 새겨져 있다.

좌측 암벽에는 동리산 태안사에서 혜철국사(惠哲國師, 785~861(원성왕 원년~경문왕 원년))의 유업을 받들어, 신라 말기 피를 부르며 도탄에 빠진 삼한을 통합하고 고려창업의 기틀을 마련한 도선국사(道詵國師, 827~898)와 고려의 불교를 이끌어

◇ 원계동 오곡(五曲)
마치 제단(祭壇) 위에 명부(名簿)를 펼친 것 같은 바위 중앙에 승려들의 명단이 새겨져 있고 우측에 이들 승려들이 수도했던 좌선대(坐禪臺)가 있는데 이 산에 인연 있는 사람은 볼 것이며 그리고 통곡할 것이다.

◇ 도선국사(道詵國師), 일연선사(一然禪師), 탄연선사(坦然禪師)

갔던 탄연선사(坦然禪師, 1070~1159)와 일연선사(一然禪師, 1206~1289)가 별도로 새겨져 있으며, 이들 승려들이 수도했다는 암자 터는 조금 안으로 들어가 작은 폭포 옆에 있다.

주민들의 증언에 의하면 채석장으로 사라진 산의 모습이 맞은편 암벽으로 이루어진 산 앞에서 우뚝 솟아올라 골짜기를 따라가면 마치 동굴 속을 들어가는 듯했다 하는데, 상상해 보면 신선이 탄복할 장관이었다.

전라남도지(全羅南道誌)에는 이곳을 신라(新羅) 승(僧) 원효(元曉)의 강도처(講道處)라 하여 원효가 이곳에서 도를 강론했다 하는데, 이는 도림사를 원효가 창건했다는 잘못된 사관에서 비롯된 기록이다.

그러나 동리산에 주장자를 세우고 도선국사에게 은밀하게 도참을 전해 왕건

◇ 선사들이 수도했던 암자로 가는 길목을 지키고 있는 용두(龍頭)

◇ 혜철국사(惠哲國師), 도선국사(道詵國師), 일연선사(一然禪師), 탄연선사(坦然禪師) 수도처(복호폭포(伏虎瀑布)는 여기서 5분쯤 올라가면 있다)

으로 하여금 고려를 창업게 한 혜철국사가 이 산에서 수도를 했다는 기록은 많은 것을 생각하게 하는 부분이다.

다음은 '세진대(洗盡臺)'에 관한 설명이다.

삼곡 인지대(仁智臺)에서 원류를 거슬러 15분쯤 오르다 보면 길가에 벗어 놓은

◇ 세진대(洗盡臺)
김창협과 김창흡 두 형제가 던져 버린 관모(冠帽)인가? 마치 동악산 신선(神仙)의 세계로 들어간 두
형제가 벗어 놓은 관모인 듯한 바위의 모습이 선비의 정신을 잘 말해 주고 있다.

관모(冠帽)의 형상을 한 세진대(洗盡臺)는 앞서 설명했듯이 구한말 독립운동과는

무관한 글이다.

　세진대(洗盡臺)는 그 이름이 이곡의 세진진토(洗盡塵土)와 중복되고, 주제 글 옆에

형제인 농암(農巖) 김창협(金昌協)과 삼연(三淵) 김창흡(金昌翕)을 새겨 놓고, 바위를

좌측으로 돌면서 측면에 전간재와 송연재를 새기고, 후면에 기정진과 기우만 그리

고 정소송과 황매천을 새긴 것은, 이미 이곳에 세진대가 있었고, 조선 말기 우국지

사들이 여기 유서 깊은 명소에서 은거하며, 후학들을 지도했다는 뜻이다.

　따라서 이곳을 세진대(洗盡臺)라 한 것은, 파란만장한 삶을 살아 내면서도 권력

앞에 엎드리지 않고, 선비로 남았던 두 형제가 여기서 세파의 오욕을 씻어 내고, 학문을 연마했음을 증명하고, 그 고결한 삶을 후학들이 위로하고 찬양한 것이다.

다음은 팔곡(八曲)에 관한 설명이다.

세진대(洗盡臺)에서 몇 분쯤 아름다운 경치를 감상하면서 물길을 거슬러 오르다 보면, 좌우가 암벽으로 형성된 비경을 만나는데, 물길을 건너 우측 하류 방향에 있는 네모진 바위에 팔곡(八曲)이라는 글씨만 새겨져 있고 주제 글은 없다.

주변을 헤아릴 수도 없이 돌면서 주제 글을 찾았지만 찾지 못했다. 혹 하류에 있는 세진대를 주제 글로 해석할 수도 있으나, 구한말 여기 산중에 머무르며 활동했던 의병장들의 명단이 새겨져 있어 그럴 수도 있겠다고 하겠으나, 일곡에서부터 곡을 배열해 온 관례를 보거나 앞서 설명했듯이 사모관대를 벗어 놓은 것 같은 세

◇ 원계동(元溪洞) 팔곡(八曲)

진대는 팔곡과는 무관한 것으로 보는 것이 옳다.

다음은 구곡(九曲) '활연대(豁然臺)'에 관한 설명이다.

팔곡에서 우측 암벽을 돌아 올라가는 길을 따라가거나, 계곡의 물을 거슬러 코앞에 있는 산굽이를 돌아가면, 그리 높지 않은 반석을 흘러내리는 작지도 높지도 않은 폭포가 있고, 폭포 위 가운데에 마치 신선이 물놀이를 하다가 버려 둔 신발의 형상을 하고 있는 바위에 새겨진 구곡(九曲) 활연대(豁然臺)는 앞서 설명했듯이, 독립운동과 무관한 조선 중기 학자이며 정치가인 현석(玄石) 박세채(朴世采, 1631~1695(인조 9년~숙종 21년))와 누군지 알 수 없지만, 김쌍호(金雙湖)가 은거했던 유적인데, 지금도 그들 선비들이 머물렀던 터가 우측에 있다.

활연(豁然)은 주자가 지금의 중국 복건성 무이산(武夷山) 계곡의 아홉 굽이의 경

◇ 구곡(九曲) 활연대(豁然臺)
신선이 물놀이를 하다가 버려 둔 신발인가? 구곡(九曲) 활연대 우측 시냇가에 박세채가 은거하며 호연지기를 기르던 터가 있다.

◇ 활연대(豁然臺) 전경

치를 노래한 무이구곡가(武夷九曲歌) 가운데 "구곡장궁안활연(九曲將窮眼豁然), 아홉 굽이 돌아드니 오히려 눈앞이 훤해지네"라는 구곡을 노래한 첫 구절에 나오는 것으로 유명한데, 현장을 보면, 신선(神仙)의 영지(靈地)를 찾아 굽이굽이 돌아온 옛사람이 세진대(洗盡臺)에서 관모(冠帽)를 벗어 버리고 마음속 생각의 티끌까지 깨끗이 씻어 버린 뒤 여기 구곡에 올라 걸음을 멈추고 신발을 벗어 세상의 모든 의심과 속박으로부터 자유로운 활연대(豁然臺)라 이름을 새겨 놓은 뜻을 충분히 이해할 만큼 호연(浩然)하고 아름답기 그지없는 신선들의 영지다.

지금까지 계곡을 거슬러 오면서 살펴본 대로 유형원(柳馨遠, 1622~1673)·허생(許生)·박세채(朴世采, 1631~1695)·김창협(金昌協, 1651~1708)·김창흡(金昌翕, 1653~1722)·이익(李瀷, 1681~1763)·정약용(丁若鏞, 1762~1836)·기정진(奇正鎭, 1798~1879)·송병선(宋秉璿, 1836~1905)·전우(田愚, 1841~1922)·기우만(奇宇萬, 1846~1916)·황현(黃玹, 1855~1910) 등 조선을 대표하는 학자들이 이 산에서 학문을 이었

고, 이것은 항일의병운동과 민족독립운동의 모태가 되었다.

끝으로 곡성읍 구원리 출신으로 한평생 여기 원계동에서 은거하며 나라를 구할 방책을 논하고, 항일의병운동과 민족독립운동에 매진하다 38세의 창창한 나이에 피를 토하며 요절한 뒤 1916년 곡성군민들이 원계계(元溪契, 원계비둔(元溪肥遯)의 명단)를 만들어 추모한 오강(梧岡) 김정호(金正昊, 1871~1909. 4. 27)의 유고(遺稿) 가운데 '유원효동(遊元曉洞)'이라는 제하의 시 한 편을 여기에 싣는다.

遊元曉洞
유 원 효 동
원효동에서 자적하며

蔬食汗尊樂自家
소 사 와 존 낙 자 가
나물 먹고 물 마시며 살아도 낙은 있는데

棟(楝)花垂盡白風斜
동 련 화 수 진 백 풍 사
련화(楝花) 시드니 백풍(白風)이 비끼네

先天遺塔空春艸
선 천 견 탑 공 춘 초
선대들이 물려준 탑전에는 쓸데없는 봄풀만 무성하고

隙地新畬半淺沙
극 지 신 여 반 천 사
돌 틈 사이 새로 일군 밭뙈기는 태반이 모래네

樹老準繩元不中
수 노 준 승 원 불 중
나무는 늙어 대패와 먹줄이 맞지 않고

鳥高矰繳竟難加
조 고 증 작 경 난 가
새는 높이 날아 주살 끈을 더하기 어렵네.

靈源知在山窮處
영 원 지 재 산 궁 처

신령한 샘이 산 깊은 곳에 있음을 알고

起逐寒流漸入佳
기 축 한 류 점 입 가

일어나 찾아가니 물줄기 갈수록 아름답구나

내용으로 보아, 아마도 이 시는 창의(倡義)에 실패하고 원계에 은거하면서 병마에 시달리며 지내던 1907년 여름 이후 지은 글인 듯하다.

나물 먹고 물 마시며 살아도 낙이 있다는 것은, 나물 먹고 물 마시고 팔 베고 잠을 자는 궁핍한 생활일지라도 즐거움이 또한 그 안에 있다는 논어 술이(述而)편을 인용하여 원계동에 은거하며 고군분투하고 있는 자신을 표현한 것으로, 직접 전투에 참가하지는 못해도 후학들을 양성하며 항일운동을 이끌고 있는 것도 나름대로 의미가 있다는 뜻이다.

련화(楝花) 시드니 백풍(白風)이 비낀다는 것은, 즉 련화(楝花)는 마주목(馬珠木, 멀구슬나무)의 꽃이고, 마주목(馬珠木)은 임진왜란 당시 경북 예천 의병장 백진양(白震陽)의 상징이니, 시든 마주목 꽃에서 백풍(白風)이 비낀다는 것은, 백진양(白震陽)의 의로운 기상을 본다는 뜻이다.

즉 원계동 골짜기에서 후학들을 양성하는 것도 좋지만, 백공(白公)처럼 의병을 이끌고 나가 일본군과 싸워 전장에서 죽고 싶다는 의지의 표현이며, 동시에 창의에 실패하고 병든 자신에 대한 한탄이다.

[부연하면, 원문의 동화(楝花)는 련화(楝花)를 말하며, 멀구슬나무 또는 마주목이라고 하는 나무다. 이 멀구슬나무를 한자로는 동(楝), 고련피(苦楝皮), 천련자(川

棟子)라 함으로 동화(棟花)가 잘못 표현된 것은 아니지만, 예로부터 전해 오는 여러 선비들의 문집에 련화(棟花)로 기록된 것으로 보아, 김정호의 문집을 정봉태가 정리 출판할 때 인쇄소에서 문선(文選)하는 과정에서, 련화(棟花)를 동화(棟花)로 잘못 본 것으로 보는 것이 옳을 듯하다.]

다음 선대들이 물려준 탑전에는 쓸데없는 봄풀만 무성하다는 것은, 선대 임금들이 물려준 오백 년 사직의 조선왕실이 1905년 을사늑약과 이어지는 통감부(統監府) 설치로 사실상 왜놈들의 세상이 되어 버렸다는 뜻이다.

돌 틈 사이 새로 일군 밭뙈기는 태반이 모래라는 것은, 빈 땅, 즉 원계동 골짜기 바위틈에 새로 일군 밭뙈기가 농사를 지을 수 없는 황무지라는 뜻인데, 이는 이미 썩어 문드러져 무주공산이 돼 버린 조선의 조정(朝廷)을 걱정하는 것으로, 고종이 강제 퇴위당하고 새로 왕이 된 순종(純宗)은 아무런 실권이 없는 허수아비이고, 조정의 관료들 또한 이완용을 비롯한 매국노들로 가득 찼다는 한탄이다.

나무가 늙어 대패와 먹줄이 맞지 않는다는 것은, 속이 썩어 텅 빈 고목나무는 말 그대로 먹줄 치고 자를 대도 아무짝에도 쓸모가 없다는 뜻인데, 이는 오백 년 조선이 내부에서 썩어 어떻게 해 볼 방도가 없다는 절망이다.

새는 높이 날아 주살 끈을 더하기 어렵다는 것은, 이는 일본이 1907년 7월 24일 7조로 된 정미조약(丁未條約, 한일신협약)을 강제로 체결하고 일주일 후 8월 1일 대한제국의 군대를 해산시킨 것을 말하는 것이다.

비록 보잘것없는 이름뿐인 군대였지만, 일본과 대적 국가와 민족을 보위할 군대를 없애 버리고, 일본군으로 대신하는 것은, 곧 조선의 멸망을 뜻하고, 이는 대의명분으로 일어선 전국의 의병들로 하여금 일본과 맞서 싸울 명분을 없애 버린 것이며, 사실상 맨주먹이나 다름없는 의병들의 입장에서는 계란으로 바위를 치는 격으로 원수 일본의 조선 식민화를 속수무책(束手無策)으로 바라만 보고 있어야 하는 조선 의병들의 절망과 한탄이다.

1905년 을사늑약이 체결되자 곧바로 청토오적소(請討五賊疏)와 재소를 올려 망국조약에 참여한 박제순(朴齊純) 등 5적의 처단을 주장하고, 1906년 윤 4월 전라북도 태인(泰仁)에서 의병을 일으켜 곡성에 와서 호남의 선비들에게 떨쳐 일어나 나라를 구하라는 격문을 띄우고 돌아가다 순창(淳昌)에서 같은 민족, 같은 형제인 관군과 대적할 수 없다며 저항을 포기하고 체포되어 대마도에 끌려가 순국한 최

◇ 박세채(朴世采, 1631~1695)를 비롯한 수많은 조선의 성리학자들이 대대로 은거했으며, 백 년 전 의병장 기우만 등 항일의병들이 은거(隱居)했던 활연대(豁然臺) 유적이다. 비운의 의병장 김정호가 기쁘게 물을 거슬러 오르며 찾았던 '신령한 샘'이 바로 이곳이다.

익현의 사례에서 보듯이, 당시 우국지사들이 대의명분에 얼마나 투철했는지 알 수가 있다.

신령한 샘이 산 깊은 곳에 있다는 것은, 동악산 깊은 골에 숨어 민족정신을 일깨우며 자주독립을 위해 후학들을 양성하는 항일 1세대들과 기우만, 황현, 전우 등을 비롯한 우국지사들을 말하는 것으로, 신령한 근원, 즉 영원(靈源)은 골짜기 안에 숨어 있는 훌륭한 나라의 스승들을 말하고, 지(知)는 원계동 입구인 이곡에서 후학들을 지도하던 김정호가 무엇인가 소식을 전하기 위해 나라의 스승들을 만나러 간다는 의미다.

일어나 찾아가니 물줄기 갈수록 아름답다는 것은, 골짜기 깊은 곳에 은거하여, 민족정신과 자주독립을 일깨우고 있는 우국지사들의 뜻을 받들어 실천하는 기쁨과 희망을 노래한 것이니, 동악산은 일본에 강탈된 조국의 자주독립을 위해 의인들이 바람처럼 일어서서 국가와 민족을 구한 성스러운 산이다.

끝으로 원계 일곡에서부터 이곡까지의 명단이다.

이해를 돕기 위해 세대와 관계없이 일곡에서부터 거슬러 올라가면서 적었으며, 여러 곳에 널려 있는 정씨 형제들만의 명단은 객관성을 담보할 수 없어 제외하였다.

성재(省齋) 곽동제(郭東濟) · 만학(晩學) 장극기(張極基) · 연정(蓮亭) 하태운(河台運) · 도곡(道谷) 변진국(邊鎭國) · 이봉(二峰) 형시묵(邢時黙) · 석봉(石峯) 장중권(張仲權) · 계암(溪庵) 서상보(徐相輔) · 송헌(松軒) 오정길(吳正吉)

[부연하면, 연정(蓮亭) 하태운(河台運)은 구원리 회관 앞에 세워 놓은 비석의 주인공인 애국지사 하우용(河宇容)이다.]

죽당(竹堂) 신봉국(申鳳國) · 두후(斗後) 조상묵(趙相黙) · 춘기(春沂) 정순태(丁舜

泰) · 회천(晦泉) 조병선(曺秉善) · 금강(錦岡) 정신태(丁信泰) · 하정(荷亭) 조병순(曺秉

順) · 연정(淵亭) 신중희(申重熙) · 추강(秋江) 김문회(金文會) · 송계(松溪) 형인식(邢仁

植) · 오헌(梧軒) 조병식(曺秉湜) · 죽헌(竹軒) 조병연(曺秉然)

※ 원계비둔 18명과 이곡 세진진토 6명은 본문에 있으므로 생략하였다.

죽포(竹圃) 장철수(張喆洙) · 호은(湖隱) 박영호(朴永湖) · 춘헌(春軒) 조병순(趙秉

淳) · 요은(蓼隱) 신학균(申學均)

일강(一江) 김택술(金宅述) · 근암(近菴) 박인섭(朴寅燮) · 남강(南岡) 조원승(曺元承)

백강(柏岡) 김정일(金正鎰) · 둔재(遯齋) 김성식(金成植) · 오천(梧泉) 안용섭(安龍燮) ·

후졸(後拙) 김한식(金漢植) · 농와(農窩) 김순식(金舜植) · 농은(農隱) 서병규(徐炳奎)

※ 이 밖에 여기저기 흩어져 있는 정씨들 명단 가운데 정순태와 몇 사람을 제외한

나머지 정씨들은 역사성을 담보할 수 없고, 조사의 한계가 있어 모두 생략하였다.

12. 섬진강 인고의 역사 앞에 서서

◇ 섬진강과 나룻배(멀리 좌측으로 보이는 산이 동악산 향로봉이다)

    지정학적으로 한반도 남부 중심을 서에서 동으로 관통하여, 남해로 흘러드는 섬진강은 광양과 하동에서 들어와 구례 곡성과 남원을 지나 호남 내륙에 있는 전주로 통하는 지름길이며 곡성 압록에서 나누어지는 물길은 남쪽에서 흘러오는 보성강(대황강) 수로(水路)를 통해 영산강 지류인 화순 지석강(砥石江)을 연계, 전라도 내륙에서 나주를 연결하는 최단코스로 예로부터 군사 지리적으로 대단히 중요한 요충이었으며, 의인(義人)들이 바람처럼 일어서서 누란의 위기에 처한 나라와 민생을 구하고, 영웅들이 천하의 판세를 결정지은 중요한 강이었다.

문화적으로 섬진강은 아득한 옛날부터 중국의 식자들이 끊임없이 동경하고 탐험했던 동양 최고의 유토피아(Utopia)이자 신선사상(神仙思想)의 상징이었던 삼신산(三神山)의 우두머리 방장산(方丈山, 지리산)이라는 무릉도원(武陵桃源)으로 들어가는 관문이었으며, 삼신산 무릉도원을 찾아 섬진강을 거슬러 오르던 배가 마지막 닿는 남원이 문화적으로 발달한 이유가 여기에 있는 것이다.

불교사의 관점에서 보면, 1,700년 전 마한(馬韓) 당시 서진(西晉, 265~316)에서 건너온 원명법사(圓明法師)가 창건한 곡성 동악산 도림사는 백제 불교 전래(384년(침류왕 원년))는 물론 372년(소수림왕 2) 전래되었다는 고구려보다 훨씬 앞선 것으로, 기록으로만 보면 한국불교가 처음 전래된 성지(聖地)이며, 동시에 법화사상(法華思想)이 처음 전래된 성지다.

이후 동악산은 칠지도(七支刀)와 관음신앙을 일본에 전하였고, 섬진강을 동서로 나누며, 태안사, 화엄사, 옥룡사로 이어지는 사찰들은, 화엄사상과 법화사상, 선종(禪宗)과 교종(敎宗)이라는 불교 정신문화의 전통을 이어 오고 있다.

특히 동악산 도림사에 초전(初傳)된 법화사상은 저 유명한 원효의 화쟁사상(和諍思想)으로 이어졌고, 다시 부패한 신라를 개혁하고 고려를 창업한 혜철국사의 회삼귀일사상(會三歸一思想)으로 이어지면서, 흩어지고 분열하는 우리 민족을 대동단결시키며, 역사의 시련과 고난으로부터, 우리 민족을 구한 우리 민족의 정통사상이 되었다.

[부연하면 신라 경주에서 일어난 원효의 화쟁사상은 당시 주류를 이루던 화엄

경을 소의경전(所依經典)으로 하는 화엄학파와 법화경을 소의경전으로 하는 천태학파의 대립을 법화경의 일불승(一佛乘)으로 승화시킨 결과물이다.

시방불토(十方佛土)에는 오직 일불승의 법만이 있음을 밝혀 누구나 부처가 될 수 있다고 천명한 법화사상은 한국불교의 전통을 회통적 귀일불교(會通的歸一佛敎)로 이끌었고, 우리 민족 화사상(和思想)의 근본이 되었는데, 이 화엄사상과 법화사상이 하나라는 원효의 일불승사상을, 신라 왕실은 우리는 단일민족으로 하나라는 단군사상과 다시 결합시켜, 삼국을 통일하고 천하의 주인이 되었던 것이다.]

이후 화엄사상과 법화사상이 하나라는 해석은, 역설적으로 방편으로 설해진 팔만사천의 법문이, 부처가 되는 팔만사천 가지의 길로 인식·교육되면서, 사상의 난립을 가져오고, 사람들은 말이나 글에 빠져 왕즉시불(王卽是佛), 왕이 곧 부처라는 헛된 집착에 탐닉함으로 인하여, 신라는 정체성을 잃어버리고, 민생들은 도탄에 빠져 버렸다.

이에 부패한 신라를 개혁하고 민생들을 구하려는 선각자들이 반발하면서, 깨닫는 데 말이나 문자가 필요 없다(불립문자(不立文字))는 선종이 등장, 즉심시불(卽心是佛), 마음이 곧 부처다. 즉 누구나 깨달으면 부처라는 구산선문(九山禪門)을 중심으로 민심이 분열되고, 마침내는 삼국으로 분할되었는데, 이것을 다시 회삼귀일의 법화사상으로 통일시킨 것이 혜철국사였다.

혜철국사가 동리산 태안사에서 삼국을 통일하고 고려창업의 주장자를 세운 것은, 섬진강(곡성 동악산)이 법화사상이 처음 전래한 역사성도 있었겠지만, 무엇보다도 회삼귀일(會三歸一)의 사상을 풍수와 접합하여 교통이 편리한 섬진강과 보성강이 합류하고 삼수(三水)가 합하는 압록을 삼태극의 중심으로 보았던 까닭이다.

[부연하면, 고려를 창업한 혜철국사의 배경을 정치적으로 보면, 구산선문이 모두 비로자나불(철조(鐵造))을 주불(主佛)로 삼았음에도 유독 혜철국사가 주석한 태안사만 약사여래(철조(鐵造))를 주불로 삼았는데, 이것은 곧 법화사상을 말하는 것이며, 이러한 혜철국사의 뒤에는 화엄사상의 신봉지인 신라왕실의 반대편에서, 법화사상의 열렬한 신봉자였던 장보고(張保皐)가 있었다는 사실을 말하는 것이다.]

특히 846년 장보고가 암살된 해 화순 쌍봉사에 머물던 혜철국사가 태안사로 옮겨 왔고, 이후 영암에서 도선이 찾아와 제자가 되고 섬진강 유역을 장악하였는데, 경주 출신으로 당에서 유학을 마치고 갓 돌아온 혜철국사가 낯선 섬진강 유역의 지형조건인 풍수를 손바닥 보듯이 꿰차고 태안사를 크게 증축, 미점사·도선사·황룡사·옥룡사까지 모두 약사여래 도량으로 만들었다는 것은, 상세한 정보를 바탕으로 엄청난 자금과 수많은 인력 동원이 없이는 불가능한 대규모 사업이었음에도, 불과 6년 만에 완성시킨 것은 당시 신라를 통틀어 법화사상의 중심에 있었던 장보고와 또는 그 세력들만이 할 수 있는 일이었다.

고려를 뒤엎고 조선을 창업한 이성계 역시 섬진강의 발원지인 전북 마이산 신령으로부터 금척(金尺)을 받고 왕이 되었다는 신화는 곧 섬진강 세력들로부터 지지를 얻었다는 뜻인데, 이성계가 등극한 후 곡성 동악산 도림사를 왕실의 원당으로 정하고 대대적으로 복원 중수한 사실은 이성계가 섬진강 세력들을 얼마나 중시했는지 충분히 엿볼 수 있는 대목이다.

이후 섬진강은 임진왜란을 일으켜 삼천리금수강산을 피로 물들이며 유린하는 왜구들의 조총으로부터 다시 한 번 나라를 구하는 동력이 되었는데, 정유재란을 일으킨 일본이 섬진강을 집중 공략하여 피로 물들인 것은 1차 조선침략에서 패한

◇ 의병장 양대박 장군이 수결(手決)한 동악산 청계동 승전도

소장자(정상진(47), 광주 북구의회 4대 전반기 의장)의 발표에 의하면, 위 그림(가로 42.6cm, 세로 27.4cm; 정상진 소장)은 1592년 임진왜란 때 의병장 양대박 장군이 의병을 이끌고 섬진강 변에서 왜군을 격파하여 승리한 전남 곡성읍 신기리 동악산 사수동(泗水洞, 청계동) 전투장면을 그린 승전도 이며, 좌측 끝에는 양대박 장군과 그 수하 장수 5명의 수결(手決)이 적혀 있다.

것이, 호남을 공략하지 못한 원인으로 결론짓고 일으킨 전쟁이었기에, 일본에 의한 섬진강 유역의 살육과 방화는 그만큼 더 잔인하고 혹독했다.

특히 동악산은 임진왜란을 당하여 한반도 내륙을 양단하려는 왜구들을 맞아 섬진강 수로(水路)를 지켜 내면서, 경남 진주성(晉州城)을 지키다 산화한 호남의병들의 중요 거점 가운데 하나가 되었다.

의병장 양대박 장군이 청계정사(淸溪精舍)를 짓고 살았던 사수동(泗水洞)은 동악산 북쪽 섬진강변에 자리한 깊고 험한 천혜의 요새인데, 김인후를 비롯한 고경명, 박순, 신응시, 정철 등등 당대를 풍미하던 조선의 호걸들이 모여 호연지기(浩然之

◇ 일곡(一曲) 쇄연문(鏁烟門)
동악산 청류동 '구곡' 가운데 일곡 쇄연문(鏁烟門)은 서구열강들의 침략을 막아 내고 조선을 구하는 문이라는 뜻이며, 동악산 청류동이 성리학을 바탕으로 항일의병운동과 민족독립운동을 기초했던 위정척사(衛正斥邪)의 역사가 시발(始發)된 성스러운 성역(聖域)임을 분명하게 밝혀 주고 있다.

氣)를 기르면서 강론하던 장소였으며, 임진왜란을 당해서는 호남의병들의 거점으로 누란의 위기에 처한 나라를 구하기 위해 분연히 떨쳐 일어서 승리한 현장으로 후대에 의병장 양대박 장군을 기리기 위해 청계동(淸溪洞)으로 불렀다.

이후 동악산은 조선 말기 정조(正祖, 1752~1800) 사후(死後) 60년간 만연된 파당 파쟁과 안동 김씨들의 세도정치 속에 횡행하는 매관매직(賣官賣職)과 탐관오리(貪官汚吏)들의 부정부패로 구렁으로 빠져드는 조선을 구하려 했었던 호남 선비들의 거점(據點)이 되었으며, 청렴한 선비정신을 바탕으로 군자가 다스리는 왕도정치를 실현하려 했었던 선비들의 개혁사상은 사학(邪學)을 배척하고 정학(正學)의 도통(道統)을 지킨다는 위정척사론(衛正斥邪論)과 항일독립운동의 정신적 모태가 되어 다시 우리 민족을 구한 성스러운 산이다.

골짜기 바위와 반석에 새겨진 글들에서 보듯이, 청류동은 조선 말기 서구 열강들로부터 힘없는 조선을 지키고 1895년(고종 32년) 명성황후를 시해(弒害)한 일본을 응징하면서 친일개화파들을 배격하기 위해 의병을 일으켜 항일투쟁에 앞장섰던 위정척사가 시발된 역사의 현장이다.

동악산 청류동이 인간이 다스리는 이 세상이 바로 하늘의 뜻이 펼쳐진 대동사회(大同社會)이며, 요순시대의 이상세계를 실현하려 한 지치주의(至治主義) 도학정신(道學精神)으로 무장된 주자학파들의 거점이 된 것은 중종 당시 청류동 입구 동쪽 월평마을에서 태어나 1519년 기묘사화가 일어나자 정암(靜庵) 조광조(趙光祖, 1482~1519(성종 13년~중종 14년))의 일파로 몰려 남곤(南袞)에게 추방된 뒤 남곤을 풍자하여 지은 유명한 촉영부(燭影賦)를 쓰고 사사(賜死)되었다가 조선 말기 1814년 안동 김씨들의 세도정치를 뒤엎고 관료들의 부정부패를 끝장내고 도탄에 빠진 백성을 구하려 했었던 선비들에 의해 서계사(西溪祠)에 배향되어 유림들의 정신적 지주가 되었던 남주의 영향이다.

이후 서원철폐령으로 훼손될 때까지 월평리 서계사에 배향되어 곡성의 유림들이 받들었던 남주의 호 서계(西溪)와 선은(仙隱)은 모두 동악산의 지명과 역사를 인용한 것이며, 여기 청류동 구곡에 펼쳐진 도학정신이 유교를 정치와 교화의 근본으로 삼아 왕도정치의 실현을 역설했던 조광조의 사상임을 상기하면 중종 이후 현실 정치에서 숙청된 조광조의 사상이 사사(賜死)된 남주를 추모하는 곡성의 선비들을 중심으로 여기 동악산에서 사림(士林)의 정신적인 표상으로 은밀히 계승되어 온 것이다.

이러한 사실은 서계사의 혈처(穴處)라 할 수 있는 선암동문(배바위) 바위에 조선 말기에서 일제강점기까지 동악산 항일운동을 이끌었던 우국지사들이 행적을 남겼는데, 1917년 3월 3일 '계상현현(溪上賢賢)'이라 하여 조병순이 동지들과 뜻을 모았고, 김정호와 정순태가 함께 뜻을 세워 맹약하고 조병흠과 정봉태가 맹약한 사실

◇ 월평리 서계동 선암동문(船巖洞門)

남주 선생을 모셨던 서계사 뒤편 암벽에 곡성의 항일독립운동을 주도했던 3세대들의 명단이 세대별로 새겨져 있다. 1. 선암동문(船巖洞門) 2. 계상현현(溪上賢賢) 항일운동 2세대 명단 3. 항일운동 1세대 명단 4. 정일우(丁日宇) 은거행의(隱居行義) 5. 김오강(金梧岡) 정춘기(丁春沂) 언지처(言志處) 6. 항일운동 3세대 명단이다. 남주 선생을 모셨던 서계사(西溪祠)는 이 바위 앞에 있었다.

등에서 분명하게 확인할 수 있다.

다음은 조선 후기 실학자 이긍익(李肯翊, 1736~1806(영조 12년~순조 6년))이 엮은 연려실기술(燃藜室記述) 제8권 '중종조 고사본말(中宗朝故事本末) 기묘당적(己卯黨籍)' 의 기록이다.

南趎 字季應 號西溪又仙隱 固城人 居谷城 甲戌文科壯元 名 聲籍甚
남주 자계응 호서계우선은 고성인 거곡성 갑술문과장원 명 성적심

남주 자는 계응(季應)이며, 호는 서계(西溪) 또는 선은(仙隱), 본관은 고성(固城) 사람

으로 곡성(谷城)에서 살았다. 갑술년에 문과에 장원 급제하자 명성이 매우 자자했다.

南袞欲引 進招而 致之謂曰 聞君文章 過人一詩見 指盆松使賦 之 卽應聲曰
남곤욕인 진초이 치지위왈 문군문장 과인일시견 지분송사부 지 즉응성왈

남곤이 공을 끌어다 추천하려고 초청하여 말하기를, "내 들으니 그대의 문장이 남보

다 뛰어나다 하니, 시 한 편을 보기 원한다" 하고, 화분에 심어 놓은 소나무를 가리

키며 시를 짓게 하니 즉석에서 시를 읊었다.

一朶盆莖弱
일 타 분 경 약

한 그루 분에 심은 가지는 약하지만

千秋雪態豪
천 추 설 태 호

오랜 세월 오욕을 견딘 자태 씩씩하다

誰能伸汝曲
수 능 신 여 곡

누가 능히 너의 굽은 것을 펴

直拂暮雲高
직 불 모 운 고

하늘 가린 먹구름 털어내리

袞大怒 遂絶之不仕 退居靈光森溪 年二十八以典籍終
곤 대 노 수 절 지 불 사 퇴 거 영 광 삼 계 년 이 십 팔 이 전 적 종

남곤이 크게 노하여 벼슬길을 막고, 영광(靈光) 삼계(森溪)로 추방하여 그곳에서 사

사(賜死)되었다. 때는 나이 28세, 벼슬은 전적(典籍)이었다.

-기묘록(己卯錄)에서 발췌

위 정몽주의 단심가에 필적할 남주의 시에서 보듯이, 뜻을 굽혀 불의와 타협하

고 남곤을 쫓아 부귀영화를 누리며 살지 않고, 오히려 남곤의 불의를 서슬 퍼렇게

질타하고 전남 영광 삼계(森溪)로 유배(流配)되어 28세의 젊은 나이로 사약(賜藥)을

받은 남주의 정신을 곡성의 선비들이 대대로 이어 왔으며, 이것이 조선 말기 부정

부패를 일소하고 왕도정치를 구현하려는 선비들의 개혁정신으로 나타나고, 위정

척사사상과 항일독립운동으로 이어진 것이다.

이러한 올곧은 선비정신의 역사와 전통을 이어 오던 곡성에서 철종(哲宗, 1831~1863(순조 31년~철종 14년)) 당시 파락호 행세를 하던 흥선대원군이 사람을 이끌던 서산(西山) 조형일(曺衡鎰)의 도움으로 세월을 낚았는데, 이때 전라북도 순창(淳昌) 출생의 기정진(奇正鎭)과 곡성 출신 이곤수(李崑壽)는 물론 당시 서화가로 이름난 진도의 소치(小癡) 허유(許維)까지 호남의 유림들이 모여들어 서예와 풍류로 어울리며, 안동 김씨들의 세도정치 속에 탐관오리들이 횡행하고 부정부패가 만연한 세상을 성토(聲討)하면서, 자연스럽게 세상을 개혁하고 바로 세우려는 선비들이 화합하는 장소가 되었고, 이후 위정척사사상과 항일독립운동으로 발전한 것이다.

구한말 위기에 처한 고종황제가 전라도 내륙 섬진강 중류에 있는 동악산을 거점으로 삼고 있는 유림들을 의지한 것은, 아버지 대원군으로부터 비롯된 개인적인 신뢰도 있었겠지만, 대대로 호남은 국가의 재정을 충당하고 군량미를 공급하는 생명줄이었으며, 부패한 신라가 망하면서 삼국으로 분열 도탄에 빠진 백성들을 구하기 위해, 낙동강과 영산강 세력들을 연계하여 후삼국을 통일하고 고려를 세운 것이 이 섬진강이었고, 이성계가 조선을 창업하는 비책(秘策)을 구한 것도 이 강이었던 역사에서 기인한 것이다.

특히 임진왜란 당시 고집스럽게 전라좌수영을 지키며 "국가군저 개고호남(國家軍儲 皆靠湖南) 약무호남 시무국가야(若無湖南 是無國家也)— 국가의 군비는 다 호남을 의존하고 있는데, 만약 호남이 없으면 나라가 없어진다"는 이순신 장군의 호남 중시 전략은 섬진강을 지칭한 것이며, 민심 또한 섬진강 유역에서 수많은 의병들이 일어나 호남을 지켜 내고 마침내 임진왜란을 승리로 이끌어 사직을 보존한 역사에

◇ 동악산 도림사 보제루(1930년대)
사진 속 보제루를 가만히 들여다보면, 우국지사들이 뜻 있는 젊은이들을 모아 놓고, 이 나라 자주독
립의 필요성을 역설하던 그 모습이 보이고, 의지를 불태우던 의병(義兵)들의 목소리가 쟁쟁하게 들
리는 듯하다.

서 보듯이, 섬진강을 국가를 지키는 마지막 보루로 본 것이다.

구한말 전남 장성의 기우만(奇宇萬), 충남 회덕(懷德)의 송병선(宋秉璿), 전북 전주
의 전우(田愚), 광양의 황현(黃玹), 경기도 포천의 최익현(崔益鉉) 등등 우국지사들이
곡성의 동악산으로 달려와 나라를 구할 방책을 논하고 의병을 일으킨 것은, 모두
이러한 한반도의 지리적 조건과 역사적 사실에서 기인한 것이었다.

무엇보다도 곡성은 1906년 윤 4월 전북 태인에서 의병을 일으킨 경기도 포천
출신의 최익현이 의병들을 이끌고 오곡면 도동묘(道東廟)에 찾아와 나라를 위해
일어섰음을 고(告)하였을 만큼, 항일독립투쟁의 지도이념으로 발전한 위정척사사

상의 근간인 성리학의 도량(道場)이었으며, 지형적 조건 또한 호남 동부내륙 중심에 있으면서, 동악산 자체가 누구나 들어와 은둔하기는 쉬워도 공격하기는 어려운 천혜의 자연요새이며, 지리산과 광양 백운산, 장성과 화순의 의병들이 활동하는 중심에 있으므로, 상호 유기적(有機的)인 관계를 지속하면서, 정보를 교환하고 상황에 따라 신속한 공동작전을 전개하기 위해, 의병들이 최적의 전략적 거점으로 삼았다.

구한말 당시 대표적인 의병장이었던 기우만이 곡성에 기반을 두고 은둔 상주하였고, 전북 순창을 거점으로 한 최익현과 전우가 이곳 곡성을 중시한 근본적인 이유는, 사찬곡성군지(私撰谷城郡誌) 여규형(呂圭亨, 1849~1922)의 서문에서 잘 나타나 있다.

지난 갑오년(甲午年, 고종 31년(서기 1894년) 6월 22일 진도부(珍島府) 금갑도(金甲島) 유배에서 방면(放免)할 것을 윤허), 내가 호남의 갑도(甲島, 현 진도군 금갑도) 유배로부터 풀려나 조정으로 돌아올 때, 전국이 혼란스러워 길이 막혔다(2차 동학란(東學亂) 상황).

이에 팔량치(八良峙)를 넘어 영남(嶺南)의 우도(右道)로 향하기 위해 곡성군의 경계를 지나게 되었는데, 산은 높지 않았으나 수려하였고, 강물은 많지 않았으나 굽이쳐 아득하여 산수가 아름다웠다.

나를 맞이하는 주민들은 15작대(作隊)로 행렬을 지어 손에 창(槍)을 들고 주의를 경계하느라 한가할 겨를이 없었음에도 나의 행색을 보고 탄식하면서 예(禮)를 갖추어 노고를 환송하였는데 이런 정성 어린 친밀감은 다른 곳에서는 느껴 볼 수 없었던 공경하는 마음이었다.

이러한 차이점에 의문을 가지고 둘러보면서 나는 이와 같은 습속이 현인(賢人)군자(君子)들이 그 사이에 숨어서 백성들을 가르치고 풍속을 이루지 아니하고서는 있을 수 없는 일이라 생각하였다.

-사찬곡성군지 여규형(呂圭亨)의 서문에서 발췌

위 여규형이 2차 동학란(東學亂)을 피해 곡성을 경유하면서 목격한 상황은, 당시 곡성은 민병(民兵)들에 의해 동학도들의 약탈과 방화로부터 안전하게 지켜지고 있었음을 말하는 것이며, 군민이 일치단결하여 외부 반도(叛徒)들로부터 스스로를 지켜 낸 것은, 현인군자들의 지도력이었다는 기록은 제아무리 옳은 선이라 할지라도 민심을 얻지 못하는 독선(獨善)은 폐해일 뿐이라는 독호수선(篤好守善)의 정신이 잘 나타나 있고, 아무것도 예측할 수 없었던 그 어지러운 시절 고종황제가 곡성의 유림들을 의지하고, 목숨을 내건 의병활동을 위해서, 자연적인 조건도 중요하지만, 무엇보다도 민심의 절대적인 지지와 협조가 절실히 필요했던 우국지사들이, 곡성을 거점으로 삼은 이유가 무엇인지를 분명하게 말해 주고 있다.

남녀노소(男女老少) 빈부귀천(貧富貴賤)을 떠나 너 나 할 것 없이, 군민들이 혼연일체(渾然一體)가 되어 일본에 저항함으로써, 이른바 일본인들이 치를 떨었다는 전설처럼 전해 오는 삼성삼평(三城三平)의 자존심이 여기서 비롯된 말이다.

[부연하면, 순창에서 최익현이 체포될 때 최후까지 남아 면암을 지킨 12의사(義士) 가운데 곡성 출신이 3명이라는 사실은 당시 곡성군민들의 항일투쟁 의지를 잘 말해 주고 있다.]

오강사(梧岡祠)는 면암 최익현을 위해 1909년 곡성의 유림들이 모여 항일자주독립을 맹세하며 세운 사당인데, 지금은 최익현의 12제자였던 정대현(丁大晛)과 오지리 출신 조우식(趙愚植), 조영선(趙永善)의 위패를 함께 모시고 있다.

당시 항일구국운동에 분발했던 곡성군민들의 저항은 오지리 도동묘(道東廟)와 읍내리 조병순(曺秉順)의 이이재(怡怡齋)는 물론 구원리 장철수(張喆洙)의 도동재(道東齋)를 비롯하여, 마을마다 있었던 유림들의 서실(書室)에서 조직적으로 이루어지고 있었는데, 오곡면 오지리에 소재한 오강사의 역사는 일제강점기 곡성유림들의 의지가 얼마나 확고했으며, 우국지사들이 왜 곡성을 선택했는지 잘 말해 주고 있다.

오강사는 1906년 윤 4월 17일 의병을 이끌고 와 주자(朱子)를 주벽(主壁)으로 모신 도동묘에서 나라를 위해 일어섰음을 고(告)하고, 각 고을의 선비들에게 창의문을 보낸 후 순창으로 돌아가 23일 체포되어 그해 11월 17일 대마도 감방에서 순국한 최익현을 위해 1909년 곡성의 유림들이 모여 항일 자주독립을 맹세하며 세운

◇ 오강사(梧岡祠) 충의문(忠義門) 전경

사당이다.

이후 1921년에 일본경찰이 최익현의 영정을 압수하고 사우(祠宇)를 훼손하자, 곡성의 유림들이 총독과 곡성경찰서장에게 항의문을 보내어 1922년에 다시 사당을 세웠고, 이후 1937년에 또 훼철당함에 조우식이 이에 항거하여 사당 곁의 노거수(老巨樹)에 목을 매 자결하였는데, 이러한 곡성군민들의 저항의지가 일본과 맞서 싸우는 우국지사들의 안식처가 된 것이었으니, 선비들이 숨어 산다는 곡성은 전설 그대로 1,700년 전 처음 그 역사가 기록된 이래 의인(義人)들이 일어나 누란의 위기에 처한 나라와 민생을 구한 성스러운 성인(聖人)들의 땅이다.

바라건대 신라 말 셋으로 나뉘어 전란에 빠진 나라를 여기 섬진강의 압록(鴨綠)에서 주장자를 세우고 왕건으로 하여금 낙동강 세력과 영산강의 세력을 하나로 연계하여 고려를 창업게 한 혜철국사의 섬진강 통합사상이 3김이 만들어 놓은 망국적인 지역주의 패거리정치를 청산하고 증오와 불신의 상징인 영호남을 화합하여 여기 곡성(谷城)의 압록(鴨綠)에서 의주(義州)의 압록(鴨綠)까지 하나로 이어 21세기 통일을 이루는 횃불이 되기를 간절히 기원한다.

13. 대한민국 정부에 보내는 청원문
(원제: 바람을 먹고 구름을 토하면서)

본문은 국가의 잘못된 친일청산에 관한 법률 폐기와 함께 새로운 법을 제정하여 근본부터 조사를 다시 하여 줄 것을 요청하는 청원(請願)의 글이다.

일제강점기 일본에 부역하며 일제가 던져 주는 모든 은전(恩典(?))은 물론 교육의 혜택을 받은 친일파들과 그 후손들이 해방 후 행정을 장악하였고, 1961년 5·16군사혁명 이후 62년 정부가 국가유공자특별원호법(1962.4.16.)을 제정하면서부터 시작된 항일독립유공자 예우에 관한 보상 당시 행정을 장악한 친일파들과 그 후손들이 자신들과 조상들의 공적을 날조하여 정작 예우를 받아야 할 우국지사들은 친일파로 매도하였으며, 반면 친일파였던 자신과 조상들은 우국지사로 만들어 버린 것으로 태반(太半)이 가짜라는 것이 항일독립운동의 역사를 연구하는 사람들의 중론이니 다음의 글들을 관심을 가지고 보아 주기를 바란다.

필자가 처음 동악산 항일의병과 독립운동의 역사를 접하게 된 것은 마한(馬韓)의 불교사를 연구하기 위해 수년간 온 산을 헤매다 일제의 침략으로 나라와 백성들이 수난을 당하던 시절, 우국지사(憂國之士)들이 동악산 바람을 먹고 구름으로 토해 놓은 청류동(淸流洞) 단심대(丹心臺) 단심가(丹心歌)가 그 시작이었다.

[부연하면 필자의 호 음풍토운(飮風吐雲)은 바람을 먹고 구름으로 토해 놓은 단

심대의 역사를 밝힌다는 의미다.]

그러나 하나하나 드러난 사건의 진위를 확인하고, 그 속에서 거론된 인물들의 행적을 조사 검증하는 과정에서 세월이 산천(山川)에 묻어 버린 우국지사들의 눈물 겨운 독립운동의 역사를 찾아내는 기쁨도 있었지만, 모르는 것이 약이라는 말처럼, 차라리 덮어 버리고 싶었던 부끄러운 기록도 있었고, 만일 법이 허락한다면, 당장 달려가 부숴 버리고 태워서 쏟아지는 빗물에 씻어 버리고 싶은 분노(憤怒)의 사건과 현장도 보았다.

곡성군의 행정과 문화계를 장악한 친일파들과 부패세력들이 일본인 경찰보다 더 가혹하게 주민들을 짓밟고 고문하던 형사와 날마다 몽둥이를 들고 주민들을 두들겨 피범벅을 만들면서, 공출(供出)을 걷어 바치던 인물들과 이 집 저 집 담을 넘던 강도를 독립애국지사로 새겨 놓고, 내 아들딸들로 하여금 머리를 숙이게 하고 있는 현실은 차라리 치욕(恥辱)이었다.

일제강점기 반민족 행위자인 선대(先代)로부터 기득권을 물려받은 친일 매국노들의 후손들이, 지역에서 명망 있고 영향력을 가진 사람으로 행세를 하면서, 사람들을 매수하여 선대들이 저지른 반민족 친일의 역사를 날조하고 미화하는 이러한 어처구니없는 일들이 어찌 여기 곡성뿐이겠는가?

이 나라 방방곡곡 비일비재(非一非再)한 일들이며, 친일파들이 자화자찬(自畵自讚)하여, 조사 보고한 국가보훈처의 항일독립유공자 조사 기록은 과연 얼마나 진실성이 있을 것인가? 태반이 가짜다.

이들 친일파들이 저지른 만행은 해방 후에도 계속되었는데, 1950년 6·25 남침 전쟁을 일으킨 인민군(人民軍)들이 곡성지역을 점령한 뒤 8월 6일 새벽 항일독립운동에 앞장섰던 민족주의자들과 각 마을마다 행세하던 양민들을 무차별 체포하여 삼인동(三人洞) 공동묘지에서 잔인하고 참혹하게 죽인 것은, 이들 친일파들 가운데 빨치산으로 변신한 일부 인사들이 인민군에 정보를 제공하고 직접 가담하여 저지른 야만적인 살인방화였으며 이때의 양민학살로 인하여, 대대로 이어 온 곡성의 인맥들이 모두 사라져 버렸다.

당시를 기억하고 있는 주민들과 그때 살해당한 유가족들은 아직도 치를 떨며 분노를 삭이지 못하고 있는데, 당시 인민군들에게 정보를 제공하고 마을마다 돌아다니면서 민족주의자들과 양민들을 체포하여 학살하고 후퇴하던 인민군들을 따라 도주했었던 그들이 버젓이 돌아와 지금 우리들의 지도자로 행세하고 있는 현실 앞에서 우리가 무슨 정의를 논할 것이며 부모형제를 죽인 살인마(殺人魔)들을 눈앞에 두고서도 아무것도 할 수 없는 유가족들의 심정은 또 어떠할 것인가? 인간으로서는 감내하기 어려운 고통이었을 것이다.

다른 한편에서 자신들의 선대(先代)들이 이룬 훌륭한 공적(功績)을 제시하고 보다 자세한 자료공개 요청을 거부한 후손들의 손사래는 친일청산의 중심철학이 없는 현실에서 충분히 이해할 수 있는 일이지만, 소중한 역사의 망실(亡失)이라는 측면에서는 지금도 여전한 아쉬움으로 남아 있는 일이었다.

그동안 동악산 항일독립운동사를 연구해온 필자가 이들 후손들에게 하고 싶은 한마디는 비록 아무런 조건 없이 자신들의 신념대로 조국의 자주독립을 위해 살다 간 사람들이라 하여도 선대들의 삶은 이미 우리가 함께 공유해야 할 역사임을 인식하고 선대들이 그랬던 것처럼 당당한 자세로 임하여 주기를 바라면서, 필자가 어려서 들었던 이야기 하나를 여기에 전한다.

필자는 동악산 항일 독립 운동사를 연구하면서, 혹여 불필요한 오해의 소지가 있을까 하여, 선친(先親)으로부터 들었던 할아버지(1890~1960)의 이야기를 단 한 자도 거론하지 않았는데, 나의 할아버지는 창씨개명은 물론 단발령(斷髮令)을 거부한 사람으로 생업에 종사하면서, 이 지역 독립군 상호연락과 자금운반 등, 독립에 관한 비밀활동을 했었다 들었다.

당시 선친의 이야기 속에는 할아버지 외에도 필자가 기억할 수 없는 많은 사람들이 비밀조직원으로 역할을 맡아 활동하고 있었는데, 그때 들었던 이야기 가운데 기억나는 것은, 조병순의 이이재(怡怡齋)에서 자금의 모금과 전달이 이루어졌으며, 외부에서 자금을 모금하여 오거나, 외부로 전달할 때는 사전에 젊은 장정(壯丁)들이 변장하여 코스를 답사하고 길목을 지키면서 보호하였다 들었다.

당시 어렸던 필자가 선친의 이야기를 기억하고 있었던 것은, 자금 운반책이었던 할아버지가 전대(纏帶)를 차고 산을 넘을 때, 일본 순사(巡査)와 산적(山賊)들로부터 보호하려는 장정들의 무용담(武勇談)이 재미있었던 그 이유 때문이었다.

또 선친께서는 생전에 필자로 하여금 "저놈은 왜놈들의 앞잡이였으니 절대로 고개를 숙이지 말라"고 엄명하신 까닭에 어려서부터 길에서 만나도 인사를 하지 않고 지나쳤던 사람들이 몇 있었는데, 그 속에는 동악산 청류동에서 거론된 인물들은 없었으며, 오늘 반백(半百)의 필자가 조사하는 과정에서 증언해 준 사람들 모두 혹여 자신들의 증언으로 이들에게 누가 될까 염려했을 뿐, 단 한 사람도 친일파라고 지칭한 사람은 없었다는 사실이다.

이번 필자의 연구가 비록 호남 동부 거점지역이었던 동악산 항일 독립운동사지만, 이것을 조사하면서 느낀 것은 오늘날 친일청산을 하겠다는 정부와 국회 그리고 민간단체가 직업과 계급을 기준으로 특정한 선을 그어 놓고 친일 여부를 판정하는 것은 또 다른 역사왜곡일 뿐, 진정한 의미의 친일청산이 아니라는 것이다.

다양한 계층의 사람들이 다양한 방법으로 일제에 부역을 했었던 것처럼, 다양한 계층의 사람들이 다양한 방법으로 항일투쟁을 했었던 긴 일제강점기에서 직업과 계급 그리고 창씨개명을 기준으로, 반민족 친일부역의 여부를 논하는 것은 대단히 어리석은 짓이다.

겉으로 드러난 것만 보지 말고 개개인이 당시 어떤 목적을 가지고 무엇을 했느냐 하는 것을 기준으로 평가하는 것이 올바른 식민청산이라는 말이다.

예를 들어 특정한 지역에서 누군가 독립자금을 모으는 비밀 총책 또는 어떠한 독립에 관한 비밀활동을 하는 사람이 있다면, 그는 상황에 따라서 일제에 협조하는 시늉을 해야 하는 것이, 병법(兵法)의 기본상식이다.

일제 총독부 치하에서 친일(親日) 매국노들도 많았지만, 반대로 앞에서는 친일(親日)하고, 뒤에서는 항일(抗日)한 애국지사들도 많았음을 결코 간과해서는 안 된다는 말이다.

처음부터 내가 누구를 만나고 또는 어떻게 독립운동을 하고 있다며, 기록을 남길 수도 없는 비밀 항일운동의 비사(祕事)에 관한 기록은 없고, 일본의 감시를 피하기 위한 책략으로 행동했었던 이른바 일제에 협조하여 술 마신 기록만 남았는데, 이에 관한 아무런 조사 검증도 없이, 친일 부역자로 낙인(烙印)찍어 버리는 오늘의 현실은 아무런 대가를 바라지 않고, 조국의 자주독립을 위해 자신들의 모든 것을 희생하고 떠나간 선열들에 대한 배반이며, 후손들로 하여금 국가를 불신하고 분노케 하는 일이다.

지금 친일청산을 주장하는 정부와 국회 민간단체들이 가장 유념해야 할 것은, 열 명의 친일파를 놓치는 한이 있더라도, 단 한 명의 억울한 애국지사는 만들지 않는 것, 바로 이것이 정의다.

이러한 관점에서 최근 장지연이 특정 신문에 기고했다는 단편의 글을 보고, 친일 부역자로 낙인찍어 매도하는 것은, 단세포(單細胞)적인 발상으로 어리석음의 극치임을 알 수 있다.

이미 때를 놓친 친일청산과 항일독립운동의 규명에서, 신중해야 할 사안들이 어찌 장지연뿐이겠는가마는, 최소한 장지연이 그 글을 정말로 썼는지? 썼다면 왜 썼는지? 또는 신문사가 살아남기 위해 정략적으로 쓴 글인지? 그런 이면에 그의 행적은 무엇이었는지? 즉 나무에 열린 과일 하나만 보고 판단하지 말고, 산과 숲과 계절까지 동시에 보고 판단해야 할 사안이다.

다음은 장지연이 쓰고 도안(圖案) 설계했다고 전해지는 조병순의 영사비(永思碑)다.

1921년 8월 18일 밤 곡성경찰서에 끌려가 원통하게 살해된 조병순을 위해 장지연이 쓰고 설계한 영사비(永思碑)를 1925년 4월 초여름에 완성하여 독립군들 비밀 아지트의 하나였던 석곡면 능파리에 세웠는데, 비신(碑身)을 덮은 가첨석(加檐石) 비(碑) 갓 좌우에 보란 듯이, 두 개의 태극(太極)을 새겨 놓은 것은, 살아남은 동지들과 후학들이 죽음으로 지조를 지킨 조병순의 충절을 받들어 독립운동에 매진하겠다는 맹약의 상징이다.

[부연하면, 아버지와 아들까지 3대가 독립운동에 헌신한 조병순은 물론 그 가족 누구도 독립유공자에 선정되지 않았으며, 후손들 또한 선조들의 순수한 애국

심을 후손들이 애써 증명하는 것 자체가 불손한 일이라며 신청하지 않았다.]

장지연에 관하여 필자가 이야기할 수 있는 한 가지 분명한 사실은, 만일 그가 변절한 친일파였다면 먼 전라도 산골 동악산 비밀조직들과 관계를 유지하고 있지 않았을 것이며, 고문과 폭행으로 곡성경찰서에서 살해된, 12년이나 연하인 조병순의 영전에 찾아와서, 원통한 눈물을 술잔에 쏟으며, 영원히 잊지 않겠다는 불망비(不忘碑)를 쓰지도 않았을 것이다.

조병순(曺秉順, 1876~1921)은 1921년 8월 18일 고문, 살해되었고, 한 달 보름 뒤 10월 2일

◇ 장지연 선생이 쓰고 설계한 조병순(曺秉順) 선생의 영사비(永思碑)
1921년 10월 2일 사망한 장지연 선생이 어쩌면 이 세상에서 마지막 쓰고 도안(圖案) 설계했을지도 모르는 조병순 선생의 영사비(永思碑)다. 석곡면 능파리에 있었던 것을, 수년 전 후손들이 곡성읍 구원(언동)마을 서산서당 앞 도로변에 옮겨 놓았다.

◇ 장지연 선생이 도안했다고 전해지는 조병순 선생의 가첨석(加檐石)
(좌우에 두 개의 태극이 선명하게 음각되어 있다.)

장지연(張志淵, 1864~1921)이 사망하였는데, 장지연이 친일파였다면 여기까지 찾아와 조문(弔文)할 이유가 없었고, 조병순의 유족들 또한 비문(碑文)은 고사하고, 조문도 받지 않고 문전박대를 하였을 것이다.

모르긴 해도 장지연이 친일파였다면, 원통한 죽음에 울분을 삼키던 유가족들은 물론이거니와 조병순을 따르던 동악산 비밀 저항세력들과 주민들이 조문 온 장지연을 향하여, 죽여야 할 매국노라며 도끼라도 들고 뛰어나갔을 것이다.

그러나 장지연이 12년 후배인 애국지사 조병순의 조문을 마치고, 원통한 죽음을 영원히 잊지 않겠다는 불망비까지 쓴 것을 보면, 당시 장지연이 신망(信望)과 존경의 대상이었음을 입증하는 것이며, 동시에 친일파가 아니라는 증명이다.

대저 결코 함께할 수 없는 불공대천지원수(不共戴天之怨讐)의 치하(治下)에서, 온갖 고초(苦楚)를 당하면서도 중증의 환자인 나라와 백성들의 곁에 남아 방패가 되어 주고, 희망을 준 장지연을 친일파라 한다면, 중국대륙에서 유명무실한 임시정부 이름만 암기하고, 유비(劉備)가 쫓겨 간 촉나라까지 도망만 다닌 백범 김구(金九, 1876~1949)는 무엇인가?

이 땅에 남아서 온갖 고초를 감내하면서, 중국의 김구가 임시정부를 이끌고 활동할 수 있도록 끊임없이 자금과 정보를 제공해 주면서 죽어 간 유명무명의 애국지사들을 친일파로 낙인찍어 단죄한다면, 김구 또한 그 공범의 죄를 면치 못할 것이다.

이 땅의 국민들이 허리띠를 졸라매며 마련해 준 독립자금으로, 독립군을 이끌고 와서 나라를 해방시키지도 못했고, 무능한 정보부재로 정세에 어두운 나머지 외교력을 발휘하여, 미소 연합군에게 임시정부의 자격을 인정받지 못한 결과, 비록 외세에 의한 일본의 항복으로 이루어진 결과이지만, 해방된 조국을 무주공산(無主空山)으로 만들어 다시 외세(外勢)가 지배하게 만든 허울 좋은 임시정부 김구보다, 국민들의 곁에 남아서 함께 울어 주며 희망을 준 장지연을 친일파라 한다면, 누구를 일러 애국지사라 할 것인가?

장지연을 친일파로 낙인찍어 매도한 그 자리에 김일성을 내세울 일이 아니라면, 최소한 이러한 인과관계들을 먼저 규명하고 검증을 했어야 할 일이었다.

일제강점기 계란으로 바위를 치는 어리석음이며, 결코 맞서 싸워 이길 수 없음을 알면서도, 맨주먹으로 군사대국 일본과 맞서 싸울 수밖에 없었던 우국지사들이, 즉 항일투쟁은 다양한 계층의 사람들이, 다양한 방법으로 조국을 위해 헌신한 역사이므로, 특정한 개인이나 단체의 친일 여부는 겉으로 드러난 것만 보고 판단하지 말고, 개개인의 행적을 보고 판단해야 한다는 말이다.

다음 본문에서 살펴본 동악산을 중심으로 펼쳐진 곡성지역 항일의병과 독립운동의 역사에서 가장 억울한 누명을 쓰고 있는 정봉태를 중심으로 몇 사람들의 사례를 보면 지금의 친일청산이 얼마나 잘못된 것인지 분명하게 알 수가 있다.

곡성읍 동악산을 중심으로 한 항일의병과 독립운동의 역사를 밝히는 본문에서 드러난 대로 아버지 정일우와 형 정순태의 뒤를 이어 조병순의 동생 조병흠과 함께 독립운동에 헌신한 정봉태를 지금도 친일파 후손들이 아전(衙前) 출신으로 부패한 지주(地主)이며 부역한 친일파라고 집요하게 모략하고 있는데, 이는 잘못된 것으로 사실이 아니다.

생각해 보라. 특정 지역, 즉 곡성의 독립운동을 이끄는 수장(首長)이 무슨 재주로 동지들의 목숨을 지키고 조직을 보호할 것인가?

동지들의 목숨을 지키고 조직을 보호하기 위해 수장은 물론 관계된 주요 인물들은 필요하다면 창씨개명(創氏改名)을 하고 일제에 찬양하는 시늉을 하는 것은 기본이고, 곡성군수를 만나 뇌물을 주면서 요염한 기생(妓生)을 골라 술과 향락을 접대하고 때로는 천왕폐하 신민(臣民)이라 자처하며 헌금도 하면서 저들의 감시에서 벗어나야 하는 것이 병가(兵家)의 기본이며, 말이 필요 없는 상식이다.

이해가 되지 않는다면 이 글을 읽고 있는 사람들 스스로 역지사지(易地思之)로 입장을 바꾸어 본인이 비밀 독립운동을 이끄는 수장이라면, 이 좁은 산골 곡성 바닥에서 무엇을 어떻게 해서 독립운동에 필요한 자금을 만들고 무슨 재주로 조직을 보호하고 이끌어 갈 것인지 생각해 보기를 바란다.

그리고 오늘날 대기업이든 말단 하청업자이든 모든 사업자들이 온갖 수단을 가리지 않고 지자체 군수에게 뇌물을 주고 사업권을 청탁 거래하는 것을 보라.

한마디로 농어촌 군(郡)마다 군이 쓸 1년의 예산 몇천억 원을 대부분 농협이 유치하고, 군의 금고로 선정된 농협의 지부장은 툭하면 군수와 의원들을 따라서 해외로 출장을 가는데, 몇천억의 군 예산을 움켜쥔 농협의 지부장이 왜 따라가며 가서 무엇을 하겠는가?

말 그대로 군수와 의원들을 군민들의 눈이 없는 해외로 데리고 나가서 주지육림(酒池肉林)의 온갖 초호화 접대 등 돈과 향락으로 잘 삶아 변함없는 돈독한 관계를 유지하겠다는 사업의 수단이다.

이처럼 하찮은 사사로운 사업자와 일개 군 단위 농협의 지부장도 군수와 의원들에게 뇌물을 주는 것은 물론 군수와 의원들의 채홍사(採紅使)를 자청하여 온갖 향락으로 접대를 하면서 거래를 하고 조직을 위하는 것이 문명하다는 오늘의 현실인데, 하물며 일제강점기에 나라의 자주독립을 위해 비밀조직을 이끌어 가고 참여한 조직원들이라면 어떻게 해야 하겠는가?

자신은 말할 것도 없지만, 부모 형제와 처자식의 호구는 물론 동지들의 목숨을 걸고 비밀 활동을 하는 독립운동의 역사는 기록으로 남겨서는 안 되는 것이고, 조직을 보호하기 위해 곡성군수에게 뇌물을 주고 요염한 기생을 골라 곡성군수에게 술과 향락으로 접대한 일은 사람들의 기억에 남고, 일왕을 찬양한 한마디는 기록으로 남는데, 그런 가슴 아픈 기억과 치욕스런 기록만을 가지고 친일파로 규정하는 것은, 해방 후 진짜 친일 부역한 매국노들이 자신들의 죄를 감추기 위해 우국지사들을 잡기 위한 수단이었음을 알아야 한다.

한마디로 당시 만석꾼으로 이름난 읍내리 378번지 정규태의 집에서 노비(奴婢)로 살면서 각종 연락과 자금운반책으로 활동하다 부정한 짓이 발각되어 쫓겨나 강도로 전국을 전전하다 천왕폐하의 은전(恩典)으로 겨우 목숨을 부지하고 살아난 사람이 국가로부터 독립군으로 훈포장을 받고 군민회관의 뜰에 이름을 새겼는데, 그 주인이었던 정규태와 정봉태 형제를 친일파라 한다는 것은 앞뒤가 맞지 않는 일이며, 이는 해방 후 친일파들과 부패세력들이 우국지사들을 어떻게 모략했고 역사를 어떻게 날조했는지 잘 보여 주는 사례다.

[부연하면 진실을 아는 사람들은 친일파들과 그들에게 기생하는 부패세력들이 모의하여 강도를 독립군으로 만들었다는 뜻으로 월담(越담)선생, 즉 담을 잘 넘는 선생(도둑)이라 부르고 있다.]

당시 천석꾼, 만석꾼의 지주(地主)라 해서 모두 부패한 지주가 아니며 친일파가 아니다. 특히 좁은 산골짜기에 형성된 분지에서 살아가는 곡성군민들은 일제의 잔혹한 수탈과 탄압은 말할 것도 없이 여러 가지 부딪쳐 오는 인간사와 해마다 닥치는 자연재해로 호랑이의 입보다 더 무섭다는 가난의 구렁에서 헤어나지 못하고, 모든 논밭이 돈을 움켜쥔 일본인들에게 넘어가게 되어 있었는데, 얼마 되지 않은 곡성의 논밭들이 모두 일본인들의 소유가 되고, 곡성군민들 모두가 일본인들의 소작인으로 전락되었다면 어떤 일들이 벌어졌겠는가? 생각만 해도 끔찍한 일이다.

당시 우국지사들이 삼천리 방방곡곡에서 일제의 감시를 피하여 서당을 운영한 것은 교육을 통한 민족의 정체성을 지키는 일이었고 논밭을 지키는 것은 나라(땅)를 지키고 국민을 지키는 일이었다.

만일 당시 대한제국의 자유로운 독립을 실현하려는 우국지사들이 ① 땅을 지키고 ② 국민을 지키고 ③ 서당을 세워 민족정신을 함양하는 정신을 지켜 내지 않았다면, 한민족의 나라를 빼앗고, 땅을 빼앗고, 민족의식을 빼앗고, 정신문화를 말살하여, 일본제국에 절대 복종하고 순종하는 일왕의 신민(臣民)으로 만들려는 일제가 계획한 그대로 완벽한 내선일체(內鮮一體)가 되어 자유로운 나라 대한제국의 독립은 생각조차 못했을 것이며, 감히 단언하건대 오늘의 우리가 향유(享有)하고 있는 자유 대한민국은 결코 없었을 것이다.

해방 당시 곡성면장을 지낸 정수태(丁洙泰(秀泰), 1890~1949) 역시 모든 증언과 역사의 기록들이 가재(家財)를 털어 독립운동에 헌신한 애국자였음을 증명해 주고 있는데, 표면에 드러난 기록과 해방 후 친일파들이 만들어 낸 말만 믿고 1926년에 태어나 1945년 일본육군사관학교를 졸업한 그 둘째 아들 정래혁과 함께 친일파로 규정하여 친일 인명사전에 등재한 것은 잘못된 일이다.

알기 쉽게 설명하면, 정수태는 한평생을 곡성의 항일독립운동을 이끌어 온 리더

의 한 사람으로 그가 맡은 관직들은 조직을 보호하기 위해 철저히 위장된 것이었
으며 나이 어린 둘째 아들 정래혁을 일본육군사관학교에 보낸 것은 당장은 자신
이 이끄는 항일독립운동의 비밀 조직을 일본의 감시로부터 보호하기 위한 제물(祭
物)이었고, 동시에 가서 천행(天幸)으로 살아 돌아온다면 머지않아 도래할 광복의
세상에서 나라의 동량으로 쓸 희망의 싹이었다.

[부연하면 일제 말기 당시 정수태를 비롯한 곡성의 우국지사들은 일본이 곧 망
하고 좋은 세상이 올 것이니 무슨 수를 써서라도 어떻게든 살아남으라며 강제 징
용되어 끌려가는 곡성군민들을 도망치게 하는 등 많은 일화들이 전해지고 있는
데, 이는 정수태가 일제에 충성하는 친일파였다면 할 수 없는 일들이었다.]

1907년 곡성읍 묘천마을 1구 출신으로 어려서부터 천재로 소문나 일본 와세다
대를 졸업하고 곡성면장을 지냈으며, 해방 후 곡성군 건국준비위원장을 맡아 보
다 전북 전주(전주부 제1선거구)에서 무소속으로 초대 국회의원에 당선 반민특위
법을 제정하고 위원으로 활약을 하면서 친일파 숙청에 앞장을 서다 국회프락치
사건에 연루되어 서대문 형무소에 수감되었다가 1950년 6·25 이후 월북(?)한 것
으로 기록된 신성균(申性均, 1907. 6. 8.~1967. 9. 28.) 또한 처음부터 곡성의 항일독립
군들이 발굴하여 일본으로 유학까지 시켜 전문적인 지식인으로 키워 낸 인물인데,
그를 기억하는 노인들의 증언에 의하면 신성균은 이른바 빨갱이도 친일파도 아니
었으며, 그가 맡은 관직 또한 적의 내부, 즉 총독부 행정조직 속에 숨어서 총독부
의 식민정책에 저항 일제의 행정력을 무력화(無力化)시키기 위해 위장된 것이었다.

우국지사들이 신성균을 곡성군수로 만들어 군무를 관장하게 하려고 했었는데,
총독부에서 곤란한 지시가 내려오면 일부러 아프다는 둥 술에 취해 지시를 미루는

등 매번 이 핑계 저 핑계를 대면서 총독부에서 지시하는 업무를 태만히 하는 바람에 면장으로 그쳤다는 신성균을 기억하는 노인들의 증언은 지하로 숨어든 곡성의 독립군들이 어떻게 활동했는지 엿볼 수 있는 파일이다.

무엇보다도 당시 이승만 정권이 눈엣가시인 신성균을 친일파로 잡지 못하고 빨갱이로 몰아 잡은 것은 신성균이 친일파가 아니었음을 확실하게 증명하는 것이다.

생각해 보라. 비밀리에 독립운동을 하는 조직원이 그것도 수장이나 리더가 곡성 면장이 되었다면 그 이유가 무엇이며 면장이 되어 무엇을 하였겠는가?

아무것도 없는 맨주먹으로 비밀리에 항일독립운동을 이끌었던 정수태와 신성균이 곡성면장이 되었다는 것은 "소은은릉폐(小隱隱陵蔽)- 소인은 숲 속에 숨고, 대은은조시(大隱隱朝市)- 대인은 조정이나 저잣거리에 숨는다"는 왕강거(王康琚)의 시 반초은(反招隱)을 인용하지 않더라도, 당사자들에게는 죽기보다 싫은 굴욕을 참아내야 하는 일이었지만, 혹독한 일제의 탄압으로부터 그만큼 안전하게 조직을 보호하고 동시에 총독부 정책에 저항 행정을 마비시키면서 전비(戰費) 마련에 혈안(血眼)이 된 일제(日帝)의 가혹한 수탈(收奪)과 그 주구(走狗)들의 치를 떠는 온갖 행패로부터 곡성군민들을 보호하는 가장 적극적인 투쟁이며 최상의 방법 가운데 하나였다.

정녕 국가와 민족을 위하여 스스로 몸을 죽여 굴욕을 참아 낸 이런 우국지사들을 친일파라 한다면, 이들이 지키고 보호한 이 땅과 국민들은 무엇이며, 이들로부터 각종 지원을 받은 우국지사들은 무엇인가? 묻지 않을 수 없는 일이다.

더 늦기 전에 상해 임시정부의 백범 김구는 물론 독립군들이 만주벌판에서 이루어 낸 빛나는 승리가 온갖 굴욕을 참아 내며 국내에서 은거한 이들 우국지사들이 애써 교육하고 은밀히 마련한 군자금의 지원이 없이는 불가능한 일이었음을 알아야 한다.

당시 곡성의 독립운동을 이끌어 간 우국지사들의 비밀활동이 얼마나 분명한 목표를 가지고 은밀하고 끈질기며 조직적으로 이루어졌는지는 이들이 1920년대 초부터 은밀히 모의하여 1937년 토지(25,692평)를 확보한 후, 1941년 2월 25일 현 곡성중학교와 고등학교의 모태가 된 곡성농업실수학교(谷城農業實修學校)를 설립하는 과정에 잘 나타나 있다.

"곡성중학교는 당시 우리 조선인들이 배우지 않으면, 왜놈들을 이길 수 없다는 걱정으로 노심초사하던 지역 어른들이 조선 사람들을 바보로 만드는 왜놈들에 맞서 모의 끝에 세운 학교였다"는 곡성읍 학정마을 박봉안의 손자 박종석(朴鐘錫, 1927년, 현 생존) 옹의 증언에서 보듯이, 1920년대 초부터 정수태를 비롯하여 박봉안(朴鳳安, 1871~1939)·정규태(丁奎泰, 1884~1939)·조태환(曺台煥, 1901~1950) 등을 대표로 하여, 서로 역할을 분담 대략 15년에 걸쳐 1937년까지 자금을 모으고 예정된 학교 부지 25,692평을 매입 확보한 후 현 곡성중학교와 고등학교의 모태가 된 곡성농업실수학교를 설립한 사실은 이들이 국가와 민족의 미래를 위한 분명한 목표를 가지고 깊은 산골짜기 숲 속에서 솟아나 바다로 가는 옹달샘의 물처럼 끈질기고 조직적으로 활동한 애국지사였음을 말해 주는 것이니, 대를 이어 가며 국가와 민족을 위해 굴욕을 참아 내며 희생하여 준 우국지사들에게 감사할 뿐 더는 욕되게 하는 일이 없어야 할 것이다.

특히 조선 말기부터 아버지가 죽으면 그 아들이, 다시 그 아들이 죽으면 또 그 아들이 대를 이어 우리 민족의 자주독립을 위하여 헌신했던 이들 우국지사들의 맹약은 해방 후 후손들에게까지 이어져 노무현 정권에서 기획예산처 장관을 지낸 장병완을 광주로 보내 교육시키는 결정적인 힘이 되었으니 무엇을 더 의심할 것인가?

이처럼 분명하고 자랑스러운 곡성읍 동악산 항일독립운동의 역사가 끊임없이 부정되고 훼손되고 있는 것은, 해방 이후 나라의 독립을 위해 헌신했던 애국지사들을 학살하여 버리고 대를 이어 곡성을 장악하고 있는 '조(趙)·양(梁)·박(朴)·빙(氷)·이(李)·김(金)' 등으로 대변되는 몇 안 되는 친일파들과 대를 이어 군림하는 이들 친일파 후손들에게 기생하는 신흥 부패세력들이 그 원인이다.

여기 곡성은 일본에 대한 군민들의 저항이 조직적이고 극심했던 만큼 탄압 또한 잔인했는데, 그중에서도 일본의 주구(走狗)가 되어 해결사 노릇을 하면서, 주민들과 우국지사들에게 테러를 일삼으며, 기생(寄生)하던 이들 '조(趙)·양(梁)·박(朴)·빙(氷)·이(李)·김(金)' 등으로 대변되는 몇 안 되는 친일파들은 일제강점기에 곡성지역에서 활동하는 항일독립군들을 괴멸시키는 치명적인 역할을 한 반민족 매국노들이고, 잔혹한 고문과 수탈에 앞장선 악질 친일 부역자들이며, 지금도 이들을 기억하고 있는 노인들은 눈물을 글썽이며 치를 떠는 민족을 배반한 매국노들인데, 해방 후 지금까지 대를 이어 곡성의 덕망가로 정치가로 교육과 문화계의 어른으로 군림하고 있으니, 무슨 역사가 바로 서고 무슨 발전이 있으며 무슨 희망이 있을 것인가! 참으로 통탄(痛歎)할 일이다.

[부연하면 지금도 당시를 살았던 노인들이라면 이름만 들어도 치를 떨며 눈물을 글썽이는 친일파 중에서도 이들 악질 친일파들은 당시 이들로부터 혹독한 고문과 수탈 등을 직접 겪어 냈던 곡성군민들이 기억하고 있는 인물들이며, 관심 있

는 주민들은 다 알고 있는 인물들이지만, 국가에서 친일파로 규정한 것이 아니기에 필자가 조사한 명단을 공개할 수가 없는 안타까운 사정이 있음을 양해하여 주기 바란다.]

이들 친일파들이 저지른 만행 가운데 필자가 동악산 항일독립운동의 역사를 연구하면서 알게 된 한 가지는 개(셰퍼드)를 시켜 주민들을 고문했다는 사람의 탈을 쓰고는 할 수 없는 충격적인 것이었는데, 다음은 곡성군 석곡면 연동리 모연(慕蓮) 정종표(丁宗杓, 1933년, 현 생존) 옹과 곡성군 오곡면 오지리 2구 양상운(梁相雲, 1932년생) 옹의 증언을 바탕으로 당시 친일파들이 개를 데리고 다니면서, 주민들을 고

◇ 친일파들이 개(셰퍼드)를 시켜 주민들을 고문하는 장면
곡성은 일제에 대한 저항이 극심했던 만큼 탄압이 잔인했다(삽화는 순천대학교 장승태 교수님께 특별히 청하여 그린 것이다).

문하는 장면을 재현한 삽화다.

당시 지하로 잠입한 우국지사들이 마을마다 서당을 개설(당시 곡성에는 2개의 향교와 정규 학교들을 제외하고, 대략 30여 개의 서실(書室)이 있었다.)하고 은밀히 주민들을 교육시켜 독립사상을 고취하여, 일화(日貨)를 배척하고 세금을 거부하는 등 총독부 식민정치에 저항하도록 유도하였는데, 이에 호응하는 주민들을 일본의 주구(走狗)가 되어 공출(供出)을 걷어 가던 친일파들이 일왕이 하사한 곤봉을 들고 마을을 돌아다니면서 닥치는 대로 두들겨 패고 살림살이들을 부수는 일은 다반사였고, 사나운 개(셰퍼드)를 데리고 다니면서 저항하면, 집안 가장들이 보는 앞에서 아녀자들을 개를 시켜 고문했다는 끔찍한 증언이다.

양상운 옹의 증언에 의하면, "일본말로 '물어라' 하고 시키면, 커다란 셰퍼드가 앞발을 들어 사람들의 양어깨를 덮치는데, 그러면 남녀노소 할 것 없이 오줌똥을 싸면서 기절한다"고 하였는데, 지금 생각해도 인간으로서는 할 수 없는 참혹한 고문이었다.

이처럼 악랄했던 친일파들은 1948년 10월 20일 전라남도 여수에서 주둔하던 국군 제14연대 소속 좌익계열 군인들이 일으킨 여수순천반란사건(麗水順天叛亂事件)을 빌미로 자신들이 민족에게 저지른 친일 부역을 은폐 세탁하기 위해, 자신들의 죄상을 낱낱이 알고 있는 우국지사들을 좌익으로 몰아 학살해 버렸고, 다시 1950년 6·25가 발발하자 이번에는 이른바 빨갱이로 변신하여 간신히 살아남은 애국지사들을 우익과 부패한 지주(地主)로 몰아 8월 6일 새벽 곡성읍 학정리 삼인동 공동묘지에서 집단 학살시켜 버린 뒤 지금까지 대를 이어 곡성의 행정과 교육 문화계를 장악하고 유지로 행세하면서 동악산 항일독립운동의 역사를 일제에 빌붙어 호의호식한 부패한 양반들의 기생놀음으로 왜곡, 날조하고 개발이라는 미명으로 파괴하고 묻어 버린 것이 그 원인이었다.

지금까지 살펴본 몇 가지 사례에서 보듯이 일제강점기 다양한 계층의 사람들이 다양한 방법으로 독립운동에 헌신했는데 김대중과 노무현 정부가 친일청산이라는 민족의 관심사를 도구로 삼아, 정치와 언론은 물론 심지어 어린 학생들까지 동원하여, 특정한 계급이나 직업 또는 창씨개명 여부로 개인이나 단체의 친일 여부를 가리는 기준을 정한 것은, 자신들의 정적들을 제거하기 위한 음모이며, 동시에 국가 권력에 의한 역사왜곡일 뿐이다.

비근(卑近)한 예로 친일청산을 외치는 김대중과 노무현 정권의 비호를 받으며 온갖 호사를 누리고 있는 이모(李某), 김모(金某), 신모(辛某), 국회의원으로 대변되는 그들의 부모들이 저지른 이른바 죄질이 악랄했을 악질 친일 매국노들을 반민족친일인명사전(反民族親日人名辭典)에서 제외한다는 것은, 선열들을 모욕하고 역사와 민족을 배반하는 범죄일 뿐이다.

생각해 보라. 동경에서 조선인이 일본인도 어렵다는 헌병(憲兵)이 되었다면, 누구를 잡으라는 헌병이며, 만주에서 조선인이 일본인 행세를 하면서 경찰 노릇을 했다면, 누구를 잡기 위한 경찰인가?

대저 얼마만큼의 충성을 증명해 보여야 조선인이 일왕(日王)의 헌병대에 들어갈 수 있을지 생각이라도 해 보았는가? 대를 이어 충성하지 않았다면 불가능한 일이다.

국내외를 막론하고 일제(日帝)의 깃발 아래 무소불위의 권력을 휘두르며, 독립투사 색출, 처단(處斷), 공출(供出), 정신대(挺身隊) 모집, 징용(徵用) 등등 우리 민족 우리 국민들의 개개인 안방까지 속속들이 들여다보면서, 가장 잔인하고 고통스럽게 짓밟고 착취했었던 일제의 주구들을 민족의 이름으로 단죄하지 않은 친일청산이 무슨 의미가 있겠는가?

또 하나 결코 잊지 말아야 할 것은, 일제강점기 산의 벌채, 즉 이른바 산판을 했던 업자들의 만행이다.

당시 곡성에서 친일파들이 일제의 보호를 받으며 벌인 산판사업은 조선 말기부터 위정척사(衛正斥邪)의 기치를 들고 동악산을 의지해 싸우던 항일독립군들을 괴멸시키려는 작전의 일환이었다.

이들 친일파들이 벌인 산판은 마치 호랑이처럼 산을 의지해 숲 속에 몸을 숨기고 싸우는 의병들에게는 은거지가 노출되고 사라지는 치명적인 결과를 가져와 마침내 괴멸되는 결정타가 되었으며, 이것이 우국지사들이 산을 버리고 지하로 숨어 이른바 왜놈들과 친일파들에게 굴욕을 당하는 원인의 하나였다.

[부연하면, 당시 전국적으로 산판을 주도했던 업자들은 대부분 죄질이 무거운 악질 친일파로 보아도 무방하다.]

그러나 이보다 더 끔찍한 일은 최근 몇 년 동안 이들 친일파들과 부패세력들이 손을 잡고 애국지사 선양사업이라는 명분으로 혈세를 끌어다 일제강점기 도둑질을 일삼던 강도를 애국지사로 만들어 놓고, 아무것도 모르는 선량한 후손들로 하여금, 감사의 고개를 숙이게 하고 있는 오늘의 현실이다.

해방 64년이다. 그러나 새로운 세계로 나아가기는커녕 64년 전 그때나 64년 후 지금이나 사람만 다를 뿐, 우리 한국은 여전히 증오와 분열이라는 식민사관의 늪에서 헤매고 있고, 제국주의 일본은 여전히 '반도(半島)의 꿈'을 노래 부르고 있다.

처음 우리의 선조들이 독립이라는 공동의 목표를 가지고 투쟁했듯이, 우리가 독립유공을 논함에 있어 식민 치하에서 개개인의 특별한 공적을 논할 뿐, 좌·우와 남·북을 논할 필요는 없다(좌·우와 남·북의 공과(功過)는 별개의 문제다).

마찬가지로 친일 매국노들을 단죄함에 있어서, 가장 기초적이며 절대적인 기준은 계급도 직업도 아닌 특정한 개개인의 특별한 반민족 행위 여부를 가지고 판단해야 한다.

그러나 정의도 없고 원칙도 없는 오늘의 친일청산을 보고 있노라면, 마치 주체사상파들이 김정일을 위해 대한민국의 자유와 민주를 지키는 울타리 반공사상을 무너뜨리고, 이 나라 우익으로 대변되는 민주세력들을 제거하려는 음모라는 생각이 드는 것이, 과연 이 촌부(村夫)만의 기우(杞憂)일까?

진실을 감추고 사실을 왜곡하는 오늘의 친일청산 작업이 우익세력들을 제거하고, 자유 대한민국을 전복(顚覆)하려는 주체사상파들의 음모라면, 지금이야말로 우리 대한민국의 위기라고 해야 할 것이니, 다시 동악산 단심대에 위정척사(衛正斥邪)의 깃발을 세우고, 우국지사들의 뜻을 모아야 할 것이다.

다음은 해방 이듬해 1946년 8월 16일 민족의 수난시대를 격렬하게 살아온 72세의 최병심과 41세의 염수동 두 애국지사가 스승과 제자의 연을 맺고 나누는 대화의 기록이다.

읽어 보면 64년 전 그때나, 64년 후 지금이나, 사람만 다를 뿐, 똑같은 일로, 똑같은 근심에 새삼 놀랍기도 하겠지만, 문명한 인류사회가 이미 오래전에 쓰레기통에 던져 버린 진부한 사상놀음에 아직도 휘둘리고 있는 꼭두각시들이 누구인지 깨닫기를 바란다.

"해방된 이후 수많은 사람들이 거리낌 없이, 울분을 토하며 복수를 하였고, 온통 붉은 산처럼 공산주의자들의 세상이 되었다.

선생이 앞산을 가리키며, '네가 사는 곳도 이와 같지 않으냐?' 하고 물으시매, '그렇다'고 답하였다.

선생께서 장차(將次) 큰일이라고 탄식하시며, 묵연히 계시다가 말씀하시기를, '우리나라 사람들이 사리분별(事理分別)을 못 하면, 장차 머지않은 날에 전쟁이 있을 것이다' 하시었다."

　　　　　　　　　　　　　－경와사고(敬窩私稿) 순산일기(舜山日記)에서 발췌

해방 60년, 이른바 남한의 우익(右翼)들은, 비단금침에 누워 북으로 간 좌익(左翼)들을 잊은 지 오래인데, 북으로 간 좌익들은 일구월심(日久月深) 남한의 적화(赤化)를 바라며, 아직도 비몽사몽간(非夢似夢間)을 헤매고 있는 기막힌 세월이다.

인터넷이라는 마법으로, 책상 앞에 앉아서 세상을 열고, 세상을 경영하는 21세기다.

정녕 김정일과 김일성 부자(父子)의 동상을 황금으로 만들어 광화문 네거리에 세우고 대를 이어 충성할 일이 아니라면, 이제라도 주체사상(主體思想)이라는 낡은 고물차에서 내려오기를 바란다.

누옥(漏屋)에 취생몽사(醉生夢死)의 군상(群像)들이 모여 만든 주체사상(主體思想)은 수백만 인민들과 어린아이들까지 굶어 죽게 하는 악마의 주문(呪文)이며, 알코올 중독자가 일으키는 음주사고 주체사상(酒滯死傷)일 뿐이다.

끝으로 일본이 중일전쟁(1937~45)과 태평양전쟁(1941~45)으로 자국민 약 310만명과 한국과 중국을 비롯한 아시아인 2,000만 명을 죽인 전쟁광 살인마에 다름 아닌 히로히토 천황에게 전쟁의 책임을 묻지 않고, 일제(日帝)의 상징인 욱일승천기(旭日昇天旗)를 일본 주력군(主力軍)인 해군기(海軍旗)로 사용하면서, 일급 전범(戰犯)들을 추도(追悼)하고 있는 이상, 일본이 말하는 반성과 세계평화는 모두 거짓이다.

그러나 이런 일본보다 더 심각한 것은, 조선을 침략한 일제가 제일 먼저 왜곡하고 말살한 국조(國祖) 단군의 건국 역사를 해방 60년을 맞이한 우리가 아직도 학교에서 우상이라며, 교육시키지 않고 있는 식민사관이다.

분명한 우리의 건국역사를 부정하고 왜곡시킨 일본보다 더 철저히 부정하고 말살시키면서, 역사왜곡을 항의하는 우리를 향하여, 일본이 무엇이라 할 것인가?

그것이 무엇이 됐든, 이 지구상에서 자신들의 건국역사를 미개한 민족의 잔재라며 말살해 버린 총독부 식민사관을 충실히 받들어 교육시키지 않은 국가는 우리 대한민국뿐이니, 어찌 우리가 주권국가라 할 수 있는가? 참으로 부끄러운 일이다.

우리 대한민국이 아직도 일제가 말살해 버린 건국역사의 정의조차 세우지 못한 것은, 이른바 교사로 대변되는 총독부 하수인으로 식민사관을 가장 적극적으로 실천 교육시켰던 식자들의 참회 없이, 그들이 스승이라는 이름으로 미화되고, 대를 이어 뿌리 깊은 식민사관을 교육하고 있는 현실이 그 원인이다.

일본제국주의자들의 충견(忠犬)이 되어, 총독부의 정책을 최일선에서 가장 적극적으로 실천, 교육시켰던 식자들, 즉 교사집단들의 자발적인 참회와 함께 하루속히 뿌리 깊은 식민사관을 학계에서 청산하는 그날이 역사와 민족 앞에 부끄럽지 않은 진정한 의미의 자주독립이라 할 것이다.

제2부
법화경의 향기

1. 법화경의 향기 도림사

◇ 우주에서 바라본 동악산(성출산) 전경
마치 봉황이 구름을 헤치고 날아가는 장쾌한 모습이다. 좌(坐)는 계좌정향(癸坐丁向), 즉 북쪽에서 남쪽으로 날아가는 형국이다.

전남 곡성군 곡성읍 서쪽에 있는 동악산(動樂山)은 도선(道詵)이 "동악비봉야(動樂飛鳳也)− 동악산은 봉황이 날아가는 형국이다"라고 하였는데, 위 우주에서 촬영된 사진에서 보듯이 정확한 것이었다.

부연하면, 도선 당시 동악산은 곡성의 주산이 아니었음에도, 조선 말기에 쓰인 욕천속지(浴川續誌)에 도선이 동악산을 곡성의 주산이라 하였다 한 것은, 고려 말 동악산 아래로 관아를 옮겨온 뒤 이 산에서 수도했던 도선이 설파(說破)한 산의 풍수를 그대로 적용한 것으로 정확한 기술(記述)이다.

여기서 곡성의 진산인 동악산은 봉황의 가슴에 해당하며, 예로부터 신선(神仙)이 사는 땅으로 널리 중국까지 알려졌으며, 최치원(崔致遠)과 남주(南越)가 이 산의 신선이 되었다는 등 대대로 승려들은 물론 유형원(柳馨遠, 1622~1673), 허생(許生), 박세채(朴世采, 1631~1695), 최석정(崔錫鼎, 1646~1715), 김창협(金昌協, 1651~1708), 김창흡(金昌翕, 1653~1722), 이익(李瀷, 1681~1763), 정약용(丁若鏞, 1762~1836), 기정진(奇正鎭, 1798~1879), 송병선(宋秉璿, 1836~1905), 전우(田愚, 1841~1922), 기우만(奇宇萬, 1846~1916), 황현(黃玹, 1855~1910) 등등 조선을 대표하는 학자들이 찾아들었고, 박

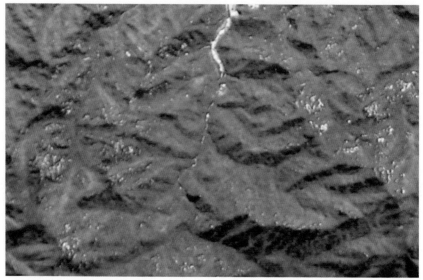

◇ 우주에서 본 동악산 도림사 전경
동악산 도림사가 위치한(중앙 흰점) 산의 모습이 극락세계 연화지(蓮華池)에 핀 한 송이 연꽃으로 이곳이 '연화장장엄세계해(蓮華藏莊嚴世界海)'임을 보여 주고 있다.

지원(朴趾源)의 열하일기(熱河日記) 피서록(避暑錄)에 기술될 만큼 중국 사람들까지 동경한 성스러운 산이다.

이 가운데 동악산 향로봉 남쪽 계곡 청류동에 숨겨진 봉황의 심장과 같은 도림사(道林寺)는 마치 한 송이 연꽃이 활짝 핀 형국으로 1700년 전 마한(馬韓) 당시 서진(西晉) 혜(惠) 황제(皇帝, 290~306) 때 중국에서 건너온 원명법사(圓明法師)가 창건, 법화사상(法華思想)이 처음 전래된 유서 깊은 사찰이다.

대장봉(大壯峯)에서 성출봉(聖出峯, 형제봉)을 거쳐 날아 내린 능선들이 만들어 놓은 도림사는 풍수로 보거나 위 우주에서 촬영한 사진에서 보듯이 봉황의 심장에 해당하지만 여기에 처음 절을 세운 원명법사는 극락세계 연화지(蓮華池)에 핀 한 송이 연꽃으로 보고 '연화장장엄세계해(蓮華藏莊嚴世界海)'를 재현한 것이다.

절의 중심인 대웅전을 보광전(普光殿)이라 한 것은, 한량없는 광명 무량광(無量光)을 나타내는 것으로, 극락세계의 아미타(阿彌陀, 중앙)부처님이 연꽃 위에 앉아 설법하는 상징이며, 좌우의 보살은 33신(身)의 몸으로 모든 중생들을 구하는, 관

◇ 도림사 보광전 아미타삼존불과 아미타 후불탱화

◇ 1930년대 촬영된 도림사 보광전(普光殿, 대웅전)

세음보살(觀世音菩薩, 주불 중심으로 좌측)님과 한없는 지혜로 중생의 어리석음을 없애 주는 대세지보살(大勢至菩薩, 우측)님이 설법을 하고 있는 아미타부처님을 모시고 있는 모습이다.

이 가운데 도림사 법당인 보광전(普光殿)의 좌(坐)는 정확히 '신좌인향(申坐寅向)'인데, 다음 사진에서 보듯이, 법당 뒤 호법선신(護法善神)인 천룡(天龍)과 짝을 이루는 방향이며, 법화사상, 즉 관음신앙의 상징이기도 하다.

이 좌(坐)를 오행(五行)으로 풀어보면, 신(申)은 수(水), 즉 물이고 인(寅)은 화(火), 즉 태양이니 이는 하늘에서는 밝은 햇살이 비추고 땅에는 맑은 물이 화답하여 우주만물이 소생(蘇生)하는 상생(相生)의 길지(吉地)다.

그러나 도림사는 사람이 풍수를 따라 건물을 배치한 것이 아니고 서두의 사진에서 보듯이 처음 하늘이 열릴 때 만들어 놓은 연화경(蓮華經)의 세계다.

◇ 도림사 호법선신(護法善神) 천용(天龍)

보광전(普光殿) 부처님을 중심으로 우측에서 도량을 지키고 있는 도림사 호법선신(護法善神) 천룡(天龍)이다. 마치 연꽃 위에 앉아 설법하고 있는 아미타 부처님을 하늘에서 보호하고 있는 형상이며, 법화사상, 즉 관음신앙의 상징이다.

즉 언제나 맑고 향기로운 향탕수(香湯水)로 씻어 더러움이 없는 청정(淸淨)한 극락세계에서 모든 불보살(佛菩薩)들을 이끄시고, 보광전(普光殿)에 앉아 설법하시는 아미타부처님을 위하여, 옥황상제(玉皇上帝)는 해와 달을 등불로 들었고, 천룡(天龍)은 허공에서 보호하고 있는 연화장장엄세계해(蓮華藏莊嚴世界海)이다.

태초에 하늘이 만들어 놓은 이 땅에 사람이 만든 것은, 향탕수(香湯水)의 근원인 향로봉(香爐峯) 하나인데, 이는 처음 부처님이 탄생하실 때 아홉 마리 용이 공중에서 향기로운 물을 솟아나게 하여 목욕시켰다는 고사에서 유래한 역사에서 보듯이, 극락세계, 즉 도림사 앞을 흘러내리는 청류(淸流)를 향탕수(香湯水)로 만들어 언제나 불보살님들이 상주하는 도량을 비보(裨補)하려는 방편이지만, 산문의 보제루(普濟樓)가 상징하듯 두루 모든 중생을 제도하는 연화장의 세계가 도림사이며, 이것을 사람이 아닌 하늘이 만들어 놓았다는 사실이 경이롭기만 하다.

◇ 동악산 도림사 궁현당(窮玄堂, 1930년대)

　몇 년 전 필자가 발견한 1757년 음력 5월 22일 중간된 '길상암(吉祥庵) 나한전(羅漢殿) 유적(遺蹟) 중수기(重修記)'에서 그 창건 역사가 밝혀진 도림사는 384년(침류왕 원년) 동진(東晉)에서 인도의 승려 마라난타(摩羅難陀)가 영암 법성포를 통해 유입됐다는 백제 불교는 물론 372년(소수림왕 2년) 전래되었다는 고구려보다 70년을 앞선 것으로, 이는 해상교류를 통한 불교유입과 이미 마한(馬韓)에 고급문화가 있었음을 밝혀 주는 사료임과 동시에 법화사상(法華思想)이 처음 전래된 성지(聖地)임을 말해 주는 것이다.

　1663년 7월 29일 영오(灵悟) 스님이 쓴 도림사 대웅전 상량문 끝에 "차사초칭도종이후개이도림(此寺初稱道宗而後改以道林)— 이 절은 처음 도종(道宗)이라 불렀으나 훗날 도림(道林)으로 고쳐 불렀다"고 하였는데, 도종(道宗)이라 함은 곧 도(道)의 근본을 말하는 것으로, 이는 불교가, 즉 법화사상이 처음 전래됐음을 말하는 것이다.

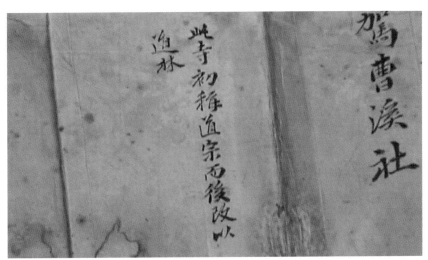

◇ 도림사 대웅전 상량문
(1663년 7월 29일 영오(夐悟) 스님이 쓴 도림사 대웅전 상량문)

　동악산을 성인(聖人)이 출현하여 성출산(聖出山)이라 불렀다는 신덕암(神德庵) 중신기(重新記)와 성출봉 솟아오른 바위굴에서 십육나한(十六羅漢)과 옥(玉)으로 빚은 불상(佛像)이 차례대로 솟아나올 즈음에 관세음보살님이 윤필법사(尹弼法師)의 꿈 속에 나타나 가리켜 주면서, 어서 빨리 봉안하라 하였고, 법사가 십육나한과 부처님을 날마다 등에 업고 도림사로 봉안하니, 하늘에서 관세음보살님이 즐거이 노래를 부르며 앞뒤에서 길을 인도하였는데, 그때 허공이 진동한 까닭으로 산 이름을 동악(動樂)이라고 하였다는 길상암 중수기의 기록이 말해 주듯, 법화사상이 처음 전해진 동악산은 중생을 제도하기 위하여, 관세음보살님이 출현 상주하는 우리나라 최초의 관음성지(觀音聖地)다.

　이후 동악산은 칠지도(七支刀)와 관음신앙(觀音信仰)을 일본에 전하였고, 섬진강

◇ 동악산 일출

을 동서로 나누며, 태안사(泰安寺), 화엄사(華嚴寺), 옥룡사(玉龍寺)로 이어지는 사찰들은, 화엄사상(華嚴思想)과 법화사상(法華思想), 선종(禪宗)과 교종(敎宗)이라는 불교 정신문화의 전통을 이어오고 있다.

특히 동악산 도림사에 초전(初傳)된 법화사상은 저 유명한 원효의 화쟁사상(和諍思想)으로 이어져 신라가 삼국을 통일하는 단초가 되었고, 다시 부패한 신라를 개혁, 후삼국을 통일하고 고려를 창업한 동리산 태안사 혜철국사(慧哲國師)의 회삼귀일사상(會三歸一思想)으로 이어지면서, 흩어지고 분열하는 우리 민족을 대동단결시키며, 역사의 시련과 고난으로부터, 우리 민족을 구한 우리 민족의 정통사상이 되었다.

유구한 역사와 정신문화를 이어오던 동악산 도림사는 고려시대 고려 창업의 주체가 되었던 동리산 태안사의 위용에 눌려 쇠락의 길을 걸었지만, 조선을 창업한 태조 이성계의 계비 강씨 신덕왕후(神德王后, 계비 강씨의 시호 신덕(神德)은 여기 청류동 신덕사(神德寺)에서 인용된 것이다) 이후 명성황후(明成皇后, 1851~1895(철종 2년~고종 32년)) 때까지 대대로 조선왕실의 원찰이 되어 옛 명성을 회복하였으며, 구한말

에는 위정척사의 기치를 들어 항일투쟁과 민족의 자주독립운동을 이끄는 산실이
되었다.

다음은 1920년 8월 18일(음력) 도림사 보광전 상량문에 기록된 시주자 명단인
데, 대부분 청류동 반석에 기록된 우국지사들이다.

일제의 탄압이 극심한 1920년대 세상의 이목이 집중된 도림사 보광전 상량을
하면서, '조선국기원(朝鮮國紀元) 529년(五百二十九年, 1920) 경신(庚申) 8월 18일(八月
十八日) 신시상량(申時上樑, 오후 3시 30분부터 4시 30분)'이라고 기록한 것은 이른바
간이 배 밖으로 나오지 않았다면 감히 상상도 할 수 없는 일이었다.

그럼에도 불구하고 보란 듯이 조선의 국호를 보광전 상량문에 쓴 것은 결코
굴복할 수 없는 불공대천지원수(不共戴天之怨讎) 일본을 향한 강력한 투쟁과 독립
의지를 나타낸 것이며, 일제의 탄압과 주민들이 밥을 굶는 어려운 세월임에도 이
들 애국지사들이 주축이 되어 도림사 보광전을 재건한 것은 곧 도림사는 동악산

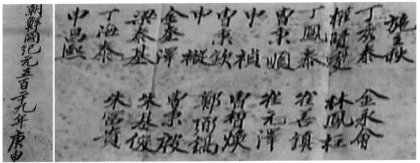

◇ 조선국기원경신팔월십팔일(朝鮮國紀元五百二十九年庚申八月十八日: 1920년 8월 18일(음력))
도림사 보광전 상량문에 기록된 연호와 시주자 명단이다. 여기서의 서열은 시주한 금액의 순서이며
우국지사들이 대부분이다. 특히 이 상량문의 명단은 이듬해 1921년 8월 18일 일제의 살생부(殺生簿)
가 되었다.

독립운동의 중심축이었으며, 보광전은 간절한 대한독립의 비원(悲願)을 담은 상징이었음을 뜻하는 것이다.

결국 이 상량문의 명단은 일제의 살생부(殺生簿)가 되어 이듬해 1921년 8월 18일(양력) 밤 동악산 독립운동을 이끌어 오던 조병순이 곡성 경찰서에 끌려가 고문 끝에 살해되고, 주지 눌봉은 도림사를 기습한 일본 경찰의 표적으로 칼을 맞고 겨우 살아났으며, 나머지 사람들은 잡혀가 고문의 후유증으로 약 한 첩 써 보지도 못한 채 죽거나 폐인이 되었고 또는 미쳐서 거리를 헤매다 죽어 굶주린 짐승들의 먹이가 되고 말았다.

다음은 당시 살해된 조병순을 위해 장지연이 쓰고 도안(圖案)을 설계했다고 전해지는 조병순의 '영사비(永思碑)'다.

이때 원통하게 살해된 조병순을 위해 위암(韋庵) 장지연(張志淵, 1864~1921)이 쓰고 설계한 영사비(永思碑)를 1925년 4월 초여름에 완성하여 세웠는데, 비신(碑身)을 덮은 가첨석(加檐石) 비(碑) 갓 좌우에 두 개의 태극(太極)을 새겨 놓은 것은, 살아남은 동지들과 후학들이 죽음으로 지조를 지킨 조병순의 충절을 받들어 독립운동에 매진하겠다는 맹약의 상징이었으니, 보광전 상량문의 국호가 갖는 의미는 곡성군민들이 일본을 향한 선전포고

◇ 장지연 선생이 쓴 조병순(曺秉順) 선생의 영사비(永思碑)
1921년 10월 2일 사망한 장지연이 어쩌면 이 세상에서 마지막 쓰고 도안(圖案) 설계했을지도 모르는 조병순의 영사비(永思碑)이다.

◇ 칠지도(七支刀)(일본 신사 이소노카미 신궁(石上神宮) 소장)

이며, 독립의지의 상징이었다.

　당시 일제는 조선의 국호나 상징물이 될 수 있는 것들, 예를 들어 각종 지명(地名)에서부터 건물이나 다리 이름까지 사람들을 동원 개명하거나 삭제하였고, 무궁화나무를 심어도 붙들려가 이른바 개패 듯 얻어맞던 시절이었음을 상기하면, 감히 상상할 수 없는 그들의 애국충정에 삼가 고개를 숙일 뿐이다.

　부연하면, 차후에 별도 논증·발표하겠지만, 한·일 간에 또 하나의 역사분쟁인 '칠지도'의 산출지를 서쪽에서 발원하여 동쪽으로 흘러가는 강이 존재할 수 없는 황해도 곡산(谷山)이라 하는 것은, 일제강점기 일본이 임나일본부설을 한반도 전역으로 확대하여 조선 강점을 정당화하려는 내선일체(內鮮一體)의 식민사관에서 비롯된 것으로 잘못된 것이다.

　최근 이도학 교수를 비롯한 학자들이 칠지도의 산출지를 서쪽에서 발원 동쪽으로 흘러 남해로 들어가는 섬진강 곡성으로 수정한 것은, 분명하게 존재했었던 마한의 역사를 드러내 식민사관을 바로잡는 쾌거였지만, 칠지도가 곡성에서 산출되는 문화적 배경을 제시하지 못해 아쉬웠는데, 서기 300년 서진에서 원명법사가 동악산에 들어와 절을 세웠다는 길상암 중수기의 기록은 칠지도의 제작연대인 백제의 근초고왕(369년) 때보다 무려 70년을 앞선 것으로 찬란했던 마한문화의 입증이며, 칠지도의 산출지가 곡성임을 입증하고 있다.

뿐만이 아니라, 서진 혜 황제(290~306) 때 중국의 원명법사가 들어와 세운 도림사는 동시대 이루어진 성덕산(聖德山) 관음사 원홍장(元洪莊)이 신화(神話)가 아닌 여기 성출산(聖出山, 동악산)에서 인연된 역사였음을 함께 밝혀 주고 있다.

이처럼 성스러운 역사를 지닌 도림사를 '582년 신라 진평왕의 부인인 신덕왕후가 이곳으로 와서 신덕사를 창건한 뒤, 660년 원효가 화엄사로부터 옮겨와 도림사를 창건하였다'는 주장은 정보가 부실했던 과거라면 몰라도, 오늘의 시각으로 보면, 분명한 왜곡이며 허구다.

특히 화엄사에 머물던 원효가 이곳으로 건너와 도림사를 창건했다는 660년이 백제가 멸망한 해이며, 신라의 입장에서는 백제의 잔존세력과 피 흘리는 전쟁의 상황이었음을 안다면 실소할 수밖에 없는 일이다.

외세인 당나라를 끌어들여 백제와의 전쟁을 끝낸 신라의 입장에서나, 자신들의 부모형제와 임금을 적국인 당나라의 포로로 보내야 했던 백제의 백성들이, 그가 아무리 당대의 원효라고 하여도, 이 도림사의 창건 불사에 협조했다고 보기엔 정

◇ 섬진강에서 바라본 동악산 전경

치, 경제, 군사, 사회적으로 이해할 수 없는 부분이다.

역사를 보면, 백제를 멸망시킨 소정방(蘇定方)은 의자왕(義慈王)과 그의 태자(太子) 4명 그리고 신하(臣下) 93명과 백성(百姓) 12,870명을 포로로 하여, 당으로 돌아갔다고 하였다.

남원 용성지의 기록에 의하면, '당나라 고종이 소정방을 보내어 백제를 멸망시킬 때, 검교 유인궤에게 대방주 자사를 명하였다' 하였고, 백제 멸망 후 수년 동안 백제의 충신들이 나라를 다시 찾고자 도처에서 병사(兵事)를 일으켰는데, 이러한 때에 신라인 원효가 패망의 울분을 미처 삭이지도 못하고 있는 백제 땅에서, 사찰을 창건하는 불사를 일으켰다 함은, 도무지 이해가 되지 않는 상식 밖의 일이다(당시 동악산은 남원 관할이었다).

전국 도처에 이해할 수 없는 신라의 역사들이 헤아릴 수 없이 많지만, 그중에서도 원효에 관한 사료는 대표적이라고 할 수 있다.

전남 고흥군에 소재한 금탑사(金塔寺)의 사적을 보면, 637년(선덕왕 6년) 원효가 창건하고 금탑사라 하였으며, 천여 명의 대중이 운집하였다고 하였다.

그 기록을 믿는다면 637년은 원효가 20세가 되는 해가 되는데, 617년에 태어나 648년(진덕왕 2년) 31세에 황룡사에 들어가서 승려가 된 원효가, 20세에 전라남도 고흥의 금탑사를 창건하였다는 기록은 매우 혼란스럽다.

34세 때인 650년(진덕왕 4년) 의상과 함께 입당구법(入唐求法) 하려 했던 원효가, 당시 이름도 없던 스무 살 새파란 나이에, 비록 백제의 남쪽 변방이라 하여도, 신라에서 멀리 떨어진 전남 고흥까지 와서 절을 짓고, 천여 명의 대중을 거느렸다는 것은, 어떠한 경우이든 상상하기 어려운 일이다.

더욱 황당한 것은 전남 강진군 성전면 월하리 월출산에 있는 무위사(無爲寺)를 617년(신라 진평왕 39년) 원효가 창건하고 관음사라 하였다 하였는데, 617년은 원효가 태어난 해이다.

신라의 땅이라면 믿거나 말거나 혹여 누가 무엇을 어떻게 했다 한들 그럴 수도 있는가 보다 하겠으나, 알기 쉽게 섬진강을 신라와 백제의 경계로 삼는다 하여도 고흥은 해안 지방이기는 하나 광양과 순천을 지나서 전남 해안의 중앙이므로 금탑사와 전남 내륙의 월출산 무위사의 사적을 근거로 본다면 전라남도 대부분의 땅이 신라의 영토가 되어야 한다.

그러나 남원부 열녀조에 '지리산녀는 구례현의 여자로서 용모가 아름다워 백제왕이 듣고 궁궐로 들이려 하였으나 따르지 않았다' 하였고, 599년 백제 29대 법왕(法王) 당시 구례 화엄사가 백제의 땅이었다는 화엄사의 기록과 뒤이어 제30대 왕이 된 무왕(武王)의 신라에 대한 군사정책을 보고, 660년 당나라가 점령국 지역 사령부의 하나인 웅진도독부 대방주를 전라북도 남원에 설치하였다는 기록은 최소한 지리산 서쪽 전라도는 백제의 영토라는 증거이다.

삼국사기 지리 백제편에 구례를 일러, '구차례현(仇次禮縣)으로 욕내군(欲乃郡, 지금의 곡성)에 속하였다' 하였고 757년(경덕왕 16년) '구례는 본래 백제의 땅으로 구차례현이라 하였으나 경덕왕이 구례현으로 개명하였다'고 기록되어 있다.

이는 신라 스스로 구례가 백제의 땅이었음을 명확하게 밝히는 것으로 구례와 화엄사는 분명한 백제의 땅이며 사찰이다.

[부연하면, 흔히들 신라의 사찰로 알고 있는 구례 화엄사는, 1697년(숙종 23년) 간행된 '화엄사사적'이라는 기록만 있을 뿐, 삼국통일 이전의 역사를 뒷받침할 자

료가 없다.]

여기에 구차례현(仇次禮縣)이라는 최초의 지명을 풀어보면, 소도(蘇塗)와 산신숭배(山神崇拜)가 마한(馬韓)의 사상이었으며, 그것을 통하여 구려(九黎), 즉 무리들을 다스렸다 하였으니 구차례현(仇次禮縣)은 무리들, 즉 마한에 예속되어 있던 소왕국의 왕들이 모여서 동맹을 맹세하고 산신에게 예(禮)를 갖춘 땅이라는 뜻이다.

지리산 달궁의 역사와 팔도에 무당을 보내고 다스렸다는 반야봉의 전설과, 화엄사의 축대와 계단 등 기초토목의 축조 형태가 백제의 양식이므로, '구례(求禮)→ 구차례현(仇次禮縣)'은 마한과 백제를 이어 주는 확실한 역사다.

이와 같은 역사의 기록과 증거들을 상기하여 보면, 전라도와 지리산 섬진강 유역은 분명한 백제의 땅이며 강진 월출산 무위사와 고흥 금탑사는 최소한 무왕 이전의 백제 사찰이다.

강화군 석모도 소재 보문사(普門寺) 역시 635년 신라 선덕여왕 4년 회정대사가 창건하였다는 것은 믿을 수 없는 일이며, 동악산 신덕사 또한 582년 신라 진평왕의 부인 신덕왕후가 이곳으로 와서 신덕사를 지었다 하였는데, 진평왕의 부인은 마야부인이며 신덕왕후는 정사(正史) 야사(野史) 어디에도 확인할 수 없는 이름으로 이 또한 잘못된 것이다.

만일 그것이 사실이라면 오히려 동악산(성출산) 출신의 원홍장이 진나라로 건너가 황후가 되었다는 신덕사에 얽힌 황후의 역사를 신라가 자신들의 황후로 왜곡시킨 물증이다 해야 할 것이다.

사실이 이러함에도 여타 백제의 사찰들이 신라의 연호를 쓰고 신라인들의 창건으로 바뀐 것은 좋은 의미로 해석하면, 통일신라 이후, 기록의 문화에서 역사의 기준점을, 당시의 찬술 논자들이 자신들이 자세히 알 수 없는, 이미 사라진 왕국의 잃어버린 역사보다는, 승자인 신라의 연호에 두었던 까닭에서 비롯된 착오와 그로 인한 기나긴 시간의 흐름 속에서, 굴절된 현상이다.

그러나 분명한 것은 원효가 제아무리 시공을 초월하는 불보살이라 하여도, 최하층 민초들이 움막집도 지을 수 없는 불안한 전쟁시국에서, 오늘날의 건축비를 따져도 최소 15억 원이 넘는 공사라면(현재의 쌀 80㎏들이 1만 포 이상의 가격임) 당시의 국가 재정으로 결코 무시할 수 없는 금액이며, 피폐한 전쟁의 상황에서 인력 동원은 또 어찌 설명할 것인가.

차라리 전쟁포로를 붙들어다 강제 노역을 시켰다면 이해될 수 있는 일이지만, 역사 속에 드러난 원효를 보면, 중생들이 도탄에 빠진 전쟁의 와중에서, 하늘과 땅이 함께 분노할 그런 무모한 짓을 했으리라 상상하기 어려운 일이다.

우리의 불교사에서 고승 대덕들이 일생에 불과 몇 건의 창건 기록을 갖고 있는 데 비하여, 원효와 도선처럼 방방곡곡에 많은 불사의 기록을 갖고 있는 승려는 없다. 그러나 두 사람은 공교롭게도 삼국 통일과 후삼국 통일이라는 전쟁의 화염을 보고 있었으며, 그것은 그만큼 두 사람에 대한 시대의 기대치와 역할이 있었고, 그 또한 사실이었다.

따라서 그들이 살다간 시대의 역사는 한 번쯤 냉정한 시선으로 바라볼 필요가 있다.

이유가 무엇이든 난세를 살다간 그들의 이름을 개인이나 특정 집단 또는 국가 권력이 빙자하였거나 도용하였을 가능성이 매우 높기 때문이다.

기록에 의하면 375년 근초고왕 때부터 쓰여진, 백제의 사기(史記)가 있었다.

그러나 승전국인 신라로부터 후대의 우리는 아무것도 전해받은 것이 없음을 상기하여 보면, 승전국 신라의 역사 파괴와 왜곡을 충분히 의심할 수 있다.

648년(신라 진덕왕 2년), 아들과 함께 당으로 들어간 김춘추가, 당 태종 앞에서 무릎을 꿇고 백제를 멸하여 줄 것을 간청하면서, 함께 예복을 당의 복식제도에 따라 할 수 있도록 허락하여 달라고 청하여 돌아온 뒤, 649년(진덕왕 3년) 당의 의관을 쓰도록 하였다.

이후 백제를 멸한 태종 무열왕이 죽고, 그 아들 문무왕이 뒤를 이었으나, 열렬한 사대주의 모화사상에 심취한 그 역시 664년 아녀자의 의복까지 당나라의 방식으로 바꾸어 버렸고, 이해 가을 백성들이 마음대로 불사(佛事)에 시주(施主)하는 일들을 금지(禁止)하였다.

이는 동서양을 막론하고 언제나 역사가 그렇듯이 승자의 권리라 할 수 있으나, 패자의 입장에서는 당장의 생존이 문제였다.

이때부터 백제의 모든 역사가 살아남기 위한 수단을 강구하였으며, 승자인 신라 또한 임존성과 주류성 같은 군사적 저항을 받지 않으려고, 백제 부흥의 주축세력인 승려 복신(福信)의 전쟁 기반이며, 백제 유민들의 정신적 지주가 될 수 있는 사찰들을 파괴하고 역사를 왜곡하였다.

662년 나당 연합군의 장수 유인궤가 다른 부대의 지원을 받아 백제 부흥세력과 전쟁을 하고, 본국으로부터 구원병을 청해야 할 정도로 강력한 저항이 있었다는 것은, 그만큼의 백제 기반시설의 약탈과 파괴가 있었다는 반증이다.

만일 원효가 도림사라 칭하였다면, 그것은 백제 남부 주요 거점 가운데 하나인, 이곳 곡성 동악산에 있었던 유서 깊은 사찰을 정치와 군사적인 논리로부터 보호하고, 전쟁에 휩쓸린 유민들을 안정시키려는 선무공작의 일환으로, '은(殷)나라를 멸하고 황하를 건너 서쪽 호경에 돌아온 무왕(武王)이 말을 화산(華山) 남쪽에 놓아 주어 다시는 타지 않을 것을 약속하였고, 소를 도림(桃林)의 들판에 놓아 주어 다시는 부리지 않을 것을 선언하여, 천하의 사람들로 하여금 다시는 전쟁이 없을 것임을 알게 하였다'는, 고사에서 빌려 온 정책의 발상으로, 기존의 사찰 명칭을 바꾼 것으로 본다면, 시대와 배경이 설명될 수 있는 일이지만, 이 또한 가정일 뿐 당시 시대적 상황은 결코 있을 수 없는 'No'라고 말하고 있다.

전국적으로 원효의 이름으로 창건한 사찰들이 57처(處)로 이해할 수 없는 시대와 장소에 산재한 까닭은, 전쟁이라는 가장 비극적인 방법을 동원하여, 삼국을 통일시킨 신라가 원효의 화쟁사상(和諍思想)으로, 피폐한 민심을 아우르는 과정에서 만들어진 정치적인 왜곡일 것이다.

[부연하면, 원효의 화쟁론은 당시 국론과 민심을 분열시키는 법화사상과 화엄사상의 다툼을 둘 다 성불(成佛)이라는 하나의 목표를 향해 가는 과정임을 설파하고, 국론과 민심을 일통시킨 것인데, 당시 신라는 화엄사상이었고, 백제는 법화사상이었음을 상기하면, 전쟁에 승리한 신라인들의 백제불교 개조와 파괴는 불을 보듯 자명한 일이었고, 이후 통일신라가 화엄사상을 꽃피운 것이 그 증거다.]

추측건대, 도림사를 원효가 창건했다는 것은, 전쟁에 승리한 신라가 유구한 역사 속에서 백제인들의 구심점인 법화사상의 근원인 도림사를 집중 관리하는 과정에서, 기존의 기록은 파괴되고, 사람과 종지(宗旨)와 사명(寺名)까지 바꾼 것이, 훗날 원효의 창건으로 변한 것이라 할 수 있다.

다음은 도림사가 말하는 자신의 기록들이다.

이 절은 처음 도종(道宗)이라 불렀으나 훗날 도림(道林)으로 고쳐 불렀다.

-1663년 7월 29일 영오(靈悟) 스님이 쓴 도림사 대웅전 상량문

본래 이름이 없어 지금 세 분 덕 높은 스님이 이곳에 지팡이를 날려(이곳에 와서) 단정히 앉아 소곤소곤 이야기를 나누더니 임시로 우선 도림사라는 이름을 지었다.

-1677년(강희 16년) 6월 상한(상순) 송암(松庵) 스님이 쓴 도림사 대루상량문

이 사찰은 서진 혜 황제(290-306) 때 서진에서 온 승려 원명법사가 이곳에 이르러 처음 창건하였다. ……중략…… 원효, 의상, 윤필법사가 머물렀다.

-1757년 5월 22일 중간한 길상암 중수기

이 세 개의 기록을 함께 놓고 보면, 도림사의 이름을 지은 세 사람의 덕 높은 승려는 원효·의상·윤필 법사를 말하고, 이들 세 사람이 상의하여 처음 도(道)의 근본, 즉 처음 불교가 전래되었다는 의미의 도종사(道宗寺)를 단순히 불교도들이 많다는 일반적인 의미 또는 총림을 뜻하는 도림사(道林寺)로 개칭(改稱)했다는 뜻이고, 도림사가 말하는 원효 창건설인데 바로 이것이 전쟁에 승리한 신라가 백제불교를 파괴하고 개조하는 과정에서 비롯되었다는 물증이며, 이것이 훗날 원효의 창건설로 왜곡된 것이다.

물론 617에 태어나 686년에 사망한 원효가 668년 고구려 멸망으로 삼국통일을 이룬 뒤 전쟁으로 피폐된 백제 유민들의 안정을 도모하기 위해 또는 개인적인 명산 순례의 차원에서 유서 깊은 동악산에 머무르며 백제 유민들에게 단일민족 단일

국가로 하나임을 교육하기 위해, 그가 제창한 화쟁사상(和諍思想)을 역설했을 가능성은 얼마든지 있다.

그러나 전쟁의 와중에 군비조달을 위해 백성들이 마음대로 불사(佛事)에 시주하는 일까지 금한 신라 왕실과 이른바 평화주의자인 원효가 백성들을 고통스럽게 하는 절을 그것도 적국에서 당시로서는 대규모인 도림사를 창건했다는 것은 이해하기 어려운 일이다.

따라서 도림사의 역사는 신라와 백제를 건너 삼한으로 가야 하며, 이러한 도림사의 역사를 섬진강은 증명해 주고 있다.

다음은 죽곡면 당동리 대황강(보성강)변에 세워 놓은 '소도(蘇塗) 경계석(境界石)'이다.

길상암 중수기에서 '서진 혜 황제(290~306) 때 서진에서 온 승려 원명법사가 이

◇ 소도(蘇塗) 경계석(境界石, 높이 3.5m 둘레 2m)
예로부터 이 대황강 수로가 전남 내륙을 관통하는 섬진강과 서해안의 영산강을 이어 주는 최단 코스다.

곳에 이르러 처음 창건하였다'는 도림사 창건 기록은 물론 성덕산 관음사 창건 기록과 나아가 일제가 말살시켜 버리고 왜곡시킨 그대로 우리들이 겨우 움막집이나 짓고 살았던 미개한 집단이었다고 믿고 있는 마한이 중국과 하등 다를 바 없는 체제와 문화를 향유하고 있었음을 증명하는 섬진강의 기록들 가운데 죽곡면 당동리 대황강(보성강)변에 세워 놓은 소도(蘇塗) 경계석(境界石)이다.

대황강(大荒江, 보성강)변에 세워 놓은 높이 3.5m 둘레 2m의 거석으로, 지금은 신숭겸이 말을 매던 바위, 즉 개마석(繫馬石)이라고 바꾸어 놓았지만, 마한시대부터 고려 말까지 이곳 당동리에 있었던 곡성군이 천신(天神)과 수신(水神)에게 제의(祭儀)를 행하던 소도 경계석이며, 찬란한 마한의 문화유적이다.

고려 말에는 남부 해안선을 따라 이 섬진강을 거슬러 온 왜구들을 이성계가 정예군을 이끌고 와 토벌할 만큼 규모가 크고 심각했었으며, 당시 죽곡면 당동 대황강(大荒江, 보성강)변 대흥성 아래 있었던 곡성군 관아가 남원부에 속했던 동악산 동쪽 지금의 위치로 옮겨왔을 만큼 왜구들의 노략질이 빈번했는데, 이는 대대로 삼신산의 우두머리 방장산을 안고 흐르는 섬진강 수로는 영생불멸의 불로초와 진귀한 보물들이 가득한 무릉도원으로 들어가는 문으로 인식되어 있었기 때문이다.

대황강(大荒江)의 유래가 산해경(山海經)에서 비롯된 것이며, 삼신산(지리산)의 역사와 함께한 것이므로, 곡성군의 역사와 문화의 정통성은 명백한 것이다.

흔히 사람들이 두꺼비로 표현하는 섬진강(蟾津江) 또한 이 전설의 삼신산에 뜨는 달을 상징한 것임을 알아야 한다.

이처럼 삼신산(三神山)의 우두머리인 방장산(方丈山)이라는 동양 최고의 유토피아(Utopia)인 신선사상(神仙思想)과 함께 불교문화와 전통을 이어오고 있는 섬진강은 중국의 황제와 천민에 이르기까지 아시아인들이 꿈꾸며 동경하던 이상세계인 만큼, 3국의 국민들이 끊임없이 찾아오고 떠나갔음에도 불구하고, 그 마한의 흔적들이 전무한 것은, 역사 이래 왜구들의 끊임없는 노략질과 일제강점기 임나일본부설로 조선통치를 정당화하려는 일본의 조직적인 역사 파괴가 그 원인이었다.

이에 그동안 섬진강의 역사를 추적하면서, 몇 해 전 구례군 문척면 화정리 섬진강 변에서, 지도에도 없고 학계에도 보고된 바가 없는 연대미상의 선단암(仙壇庵)이라는, 아주 오랜 옛 사찰 터와 짧은 기록을 찾아냈는데, 마한(馬韓)시대 찬란했던 섬진강의 문화를 이루었던, 불교 역사의 흔적이며, 잃어버린 동악산(성출산)의 역사를 증명해 주는 파일이다.

다음은 섬진강 변에 자리한 구례군 문척면 화정리 선단암(仙壇庵)에 관한 기록이다.

仙壇庵은 在鷄足山下하니라 石寶巖簷足하야 庇風雨中에 有羅漢塑像하니라
선 단 암　　재 계 족 산 하　　　석 보 암 첨 족　　　비 풍 우 중　　　유 나 한 삭 상

선단암은 계족산 아래 있다. 석불(石佛)이 바위로 된 지붕 처마 밑에 있는데, 바람이 불거나 비가 오는 중에도 창을 든 나한들이 돌보고 있다.

俗傳에 自天竺國으로 五百羅漢을 載石舟來하야 安于 此石舟가 沒于深淵庵前津하나라
속 전　　자 천 축 국　　　오 백 나 한　　　재 석 주 래　　　안 우　　차 석 주　　　몰 우 심 연 암 전 진

세속에서 전하는 말에 의하면 천축국(天竺國)으로부터 오백나한을 돌배가 실고 와서 해안에 정박하려던 찰나에 이 돌배가 암자 앞 나루에서 깊은 물속으로 가라앉게 되었다.

船은 時或自去自來호되 若有物引之라 五鳳山第二峰에 時有 蒸飯之氣云이라하니라
선 　시혹자래자거 　약유물인지 　오봉산제이봉 　시유 증반지기운

배는 때때로 혹 저절로 왔다 갔다 했는데 마치 무슨 물체가 끌어당기는 것 같았다.

오봉산 두 번째 봉우리에 때마다 밥을 지을 때 나오는 김과 같은 기운이 감돌았다

고 한다.

－구례 봉성지에서 발췌

위 선단암(仙壇庵)의 기록은 구례 봉성지에 실려 있는 것으로 필자가 찾아서 사

찰 터까지 확인하였는데, 이 기록은 1700년 전 성출산(동악산) 도림사와 성덕산

관음사에서 이루어진 법화사상, 즉 관세음보살님의 역사가 사실이었음을 밝혀 주

는 물증이며, 동시에 일제가 왜곡시켜 버리고, 우리들이 묻어 버린 마한(馬韓)의 역

사다.

◇ 구례군 문척면 화정리 선단암(仙壇庵) 전경이다. 멀리 우측 바위가 석불(石佛)이 바위로 된 지붕
처마 밑에 있었다는 법당 터다.

◇ 정면의 바위가 선단암 법당 터이고 멀리 좌측 소나무 아래 보이는 흰색 건물 앞이 나루다. 지형조건으로 보아 계곡 전체가 선단암 도량이었을 것으로 추정된다.

◇ 구례 문척면 선단암 화정나루이다. 우측 강변이 배가 닿던 선단암, 즉 화정나루다. 선단암 유적은 이곳에서 우측으로 대략 300m쯤 마을 뒤에 있다. 멀리 강물이 흘러가는 좌측이 지리산이고, 우측이 백운산이다.

다음은 1757년 음력 5월 22일 간행한 동악산 도림사 계곡 내에 있는 '길상암 나한전 유적 중수기'다.

……중략……

此寺 西晉惠皇帝時 唐僧 圓明法師 來到始建
차 사 서 진 혜 황 제 시 당 승 원 명 법 사 래 도 시 건

이 사찰은 서진 혜 황제 때에 서진(西晉)에서 온 승려 원명법사(圓明法師)가 이곳에 이르러 처음 창건하였다.

……중략……

聖出峯 有巖穴 十六羅漢 玉佛 次第聳出之際
성 출 봉 유 암 혈 십 육 나 한 옥 불 차 제 용 출 지 제

성출봉에 있는 바위굴에서 십육나한과 옥으로 빚은 불상(佛像)이 차례대로 솟아나

올 즈음에

－도림사 길상암 중수기에서 발췌

범음집(梵音集)을 지은 지환(智還) 스님의 제자가 1757년 음력 5월 22일 다시 간
행한 이 사적을 보면, 서진 혜황제(290~306) 때의 일이며, 성덕산 관음사사적과 동
일한 시대로 300년 당시 전라도는 물론이거니와 섬진강 유역은 마한의 영토였다
는 사실이다.

중국과 일본을 오고 가며, 활발한 무역을 하면서 선진문화를 누리던 마한은,
이후 60여 년 뒤 왜(倭)와 연합한 백제에 섬진강 유역을 빼앗기고, 급속히 무너져
갔다.

필자는 동악산 관세음보살님의 역사를 찾아 관음사사적을 연구하면서, 관음사
사적에 기록된 잃어버린 감로사(甘露寺) 앞의 사건이 틀림없이 남해안 또는 섬진강
어느 곳엔가 그 흔적이 있을 것이라 생각하고 찾으려 하였으나, 소기의 성과를 이
루지 못했었는데 몇 해 전 섬진강 역사문화인 태안사의 자료를 조사하면서 그 흔
적을 섬진강 포구였던 구례군 문척면 화정리 선단암 기록에서 찾았다.

부연하면, 섬진강은 조수(潮水)가 구례의 경계인 화개까지 들어왔으며, 고려 때
에는 이 물이 거꾸로 흐르는 삼대강(三大江)의 하나라고 하였다.

도림사 길상암 나한전 유적 중수기의 기록은 마한 불교이며, 서진 혜 황제(290~
306) 때에 중국에서 승려가 직접 건너와서 사찰을 창건하였다는 것도 초유(初有)의

일이거니와, 현재까지 밝혀진 것 가운데 공식적인 문헌상으로 성출산(동악산)은 한 국 최초 법화사상이 전래되고, 관세음보살님이 출현 상주하는 성지(聖地)이다.

도림사, 관음사, 선단암, 이 세 곳 모두 확인한 결과에 의하면, 길상암 중수기에 서 말하는 옥으로 빚은 십육나한이 출현한 바위굴과 관세음보살님이 쌓았다는 계족산 선단암의 지형 조건이 같은 것은, 마한의 천신숭배(天神崇拜)와 산상문화 (山上文化)를 반영하는 것이다.

선단암(仙壇庵)은 관세음보살님이 창건하였다는 뜻으로, 관세음보살(觀世音菩 薩)님과 나한(羅漢)이라는 종교적 신앙 대상이 동악산과 똑같은 것임을 알 수 있 으며, 이들 3개의 사찰 기록이 서로 상통하는 것은, 이들 사찰의 관련 사실 여부를 떠나서, 당시 불교문화의 유입 경로를 나타내는 것이다.

다음은 1729년 곡성군 오산면 선세리 '성덕산 관음사'에서 간행한 사적의 기록 이다.

……중략……

又勅 成五十三佛 五百聖衆 與十六羅漢 佔畢 使舟人 載三石
우 칙 성 오 십 삼 불 오 백 성 중 여 십 육 라 한 점 필 사 주 인 재 삼 석

船 送本國 浮海中流 不弛篙櫓 風帆浪楫 任其所之 幸泊 甘露
선 송 본 국 부 해 중 류 불 이 고 노 풍 범 랑 즙 임 기 소 지 행 박 감 로

寺前浦因安於 此寺還了
사 전 포 인 안 어 차 사 환 료

그리하여 거듭 조칙을 내려 오십삼 부처님과 오백 성중 및 십육 나한상을 모두 조성 하여 마치고, 뱃사람을 시켜 세 척의 석선에 나누어 싣게 하고 본국으로 보내는 도 중에 배가 바다 한가운데에서 표류하고 있을 때, 노를 저을 수가 없어서 바람이 부 는 대로 물결이 치는 대로 맡겨 두었더니 그곳이 다행이도 감로사 앞 포구였다. 이에

좋은 인연이라 생각되어 이 절에 봉안하고 돌아갔다.

石匠雖老 志願弘深 使其子又造塔 移置金剛寺 四度塔則運立
석 장 수 로   지 원 홍 심   사 기 자 우 조 탑   이 치 금 강 사   사 도 탑 즉 운 립

於豊德縣 擎天寺
어 풍 덕 현   경 천 사

석공이 늙자 간절한 마음은 넓고 깊어 다시 그의 아들을 시켜 탑을 조성하여 금강사

에 옮겨 모셔 놓고, 네 번째 탑은 풍덕현 경천사(擎天寺)에 옮겨 세웠다.

……중략……

此石船 無風自動 入於渺茫中
차 석 선   무 풍 자 동   입 어 묘 망 중

이 석선은 바람도 불지 않는데 저절로 움직이더니, 아득한 바다 가운데로 사라져 버

렸다.

……중략……

一葉小石船 如有引物而來前
일 엽 소 석 선   여 유 인 물 이 래 전

나뭇잎 같은 자그마한 석선이 마치 무엇인가 끌어당긴 듯이 앞으로 다가왔다.

－관음사 사적에서 발췌

기본적으로 관음신앙과 석선(石船)과 오백나한 그리고 배가 표류하고, 아무도

없는 바다를 배가 저절로 왔다 갔다 했고, 무엇인가 끌어당기듯 했으며, 금강사에

탑을 조성했다는 위 성덕산 관음사 사적과 계족산 선단암의 기록을 자세히 살펴

보고, 동악산 길상암의 중수기와 신덕암 중신기까지 함께 비교하여 보면, 전혀 다

른 지역의 사찰들이 서로 유사한 연관성을 가지고 있으며, 이들 사찰들이 하나의

역사로 이루어진 것임을 알 수가 있다.

여기에 섬진강이라는 수로(水路)를 생각하고, 당시에는 구례(求禮)가 구차례현

(求次禮縣)으로, 욕내군(欲乃郡)인 지금의 곡성(谷城)에 예속된 현(縣)이었음을 상기하여 보면, 해답은 의외로 쉽게 나온다.

당시의 마한은 중국과 일본의 관계에서 활발한 중개무역을 하고 있었으며, 백제가 남진정책(南進政策)을 추진한 것은, 고구려(高句麗)와의 군사적인 마찰 부분도 있었지만, 중국과 일본을 매개로 한 마한의 풍요로운 경제권 쟁취가 숨겨진 목적이었다는 것이 학계의 정설이다.

중국의 입장에서는, 구름안개 자욱한 동쪽 바다 발해(渤海) 가운데 있다는, 삼신산이라는 유토피아를 찾아서, 끊임없이 사람들이 마한으로 찾아들어 왔으며, 당시의 교통망인 해안과 영산강(榮山江)이 있었지만, 삼신산(三神山)의 우두머리인 방장산(方丈山)을 찾아서, 섬진강 수로(水路)로 찾아들어 왔다는 것이 정설이며, 삼국지 후한서(後漢書)의 기록에도 진(秦)나라에서 망명하는 사람들이 한국으로 건너

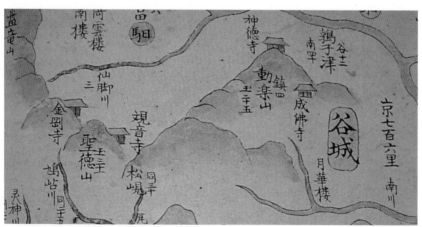

◇ 1499년 제작된 동여비고(東輿備考)에 곡성현 동악산(성출산, 聖出山)에 신덕사(神德寺)와 성불사(成佛寺)가 있고, 옥과현 성덕산(聖德山)에 관음사(觀音寺)와 금강사(金剛寺)가 분명하게 표기되어 있으며, 두 산이 인접하여 같은 역사임을 말해 주고 있다.

오매, 마한(馬韓)이 동쪽 경계의 땅을 내어 주었다고 기록하고 있다.

이러한 기록들을 종합하여 보면, 중국에서 들어온 유민들의 목적은 삼신산이라는 유토피아로 가는 것이었고, 관음사사적과 선단암의 기록을 보면, 보다 능력 있는 사람들은 전문적인 뱃사람들을 구하여 방장산을 찾아 섬진강으로 직접 들어왔음을 알 수가 있는데, 이 가운데 도림사를 창건한 원명법사 일행은 섬진강을 통해 들어온 집단 세력이다.

아마도 원명법사 일행이 도림사를 창건한 것은, 당시 서진(西晉, 265~316)의 정변을 피해 나고 죽음이 없는 영원한 낙토, 동양의 유토피아인 전설의 삼신산 그중에서도 우두머리 방장산을 찾아 섬진강 물길을 거슬러 오르다 배가 마지막 닿는 곡성 동악산에서 자신의 종지를 편 것으로 보인다.

역사를 보면 정치적인 망명 집단이든 종교 집단이든 개인과 집단 또는 빈부귀천을 떠나 그들이 가지고 있던 새로운 사상과 문화가 함께 들어왔으며, 삼신산이라는 유토피아로 들어가는 유일한 통로인 섬진강의 수로(水路)는 새로운 문물이 들어오고 문화가 발전하는 원동력이었으며, 섬진강으로 들어온 배가 마지막 도착하는 남원이 고대사회부터 문화를 꽃피운 원인이었다.

384년 인도의 승려 마라난타(摩羅難陀)에 의하여 서해안 영광 법성포를 거쳐 불교가 들어왔다는 것은, 긴 역사에서 보면 정치적인 외교 관례에서, 인도의 승려가 들어왔다는 기록일 뿐 특별한 의미가 없다.

인도의 승려가 들어와 왕실의 도움을 받으며, 사찰을 건립할 정도라면 중국의 승려들이 이미 들어왔다는 이야기며, 왕래가 빈번한 이웃 중국 사람도 아닌 낯선 이국(異國)의 인도 사람이 가지고 온 사상을, 백제가 쉽게 받아들였다는 것은, 이미 불교가 그만큼 일반화되어 있었다는 것을 말하는 것이다.

백제가 안정된 국가의 기틀을 갖춘 것은, 마한의 정치·경제·종교와 문화를 철저히 계획적으로 받아들인 이후임을 상기하여 보면, 마한에 이미 불교가 있었다는 반증이다.

이와 같이 곡성의 동악산 도림사와 성덕산 관음사 그리고 구례 계족산 선단암의 사료를 살펴보면, 비록 그 연대와 간지(干支)의 기록이 차이는 있으나, 처음 법화사상이 전래된 동악산(성출산) 도림사의 관음신앙이 성덕산 관음사로 이어지고 관음사는 구례 계족산 선단암으로 이어진 것으로 1700년 전 마한(馬韓) 당시 실존했던 우리들의 역사임을 알 수가 있다.

[부연하면, 당시 서진에서 원명(圓明)이라는 법사(法師)가 동악산으로 들어왔다는 것은, 곧 법화경(法華經)을 근본으로 하는 불교사상이 들어왔다는 기록이며, 이 법사(法師)는 법화경 제10 법사품(法師品)에 설해져 있는 오종법사(五種法師)에서 나온 것으로, 수지·독·송·해설·서사(受持·讀·誦·解說·書寫), 즉 "① 수지법사(受持法師)=받아서 가짐, 믿어 의심하지 않으며 항상 생각하여 잊지 않음, 교법을 수지하는 사람 ② 독경법사(讀經法師)=경전을 읽는 사람 ③ 송경법사(誦經法師)=경전을 암송하는 사람 ④ 해설법사(解說法師)=경문을 풀어서 해설하고 강의하는 사람 ⑤ 서사법사(書寫法師)=경전을 베껴 쓰는 사람"의 다섯 가지 수행을 말한다.]

따라서 원명법사(圓明法師)가 동악산으로 들어왔다는 것은 원명(圓明)이라는 이름으로 보아 이러한 다섯 가지를 모두 갖추고 부처님의 지혜를 깨달은 스님, 곧 법화경을 근본으로 하는 불교사상이 들어왔다는 기록이며, 여기 동악산이 관세음보살님이 주석하는 성소(聖所)라는 길상암의 기록은 방대한 법화경의 세계에서 자

비를 베푸는 관세음보살님이 신통력으로 많은 가르침을 보이며, 여러 가지 형체로 몸을 바꾸어 중생을 구제하고, 그 공덕으로 칠난삼독(七難三毒)을 면하며, 이구양원(二求兩願)을 이룬다는 법화경 제25 관세음보살보문품(觀世音菩薩普門品)이 독립된 신앙으로 발전된 것이다.

여기에 황제의 명으로 폐백(幣帛) 사만단과 금(金)과 은(銀) 그리고 진귀한 보물들을 가득 싣고 온 두 척의 배에 원홍장은 떠나고, 황제가 보내온 재화(財貨)로 홍법사(弘法寺)의 불사(佛事)를 일으켰고, 그리고 서진으로 건너가 관음신앙, 즉 법화경의 가르침을 충실하게 실천하는 원홍장의 행적을 기록한 성덕산(聖德山) 관음사 사적을 함께 놓고 보면, 이는 곧 성출산(동악산)에 불사를 일으킨 원명법사의 종지(宗旨), 즉 법화경에서 말하는 행동지침을 그대로 실천한 것으로, 진실이 무엇인지를 말해 주는 것이다.

즉 길상암 중수기가 말하는 서진 혜 황제 때(290~306)는 팔왕(八王)의 난(亂)이 일어나 황후가 죽고, 황제가 폐위되고, 복권되는 정변을 겪었으며, 국내에서는 법화경을 중심으로 한 서진의 원명법사가 동악산(성출산)으로 건너와 도림사를 창건하고, 서진 황제의 금은보화가 반입되어 들어오고, 다시 원홍장이라는 처녀가 서진으로 건너가 황후가 되어, 법화경의 가르침을 실천하는 관음사 사적과 당시 한·중 양국의 역사적 상황들은 사전에 서진의 황실이 개입된 것이며, 도림사와 관음사 그리고 구례 선단암으로 이어지는 기록은 모든 것이 실재했던 역사임을 말해 주고 있다.

특히 동악산, 즉 청류동 동쪽 길목에 있는 배가 드나들었다는 배바위골(선암동문, 船巖洞門), 즉 월평마을과 배가 넘나들었다 하여 붙여진 청류동에서 옥과(玉果)

로 넘나드는 배넘이재(주월치, 舟越峙)와 원명법사가 건너와 도림사를 지었다는 길 상암 중수기의 기록은 원명법사가 배를 타고 들어왔다는 분명한 물증이다.

물론 배가 산으로 들어오고 고개를 넘나들었다는 배바위골(선암동, 船巖洞)과 배 넘이재(주월치, 舟越峙)는 지형조건으로 보아 배가 여기까지 들어왔다는 것은, 상전 벽해가 있었다고 가정해도 불가능한 일이다.

이러한 이름들을 얻게 된 배경은 배를 타고 섬진강 수로를 거슬러 온 원명법사 일행들, 즉 배를 타고 온 사람들이 여기에 터를 잡고 집단으로 살았다는 역사가 유전하여 전설이 되고 지명으로 남은 것이다.

이에 관하여 또 다른 곡성의 지명들을 살펴보면, 일본이 본격적인 식민통치를 보다 용이하게 하기 위해, 전면적인 행정구역을 개편한 1914년 4월 1일 까지 지금의 곡성읍, 즉 알기 쉽게 남천(南川, 앞 냇가)을 기준으로 읍내 리 1구에서 서쪽 방면이 도상면(道 上面)이었는데, 이 도상(道上)과 당 시 곡성 관아가 있던 지금의 곡성 읍과 도림사 중간에 있는 서계동 (西溪洞)은 동악산의 역사를 밝혀 주는 또 다른 파일이다.

도상(道上)은 일반적인 의미로 풀 어보면, 길 위 또는 길가는 도중 등

◇ 남주 선생의 친필 선암동문(船巖洞門)
곡성읍 월평마을은 조선 중종 때의 선비 남주(南 趎) 선생의 고향으로 조선 말기까지 선생을 모시 던 서계사(西溪祠)가 있었다. 이 '선암동문(船巖洞 門)'은 배를 타고 들어온 사람들이 살았다 하여 붙 여진 배바위골이라는 마을 이름을 선생이 한문으 로 새겨 놓은 것이다.

여러 가지 뜻이 있겠으나, 여기서는 최상의 진리 도를 숭상하는 사람들, 즉 훌륭한 도인들이 사는 곳이라는 뜻이지만, 도림사의 옛 이름인 도(道)의 근본, 즉 불교가 처음 전래됐음을 뜻하는 도종(道宗)과 같은 것으로 도림사에서 비롯된 지명임을 배바위와 서계동(西溪洞)의 지명에서 알 수가 있다.

흔히 그 고을의 가장 서쪽에 있는 골짜기나 마을, 즉 지금의 서계리(西溪里) 골짜기 이름으로나 써야 할 서계동(西溪洞)이 곡성읍과 도림사 중간에 있는 월평리 골짜기의 명칭이고, 대대로 이 서계동을 기준으로 서쪽 방면, 즉 구원리 사람들이 자신들이 사는 곳을 상도(上道)라 하고, 동쪽인 곡성읍을 하도(下道)라고 불러왔는데, 구원리 사람들이 말하는 상도(上道)는 자신들은 최상의 진리를 믿고 깨달은 사람들이라는 자긍심과 우월감에서 비롯된 말이며, 이것은 곧 이 서계동은 불교도들이 집단 거주하는 경계라는 뜻이니, 배가 드나들었다. 즉 배를 타고 온 사람들이 거주한다는 배바위와 불교도들이 집단 거주하는 지역의 경계를 뜻하는 서계동은 그 역사성이 같은 것으로 곧 원명법사와 그 일행들이 집단으로 배를 타고 들어와 정착했음을 뜻하는 것이다.

당시 법사(法師)의 위상은 오늘날 조사(祖師)에 해당되는 것으로, 종교는 물론 정치적으로도 상당한 영향력을 가지고 있었으며, 법사가 서진에서 건너왔다는 것은, 곧 그를 따르는 수많은 사람들이 함께 들어왔음을 뜻하는 것이다.

또 다른 측면에서, 만일 원명법사의 일행이 종교적인 차원을 넘어, 그때 당시 서진에서 있었던 팔왕의 난으로 한때 폐위되었던 혜 황제를 옹위하던 정치세력들의 일부가 난민으로 들어왔거나 또는 재기를 위한 황족들의 안전을 도모하기 위해 들어온 것이라면, 그 규모는 보다 조직적이고 대규모였을 것이다.

따라서 원명법사 이전부터 이미 바닷길이 열려 있었고, 각종 기록에도 수많은 난민들이 마한으로 건너왔지만, 길상암 중수기와 당시 서진의 상황을 보면, 그때 진나라의 난을 피하여, 대규모의 난민들이 동쪽 바다 가운데 신선들이 산다는 전설의 삼신산인 동양의 유토피아를 찾아서, 섬진강 수로를 거슬러 배를 타고 들어와 동악산에 정착 세력을 형성한 것으로 보아야 한다.

어느 때 세 노승이 의논하여 바꾸었다는 도림사(道林寺) 역시 그 뜻을 풀어보면, 불교총림이라는 의미도 있지만, 불교를 믿는 수많은 사람들이 모여 사는 절이라는 뜻이니, 1914년 4월 1일 일제가 없애버린 도상면(道上面)과 서계동의 지명(地名)은 도림사를 중심으로 동악산 남쪽 청류동과 서계동(월평리) 일대가 불교도들, 즉 도를 숭상하는 사람들의 집단 거주지였음을 말하는 것이다.

이러한 연유로 신들의 영역이 된 동악산과 도림사를 기점으로, 그 입구라 할 수 있는 월평리를 배를 타고 들어온 사람들이 사는 마을, 즉 배바위골(선암동, 船巖洞)이라 하였고, 서쪽 옥과현에서 보면 배를 타고 들어온 사람들이 사는 골짜기, 즉 배넘이재(주월치, 舟越峙)가 된 것이다.

뿐만 아니라, 곡성읍 성출산(聖出山, 동악산)과 인접한 오산면 성덕산(聖德山)을 지명의 자연연기법으로 보면, 성출(聖出)은 성스러운 관세음보살님이 출현하심을 증명하는 것이고, 성덕(聖德)은 성스러운 덕을 널리 베푸신 관세음보살님의 역사를 기록한 증명이니, 오늘날 관음사 사적이라고 이름 지어진 창건 신화인 원홍장의 역사는 이 성스러운 관세음보살님의 역사를 증명하는 기록이다.

따라서 도림사를 창건한 원명법사는 법화경을 종지로 삼은 승려이고, 관음사 원홍장은 그 법화경의 가르침을 충실히 실천한 보살이니, 원홍장은 처음 법화경이

들어오고 대대로 관세음보살님이 상주한다는 동악산의 기록과 결코 둘이 될 수 없는 역사이며, 언제 지어진 것인지 알 수는 없지만, 우리 민족 정신문화의 하나인 효행사상, 효 문화의 상징인 심청전(沈淸傳)은 이 관음사 원홍장의 이야기를 효행사상으로 재구성하여 만들어진 소설, 즉 글을 모르는 일반 백성들을 위해, 중생들을 제도하는 대자대비하신 관세음보살님의 신통력과 구원의 방법을 알기 쉽게 풀어 준 묘법연화경(妙法蓮華經)이다.

특히 곡성군의 옛 지명인 욕천(浴川)이 몸을 씻는다는 뜻인데, 이는 인간이 신의 앞에 나갈 때, 모든 부정과 죄악을 씻는 의식을 말하며, 불교의 관불회(灌佛會)와 관욕(灌浴), 그리고 가톨릭의 세례(洗禮)는 물론 가야(伽倻) 건국신화에 나오는 계욕일(禊浴日)과 같은 의미가 있고, 이 밖에 종교적인 것은 아니지만 선비정신의 상징인 조식(曺植)의 욕천(浴川, 내에서 목욕을 하며)이라는 유명한 시가 있는데, 이 모두가 물을 신성시한 것으로, 맑은 물에 몸을 씻어 수신(水神)에게 바치는 제물(祭物), 즉 눈먼 아버지를 위하여 제물이 된 효녀의 이야기인 심청전의 주인공 심청(沈淸)과 욕천(浴川)의 의미와 의식(儀式)이 같다는 것은 결코 우연은 아닐 것이다.

지금까지 살펴본 대로 도림사는 찬란한 마한문화의 상징이며 당시 서진과의 교류를 밝혀 주는 역사이며, 우리 한민족의 사상적 기반이 된 불교 법화사상(法華思想)의 살아 있는 성소(聖所)다.

그날 처음 서쪽에서 날아와 동악산에 뿌리내린 이 법화사상은 한국불교의 전통을 회통적(會通的) 귀일불교(歸一佛敎)로 이끌었고, 한민족의 화사상(和思想)에도 큰 밑거름이 되었으니, 우리 한민족 정신사상과 불교사에서 획기적인 일이며, 지금도 살아 있는 분명한 우리의 역사이며, 동시에 자손만대에 물려줄 소중한 정신문화다.

앞으로 동악산 길상암 중수기의 사료적 가치와 그에 따른 마한과 서진의 관계, 그리고 우리 민족 화사상의 밑거름이 된 법화사상과 전통 민족문화에 대하여, 많은 연구가 있기를 바란다.

예를 들어, 한·일 양국의 고대사를 연구하는 학자들에게 초미의 관심사인 칠지도에 관하여, 그 산출지를 전남 곡성으로 수정한 학자들 그 누구도 당시 동악산에 찬란한 불교문화 그것도 법화사상이 있었음을 알지 못했는데, 만일 칠지도보다 70년을 앞서 백제가 아닌 마한 당시 중국을 오가던 동악산(성출산)과 성덕산의 역사를 알았다면, 칠지도의 논증에 많은 도움이 되었을 것이다.

이와 같이 동악산의 역사는 도림사에만 한정된 것이 아니다.

마한을 부족들이 떠돌아다니면서, 겨우 움막이나 짓고 살던 미개한 집단으로 규정하고 그 실체를 없애 버린 일제의 식민사관을 마한은 정치경제 사회적으로 찬란한 문화를 향유했던 정토였음을 증명하고, 섬진강의 역사를 밝혀 주는 파일이며, 우리가 지켜야 할 소중한 역사다.

끝으로 나머지 조선시대 선비들의 상징이 되었고 일제강점기 항일투쟁과 민족 독립운동의 거점(據點)이 되어 다시 우리 민족을 구한 도림사의 이야기는 구곡의 본문에 자세히 설명되어 있으므로 더하지 않고 동악산 서북쪽 입면 금산리에서 태어나 일제강점기 일본이 왜곡시켜 버린 우리 역사를 지켜냈던 애국지사이며, 해방과 6·25동족상잔, 부정부패와 빈곤, 혁명과 고도의 경제성장 그리고 민주화라는 민족수난과 격변의 세월을 숨 가쁘게 살았던 조선의 마지막 선비 경와(敬窩) 엄수동(嚴受東, 1905~2003)이 어느 날 동악산 청류동 도림사에 머물며, 읊은 시(詩) 한 편을 여기에 적는다.

즉사(卽事, 도림사에서 읊다)

雨後淸風爽我胸
우 후 청 풍 상 아 흉
비 갠 뒤 맑은 바람 가슴까지 시원하고

滿天淑氣正重重
만 천 숙 기 정 중 중
하늘 가득한 맑은 기운 겹겹이 쌓였구나

道林古寺知何處
도 림 고 사 지 하 처
오래된 도림사는 어떤 곳인지 아는가?

寂寂雲霄送晚鍾
적 적 운 소 송 만 종
고요한 하늘로 저녁 종소리만 날려 보내네

– 경와사고(敬窩私稿)에서 발췌

2. 길상암 나한전 유적 중수기

◇ 동악산 길상암이 있었던 자리

전남 곡성군 곡성읍 월봉리 동악산 길상암 나한전 유적 중수기는, 지금으로부터 1700년 전 서진(西晉) 혜(惠) 황제 때(290~306) 서진의 승려인 원명법사(圓明法師)가 이곳에 이르러 처음 창건한 도림사(道林寺)의 암자였던, 길상암 나한전를 중수하면서 남긴 기록이다.

이 길상암 나한전 유적 중수기는 동악산 남쪽에 자리한 성덕산 관음사 사적의 창건신화에서, 원홍장을 황후로 맞이한 진나라 혜 황제와 동일한 연대의 기록으로 신덕암 중신기와 함께 원홍장이 신화가 아닌 실재한 역사 속의 인물이었고 이견이 분분한 원홍장의 출생지를 분명하게 밝혀 주는 사료이며, 마한의 불교문화를 증명하는 중요한 사료다.

당시 서진에서 원명(圓明)이라는 법사(法師)가 동악산으로 들어왔다는 것은, 곧 법화경(法華經)을 근본으로 하는 불교사상이 들어왔다는 기록이며, 여기에 황제의 명으로 두 척의 배에 폐백(幣帛) 사만단과 금(金)과 은(銀) 그리고 진귀한 보물들을 가득 싣고 왔으며, 그것으로 홍법사(弘法寺)의 불사(佛事)를 일으켰고, 서진으로 건너가 관음신앙, 즉 법화경(法華經)의 가르침을 충실하게 실천하는 원홍장의 행적을 기록한 성덕산(聖德山) 관음사사적을 보면, 이는 곧 동악산(성출산)에 불사를 일으킨 원명법사(圓明法師, 290~306)의 종지(宗旨)와 동일한 것으로, 사전에 서진의 황실이 개입된 것임을 알 수가 있다.

더욱 놀라운 사실은 이러한 사건들이 서기 290~306년 사이 서진 혜 황제 때의 일로서, 당시 중국에서 팔왕(八王)의 난(亂)이 일어나 황후가 죽고 황제가 폐위되고 복권되는 등 정변을 겪었으며, 국내에서는 법화경을 중심으로 한 서진의 원명법사가 동악산으로 건너와 도림사를 창건하고, 서진 황제의 금은보화가 반입되어 들어와 다시 원홍장이라는 처녀가 서진으로 건너가 황후가 되었으며, 법화경의 가르침을 실천하는 한·중 양국의 분명한 기록들은 진실이 무엇인지를 말해 주는 것이다.

마치 약속이나 한 것처럼 서진의 원명법사는 성출산, 즉 동악산으로 건너와 도림사를 창건하고, 처녀 원홍장(元洪莊, 300년)은 서진(西晉)으로 건너가서 황후가 되며, 성출봉 바위굴 속 십육나한과 옥불(玉佛)의 존재와 동악산, 즉 성출산(聖出山)에서 성덕산(聖德山) 관음사로 이어진 역사는 결코 우연이라 할 수 없는 원홍장의 역사이며, 그 출생지는 바로 성출산(聖出山, 동악산)이라는 역사의 증명이다.

이 길상암 중수기는 1757년 음력 5월 22일 기록하였으며, 당승(唐僧)이라는 표현은 과거 중국을 통칭하던 이름으로, 서진의 승려를 기록하여 당시의 일반적인 명칭으로 쓴 것뿐이다.

천상선인(天上仙人)은 범음악성(梵音樂聲)이라고 하였으니, 관세음보살님을 칭하는 것이며, 불교에서는 관세음보살님을 선인(仙人) 또는 신선(神仙)이라고 부르기도 한다.

대대로 관세음보살님이 상주하는 성출산(聖出山)은 성덕산(聖德山)으로 이어져 관음사를 세우고, 훗날 일본 관음신앙의 모태가 된 성스러운 땅이다.

다음은 '길상암 나한전 유적 중수기'의 내용이다.

谷城郡道上面 吉祥庵 羅漢殿遺跡 重修記
곡 성 군 도 상 면 길 상 암 나 한 전 유 적 중 수 기

전남 곡성군 곡성읍 월봉리 길상암 나한전 유적 중수기

浴川衙門 十里許西有山曰 動樂而亦號聖出山也 有寺其名道林
욕 천 아 문 십 리 허 서 유 산 왈 동 악 이 역 호 성 출 산 야 유 사 기 명 도 림

也 中古仙人果南赴先生果 與孤雲先生 曉義弼遊戱之蹟明白矣
야 중 고 선 인 과 남 주 선 생 과 여 고 운 선 생 효 의 필 유 희 지 적 명 백 의

곡성읍(욕천 浴川) 십 리 서쪽에 산이 하나 있으니 그 이름을 동악이라 하고 또는 성출산이라고도 한다. 거기에 사찰이 있는데 그 이름을 도림이라고 하며, 그 산 가운데에는 옛날부터 〈선인(仙人)〉 관세음보살님이 계셨으며, 남주(南赴)와 최치원이 살았고 원효대사, 의상대사, 윤필법사가 노닐었던 자취가 뚜렷하게 남아 있다.

此寺 西晉惠皇帝時 唐僧圓明法師 來到始建 而高麗 恭愍王時
차 사 서 진 혜 황 제 시 당 승 원 명 법 사 래 도 시 건 이 고 려 공 민 왕 시

本寺禪灘法師 重建 梵音宗祖 訂(眞)鑑國師 弟子智桓先師重建
본 사 선 탄 법 사 중 건 범 음 종 조 정 진 감 국 사 제 자 지 환 선 사 중 건

今漢陽開國 太祖大王殿下時 神德王后 內殿康氏以王法重建也
금 한 양 개 국 태 조 대 왕 전 하 시 신 덕 왕 후 내 전 강 씨 이 왕 법 중 건 야

이 사찰은 서진 혜 황제(290~306) 때 서진에서 온 승려 원명법사가 이곳에 이르러 처음 창건하였으며 고려 공민왕 시절에 본사 선탄법사가 중건하였고 불교음악의 종

조(宗祖)이신 정(진)감국사의 제자인 지환선사께서 중건하였으며, 지금 한양에 개국(開國)하신 조선 태조대왕전하 때 신덕왕후(神德王后)인 강씨가 왕법(王法)으로 중건하였다.

山名何以動樂耶 元曉義湘尹弼 三法師修道之時 聖出峯 有巖
산 명 하 이 동 악 야   원 효 의 상 윤 필   삼 법 사 수 도 지 시   성 출 봉   유 암

穴十六羅漢 玉佛次第聳出之際 現夢於尹弼法師 指示曰 速爲奉安也
혈 십 육 나 한   옥 불 차 제 용 출 지 제   현 몽 어 윤 필 법 사   지 시 왈   속 위 봉 안 야

산의 이름을 어찌하여 동악(動樂)이라 하였는고 하니, 원효대사, 의상대사, 윤필법사, 세 분의 선사께서 수도하실 적에 성출봉에 있는 바위굴에서 십육나한과 옥으로 빚은 불상(佛像)이 차례대로 솟아나올 즈음에 윤필법사의 꿈속에 나타나 가리켜 주시면서 어서 빨리 봉안하라고 말씀하시었다.

故明日 指示峯巖尋去則 住佛釋佛 世尊照然 聳出巖穴之邊 黙然安坐則
고 명 일   지 시 봉 암 심 거 즉   주 불 석 불   세 존 조 연   용 출 암 혈 지 변   묵 연 안 좌 즉

그래서 그 이튿날 지시하신 봉우리 바위굴을 찾아서 가보니 불상(佛像)들이 있었는데 석가모니부처님은 빛을 발하며 솟아오른 바위굴 속 끝에서 말없이 편안하게 앉아 계시었다.

尹弼法師 見其尊像而發廣大之心 喜喜樂樂 數拜禮後 背負而奉安
윤 필 법 사   견 기 존 상 이 발 광 대 지 심   희 희 락 락   수 배 례 후   배 부 이 봉 안

윤필법사께서 큰 빛을 발하는 부처님의 존상(尊像)을 뵙고 한없이 기쁘고 즐거운 마음에 수없이 엎드려 큰절을 올린 후 등에 업고 봉안하였다

日日負安者十有五矣 至第十六則 其尊像半出 頭面未出全體
일 일 부 안 자 십 유 오 의   지 제 십 육 즉   기 존 상 반 출   두 면 미 출 전 체

尹弼以 兩手掬拔則 項折而體不出也
윤 필 이   양 수 국 발 즉   항 절 이 체 불 출 야

날마다 즐거이 등에 업고 모신 분이 열다섯 분이었는데 열여섯 번째의 존상(尊像)은 머리와 얼굴이 반만 나와 있을 뿐 전체가 다 나오지 않아 윤필법사께서 양손으로 잡아 올리려고 하자 목만 부러지고 몸이 나오지 않았다.

恐懼無地 翌日更去則 尊像聳出巖穴之邊 完然安坐
공 구 무 지 익 일 갱 거 즉 존 상 용 출 암 혈 지 변 완 연 안 좌

두려움과 근심에 어찌할 바를 모르다 다음 날 다시 가 보니, 부처님의 존상은 솟아

오른 바위굴 속 끝에서 완전하신 모습으로 편안히 앉아 계시었다.

而負來次 爲十六座奉安則 未越一時 黜出於殿廡下
이 부 래 차 위 십 육 좌 봉 안 즉 미 월 일 시 출 출 어 전 무 하

그래서 등에 업고 돌아와 차례를 따라 열여섯 번째의 자리에 모시었으니, 곧 한때도

못가서 대웅전 처마 밑으로 쫓겨나곤 하는 것이었다.

更奉安其位則 又爲黜出 如是者五六度故 不得已 只奉安十五
갱 봉 안 기 위 즉 우 위 출 출 여 시 자 오 육 도 고 부 득 이 지 봉 안 십 오

尊像 因其座以沙器 代表惟在此矣
존 상 인 기 좌 이 사 기 대 표 유 재 차 의

다시 그 자리에 모셔 놓으면 즉시 또 쫓겨나곤 하여 이와 같이 하기를 대여섯 번을

반복한 까닭에 하는 수 없이 열다섯 분의 존상(尊像)만 모셔 놓고 그 자리에는 백토

로 빚은 도자기 그릇으로 대신 여기에 계신다는 표시만 해 놓았다.

日日負安時 天上仙人 梵音樂聲 前後指路 空中振動故 山號 動樂山也
일 일 부 안 시 천 상 선 인 범 음 악 성 전 후 지 로 공 중 진 동 고 산 호 동 악 산 야

날마다 등에 업고 봉안할 때에 하늘에서 〈천상선인(天上仙人)〉관세음보살님께서 즐

거우신 음성으로 찬탄을 하시면서 앞뒤에서 길을 가리키고 인도하실 때에 허공이 진

동한 까닭으로 산 이름을 동악이라고 하였다.

其十六尊佛 昭昭歷歷 天下無如 此眞佛也 如世之人 求其福
기 십 육 존 불 소 소 역 역 천 하 무 여 차 진 불 야 여 세 지 인 구 기 복

求其子孫者祈于此佛前 則隨其所願 無不成 就故 大有此名矣
구 기 자 손 자 기 우 차 불 전 즉 수 기 소 원 무 불 성 취 고 대 유 차 명 의

이 열여섯 부처님의 모습이 밝고도 뚜렷하시니 세상에는 이와 같은 참부처님은 없으

시니, 세상 사람들이 복을 구하거나 그들의 자손을 구할 적에 이 부처님 앞에서 기도

를 드리면 그 소원을 따라 무엇이든 성취하지 못하는 것이 없기 때문에 이 이름이 있

게 된 것이다.

何以神德王后 重建耶 其十六尊佛 太祖大王殿下 神德王后
하 이 신 덕 왕 후　중 건 야　기 십 육 존 불　태 조 대 왕 전 하　신 덕 왕 후

康氏內殿 現夢指示 王后以王法 別般重建此寺而 又不忘之意
강 씨 내 전　현 몽 지 시　왕 후 이 왕 법　별 반 중 건 차 사 이　우 불 망 지 의

一庵院始建 庵號神德也
일 암 원 시 건　암 호 신 덕 야

무슨 까닭에 신덕왕후가 중건하였는고 하니, 이 열여섯 부처님께서 조선 태조대왕

전하 신덕왕후 강씨 내전(內殿)에서 강씨의 꿈속에 나타나서 지시하므로 왕후가 왕

법(王法)으로써 특별히 이 사찰을 중건하라는 명을 내리고 다시 잊지 않겠다는 마음

으로 한 암자를 크게 증축하여 새롭게 세웠는데 신덕(神德)이라 부르는 암자였다.

道林 康氏王后殿下 願堂寺刹也 至於今 昭昭遺傳 極爲所重 寺刹也
도 림　강 씨 왕 후 전 하　원 당 사 찰 야　지 어 금　소 소 유 전　극 위 소 중　사 찰 야

도림사는 강씨 왕후전하의 원당(願堂) 사찰이었는데, 지금까지 대대로 전하여 정성

을 다하는 소중한 사찰이다.

訂(眞)鑑國師之說 周天下之 第一最勝 寺刹也云云
정 진 감 국 사 지 설　주 천 하 지　제 일 최 승　사 찰 야 운 운

정(진)감국사가 이르기를 "널리 둘러보아도 하늘 아래 제일가는 최고의 사찰이라고

하였다."

乾隆 二十二年 丁丑 仲夏月二十二日 重刊
건 룡　이 십 이 년　정 축　중 하 월 이 십 이 일　중 간

1757년 음력 5월 22일 다시 간행함.

大韓光武十年丙午閏四月二十二日重刊
대 한 광 무 십 년 병 오 윤 사 월 이 십 이 일 중 간

1906년 윤 4월 22일 다시 간행함.

－조선사찰사료(朝鮮寺刹史料)에서 발췌

1757년 음력 5월 22일 기록한 길상암 나한전 유적 중수기는 조선사찰사료(朝鮮
寺刹史料)에 실려 있는 것으로, 누가 쓴 것인지 기록이 없어 알 수가 없지만, 1757년

음력 5월 1일 성암의수(聖巖義修) 대사가 쓴 길상암 나한전 상량문이 도림사에 현존하는 것으로 보아, 당시 길상암에 대대적인 중창불사(重創佛事)가 있었고, 이때 길상암 나한전 상량문을 쓴 성암대사가 불사(佛事)를 완성한 뒤 쓴 것으로 추측된다.

다음은 1757년 5월 22일 불사를 완성한 뒤 작성된 길상암 나한전 유적 중수기보다 22일 앞서 5월 1일 작성된 길상암 나한전 상량문이다.

吉祥庵羅漢殿上樑文
길 상 암 나 한 전 상 량 문

伏以 一氣混圓 旣無天地之形 二儀未分 則何有人物之理乎
복 이 일 기 혼 원 기 무 천 지 지 형 이 의 미 분 즉 하 유 인 물 지 리 호

생각하건대 한 기운은 혼원(混圓: 태극(太極)의 형태)하여, 이미 천지(天地)의 모양이 없으니, 음양(陰陽)이 나뉘지 않으면, 어찌 인(人)과 물(物)의 이치가 있겠는가?

天開地闢後 萬物生其間 然則英雄俊桀 禀天地之氣而間出 諸
천 개 지 벽 후 만 물 생 기 간 연 즉 영 웅 준 걸 품 천 지 지 기 이 간 출 제

佛菩薩爲衆生之苦而或生
불 보 살 위 중 생 지 고 이 혹 생

하늘이 열리고 땅이 열린 뒤에 만물이 그 사이에 생겨나니, 그러한즉 영웅(英雄)과 준걸(俊桀)들이 천지의 기운을 받아 간간이 출현(出現)하고, 여러 부처님과 보살들은 중생(衆生)들을 고통으로부터 구하기 위해서 가끔 태어나신다.

乃有浴川注東 動樂嶹西 白楷磐石 十二淸淵 是道林之風景 嵬
내 유 욕 천 주 동 동 악 규 서 백 해 반 석 십 이 청 연 시 도 림 지 풍 경 외

然怪巖 步步益奇 乃吉祥之勝槩
연 괴 암 보 보 익 기 내 길 상 지 승 개

이 욕천(浴川 곡성)의 물은 동쪽으로 흘러들고, 동악산은 서쪽에 우뚝 솟아 있는데, 흰 반석과 십이(十二) 맑은 못은 바로 도림사의 아름다운 풍경이고, 우뚝 솟은 이상한 형체의 바위들은, 가면 갈수록 더욱 기이하여, 길상암(吉祥庵)의 승경(勝景)이 되

고 있다.

殿上 十六尊之聖僧 不賴工之琢磨 自然誕出於聖出峰聖母巖
전 상 십 륙 존 지 성 승 불 뢰 공 지 탁 마 자 연 탄 출 어 성 출 봉 성 모 암

世人修善者 祈得福祈得壽 載於口碑 玷於紙上
세 인 수 선 자 기 득 복 기 득 수 재 어 구 비 점 어 지 상

대웅전 16존(尊)의 성승(聖僧)은 장인(匠人)의 정(釘)과 망치를 빌리지 않고도, 저절로

성출봉(聖出峰) 성모암(聖母巖)에서 탄생 출현하시었으니, 세상 사람들 중에 선(善)

을 닦는 사람들이 빌어서 복을 얻고, 기도하여 장수(長壽)를 하였다는 이야기가 구

비(口碑: 입에서 입으로 전해짐을 말함)에 실리고, 지상(紙上)에 남아 있다.

然而殿之創記 無所傳矣 何以攷之其歲月日時乎 蓋再創於嘉精
연 이 전 지 창 기 무 소 전 의 하 이 고 지 기 세 월 일 시 호 개 재 창 어 가 정

十年丁酉 三創於隆慶四年壬申 四創於萬歷四年庚辰 五創於四
십 년 정 유 삼 창 어 융 경 사 년 임 신 사 창 어 만 력 사 년 경 진 오 창 어 사

十三年乙卯 崇貞九年丙子重之 康熙十六丁巳楫之
십 삼 년 을 묘 숭 정 구 년 병 자 중 지 강 희 십 륙 정 사 즙 지

그런데도 대웅전의 창건 기록은 전해지는 것이 없으니, 어떻게 그 세월과 일시를 상

고해 볼 수 있겠는가? 아마도 가정(嘉精) 10년 정유년(丁酉年, 1531)에 재창하고, 융

경(隆慶) 4년 임신년(壬申年, 1570)에 3창하였으며, 만력(萬歷) 4년 경진년(庚辰年,

1576)에 4창하고, 만력 43년 을묘년(乙卯年, 1616)에 5창하고, 숭정(崇貞) 9년 병자년

(丙子年, 1636)에 중창하고, 강희(康熙) 16년 정사년(丁巳年, 1677)에 한데로 모았다.

然 前人之功勞 不亘於長時 歲當乾隆丁丑 老禪哲敏 山之大德
연 전 인 지 공 로 불 긍 어 장 시 세 당 건 융 정 축 노 선 철 민 산 지 대 덕

首志謀議 敎授僧徒 不數月而告功 如是偉迹 何以泯沒
수 지 모 의 교 수 승 도 불 수 월 이 고 공 여 시 위 적 하 이 민 몰

그러나 앞 사람의 공로는 오랜 세월을 뻗쳐 내려가지 못하고, 당년 건륭 정축년(丁丑

年, 1757) 노선사(老禪師) 철민(哲敏)과 그 산의 대덕들이 앞장서서 뜻을 모의하고,

승도(僧徒)를 가르쳐 수개월을 넘지 아니하여 공을 고하였으니, 이같이 위대한 행적

을 어찌 없어지게 할 수 있겠는가?

是以 余不以拙筆短辭讓之 但而不漏顚末記之 伏願上樑之後
시 이 여 불 이 졸 필 단 사 양 지 단 이 불 루 전 말 기 지 복 원 상 량 지 후

二儀交泰 四序均和 河出圖洛出書 永光符合 龍在宮 麟在藪
이 의 교 태 사 서 균 화 하 출 도 락 출 서 영 광 부 합 룡 재 궁 린 재 수

共薦嘉祥 君臨大寶 位萬斯年 次願 見者聞者 咸得大利 詩曰
공 천 가 상 군 림 대 보 위 만 사 년 차 원 견 자 문 자 함 득 대 리 시 왈

이 때문에 나는 졸필과 문장이 짧은데도 사양하지 않고, 다만 일의 전말(顚末)을 빠뜨리지 않고 기록했다. 엎드려 바라건대, 상량을 마치고 난 뒤에 음양이 서로 응하여 태평하고, 사시(四時)가 고르며 온화하여, 하수(河水)에서 도(圖)가 나오고, 낙수(洛水)에서 서(書)가 나와 길이 광명하게 부합하고, 신령한 용은 용궁에 있고, 기린은 늪에 있어 함께 아름다운 상서를 내리어, 임금은 대보(大寶)에 임하여 만년토록 있게 하소서! 또 원하노니, 이를 보는 사람과 듣는 사람들은 모두 큰 이로움을 얻게 하소서! 시에 말하기를,

聖出山上羅漢僧
성 출 산 상 라 한 승

성출산 꼭대기 나한 스님들

多劫修禪恨未曾
다 겁 수 선 한 미 증

많은 겁 선(禪)을 닦아 일찍이 한이 없네

念念時時無放逸
염 념 시 시 무 방 일

생각 생각마다 시시때때 방일함이 없으니

直入那邊最高層
직 입 나 변 최 고 층

곧바로 저곳 가장 높은 층으로 드네

대선(大禪) 질(秩)[9]

---

9) 질(秩): 차례, 순서를 나타내는 것으로, 직급의 서열이나 또는 어떤 순서를 말하는 것이다.

응성당(應聖堂) 철민(哲敏)

묵암당(黙庵堂) 최상(最祥)

성암당(聖巖堂) 의수(義修)

서명(瑞蓂)

대시주(大施主) 질(秩)

여양복위모김씨(呂陽復爲母金氏 여양복(呂陽復)이 어머니 김씨를 위하여)

최창해(崔昌諧)

신유보(申有譜)

홍덕창(洪德昌)

조세민(趙世敏)

인권(引勸)

김덕주(金德周)

최신(最信)

화주(化主) 질(秩)

처사(處士) 필화(弼華)

증안(證安)

도윤(道閏)

회찬(會贊)

도감(都監) 사선(思善)

본사(本寺) 질(秩)

시주지통정(時主持通政) 본종(本宗)

전주지가선(前主持嘉善) 붕운(鵬雲)

가선(嘉善) 해문(海文)

가선(嘉善) 사선(思善)

순청(順淸)

포주(抱珠)

덕호(德昊)

각신(覺信)

연화(緣化) 질(秩)

별좌(別座) 긍인(亘仁)

공양(供養) 득화(得和)

청연(淸淵)

치순(致淳)

영신(英信)

혜일(慧日)

백한(百閑)

만순(萬淳)

인해(印海)

래왕(來往) 법순(法淳)

국성(國性)

암회(巖回)

량공(良工) 질(秩)

수공(首工) 김감남(金甘男)

최성(崔性)

성정(性淨)

乾隆貳拾貳年 丁丑 仲夏 初一日 曹溪山人 義修記
건 룡 이 십 이 년 정 축 중 하 초 일 일 조 계 산 인 의 수 기

건룡 22년 정축년(丁丑年, 1757) 5월 1일 조계산인(曹溪山人) 의수(義修)가 기록하

였다.

蓬萊山人 海英 造詩
봉 래 산 인 해 영 조 시

봉래산인(蓬萊山人) 해영(海英)이 시(詩)를 지었다.

－길상암 나한전 상량문(도림사 소장)

일반적으로 상량문과 중수기는 그 절에 거주하는 승려들 가운데 또는 인근에

서 문필이 뛰어난 승려가 쓰는 것이다.

따라서 1757년 5월 1일 성암의수(聖嚴義修) 대사가 쓴 길상암 나한전 상량문과

5월 22일 누가 쓴 것인지 알 수 없는 길상암 나한전 유적 중수기는 한 사람이 쓴

것으로 보아야 하며, 문맥으로 보거나 1771년 6월 15일에 쓴 신덕암 중신기에 성암

대사의 찬양문에 "부처님과 스님들을 위하여 스님들의 거처인 벽안당과 대웅전, 명

부전과 나한전을 모두 대사께서 중창하시었고, 암자의 왕각과 법당의 나한상(羅

漢像) 역시 대사께서 다시 개수(改修)하였다" 하였으니 성암(聖嚴)대사가 쓴 것으로

보는 것이 옳다.

아울러 지금으로부터 꼭 250년 전 5월에 쓴 이 길상암 나한전 상량문에서 눈여

겨볼 것은, 길상암 본전(本殿)인 나한전에 모신 십육나한의 존재를 기술한 성출산

(聖出山, 동악산) 성모암(聖母巖)의 실체와 외연괴암(嵬然怪巖) 보보익기(步步益奇) 우뚝 솟은 이상한 형체의 바위들은, 가면 갈수록 더욱 기이하다는 두 가지다.

이 가운데 이상한 형체의 바위들은, 가면 갈수록 더욱 기이하다는 기록은, 구한 말 길상암 가는 길을 따라 구곡(九曲)을 정하고, 글을 새겨 자주독립의 의지를 다졌던 항일(抗日) 우국지사들의 투쟁이 단순 미신에 의지하거나, 한때의 문자놀이가 아닌 분명한 역사에 근거하고, 자연을 활용하여 주도면밀(周到綿密)하게 계획 실천했던 구국(救國)의 역사였음을 증명하는 기록이다.

3. 신덕암 중신기

◇ 신덕암 아미타극락회도(阿彌陀極樂會圖)

1870년 10월 조선 제26대 왕 고종(재위: 1864~1906)과 왕비 그리고 왕세자가 오래도록 좋은 복을 누리며 건강하라는 기도의 목적으로 제작하였으며, 현재는 도림사 응진당(應眞堂) 후불탱화로 모셔져 있다.

월허당(月虛堂)의 책임 감독 아래 여섯 명의 승려가 참여하여 비단의 바탕에 채색

하여 조성하였으며 크기는 가로 176cm이며 세로는 103.5cm이다.

신덕암(神德庵)은 정확하게 언제 창건되었는지, 애석하게도 그 분명한 연대를 알수는 없지만, 1771년 6월 15일에 쓴 신덕암 중신기(重新記)의 내용을 보면, 천 년 옛적에는 사(寺), 즉 규모를 갖춘 절이었으나, 한번 변하여 조그만 암자가 되었고, 태조 이성계가 개국한 이후에는 신덕왕후를 위한 원당(願堂)이 되었다는 유서 깊은 암자였다.

이 신덕암은 서진 혜 황제 때에 중국에서 건너온 원명법사가 창건한 도림사 길상암 나한전 유적 중수기를 보면 그 역사를 알 수 있는 기록이 있다.

길상암 중수기를 보면, 서기 660~687년 사이에 길상암에서 수도하던 윤필법사의 꿈속에 나타나 중건할 때에, 암자 또는 도림사와 관계없는 동악산 바위굴 속에서, 옥으로 빚은 불상(佛像)을 모셨다고 하였으니, 이 바위굴이 신덕암 중신기에서 말하는 성출(聖出)이며, 동악산의 옛 이름인 성출산(聖出山)의 배경으로 관세음보살님이 주석하시는 성소(聖所)이며 최초의 사찰이다.

현재 1870년에 조성되어 도림사 응진당에 봉안된 신덕암 아미타극락회도(阿彌陀極樂會圖)를 비롯하여, 1742년(영조 18년)에 조성되어 신덕암 명부전에 봉안하였던 지장십왕(地藏十王)탱화가 순천시 선암사(仙巖寺) 성보박물관에 소장되어 있으며, 1499년 동국여지승람과 함께 제작된 동여비고(東輿備考)에 신덕사(神德寺)라 하였으니, 자료의 사실 여부는 의심할 여지가 없는 일이다.

끝으로 '중화지일조생연류야(中華之日照生烟類也)'를 어떻게 해석하느냐의 문제인데, 전문 학자들과 승려들 또한 그 뜻을 알 수 없다 하였다.

이태백(李太白)이 지은 '망여산폭포(望廬山瀑布)의 일조향로생자연(日照香爐生紫煙)'

을 인용한 것일 수 있다는 의견도 있었으나, 고유 명사(名詞)인 중화(中華)를 중국이라는 뜻 이외는 달리 해석할 문장도 없거니와 다른 해석으로 사용한 과거의 예도 없으며 중국, 즉 중화(中華)의 해가 비추니 마치 연기가 일어나는 것과 같다는 등등 몇 가지 가능한 풀이로 보면 도무지 앞뒤가 이해할 수 없는 문장이 되어 버린다.

혹 이태백의 글을 인용한 것이라면 소동파가 '네가 몸이라면 이름인 내가 의지할 곳'이라고 말한 본문의 내용을 보면, 인용한 소동파를 분명하게 밝혔음에도, 여기서는 아무런 언급이 없다.

무엇보다도 이태백의 자연(紫煙)은 푸른 산 빛에 물든 연기 또는 안개를 표현한 것으로, 이 자구(字句)를 인용한 것이라면, 굳이 중화(中華)라는 문구를 만들어 쓸 필요가 없었다는 것이 중론이다.

불교를 연구하는 학자들과 스님들의 견해에 따르면, 연(烟) 또한 불교적 해석으로, 처음 연(緣)이 되어서 결과를 일으켰다는 뜻으로 인연생기(因緣生起)를 뜻하며, 신(神)을 지칭하거나 인명(人名)으로 당시는 물론이거니와 과거 역사적으로 중국에 대한 사대주의 사상과 약소국이라는 정치적인 이유로 중국에 관한 일은 은밀하게 표현하는 유가(儒家)의 관례에 따른 것으로, 성인이 탄생하였다는 동악산의 역사를 은밀히 전하는 글로 보아야 한다는 견해도 있었다.

그런 연유로 필자는 중화지일조생연류야(中華之日照生烟類也)의 전체적인 해석을 박지원의 열하일기 피서록에서 보듯이, 중국의 황실에서 대대로 동악산을 신선(神仙)들이 상주(常住)하고 있는 산으로 기록하였고, 무엇보다도 서진(西晉) 혜(惠) 황제(皇帝, 290~306) 때 원명법사(圓明法師)가 들어와 도림사를 창건하였다는 길상암 중수기의 기록과 동시대에 성출산(聖出山, 동악산) 남쪽에 인접하여 있는 성덕산(聖德山)에 창건된 관음사사적을 바탕으로 중국으로 건너간 원홍장의 역사를 기술한 것으로 해석하였다.

그러나 일반적인 문법으로 기록한 중수기에서 이 대목만 비결(秘訣)로 썼다는 것 또한 마뜩찮은 일이라, 이번 출판본에는 문법을 무시하고 고유 명사인 중화(中華)를 일반적인 문법으로 풀어 "가운데 화려하게 빼어난 것이 해가 비추면 연기가 나는 것 같다"라고 해석하였으니, 보는 이들은 이 점을 참고하여 오해가 없기를 바란다.

다음은 신덕암 중신기의 전문이다.

谷城郡 道上面 神德菴 重新記
곡 성 군 도 상 면 신 덕 암 중 신 기
전남 곡성군 곡성읍(도상면 道上面) 신덕암을 새롭게 중, 개축한 기록

開花世 有一氣 名曰神 神是一而兩在故 不測化化生生 其德無 窮釋氏 所謂佛
개 화 세 유 일 기 명 왈 신 신 시 일 이 양 재 고 불 측 화 화 생 생 기 덕 무 궁 석 씨 소 위 불
세상이 처음 열릴 때 하나의 기운이 있으니, 그것을 이름하여 신(神)이라고 한다. 신(神)은 하나이면서 두 곳에 다 존재하는 까닭에 변화하고 생성함을 이루다 헤아릴 수 없다. 그 덕(德)이 무궁(無窮)하니 석가모니 부처님께서 말씀하신 불(佛)이라는 것이다.

佛 入中國而轉東 東國湖南 邑號浴川 山名動樂 而寺古千年
불 입 중 국 이 전 동 동 국 호 남 읍 호 욕 천 산 명 동 악 이 사 고 천 년
一變爲庵 聖神大王 開國以後 即爲神德王后 願堂故庵 以是 得是名
일 변 위 암 성 신 대 왕 개 국 이 후 즉 위 신 덕 왕 후 원 당 고 암 이 시 득 시 명
이러한 부처님의 가르침이 중국으로 들어와 동쪽으로 전하였는데, 대한민국 전라남도 곡성에 동악(動樂)이라 하는 산이며, 이 산에는 천 년이나 된 아주 오래된 절이 있

었으나, 한번 변하여 조그만 암자가 되었고 태조 이성계가 개국한 이후에는 신덕왕
후를 위한 원당이 되었으며, 암자가 이런 이름을 얻게 된 것이다.

而天地未分前 一神之氣 己分後 具於心而爲德 德之本体 虛明
이 천 지 미 분 전 일 신 지 기 기 분 후 구 어 심 이 위 덕 덕 지 본 체 허 명

而爲氣所拘 爲慾所蔽 卽有時昏故 儒與佛 工夫 皆於此境
이 위 기 소 구 위 욕 소 폐 즉 유 시 혼 고 유 여 불 공 부 개 어 차 경

이 하늘과 땅이 나누어지기 전 일신(一神)의 기(氣)이던 것이 하늘과 땅이 나누어진
후에는 마음에 갖추어져서 덕(德)이 되었고, 덕(德)의 본체는 텅 비고 맑은데 기(氣)에
구애를 받고 탐욕에 가려지게 되어 혹 때로는 어두워지기도 하는 까닭으로 유교와
불교의 공부가 모두 이 경계에서 이루어지는 것이다.

而儒之主一氣 釋之修一心 偏全殊 而用工一 一而神 則儒能成
이 유 지 주 일 기 석 지 수 일 심 편 전 수 이 용 공 일 일 이 신 즉 유 능 성

聖 釋亦成佛 而心不害德 德不損神 神德奇菴
성 석 역 성 불 이 심 불 해 덕 덕 불 손 신 신 덕 기 암

이것을 유교에서는 일기(一氣)를 위주로 하고, 불교에서는 일심(一心)을 위주로 하여,
치우치고 완전함은 서로 조금 다르지만, 공부하는 법은 매 마찬가지며, 한결같이 해
서 신령해지면, 유교에서는 성인(聖人)이 된다 하고, 불교에서는 또한 깨달음(佛)을
이룬다고 하는 것으로, 마음(心)이 덕(德)을 해치지 않았고, 덕(德)이 신(神)을 손상
(損傷)하지 않으니, 신덕(神德)은 참으로 기이한 암자다.

聖岩大師 師是海東 名僧白谷無用 三傳衣鉢者也
성 암 대 사 사 시 해 동 명 승 백 곡 무 용 삼 전 의 발 자 야

성암(聖岩)대사는 훌륭한 스승으로 해동(海東)의 이름난 스님이신 백곡(白谷)선사와
무용(無用)법사로부터 세 번째 의발(衣鉢)을 전해받으신 분이다.

居是山 以菴作家 而靑山之屛 白雲之籬 八萬大藏經案上 脩竹碧琅玕籬下
거 시 산 이 암 작 가 이 청 산 지 병 백 운 지 리 팔 만 대 장 경 안 상 수 죽 벽 랑 간 리 하

看竹誦經則心身 與水雲共淸 而釋氏 所謂有緣 於玆山者也
간 죽 송 경 즉 심 신 여 수 운 공 청 이 석 씨 소 위 유 연 어 자 산 자 야

스님은 이 산에서 풀로 집을 짓고 살아가면서, 청산(靑山)을 병풍으로 삼고 백운(白

雲)을 울타리로 삼으니 팔만대장경은 경상 위에 있고 길게 자란 푸른 대나무 숲과

아름다운 돌들과 울타리 아래 대나무를 바라보며 경전을 외우다 보면 곧 마음과 몸

이 물과 구름으로 함께 맑아지나니, 이것이 석가모니부처님이 말씀하신 "이 산과 인

연(因緣)이 있는 자로구나"라고 한 것이리라.

爲佛與僧 僧居碧眼 佛殿 冥府羅漢 皆師所重創 庵之王閣 殿之羅漢
위불여승 승거벽안 불전 명부나한 개사소중창 암지왕각 전지나한

亦師改修 則不可無記 記以傳後 亦一美蹟
역사개수 즉불가무기 기이전후 역일미적

부처님과 스님들을 위하여 스님들의 거처인 벽안당과 대웅전, 명부전과 나한전을 모

두 대사께서 중창하시었고, 암자의 왕각과 법당의 나한상(羅漢像) 역시 대사께서 다

시 개수(改修)하셨으니, 그런즉 기록을 남기지 않아서는 안 될 것이요, 기록을 남겨

후세에 전하는 일도 또한 아름다운 자취일 것이다.

以蘇東坡 所謂爾 所謂身者 爾之所寄也 庵者 身之所寄也名
이소동파 소위이 소위신자 이지소기야 암자 신기소기야

者 身與庵之所寄也 又安用名 名將無所施云者
명 신여암지소기야 우안용명 명장무소시운자

소동파(蘇東坡)가 말한 "그대가 말하는 몸뚱이는 그대가 의탁하는 곳이요, 암자(庵)

란 몸(身)이 의지하고 사는 곳이며, 이름이란 몸과 암자가 다 의지하는 것이다. 그러

나 또 어찌 이름을 쓸 것이요. 이름을 장차 쓸 곳이 없구나"라고 하였으니,

今古不殊 而神是德 德具於心 心主于身 身處於庵 庵不可以無
금고불수 이신시덕 덕구어심 심주우신 신처어암 암불가이무

名 名不可以無記 記以垂後
명 명불가이무기 기이수후

오늘과 옛날이 다르지 않아 신(神)이 곧 덕(德)이라서, 덕이 마음(心)에 갖추어지고 마

음이 몸(身)의 주인이 되며 몸은 암자(庵)에 거처(處)하는 것이니, 암자가 이름이 없어

서는 안 되고 그 암자의 이름을 붙이는 데 또한 기록이 없다는 것도 안 될 일이니 기

록을 하여 후세에 남겨야 하리라.

而玆土 即余墓鄕 時而來往 逢師而又兩 仍記斯庵 庵留數日
이 자 토 즉 여 묘 향 시 이 래 왕 봉 사 이 우 량 잉 기 사 암 암 유 수 일

觀師動靜 則精神 秋水芙蓉 襟懷 雪裡寒松 松窓曇花之影 數珠開心而
관 사 동 정 즉 정 신 추 수 부 용 금 회 설 리 한 송 송 창 담 화 지 영 수 주 개 심 이

이곳은 나의 고향이라서 수시로 내왕하면서 대사를 만났고 그렇게 두 번째 만나던

날 그것이 인연이 되어 이 암자의 기(記)를 쓰게 되었는데, 암자에 여러 날을 머무르

면서 대사의 동정(動靜)을 살펴본즉 스님의 정신(精神)은 맑은 물속에 피어난 연꽃과

같고 마음에 금계를 지키는 것은 마치 눈 속에 추위를 이기고 서 있는 소나무와 같

았으며, 소나무 창 아래 담화(曇花)의 모습으로 앉아 염주를 들고 마음의 깨달음을

얻으셨다.

峯名香爐 中華之日照生烟之類也[10] 師號聖巖 峯名之 聖出以得者也
봉 명 향 로 중 화 지 일 조 생 연 지 류 야   사 호 성 암 봉 명 지 성 출 이 득 자 야

산봉우리의 이름은 향로봉(香爐峯)인데, 산 가운데 화려하게 빼어난 것이 해가 비추

면 연기가 나는 것 같아 붙여진 이름이고, 대사의 호를 성암(聖巖)이라 하신 것은 산

봉우리의 이름인 성출봉(聖出峯)에서 취한 것이다.

其心 能明其德 其德 能保其神 神德古庵 聖岩今師 二而一 是以記
기 심 능 명 기 덕 기 덕 능 보 기 신 신 덕 고 암 성 암 금 사 이 이 일 시 이 기

그 마음이 능히 그 덕을 밝혔고 그 덕이 능히 그 신(神)을 보전하였으니 신덕(神德)

이라는 옛 암자와 성암(聖巖)대사(大師)는 둘이지만 하나임을 이로써 기록하노라.

乾隆 三十六年 辛卯 流頭日 福溪主人 願刻奉仙 聖巖書
건 릉 삼 십 육 년 신 묘 유 두 일 복 계 주 인 원 각 봉 선 성 암 서

건륭(乾隆) 36년 신묘(辛卯 1771년 영조 47년) 유두일(流頭日) 복계주인(福溪主人)이

열반하신 성암대사의 글을 삼가 받들어 새긴다.

10) 중화지일조생연지류야(中華之日照生烟之類也): 본문 앞의 설명을 참고하기 바람.

신덕암 중신기 후기

끝에 신덕암 중신기를 쓴 사람의 이름을 복계주인(福溪主人)이라 했는데, 일반적
으로 승려의 법호를 이렇게 쓰는 예는 없다.

더구나 제자의 위치에 있는 아랫사람이 스승의 반열에 있는 윗사람의 글을 정리
하면서 쓰는 기명(記名)으로는 더욱 있을 수 없는 일이다.

따라서 복계주인은 승려들의 법호(法號)가 아니고, 이 좋은 골짜기에서 태어난
사람이라는 표현으로 곧 도림사가 있는 청류동을 말함이다.

본문에 중신기를 쓴 사람이 이곳이 고향이라고 하였으니, 이곳이 고향으로 이
정도의 중수기를 쓸 수준이라면, 복계주인(福溪主人)이라는 표현으로 보아서 승려
라기보다는 숲 속에 은거한 도학자, 즉 산림처사(山林處士)로 추측된다.

훗날 성암당(聖巖堂) 의수(義修)가 쓴 신덕암 중신기를 어떤 연유로 같은 시대를
살면서 교우했던 인물이 1771년 열반한 성암대사의 문집을 정리 출간하기 위해 판
각(板刻)하는 과정에서 다시 정리한 것으로 보인다.

[부연하면, 필자가 2003년 5월 발간한 "원홍장과 심청전"에 1771년 작성된 신덕
암 중신기에 나오는 성암(聖巖)의 존재를 묵암종사(黙巖宗師, 1717~1790)로 보았던
것은 ① 묵암종사가 신덕암에서 수행하며 글을 남겼고, ② 신덕암 중신기 본문에
"무용(無用)법사로부터 세 번째 의발(衣鉢)을 전해받았다" 하였으며, ③ 조계종 선
가(禪家)의 전법도(傳法圖)에 "무용수연(無用秀演)→영해약탄(影海若坦)→풍암세찰(楓
巖世察)→묵암최눌(黙庵最訥)"로 되어 있지만 반면 ④ 성암당(聖巖堂) 의수(義修)는
무용대사의 법계가 아니며 송광사의 기록에도 없는 인물이고 ⑤ 흔히 승려들이 여

러 개의 호를 사용하므로 성암(聖巖)을 묵암종사의 또 다른 호로 본 것이었는데, 이번 "길상암 나한전 상량문"을 새로이 발굴하여 그 속에서 성암당(聖巖堂) 의수(義修)를 찾았고 본문에 "부처님과 스님들을 위하여 스님들의 거처인 벽안당과 대웅전, 명부전과 나한전을 모두 대사께서 중창하시었고, 암자의 왕각과 법당의 나한상(羅漢像) 역시 대사께서 다시 개수(改修)하였다" 하였으니 여기서 말하는 성암은 1757년 5월 길상암 나한전 상량문을 쓴 성암당(聖巖堂) 의수(義修)로 바로잡았으니 참고하여 오해가 없기를 바란다.]

신덕암 중신기를 읽어보면 신덕암은 성출봉 아래 있어야 하는데 지금의 신덕암

◇ 동악산 향로봉에서 바라본 신덕암(神德庵) 터(중앙 잡목 숲)
사진 중앙 하단 잡목 숲이 신덕암(神德庵) 터다. 신덕왕후(神德王后, ?~1396(?~태조 5년))의 존호가 여기서 비롯되었으며 이후 명성황후 때까지 조선왕실의 원력사찰, 즉 기도처였다.

터는 향로봉(동악산 정상) 남쪽 기슭에 있어 의아해하던 차 최근 도림사 골짜기에 있었던 항일독립운동의 역사를 조사하면서 밝혀진 증언이 있었다.

수년전부터 성출산(聖出山, 동악산) 성모(聖母, 관세음보살)님의 역사를 찾아온 산을 헤매던 나는 어느 날 청류동(淸流洞) 맑은 물이 씻고 있는 단심대(丹心臺)의 항일독립운동사(抗日獨立運動史)를 보았고, 그 속에서 잃어버린 우리의 역사를 찾아 2005년에는 도서출판 박이정에서 '역사천자문'이라는 제하의 책을 출간하였으며, 이후 독립운동사만을 별도로 규명하기 위해 그동안의 자료들을 재점검하면서 부족한 자료들을 찾는 과정에서, 도림사 입구 구원마을 장일남(張一男, 1915년, 현 생존) 옹의 증언을 듣게 되었다.

구한말 당시 이곳에서 우국지사들이 모여 비밀 항일의병을 일으키고 민족독립운동을 이끌어 갔었는데, 의병들의 거점을 없애기 위해 일본경찰이 불태워 버렸다는 장 옹(張翁)의 증언 속에서 신덕암의 실마리를 찾을 수 있었다.

신덕암은 신덕사(神德寺)라 하여 도림사와는 별개의 독립된 사찰이었으며 관세음보살이 상주하고 있다는 성출산(동악산) 성출봉 성혈(聖穴)은 신덕암의 기도처(祈禱處)였다는 증언이 있었고 필자가 조사해 본 결과 신덕암에서 성혈을 오가는 길을 확인하여 사실로 입증되었다.

필자가 처음 찾아 공개한 길상암 나한전 유적 중수기에 "존상용출암혈지변(尊像聳出巖穴之邊) 완연안좌(完然安坐) 존상(尊像)은 솟아오른 바위굴 속 끝에서 완전하신 모습으로 편안히 앉아 계시었다"라고 하였으니, 성출산 솟아오른 바위굴이 성혈이고, 신덕암 중신기를 보면, "산봉우리의 이름은 향로봉(香爐峯)인데, 산 가운데 화려하게 빼어난 것이 해가 비추면 연기가 나는 것 같아 붙여진 이름이고, 대사의 호를 성암(聖嚴)이라 하신 것은 산봉우리의 이름인 성출봉(聖出峯)에서 취한 것이다"라고 한 것은 당시 성암대사가 향로봉 동남쪽에 있는 성출봉 성혈에서 기도하고 있었음을 말하는 것이다.

[부연하면 불가(佛家)에서 말하는 성출봉은 향로봉 동남쪽 신선대 봉우리를 말하고 유가(儒家)에서 말하는 성출봉은 형제봉 동쪽 봉우리를 말하는 것이니 보는 이들은 이 점을 참고하여 착오가 없기를 바란다.]

필자가 오늘 신덕암 중신기 끝에 이렇게 상세히 글을 남기는 것은, 조선을 침략한 일제가 제일 먼저 한 일은 임나일본부설을 내세우며, 조선의 식민 지배를 정당화하기 위한 역사왜곡과 말살작업이었으며, 이때 일제는 임나일본부설을 정당화하기 위해 조선에서 마한에 관한 문헌과 유적들을 깡그리 없애버렸는데, 이 신덕암의 역사가 바로 일제가 없애버린 마한의 역사이며, 가까이는 항일자주독립의 역사이기에, 언제인가 성출산(동악산) 성모(聖母)이신 관세음보살님의 보궁(寶宮)을 짓고 삼세의 업을 씻을 아름다운 인연을 위하여, 오늘 필자가 듣고 본 바를 여기에 기록하여 전하는 것이다.

바라건대 동악산 성모님의 소원을 이루어 동악(動樂)의 아름다운 노랫소리가 하늘과 땅 사이에 가득하게 하소서.

4. 피리를 부는 마을

◇ 동악산과 죽동마을 그리고 외비량지(外比良池) 전경
1. 동악산 향로봉 2. 성출봉 3. 형제봉 4. 죽동마을 5. 외비량지 6. 선암동문(월평마을)이다. 사진에서 보듯이, 평소 맑은 물속에서 삼신산(三神山, 지리산)의 해와 달이 뜨고 동악산이 비쳐드는 외비량지는 정녕 인간이 감상할 수 있는 최상의 아름다운 문화유산이었는데, 지금은 안타깝게도 공원조성으로 사라져 버린 별세계다.

본문은 소설 심청전(沈淸傳)의 원류이며 동악산의 역사 속에서 실존했던 성덕산(聖德山) 관음사 사적의 주인공 원홍장의 출생지에 관한 내용이다.

그동안 원홍장과 심청전(2003년 5월 도서출판 박이정)을 발표하는 등 섬진강 역사의 한축인 성덕산 관음사 사적을 연구하면서, "사문장로지설성적(私聞長老之說聖跡)— 나이든 노스님께서 말씀하시는 관세음보살님의 자취를 은밀히 듣게 되었다", 즉 성적(聖跡) 관세음보살님의 보문시현(普門示現)인 원홍장(元洪莊)은 동악산(성출산)에서 출생하였고, 이른바 고향 마을이 어디인지, 내 나름대로 연구된 결론은 있었지만, 불필요한 오해를 불러 역사문화 발굴과 발전이라는 본질이 훼손될까 염려스러워 침묵할 수밖에 없었던 부분이었다.

그러나 작금 우리 고유의 정신문화 효행사상의 교본인 소설 심청전(沈淸傳)의 주인공 심청이 실존이며, 중국의 장사꾼인 심가문(沈家門)으로 팔려 간 곡성의 처녀가 그 심씨로부터 성(姓)과 이름을 받은 것이라는 연세대학교 사회과학연구소 교수들의 날조에 덧붙여 최근 심청이 저우산(舟山) 시에 실존한 인물이라는 2004년 1월 18일 중국 저장성(浙江省) 저우산 시(舟山市)의 발표는 날조와 조작의 차원을 넘어 우리 민족 고유의 정신문화를 약탈하는 만행이기에, 그동안 미루었던 나의 견해를 여기에 밝히는 것이다.

결론부터 말하면, 1729년 늦봄 관음사에서 간행된 사적에 기술된 원홍장의 출생지는 충청도 대흥현이다 하였는데, 이는 사적을 기술한 백매자(白梅子)의 잘못된 해석에서 비롯된 오류다.

필자가 관음사 사적에 기술된 충청도 대흥현을 잘못된 오류라고 단정하는 것은 다음 3가지 이유 때문이다.

① 관음사 사적을 기술한 백매자가 "삼번증삭이서지(芟繁增削而書之) 불필요하고 번잡한 것은 간추리고 부족한 것은 더하여 썼다." 즉 알기 쉽게 임의로 풀어썼다 하면서, 오히려 당시 지명이었던 홍충도(洪忠道)를 쓰지 않고, 이미 오래전에 사

멸(死滅)된 충청도(忠淸道)라는 당시로서는 이해할 수 없는 지명을 사용한 것은 앞뒤가 맞지 않는 것이다.

② 원홍장이 서진으로 건너간 300년 당시의 시대적 상황은 물론이거니와 사적 기술 당시(1729년) 전남 보성군 벌교 끊어진 다리(단교)까지 상세히 풀어 기술한 백매자가 열거한 충청도 대흥현과 홍법사 역시 일치하는 것이 하나도 없으며, 당시의 대흥현, 즉 현재의 충남 예산군에서 관음사 사적을 뒷받침할 자료가 아무것도 없다는 것은 이해할 수 없는 일이다.

③ 충청도 대흥현(예산)과는 달리 전남 곡성은 성출산(동악산) 도림사를 비롯한 섬진강 유역에 관음사사적과 부합하는 역사와 사료들이 있다.

처음 산의 이름이 된 성출산(聖出山)은 성인(聖人), 즉 관세음보살님이 출현했다는 뜻이며, 바뀐 이름 동악산(動樂山)은 천상선인(天上仙人) 범음악성(梵音樂聲)이라 하여 관세음보살님이 노래를 부른 연유이니 성출과 동악이 관음신앙이고, 이웃한 성덕산(聖德山)과 관음사(觀音寺) 그리고 관음사사적 등 모든 지명(地名)과 사찰의 역사와 지역의 풍습이 관음신앙으로 되어 있는 것은 물론 동국여지승람의 기록을 보면, 성덕산에 금강사(金剛寺)가 있었고 관음사사적에서 말하는 감로사(甘露寺)의 내용과 유사한 이야기가 당시 곡성군의 관할이었던 구례 문척면 화정리 섬진강 변 계족산에 있었던 선단암(仙壇庵)의 전설로 남아 있다.

특히 서기 300년 무렵 서진(西晉) 혜(惠) 황제 때라는 동시대에 관음신앙의 역사가 이루어진 성출산(聖出山)과 성덕산(聖德山)을 보면, ① 성인(聖人)이 출현(出現)한 연유로 산을 ② 성출(聖出)이라 하였다는 성출산의 유래와 이웃한 남서쪽, 즉 호남고속도로를 건너 성인이 덕을 베풀었다는 성덕산(聖德山)의 ③ 성덕(聖德)과 성인이 이룬 역사(관음사), 즉 ④ 성적(聖跡)은 누가 보아도 하나의 사실을 기술한 것이고, 여기서 말하는 성(聖)은 원홍장(元洪莊)을 지칭한 것이니, 원홍장의 존재가 사람이든 또는 종교적 관점에서 관세음보살님이 시현(示現)한 것이든 그가 성출산(동악산)에서 처음 인연되었다는 것은, 움직일 수 없는 사실이다.

이 밖에도 많은 문제점들이 있지만, 관음사사적에서 말하는 충청도 대흥현은 백매자가 사적을 기술하는 과정에서, 지금의 전북 남원, 즉 동악산의 옛 관할이었던 백제국 대방군 또는 웅진도독부 대방주를 충청도 대흥현으로 잘못 해석한 것이다.

즉 관음사사적에서 이해할 수 없는 지명인 충청도 대흥현을 당시 백매자가 성덕산에서 보았을 백제국 대방군 또는 웅진도독부 대방주로 보면, 즉 관음사가 소재한 전남 곡성으로 보면, 역사의 기록과 사적과 지명까지 모든 상황이 이와 입술처럼 부합(符合)되는 까닭에 원홍장은 역사 속에서 분명하게 실존했던 인물이며, 그 출생지는 그 역사의 출발인 성출산, 즉 동악산으로 보는 것이 옳다.

[부연하면, 대방(帶方)은 전북 남원의 옛 이름이고 곡성군의 소재지인 곡성읍, 즉 성출산(동악산)은 고려 말 죽곡면 당동리에 있던 관아가 옮겨오기 전까지 남원에 속하였으며, 만일 실재한 역사가 아니고 단순한 설화였다면, 성출산과 성덕산 두 지역 사찰들의 역사와 지명들이 구슬을 꿰듯 일치할 수가 없다.]

남원은 마한의 영역에 속하였으며, 섬진강 수로를 방어하는 군사상의 요충으로 16년(백제 온조왕 34년)에 고룡군(古龍郡)이라 하였다가, 196년(백제 초고왕 31년) 방장산이 빙 둘러 있다 하여 대방군(帶方郡)으로 개칭한 이래 660년 백제의 멸망과 함께 신라가 남원에 대방도독부(帶方都督府)를 두었으며, 이후 대방이라는 명칭은 대대로 남원부 관할이었던 지역에서 사용했으며, 사찰과 유림에는 일제강점기까지도 사용했던 이름이다.

이에 곡성군이 소설의 주인공 심청을 실존으로 만들기 위해 연세대학교 사회과학 연구소 교수들과 중국 저우산 시와 공모 날조하여 중국의 심청으로 팔아 버린 우리 고유의 정신문화 효행사상의 교본인 소설 심청전의 주인공 심청을 되찾아 오는 계기가 되기를 바라며, 필자가 본 바를 여기에 전한다.

곡성읍 동악산 동남쪽 기슭에 있는 월평마을에 예로부터 전해 오는 이야기에 의하면, 아득한 옛날 홍수가 들었을 때, 사람들이 배를 타고 왔으며, 이 마을까지 배가 드나들었다고 전한다.

이러한 연유로 마을 이름이 배바위골이며, 조선 중종(中宗) 때 이 마을 출신인 남주(南趎)가 선암동문(船巖洞門)이라고, 마을 이름을 암벽에 새겼다고, 곡성군 향토지인 옥천속지(浴川續誌)에 기록되어 있으며, 대원군의 서원철폐령으로 훼철될 때까지 그를 모시던 서계사(西溪祠)가 있었다.

지금도 옛 마을이 있었던 선암동문 아래는 오랜 옛날부터 사람이 살았던 흔적들이 널려 있으며, 1872년에 제작된 곡성현 지도를 보면, 이 선암동문이 있는 서계동(西溪洞)에 사직단(社稷壇)이 기록되어 있는데, 1768년 간행된 옥천지(浴川誌)의 기록을 보면, 사직단이 죽동(竹洞)에 있다 하였으니, 월평(月坪)이 죽동에 속한 마을이었음을 알 수가 있다.

[부연하면, 이 월평마을 유래에서 옛날에 큰 강이 있어 여기 산중까지 배가 드나들었다는 이야기는 지형조건으로 보아서 상전벽해가 있었다 해도 있을 수 없는 일이다.]

◇ 선암동문 옛 마을 터에서 출토된 자기편(瓷器片)들

　그러나 서진 혜 황제 때(290~306) 서진에서 건너온 원명법사가 도림사를 창건하였다는 길상암의 기록을 보면, 이는 섬진강 수로를 타고 들어온 중국 사람들, 즉 배 타고 온 사람들이 사는 골짜기가 지명으로 바뀌어 대대로 전해진 것이며, 그것을 남주가 한문으로 바위에 새긴 것이다.

　그렇다고 하여 이곳이 원홍장의 출생지라는 것은 아니다. 그곳이 어디인지 정확한 위치는 알 수가 없지만, 다행스럽게도 지명과 전래 풍속에서 이 동악산의 역사가 곡성읍 월평마을과 죽동마을에 지금도 살아 있음을 알게 되었다.

　오늘날 죽동마을에는 전라좌도 농악(農樂)이 전해 오는데, 물론 학자들마다 이견이 있으나, 이 농악은 멀리 단군의 천신숭배사상이 마한을 거쳐 오늘날까지 이어진 풍속이며, 그 가운데에는 신과 인간을 연결하는 무당(巫堂)들의 역할이 지대하였다.

　나의 고향 마을이 죽동과 이웃한 관계로 필자가 어려서 듣고 본 것은, 이 죽동마을에는 해마다 마을의 안녕과 번영을 위한 제를 지내는데, 특이하게도 마을 풍류패들이 무당의 주관 아래 동악산 성출봉 신선대에 올라가서 굿을 했던 것으로 기억하고 있다.

그러나 막상 이 부분을 증언해 줄 사람들은 이미 흙으로 돌아가 버렸고, 어쩌다 가물거리는 기억을 붙잡아 대답하는 사람들은 무당이 일 년에 두 번 정월보름과 칠월칠석에 신선대에 올라 굿을 했다는 것뿐 더는 알 길이 없었다.

본래 곡성읍은 대한제국을 강점한 일본이 우리의 민족정신을 말살하고, 본격적인 식민통치를 보다 용이하게 하기 위해, 전면적인 행정구역을 개편한 1914년 4월 1일까지 대대로 곡성군 도상면(道上面)이었다.

알기 쉽게 설명하면 지금의 삼인동(三仁洞)에서 흘러내리는 여우내가(영운천) 남천(南川)과 합류 다시 섬진강으로 합류하는 수로를 따라 동쪽은 남원의 경계인 청계동까지 예산면(曳山面)이라 하였고, 여우내 서쪽 동악산을 중심으로, 관아(官衙)가 있는 지역을 도상면(道上面)이라 하였다.

이 도상면이라는 지명이 도림사를 뜻한 것임에도, 숭유억불(崇儒抑佛)이라는 오백 년 조선왕조의 가혹한 탄압에서 살아남은 것으로 보아, 성인(聖人)이 탄생하였다는 동악산과 도림사가 조선왕실의 원찰이었고, 동악산이 대대로 도학자들의 은거지(隱居地)였던 것이 그 이유였을 것이다.

동악산의 신성함은 서계동(西溪洞)의 사직단을 보고, 길상암 중수기에 본래 성출산이었는데 성출봉 솟아오른 바위굴에서 옥으로 빚은 부처님과 십육나한이 출현하였고, 그것을 옮겨 모시는데, 허공에서 산이 울리도록 관세음보살님이 즐거이 노래를 부르며 길을 인도하여 동악산(動樂山)이라고 부르게 되었다는 기록과 특이하게 무당이 마을 풍류패들을 이끌고 신선대로 올라가서 제를 지냈다는 죽동마을의 전래 풍속은 결코 둘이 될 수 없는 동악산의 살아 있는 역사다.

예로부터 죽동마을에 농악이라는 민속이 전해져 오는 것은, 동악산 산신(山神)

◇ 동악산 신선대(神仙臺)
예로부터 하늘에 제를 지내던 성소(聖所)이며, 최치원(崔致遠)과 남주(南趎)가 신선(神仙)의 계보를 이었으며, 열하일기 피서록 이야기의 주제가 된 현장이다. 지금도 인연이 닿는 사람들은 이곳에서 관세음보살을 친견하고 신선이 된 남주와 최치원을 만난다는 곳이다.

을 주관하여 모시는 무당 또는 제관(祭官)이 살면서, 평상시에는 오늘날 병원과 같은 역할인 사람들을 위한 굿을 하였고, 해마다 민·관에서 관장하는 고유 제천 의식(祭天儀式)이나 기우제(祈雨祭) 등등 천하태평을 기원하는 행사를 대행하고 이어온 것이 주요 원인이었을 것이다.

욕천지(浴川誌)를 보면, 죽동에는 천신에게 제를 올리는 신성한 사직단이 있었고, 반대로 전염병 환자들을 격리하고, 시체들을 집단 매장하거나 화장하고, 예방을 위한 축귀의식(逐鬼儀式)을 행하는 여제단(厲祭壇)은 지금의 여우내 북쪽(추측건대 지금 단군전 자리인 듯함)에 있었는데, 이러한 역사의 기록은 죽동마을이 대대로 동악산 신성(神聖)을 보호하는 지킴이었음을 말하는 것이다.

[부연하면, 곡성 관아가 지금의 곡성읍으로 옮겨온 것은 고려 말인데, 그 이후 조선조에서 곡성현의 중요한 사직단을 죽동에 건립한 것은 이미 죽동을 중심으로 동악산 산신을 받드는 그런 유의 전래풍속이 있었음을 뜻하는 것이다.]

이러한 풍속이 대대로 이어져, 1967·8년 연이은 극심한 한해(旱害)가 닥쳤을 때, 곡성군을 대표하여 죽동마을 풍류패들이 당시 곡성 면민(面民)들을 이끌고 신선대에 올라가서 대규모 기우제를 지내기도 하였으며 오늘날에는 곡성군의 각종 행사에서 길라잡이로 그 역할을 하면서 역사를 계승하고 있다.

다음은 성출봉 솟아오른 바위굴 속에서 부처님과 십육나한을 길상암으로 모시면서, 동악산에 출현한 관세음보살님에 관한 길상암 중수기의 기록이다.

日日負安時 天上仙人 梵音樂聲 前後指路 空中振動故 山號 動樂山也
일 일 부 안 시 천 상 선 인 범 음 악 성 전 후 지 로 공 중 진 동 고 산 호 동 악 산 야
날마다 등에 업고 봉안할 때에 하늘에서 관세음보살님께서 즐거우신 음성으로 찬탄을 하시면서 앞뒤에서 길을 가리키고 인도하실 때에 허공이 진동한 까닭으로 산 이름을 동악(動樂)이라고 하였다.

－길상암 중수기에서 발췌

천상선인(天上仙人) 범음악성(梵音樂聲)이라는 길상암 중수기의 기록과 그 마을 앞에 김을 매던 농부가 공중에서 들려오는 음악 소리에 쳐다본즉 남주가 말을 타

고 둥실 떠서 흰 구름 사이로 올랐다 한다고 기록된 박지원의 열하일기 피서록(본문 육곡 대은병 참조) 그리고 과거 죽동마을 사람들이 풍류패들과 함께 해마다 신선대에 올라가서 노래를 부르고 제를 지낸 것은, 결코 둘이 될 수 없는 하나의 문화이며, 살아 있는 역사임을 알 수가 있다.

죽동 마을의 역사에 관하여는 글의 말미에 밝히겠지만, 유구한 죽동 마을의 전래 문화 속에서, 이 죽동(竹洞)이라는 문자만을 풀어보면, 대나무 죽(竹)자는 곧 피리(주례(周禮) 파지이팔음(播之以八音) 금석토혁사목포죽(金石土革絲木匏竹))를 뜻하니, 죽동(竹洞)은 피리를 부는 마을이라는 뜻이며, 오늘날 죽동에 민속이 전해지는 역사 문화와 일치되는 지명이다.

대대로 전해진 민속의 주관자가 무당이 되었든, 제관(祭官)이 되었든 또는 풍류패 우두머리가 되었든, 시대가 바뀌고 사람들이 바뀌었어도 변하지 않는 것은 그 민속이며, 그 가운데에서도 천신에게 음식을 공양하고 아름다운 음악을 연주하는 것은 변함없는 의례다.

역사와 문화 속에 나타난 제천의례 가운데 음식을 공양하고 음악을 연주하는 주악천인상 가운데에서도 피리는 필수다.

피리는 이미 삼한시대부터 종교적인 의례에서 방울·북·거문고와 함께 중요하게 사용되어 왔으며, 통일신라 때 거문고와 피리가 제천고(祭天庫)에 보관되어 왔다는 삼국사기의 기록은 피리가 신앙적으로 전승되어 왔음을 분명하게 알 수 있는 일이며, 백제금동대향로(百濟金銅大香爐)에도 오악사(五樂土) 가운데 북·거문고와 함께 피리를 연주하는 악사가 있다.

"대나무를 베어서 피리를 만들었는데, 이 피리를 불면 적군이 물러가고 병이 나

앉으며, 가뭄이 들었을 때는 비가 오고, 장마 때는 비가 개며, 바람이 불 때는 그치고 물결이 평온해졌다. 그리하여 이 이름을 만파식적(萬波息笛)이라 하여, 역대 임금들이 보배로 삼았다"라는 신라 문무왕과 만파식적에 얽힌 신화에서 보듯이, 피리의 존재는 그 상징성이 절대적임 것임을 알 수가 있다.

뿐만 아니라 이 피리는 고구려 고분벽화를 비롯하여, 신라를 거쳐 오늘날까지 범종의 몸체에 새겨져 있는 주악천인(奏樂天人)의 대표적인 모습으로 그 역할과 아름다움을 드러내고 있다.

동악산의 역사를 뒤적이던 필자가 죽동 마을을 주목하게 된 것은, 바로 이러한 문헌의 기록과 유구한 역사 속에서 전해지는 사상과 풍속이라는 문화의 배경이었다.

동악산 길상암의 기록과, 죽동 마을이 전라좌도 농악을 지켜오고, 해마다 두 번씩 무당이 마을 풍류패들을 데리고 신선대에 올라가서, 노래를 부르며 제를 지냈다는 전래 민속을 비교 분석하여 보면, 이는 성출산(聖出山)이 동악산(動樂山)으로 바뀌는 신화와 동일한 것이며, 죽동마을이 성출산(聖出山) 성출봉(聖出峯) 성혈(聖穴)의 주인인 관세음보살님을 마을의 수호신으로 받들어왔다는 증명이다.

그러나 문제는 죽동마을이 동악산 산신, 즉 관세음보살님을 마을의 수호신으로 모시게 된 최초의 원인, 그 동기가 무엇이었느냐 하는 것인데, 성덕산(聖德山) 원홍장은 성출산(聖出山)의 역사가 분명하고, 성출산의 역사는 법화경, 즉 관세음보살님의 역사이기에, 길상암 중수기에 기록된 역사와 배바위골(선암동문, 船巖洞門)의 전설과 죽동 마을의 전래 풍속을 함께 비교하여 보면, 죽동(竹洞)이라고 부르게 된 이유가 바로 성출산(동악산)의 역사이며, 곧 1700년 전 원홍장을 만날 수 있는 유일한 타임머신이다.

그러나 필자는 애석하게도 대대로 전라좌도농악을 지켜온 전통마을 주민들만이 가지고 있을 어떠한 자료를 구하거나 조언을 들을 수가 없었다.

그동안 심청전과 관음사의 역사와 문화를 연구해 온 한 사람으로 동악산 불교문화와 역사 전래풍속이라는 퍼즐을 맞추어 보면, 이 죽동 마을이 원홍장의 고향이라 할 수 있는데, 이것을 증명 고증해 줄 문헌이나 유물을 아직은 찾지 못하였다.

나는 오늘 동악산과 죽동 마을의 관계를 끝까지 규명하지 못한 아쉬움과 함께 물음표(?)를 남기면서 이야기를 접지만, 기록에 나타난 곡성군의 옛 지명인 욕천(浴川)은 몸을 씻는다는 뜻으로, 이는 인간이 신의 앞에 나갈 때, 모든 부정과 죄악을 씻는 의식을 말하며, 불교의 관불회(灌佛會)와 관욕(灌浴) 그리고 가톨릭의 세례(洗禮)는 물론 가야(伽倻) 건국신화에 나오는 계욕일(禊浴日)과 같은 의미가 있고, 조식(曺植)의 '욕천(浴川), 내에서 목욕을 하며'이라는 유명한 시가 있는데, 맑은 물에 몸을 씻어 수신(水神)에게 바치는 제물(祭物)이라는 심청(沈淸)과 욕천(浴川)의 의미와 의식(儀式)이 같다는 것은, 결코 우연이 아닐 것이니, 만일 동악산에 관심을 갖는 후인이 있다면, 오늘 필자가 남기는 물음표를 유의하기 바란다.

동악산의 긴 역사에서 대대로 동악산의 신성함을 받들고, 그 역사를 이 땅에 재현시키려고 했었던 곡성군민들의 의지가 잘 나타나 있는 것이, 죽동 윗마을 교촌리(校村里) 뒷산이 안고 있는 향교(鄕校)다.

여기에 곡성현의 향교가 자리 잡은 것은, 성인(聖人)이 탄생하였다는 성출(聖出)의 역사가 풍수사상과 접목되어, 훌륭한 인재 배출의 염원을 안고, 당시의 학교

인 향교가 들어선 것이니, 예로부터 이 땅의 사람들은 성출산, 즉 동악산의 역사를 분명하게 인식하고 있었음을 알 수가 있다.

동악산 동쪽을 지키는 청룡(靑龍)이 여의주를 움켜쥐고 승천하는 혈처에 자리 잡은 향교가 있는 교촌마을의 기점이라 할 수 있는 당산에 수백 년 된 정자나무 가 있는데, 마을 사람들이 심고 가꾼 이 나무가 오늘날 나침판으로 보아도, 정확 히 동악산 정 동쪽이라는 것은, 향교가 들어선 이유가 무엇인지를 보다 분명하게 말해 주는 것이다.

[부연하면, 이 교촌리 당산에 몇 년 전 정자를 짓고, 금성정(錦城亭)이라고 하였 는데, 이는 어떠한 역사나 문헌적 근거가 없는 것으로 마을 주민들이 지은 단순한 이름이니, 먼 훗날 마한과 백제시대 동악산의 역사를 찾는 후인들은 교촌리 금성 을 혼동하여, 괜한 수고를 하는 일이 없도록 유념하기를 바란다.

본래 금성(錦城)은 오곡면 통명산 아래 있었던 옛 삼한시대의 성으로 전해지고 있는 유적으로, 통명산에서 흘러나와 오곡면 들을 적시는 계곡물의 이름이 금천 (錦川)이며, 사금(砂金)을 채취하여 붙여진 이름이다.

1923년 간행된 옥천속지 지도를 보면, 묘천리 뒷산인 지금의 학교산에 금성당 (錦城堂)이 있었고, 전래 기록과 풍수로 보면, 교촌마을은 학문을 권장하고 이끄는 향교를 상징하고, 승천하는 청룡과 짝을 이루었는데, 마을의 상징인 정자를 금성 정(錦城亭)이라 함은, 학문에 전념해야 할 선비가 재물을 탐하고 주색(酒色)을 탐닉 한다는 것이니, 이는 잠시 한때의 즐거움은 누릴 수 있을지 모르나, 곧 집안에 도 적을 불러들이고, 스스로 패가망신(敗家亡身)을 자초하는 화근(禍根)이다.]

끝으로 이 죽동 마을은 과거 죽곡면 당동리에 있었던 곡성현의 관아가 고려 말

지금의 읍으로 들기 전 도상면(道上面), 즉 지금의 곡성읍에서 가장 번성했던 마을이었다.

모든 농촌의 인구가 절반은 도시로 나가 버린 1987년 마을 인구가 675명이었으니, 한국의 농촌마을 평균 인구를 기준해도, 그 규모가 상당한 것이었다.

마을 앞에는 외비량지(外比良池)라는 인공호수가 있는데 1768년 간행된 옥천지에 기록되어 있고, 1872년에 제작된 곡성현의 지도에도 2개의 인공섬을 가진 호수로 표기되어 있으며(필자가 어렸을 적에도 이 인공섬을 보았다) 지금까지 마을의 젖줄이 되었으니, 오랜 농경문화의 역사를 미루어 알 수 있는 일이다.

곡성군에서 발간한 마을 유래집에서 죽동(竹洞)이라는 이름이 방죽(방축, 防築)의 어원에서 비롯된 것이라고 하였으며, 1918년 곡성 유림들이 쓴 군지에서도 방죽을 외비량지(外比良池)라고 기록하고, 방죽동(防竹洞)을 죽동(竹洞)으로 새롭게 개명(改名)하였다고 하였는데, 이는 잘못된 기록이다.

예로부터 지명(地名)의 자연 연기 법칙에 따라, 마을 이름을 방죽(방축, 防築)이 있어 방죽동(防竹洞)이라고 하였다면, 처음부터 방죽은 죽동 마을의 관할이었어야 함에도 불구하고, 1872년에 제작된 전라도 곡성현 지도에 수계(水系)인 교촌리로 표기되어 있으며, 지금도 그 관할이 교촌리 200번지로 되어 있다는 것은, 오늘날 전하는 죽동(竹洞)마을의 유래가 잘못되었음을 입증하는 것이다.

한 고을에서 단일 마을로 제일 오래되고 큰 마을의 이름이 특별하지도 않으며, 자신들보다 후대에 만들어진 아무런 상관도 없는 이웃 마을이 관리하는 방죽에서 비롯되었다는 것은, 상식에도 맞지 않는 일이다.

무엇보다도 1918년 곡성읍에 사는 유림(儒林)들이 만든 사찬(私撰) 곡성군지(谷

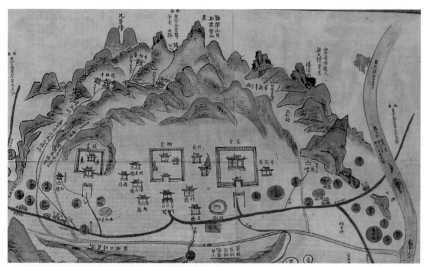

◇ 1872년 제작된 전라도 곡성현 도상면(道上面) 지도
죽동(竹洞), 외비량지(外比良池), 서계동(西溪洞), 청류동(淸流洞), 청계동(淸溪洞)은 물론 순자강(鶉子江)까지 주요 마을과 지명들이 정확하게 기술되어 있다.

城郡誌)를 보면, 1914년 4월 1일 총독부의 식민수탈의 극대화를 위한 행정개혁으로 도상면과 예산면을 합쳐 곡성면으로 바꾸고, 기존의 20개 마을을 12개 마을로 개편하면서, 이때 방죽동(防竹洞)을 죽동(竹洞)으로 개명하였다고 하였으나, 1872년에 제작된 곡성현 지도와 욕천속지(浴川續誌) 구지(舊誌, 1768년)에는 방죽동(防竹洞)이 아닌 죽동(竹洞)으로 표기되어 있으니, 방죽동(防竹洞)을 죽동(竹洞)으로 새롭게 바꾸었다는 마을 유래는 분명히 잘못된 기록이며, 죽동은 본래의 이름이다.

이 외비량지(外比良池)의 이름을 괘(卦)로 풀어보면, 한 마리의 용(龍)이 하늘로 오르는데, 사해(四海)의 구름이 모여드는 좋은 연못이라는 뜻으로 번영과 화합의 상징이니, 이 외비량지가 정확히 언제 만들어진 것인지 알 수는 없으나, 지형의 조건과 풍수지리로 보아서 농사용이라기보다는 곡성현 관아가 현재의 읍으로 이전한 고려 말 이후 또는 조선조에 들어와 성인(聖人)이 탄생하였다는 성출산(동악산)을 지키는 청룡의 혈처에 향교를 건립하면서, 지역의 인재(人才)들이 많이 배출되기를 바라는 비보(裨補)의 목적으로 만들어진 방죽이다.

일제강점기 우국지사들이 비밀리에 자금을 모아 이 혈처에 지금의 곡성중고등학교를 세운 것 또한 이러한 풍수사상을 의지하여, 일제의 조선인 분열책과 각종 유혹으로 흩어지는 민심을 하나로 대동단결시키고, 의인(義人)들을 배출하여 나라를 되찾으려는 비보(裨補)이며 희망이었다.

물론 여기에 인공호수를 조성한 자연 조건은 지금도 방죽 위쪽에는 기계가 빠져 농사를 지을 수 없는 수렁논, 즉 늪지가 있는 것으로 보아, 아마도 사계절 마르지 않은 자연 용출(湧出) 샘이 있었거나 또는 동악산 풍수와 연관된 용(龍)이 살고 있다는 전설을 갖고 있었을 자연 늪이 있었다고 보아야 한다.

이러한 역사적인 근거와 전래문화를 놓고, 죽동마을에 전해 오는 풍속을 살펴보면, 이 죽동은 방죽과 상관없는 이름이며, 마을이 먼저 있었고, 나중에 외비량지(外比良池)라는 방죽이 만들어진 것이니, 방죽이 생기기 전, 처음 죽동(竹洞)이라고 부르게 된 이유가 동악산 역사 속으로 들어가는 타임머신이며, 그곳은 착한 백성들이 동악산 성모(聖母)님을 위해, 아름다운 음악을 연주하는 무릉도원(武陵桃源) 신(神)들의 땅이었다.

[부연하면, 평소 맑은 물속에서 삼신산(三神山, 지리산)의 해와 달이 뜨고 동악산이 비쳐드는 외비량지는 정녕 인간이 감상할 수 있는 아름다운 문화유산이며, 당대는 물론 미래세계에서도 최고급 웰빙문화의 자산이었는데, 지금은 안타깝게도

공원조성으로 사라져 버린 별세계이다.]

지금은 비록 어리석은 인간의 탐욕이 방죽에 콘크리트를 채워 해와 달을 없애 버렸지만, 어느 때고 의인이 나타나 이 외비량지를 삼신산의 해와 달이 뜨는 아름다운 문화유산으로 되살려 주기를 바란다.

이 방죽에 관하여, 1987년 곡성군에서 발간한 마을 유래지를 보면, 방죽 아래에 있는 들을 리문평(里門坪)이라 하고 그렇게 부른 연유는 리문(里門)이라는 사람이 임진왜란 때 방죽을 팠기 때문이라고 하였는데, 이는 온 국토가 잿더미가 되고 백성들은 살아남기 위해 급급했던 임진왜란 당시 방죽을 팠다는 것이 상식에도 맞지 않거니와 한자로 표기된 리문평(里門坪)은 마을 문전에 있는 들이라는 뜻인데, 이것을 인명(人名)으로 잘못 해석하면서 비롯된 오류다.

2004년 곡성군에서 이 외비량지를 현대식 공원으로 만드는 공사를 시작하면서 포클레인으로 모두 파헤쳐 버렸는데, 대략이라도 학술적인 지표조사와 발굴조사를 했더라면 하는 아쉬움이 있었다.

그러나 외비량지의 둑은 손상되지 않았는데, 이마저도 2007년 4월 현재 도로 확장공사를 하면서, 제방 둑 대부분을 훼손시켜 버리고 말았다.

소중한 문화유산이 사라지는 안타까운 현장을 속수무책으로 바라만 볼 뿐이었는데, 불행 중 다행스럽게도 제방 좌우와 지상 표피만 훼손했을 뿐, 최초 둑을 쌓던 기초는 손상되지 않은 것으로 보이는데, 어느 시절엔가 둑을 파헤치는 공사를 하려 한다면, 반드시 학문적인 정밀조사를 권한다.

그때가 언제가 될지 알 수는 없지만, 처음 제방을 쌓은 기법은 물론 외비량지의 역사성으로 보아 제방을 쌓기 전에, 자신들이 쌓는 제방이 영원히 무너지지 않고 해마다 풍년을 가져다주기를 바라는 액막이 의식이 있었을 것이며, 그 액막이 부적(符籍) 위에 제방을 축조했을 가능성이 많을 것이기 때문에, 또한 그러한 조사와 결과들이 이 외비량지의 역사를 밝혀 주고, 밝혀진 역사는 곡성군의 소중한 자산이기 때문이다.

박혜범(朴慧梵)

속명(俗名, 명엽(明葉))
호(號) 음풍토운(飮風吐雲)

전남 곡성읍 동악산 출생(1955년)
한국문인회(곡성지부) 회원
한국불교문인협회 회원
한맥문학 동인회 회원
곡성읍 동악산에서 섬진강 정신문화를 연구하고 있음

『원홍장과 심청전』(평설집(評說集, 2003)
『역사천자문(歷史千字文)』(2005)
『도채위경(淘採爲耕)』(2007)
『동리산 사문비보(桐裏山 沙門裨補)』(2009)
『조선역사 천자문』(2010)
『오산의 역사』(2010)
외 소설과 시 등 다수 발표

전남 곡성군 곡성읍 월평리 93-1
tjdah0324@hanmail.net

천간지비 동악산
天慳地秘 動樂山

초 판 인 쇄 | 2010년 11월 1일
초 판 발 행 | 2010년 11월 1일

지 은 이 | 박혜범
펴 낸 이 | 채종준
기   획 | 김남동
마 케 팅 | 김봉환
아트디렉터 | 양은정
표지디자인 | 장선희

펴 낸 곳 | 한국학술정보(주)
주   소 | 경기도 파주시 교하읍 문발리 파주출판문화정보산업단지 513-5
전   화 | 031)908-3181(대표)
팩   스 | 031)908-3189
홈 페 이 지 | http://ebook.kstudy.com
E-mail | 출판사업부 publish@kstudy.com
등   록 | 제일산-115호(2000.6.19)

ISBN   978-89-268-1610-3 03090 (Paper Book)
           978-89-268-1611-0 08090 (e-Book)